D1664191

Angelika Bönker-Vallon

Metaphysik und Mathematik bei Giordano Bruno

Angelika Bönker-Vallon

Metaphysik und Mathematik bei Giordano Bruno

Akademie Verlag

Die Deutsche Bibliothek – CIP-Einheitsaufnahme

Bönker-Vallon, Angelika:
Metaphysik und Mathematik bei Giordano Bruno /
Angelika Bönker-Vallon. – Akad. Verl., 1995
ISBN 3-05-002679-0

Der Akademie Verlag ist ein Unternehmen der VCH-Verlagsgruppe.

Gedruckt auf chlorfrei gebleichtem Papier.
Das eingesetzte Papier entspricht der amerikanischen Norm ANSI Z.39.48 – 1984
bzw. der europäischen Norm ISO TC 46.

Druck: GAM Media GmbH, Berlin
Bindung: Verlagsbuchbinderei D. Mikolai, Berlin

Printed in the Federal Republic of Germany

Meiner Mutter,
dem Andenken meines Vaters

Bei der vorliegenden Untersuchung handelt es sich um die leicht erweiterte Fassung einer Arbeit, die im Wintersemester 1993/94 von der Fakultät für Philosophie, Wissenschaftstheorie und Statistik der Ludwig-Maximilians-Universität München als Inauguraldissertation angenommenen worden ist.

An dieser Stelle möchte ich meinem Lehrer Prof. Werner Beierwaltes danken. Seine grundsätzliche Frage nach der Entfaltung des Einen, seine Abhandlungen zur Wirkungsgeschichte der platonischen und neuplatonischen Philosophie und insbesondere die Vermittlung eines Denkens, das sich mit seinem Gegenstand identifiziert, bilden das Fundament der Untersuchung.

Verzeichnis der im Text verwendeten Abkürzungen der Werke Giordano Brunos

A	=	Camoeracensis Acrotismus (OL I 1)
AD	=	Ars deformationum. In: Praelectiones geometricae e Ars deformationum. Testi inediti, hrsg. von G. Aquilecchia, Roma 1964
AM	=	Articuli adversos mathematicos (OL I 3)
C	=	De la causa, principio et uno (Dial. it.)
C (Aq)	=	De la causa, principio et uno, hrsg. und eingeleitet von G. Aquilecchia, Torino 1973 [Kritische Ausgabe]
CA	=	De compendiosa architectura artis Lullii (OL II 2)
Cabala	=	Cabala del Cavallo pegaseo Con l'aggiunta dell' Asino Cillenico (Dial. it.)
CC	=	La cena de le ceneri (Dial. it.)
CI	=	De compositione imaginum (OL II 3)
Dial. it.	=	Dialoghi italiani, hrsg. von G. Gentile, bearbeitet von G. Aquilecchia, Firenze 1958[3]
DSI	=	Dialogus qui de somnii interpretatione, seu geometrica sylva inscribitur. In: Giordano Bruno, Due Dialoghi sconosciuti e due dialoghi noti, hrsg. von G. Aquilecchia, Roma 1957
E	=	De gli eroici furori (Dial. it.)
F	=	Figuratio physici auditus (OL I 4)
I	=	De l'infinito, universo e mondi (Dial. it.)
Im	=	De immenso et innumerabilibus (OL I 1 und 2)
L	=	Von der Ursache, dem Prinzip und dem Einen, übersetzt von A. Lasson, hrsg. von P. R. Blum, Hamburg 1983[6] [1872[1]]
LC	=	De lampade combinatoria Lulliana (OL II 2)
LPA	=	Libri physicorum Aristotelis explanati (OL III)
LTS	=	Lampas triginta statuarum (OL III)
M	=	De monade, numero et figura (OL I 2)
Ma	=	De magia, Theses de magia, De magia mathematica (OL III)

OL	=	Jordani Bruni Nolani Opera latine conscripta, hrsg. von F. Fiorentino, F. Tocco u.a., 3 Bde. in 8 Teilen, Napoli/Firenze 1879-1891 [Reprint: Stuttgart-Bad Cannstatt 1961/1962]
P	=	Praelectiones geometricae. In: Praelectiones geometricae e Ars deformationum. Test inediti, hrsg. von G. Aquilecchia, Roma 1964
RP	=	De rerum principiis (OL III)
S	=	Sigillus sigillorum (OL II 2)
Spaccio	=	Spaccio de la bestia trionfante (Dial. it.)
STM	=	Summa terminorum metaphysicorum (OL I 4)
TMM	=	De triplici minimo et mensura (OL I 3)
U	=	De umbris idearum (OL II 1)
V	=	De vinculis in genere (OL III)

Inhaltsverzeichnis

Einleitung 1
Übersicht über die Forschungslage 1
Zur systematischen und historischen Absicht der Arbeit 8
Begriff und Zielsetzung der brunonischen Methode 12

1 Hintergründe der Entwicklung des brunonischen Mathematikverständnisses 17
1.1 Das Verhältnis von metaphysischem Einheitsprinzip und kategorialem Sein in *De la causa* 17
1.1.1 Transzendenz und Immanenz des Unteilbaren 21
1.1.2 Unteilbarkeit als Inbegriff und Negation von Form 24
1.1.3 Ordnung und Vergleichbarkeit 25
1.1.4 Die Unteilbarkeit des Unendlichen als unveränderliche Bestimmungsform des Endlichen 27
1.1.5 Einheit als methodischer Grundbegriff der Mathematik 31
1.1.6 Versuch einer Schlußfolgerung und Ausblick 33
1.2 Mathematik als Idealtypus von Wissenschaft 36
1.2.1 Seinserkenntnis als allgemeine Problemstellung der Wissenschaftstheorie 37
1.2.2 Die Identität von Denken und Sein in der Mathematik 39
1.2.3 Das Problem der „imaginatio" in der Mathematik 40

2 Die Weiterentwicklung des Verhältnisses von Metaphysik und Mathematik nach *De triplici minimo et mensura* 44
2.1 Die Verschränkung von Seinsstruktur und Begriffsbildung .. 45
2.2 Probleme eines mathematischen Naturbegriffs 47
2.2.1 Das Problem der Entscheidung zwischen dem Unteilbaren und dem Teilbaren 50
2.2.2 Die erkenntnistheoretischen und kategorialen Implikationen des Ordnungsbegriffs 54
2.2.3 Zusammenfassung und Ausblick 57

3	Die mathematische Struktur von Natur und Erkenntnis im Horizont der Selbstvermittlung Gottes	59
3.1	Der einheitsmetaphysische Ansatz	59
3.1.1	Der universelle Seinsanspruch der göttlichen Monas	61
3.1.2	Das Nichtsein des Kategorialen	63
3.1.3	Die Überwindung des Gegensatzes von Sein und Nichtsein	64
3.2	Der geistmetaphysische Ansatz	69
3.2.1	Die geistmetaphysische Begründung des Naturbegriffs	71
3.2.2	Der Begriff der Dimension: Indifferenz und Unendlichkeit als Voraussetzung der räumlichen Maßtheorie	77
3.2.3	Mens und Ratio: Die triadische Struktur mathematischen Denkens	83
4	Das Problem der Unterscheidbarkeit des Ununterscheidbaren	89
4.1	Die metaphysisch dreiheitliche Begründung der Unterscheidbarkeit und Bestimmbarkeit der Raumgröße	92
4.2	Die Transformation des Raumkontinuums in die Denkbewegung der Kontinuation	96
4.3	Verendlichung und metrische Bestimmbarkeit der Größe	102
4.4	Zusammenfassung und erkenntnistheoretische Schlußfolgerung	109
5	Das Problem der Kommensurabilität der Größe und die Entwicklung des Grenzbegriffs	112
5.1	Die Abwehr des aristotelischen Unendlichkeitsbegriffs	119
5.2	Die Grenze als Koinzidenz der Gegensätze	123
5.3	Die Grenze als Mittel der Kontinuation und Determination der relationalen Größe	126
6	Probleme der mathematischen Interpretation des Grenzbegriffs	130
6.1	Das Problem der Bedeutungsvielfalt der Grenze	132
6.1.1	Das Absolute und das Relative als Bedingung der Wissenschaftslehre	136
6.1.2	Die Variabilität von Grenze und Teil innerhalb der mathematischen Definitionslehre	139
6.1.3	Die Funktion von Grenze und Teil im Zusammenhang mit den Aufbaugesetzen der Quantität	142

6.2 Grenze, Minimum und Unendlichkeit in den methodischen Operationen der Mathematik 145
6.2.1 Die widersprüchliche Struktur des mathematisch Unendlichen 145
6.2.2 Die Ergänzung der Kategorie der Quantität durch den Begriff der Grenze 152
6.2.3 Die „Irrationalität" des Kontinuums als Erweiterung der rationalen Bestimmbarkeit der Größe 158
6.2.4 Die Dialektik von Vollständigkeit und unendlicher Allheit als Konsequenz der Theorie des Kontinuums 165
6.2.5 Zusammenfassung 171

7 Der Aufbau der „mathesis universa" 174
7.1 Die unendliche Vollständigkeit der Einheit und das Problem der Verstehbarkeit der Idee als wissenschaftstheoretisches Programm 178
7.1.1 Die „monas monadum" als dialektischer Inbegriff des Unendlichen 178
7.1.2 Das Problem der Mitteilbarkeit der Idee 182
7.2 Die Strukturelemente der „mathesis universa" 184
7.2.1 Das Verhältnis von Vollständigkeit und deduktivem Verfahren 184
7.2.1.1 Das Problem der Zuordnung von Einheitsmetaphysik und mathematischem Satzsystem 184
7.2.1.2 Die Frage nach der Evidenz der ersten Grundbegriffe 187
7.2.1.3 Die Dialektik von Affirmation und Negation als Selbstbezüglichkeit der mathematischen Definition 194
7.3 Das Problem des Verständnisses und der Vermittlung reflexiver Strukturen 200
7.3.1 Das Verhältnis von vollendeter und unvollendeter Unendlichkeit als Frage nach dem Bezug zwischen dem göttlichen und dem menschlichen Denken 200
7.3.2 Der arithmetische Kalkül als Nachahmung der unendlichen Selbstbezüglichkeit 205
7.3.3 Reflexive Ordnungsstrukturen im Konstruktionsverfahren der Geometrie 211
7.3.3.1 Vollständigkeit als rekursive Abbildtheorie *(De monade)* 214
7.3.3.2 Vollständigkeit als dreiheitlich archetypische Darstellung sämtlicher Konstruktionsvoraussetzungen *(De minimo)* 217

8 Der Stellenwert der brunonischen Universalwissenschaft in der Geschichte ... 224
8.1 Zum Problem der systematischen Erweiterung des Universalitätsgedankens: Die Vermittlungsfunktion der Mathematik als Kalkültheorie ... 224
8.2 Die rechnerische Operationalisierung des Denkprozesses durch Leibniz ... 229
8.3 Brunos Universalwissenschaft als Bindeglied zum philosophischen Rationalismus ... 238
8.3.1 Das Prinzip der Gleichheit als Grund menschlicher Selbsterkenntnis im Kalkül ... 238
8.3.2 Die Problematik der arithmetischen Aufbaugesetze in der Tradition ... 242
8.3.3 Brunos metaphysische Begründung der Kalkültheorie durch die Selbstgleichheit der Idee ... 245

Abschließende Betrachtung ... 249

Exkurs 1 Die Betrachtung des Vollen und des Leeren innerhalb des brunonischen Systems ... 252
Exkurs 2 Die Anwendung des Proportionalzirkels zur Konstruktion regelmäßiger Polygone ... 254
Exkurs 3 Der Zusammenhang zwischen Zahlentheorie und geometrischer Konstruktion ... 257

Literaturverzeichnis ... 260

Personenverzeichnis ... 273
Sachverzeichnis ... 276

Einleitung

Übersicht über die Forschungslage

„Die Unkenntnis des Minimum läßt die Geometer unseres Zeitalters Geameter und die Philosophen Philasophen sein.“[1] Mit ironisierender Polemik bekundet Giordano Bruno in den *Articuli adversus mathematicos* seine skeptische Haltung gegenüber dem Wissensstand der zeitgenössischen Mathematiker und Philosophen.

Im Kern vereinigt diese Äußerung Brunos in sich die Schwierigkeiten, mit denen die Einschätzung des brunonischen Denkens in der Geschichte der Philosophie und der Mathematik befrachtet ist: Einerseits spricht aus der brunonischen Aussage das Selbstbewußtsein eines Autors, der den Wahrheitsanspruch der eigenen Auffassung entgegen den Strömungen der Zeit mit Entschiedenheit vertritt. Andererseits birgt die gewollte Abgrenzung Brunos gegenüber dem Wissensstand der Zeit auch die Gefahr einer letztlich selbst mitverursachten „geistesgeschichtlichen Isolation“. Erklärungsbedürftiges und Interpretationsfähiges innerhalb des brunonischen Denkens kann in der Beurteilung der Späteren allzu schnell als die geistes- und mathematikgeschichtlich unerhebliche Meinung eines „selbsternannten“ Einzelgängers mißverstanden werden.

Inhaltlich steht der oben zitierte Satz für die Problemstellung, die die Entwicklung des brunonischen Denkens explizit von den *Articuli adversus mathematicos* bis in die letzte Schaffensperiode der *Frankfurter Trilogie* bestimmt: So bedeutet die Äußerung Brunos keineswegs nur eine zeitkritisch bedingte Abwehr konkurrierender mathematischer Konzepte und philosophischer Systementwürfe. Intendiert ist vielmehr eine Wechselbeziehung von Philosophie und Mathematik, die durch den beide Disziplinen gleichermaßen betreffenden und zusammenfügenden Begriff des „minimum“ begründet wird. In diesem Sinn spricht Bruno pointiert die These aus, daß Geometer

1 AM 21, 22 f.

und Philosophen nur durch die Kenntnis des Minimum überhaupt zu Geometern und Philosophen werden und daß - wenn das Wortspiel erlaubt ist - die Unkenntnis einer „Geringfügigkeit“ wie die des Minimum die ursprüngliche Bedeutung von Mathematik und Philosophie entstellt. Die Sinnhaftigkeit der geometrischen und philosophischen Denkweise hängt also nach Bruno wesentlich von dem Kriterium des sachgemäßen Erkenntniszugangs zu den jeweiligen Wissenschaften ab.

So eindeutig freilich, wie Bruno den Zusammenhang von Philosophie und Mathematik durch den Begriff des Minimum begründet wissen möchte, stellt sich diese Konzeption für die Interpreten der Folgezeit nicht dar. Vielmehr fällt gerade die brunonische Problematisierung des „richtigen Zugangs“ zu Philosophie und Mathematik auf die Einschätzung seiner eigenen wissenschaftlichen Qualifikation durch die Forschung zurück. So wird insbesondere der brunonischen Mathematik kaum eine systematische und geschichtliche Wirkung zuerkannt.

Der Grund hierfür liegt offensichtlich in der Bedeutungsvielfalt des dreifachen Minimum. Das Minimum, von Bruno verstanden als göttliche „monas monadum“, „punctum“ und „atomus“ deutet eine verwirrende Komplexität der Bezüge an, durch die die von Bruno suggerierte Eindeutigkeit der Begründung der Wissenschaften verdeckt wird. Die terminologische Mannigfaltigkeit des Minimum thematisiert - wie es scheint unvermittelt - sowohl eine „monadologische“ Gotteslehre als auch einen „atomistischen“ Ansatz. Die Schwierigkeit, die sich hierbei für ein adäquates Verständnis des brunonischen Denkens abzeichnet, besteht also zunächst darin, daß widerstreitende Lehrstücke der Tradition einen Kontext bilden sollen, dessen systematische Einheitlichkeit nicht selbstverständlich einsichtig ist. Diese Unverbundenheit von „Einheitsdenken“ und „Atomismus“ verdeckt zudem die Funktion, welche der Mathematik zukommen soll. Handelt es sich um ein mathematisches Denken, das - etwa im Sinne des neuplatonischen Mathematikverständnisses - seine wesentlichen Impulse aus der Perspektive einer „geistigen Realität“ erhält, oder ist Mathematik hier auf eine „atomare Wirklichkeit“ bezogen?

Die Konsequenzen, die sich aus einer Entscheidung zugunsten der einen oder anderen Fragestellung ergeben, sind nicht unerheblich. Mathematisches Denken stünde - pointiert ausgedrückt - entweder im Dienst des „Göttlichen“ oder der „Materie“. Die Annahme jedoch, daß Mathematik entweder mit dem einen oder dem anderen Prinzip verflochten sei, wirkt auf die Charakteristik des Mathematischen und das hiermit verbundene interpretatorische Verständnis selbst zurück. In diesem Sinne also - und dies scheint wichtig für die Standortbestimmung von Brunos Denken - bedeutet die jeweilige Zuordnung der Mathematik auf eine bestimmte Form von Wirklichkeit immer auch eine Vorentscheidung bezüglich des Wesens von Mathematik.

Deutlich wird dies durch die Ergebnisse der bisherigen Brunoforschung. So konzentriert sich die Beurteilung vor allem auf das mit dem Begriff „atomus“ verbundene Realitätsverständnis Brunos, das einerseits als wesentliches Verdienst des Systems oder andererseits als eigentliches Hemmnis für die Entwicklung des mathematischen Denkens ausgewiesen wird:

Den Anfang der Auseinandersetzung mit der brunonischen Philosophie und Mathematik macht K. Lasswitz.[2] Lasswitz versucht Brunos Lehre vom „dreifachen minimum“ als eine „mathematische Atomistik“[3] einzustufen. Trotz des „bleibenden Verdienstes“, durch den „erkenntnistheoretischen Ausgangspunkt seiner Monadologie, [...] den Atombegriff klar uns widerspruchsfrei dargestellt zu haben“,[4] ist die „mathematische Atomistik“ jedoch nur Ausdruck einer „absonderlichen Mathematik“[5], die das physikalische Sein der Atome unkritisch auf die Seinsweise der mathematischen Gegenstände übertrage. Die Identifikation von Physik und Mathematik stellt sich demnach für Lasswitz als der entscheidende Irrtum des brunonischen Systems dar, in dessen Folge eine Mathematik der „reinen Formen“[6] unmöglich werde.

Die These von einer „verwechselnden Vermengung“ von physikalischem und mathematischen Sein greift F. Tocco[7] in seiner abschließenden Würdigung des brunonischen Begriff des Minimum auf. Dies hält Tocco für den „fundamentalen Irrtum“[8] des brunonischen Denkens, der sachlich dazu führe, daß innerhalb der Mathematik das Moment der Diskretion überwiege und der Begriff der Kontinuität nicht genutzt werden könne. Zudem macht Tocco auf eine Polemik Brunos gegenüber den „Elementen“ des Euklid aufmerksam, die sich nicht nur in einer methodisch nicht gerechtfertigten Abneigung gegenüber der Trigonometrie bemerkbar mache, sondern versuche, die Demonstrationen Euklids durch „gewundene“ und „trügerische“ Aussagen[9] zu ersetzen.

2 K. Lasswitz, Geschichte der Atomistik vom Mittelalter bis Newton, Bd. 1, Darmstadt 1963.

3 Ebd., S. 386.

4 Ebd., S. 381.

5 Ebd., S. 377.

6 Ebd., S. 383.

7 F. Tocco, Le opere latine di Giordano Bruno esposte e confrontate con le italiane, Firenze 1889, S. 167.

8 Ebd., S. 412.

9 F. Tocco, Le opere latine, S. 412.

E. Cassirer[10] versucht vor dem Hintergrund eines idealistischen Wissenschaftsbegriff und der Annahme einer unilinear verlaufenden historischen Entwicklung der Infinitesimalrechnung nachzuweisen, daß sich die „Methodenlehre Brunos in die dürren und unfruchtbaren Wege der Lullischen Gedächtniskunst verlieren“ müsse, „weil ihr der freie Ausblick in eine mathematische Theorie der Erfahrung verwehrt“[11] sei. Obwohl Cassirer die prinzipielle Berechtigung des logischen Ansatzes von Bruno feststellt und diesen vor allem in der Diskussion des brunonischen Grenzbegriffs zu verdeutlichen sucht, überwiegt doch auch für ihn - wiederum in Anlehnung an Lasswitz - das „Denkmittel der diskreten Zahl, nach welchem allein Brunos Logik gestaltet ist.“[12] Hierdurch würde jedoch der berechtigte Ausgangspunkt der Überlegung destruiert und durch eine die mathematischen Gegenstände verdinglichende geometrische Anschauung ersetzt, die den geometrisch „exakten Begriff der Gleichheit“[13] verleugne.

K. Atanasijevic[14] interpretiert die brunonische Mathematik als eine „diskrete Geometrie“.[15] Das Moment des Diskreten bestimme darin nachhaltig die Auffassung des Raumes und die Theorie der geometrischen Gestalten. Als wesentliches Problem der Interpretation gilt für Atanasijevic die Feststellung, daß Bruno als Verfechter eines Konzepts von kosmologischer Unendlichkeit dieser Unendlichkeit eine Geometrie entgegenstelle, die den Raum als aus finiten Grundeinheiten zusammengesetzt denke.

J. L. Horowitz[16] versucht Brunos Begriff des Minimum philosophiegeschichtlich einzuordnen und von hier aus seine Besonderheiten aufzuzeigen. Als historische Bezugspunkte gelten hierbei die atomare Konzeption des Demokrit und die Monadologie Leibnizens: Dem mechanistischen Weltbild der antiken Atomisten stellt Horowitz die „Spiritualität“ der leibnizschen Monade gegenüber.[17] Die brunonische Monade ist nach Horowitz mit keiner der beiden Auffassungen identisch. Das „monistische System“ Brunos habe das Verdienst, durch das Prinzip einer höchsten Monade die „Opposition“ zwischen Mikrokosmos und Makrokosmos überwinden zu können.[18] Eine Be-

10 E. Cassirer, Das Erkenntnisproblem in der Philosophie und Wissenschaft der neueren Zeit, Bd. 1, Darmstadt 1991.

11 E. Cassirer, Das Erkenntnisproblem, Bd. 1, S. 313.

12 Ebd., S. 304.

13 Ebd., S. 309.

14 K. Atanasijevic, The Metaphysical and Geometrical Doctrine of Bruno, As Given in His Work De Triplici Minimo, St. Louis 1972.

15 Ebd., S. 96.

16 J. L. Horowitz, The Renaissance Philosophy of Giordano Bruno, New York 1952.

17 Ebd., S. 105.

18 Ebd., S. 103.

wertung des mathematischen Gehalts des brunonischen Systems war offensichtlich nicht das Anliegen des Verfassers.

Neuere Deutungsversuche der brunonischen Philosophie und Mathematik bewegen sich ebenfalls in der Interpretationslinie, die von Lasswitz und Tocco begründet wurde. So stellt H. Védrine[19] fest, daß Bruno mit seiner Theorie des Minimum die „pythagoreisch-platonische" Mathematiktradition verlasse, die noch den jungen Bruno begeistert habe.[20] Der mit dem Begriff des Minimum verbundene „Materialismus" verknüpfe sich mit einer „anti-mathematischen" Grundhaltung Brunos.[21] Der mathematische Gedanke beziehe sich auf eine „Mathematik der Realität" als eine Wirklichkeit, die sich wesentlich in der atomar-materialistischen Struktur der physischen Welt konstituiere.[22] Dem „Genie" Descartes', Leibnizens und Newtons als den „Spezialisten" des mathematischen Denkens stehe Bruno als „Amateur" gegenüber.[23]

Auch G. Aquilecchia[24] stellt den atomistischen Charakter der Materie in den Vordergrund seiner Überlegungen. Die Realität werde demnach durch ein „absolutes, physisches minimum" bestimmt.[25] Aquilecchia weist weiterhin auf die terminologischen Unterschiede zwischen den Begriffen „Minimum", „Atom" und „Monade" hin. So könne das Atom zugleich Minimum und Monade sein, umgekehrt jedoch könnten das Minimum und die Monade nicht mit dem Atom „koinzidieren".[26] Auf diese Weise konstituierten die Atome die „noch nicht determinierte erste Materie".[27] Im Rahmen eines späteren Beitrags[28] macht Aquilecchia in einer wichtigen historischen Anmerkung auf die mathematische Tradition aufmerksam, in der sich Bruno wahrscheinlich bewegte. Aquilecchia stellt in diesem Zusammenhang die schwerpunktmäßig euklidsche Tradition der Universität Padua heraus, von der her sich auch die Euklidrezeption Brunos erklären lasse.

19 H. Védrine, La conception de la nature chez Giordano Bruno, Paris 1967.
20 Ebd., S. 194.
21 Ebd., S. 194.
22 Ebd.
23 Ebd., S. 195.
24 G. Aquilecchia, Giordano Bruno, Roma 1971.
25 Ebd., S. 73.
26 Ebd., S. 74.
27 Ebd.
28 G. Aquilecchia, Mathematische Aspekte in Brunos Denken von De minimo bis zu den Praelectiones geometricae. In: K. Heipcke, W. Neuser, E. Wicke (Hrsg.), Die Frankfurter Schriften Giordano Brunos und ihre Voraussetzungen, Weinheim 1991, S. 135 - 143.

A. Deregibus[29] beruft sich bei seiner Deutung der Frankfurter Lehrgedichte explizit auf F. Tocco. Die Aussagen zum Begriff des Minimum basieren wesentlich auf dem ersten Buch von De minimo, dem der Verfasser in Übereinstimmung mit Tocco einen größeren Stellenwert als den sich anschließenden vier Büchern einräumt. Aus diesem Grund „genüge es", auf den Inhalt des ersten Buches zu reflektieren.[30] Die inhaltliche Durchführung konzentriert sich gemäß der Thematik des ersten Buches von De minimo auf die Erläuterung der brunonischen, von dem cusanischen Gedanken der „coincidentia oppositorum" inspirierten Unendlichkeitsspekulation, auf die atomistischen, wirklichkeitsbegründenden Prinzipien des „Vollen" und des „Leeren" sowie auf die systematische Zuordnung des Minimum als Teil und als Grenze.[31] Trotz seiner Verbundenheit mit Toccos Deutungsversuch zeichnet sich bei Deregibus jedoch die Absicht ab, den „demokrit'schen und lukrez'schen Atomismus" Brunos mit dessen These von der kosmologischen Unendlichkeit zu vereinen. Vor diesem Hintergrund versucht Deregibus die von Tocco angenommene „anti-mathematische" Haltung Brunos zu relativieren. Brunos Mathematik sei vielmehr als eine „Wiederaufnahme und letzte Annäherung" an die Wirklichkeit im Sinne eines „Modells" zu verstehen, das mit den Mitteln der Arithmetik und Geometrie die „Fülle der Realität" zu beschreiben suche.[32]

C. Monti[33] erläutert in seiner Einleitung zu der italienischen Übersetzung der Frankfurter Lehrgedichte die Bedeutungsvielfalt der brunonischen „Konzeption des minimum". Von hieraus erweitert sich die Perspektive der Interpretation durch den Verweis auf die geistmetaphysischen Implikationen, die in dieser Philosophie wirksam sind. Die Dreiheit von „mens - intellectus - amor" bestimme somit die „ethisch-metaphysische" Dimension von Brunos Denken.[34] In der Einschätzung der Mathematik schließt sich Monti der Ausdrucksweise von K. Atanasijevic an und spricht von der „diskreten Geometrie" Brunos,[35] die besser als eine Geometrie des Kontinuums mit den Aussageabsichten der Metaphysik in Einklang stehe.

29 A. Deregibus, Bruno e Spinoza, La realtà dell' infinito e il problema della sua unità, vol. 1, Torino 1981.

30 A. Deregibus, Bruno e Spinoza , vol. 1, S. 146.

31 Ebd., S. 147 f.

32 Ebd., S. 150.

33 C. Monti, Einleitung zu: Opere latine di Giordano Bruno, Il triplice minimo e la misura, La monade, il numero e la figura, L' immenso e gli innumerevoli, Torino 1980, S. 9 - 62.

34 Ebd., S. 25.

35 Ebd., S. 26.

Ein neuer Anfang in der Brunoforschung zeichnet sich in den Beiträgen der jüngsten Zeit ab. Bestimmend ist hierbei der Versuch, das von Lasswitz und Tocco vorgegebene Interpretationsschema zu korrigieren. So wird nunmehr in Bezug auf Brunos Konzept der Mathematik ernsthaft die Frage gestellt, in welcher Form diese mit der metaphysischen, kosmologischen und erkenntnis-theoretischen Problemstellung Brunos verbunden ist. Zugleich wird die Diskussion aus mathematikhistorischer Sicht durch die Vermutung bereichert, daß die brunonische Mathematik eben nicht auf eine durch den atomistischen Grundgedanken bestimmte „Geometrie des Diskreten“ zu reduzieren sei, sondern tatsächlich die Entwicklung der Analysis beeinflußt habe.

Gegen die „voreilige Bewertung“ Toccos, der von der „gefährlichen Vermischung philosophischer und mathematischer Überlegungen“ durch Bruno rede, möchte S. Otto[36] die Berechtigung der brunonischen Mathematik als eine „konkrete Geometrie“[37] verteidigen. Ausschlaggebend für das Verständnis der brunonischen Mathematik sei die Theorie der „figura“.[38] Bestimmend sei eine „*neue* Theorie sinnlicher Erfahrung, die [...] mit einem Konzept der ‘Figuration’ von Sinneswahrnehmung arbeitet“[39]. Der „Akt der ‘figuratio’“ gehe dem „rationalen Akt des Messens“ voraus und beide Momente würden von Bruno „wie zwei Modi ein- und desselben Erkenntnisvollzugs“ miteinander verfugt.[40] Ottos Überlegungen, die vor allem auf die Zusammengehörigkeit von räumlicher Ausdehnung und Gestalthaftigkeit hinweisen, lassen allerdings den metaphysischen Bezug zwischen der Gotteslehre und der Gestalttheorie unberücksichtigt. So entsteht der Eindruck, daß Brunos Geometrie losgelöst von den metaphysischen Prinzipien ausschließlich auf eine „sinnliche Geometrie“ reduziert wird.

Erste Verweise auf die Interpretationsbedürftigkeit der mathematischen Erkenntnistheorie Brunos erfolgen durch M.-L. Heuser-Keßler.[41] In Abhebung von der traditionellen Definitionslehre und Axiomatik Euklids begründe Bruno „keine Geometrie endlicher, mit Zirkel und Lineal konstruierbarer Figuren, sondern eine infinite, das Endliche aus dem Unendlichen erzeugende

36 S. Otto, Figur, Imagination, Intention. Zu Brunos Begründung seiner konkreten Geometrie. In: K. Heipcke, W. Neuser, E. Wicke (Hrsg.), Die Frankfurter Schriften, S. 37 - 50.

37 Ebd., S. 37.

38 Ebd., S. 39.

39 Ebd. [Hervorhebung von S. Otto].

40 Ebd.

41 M.-L. Heuser-Keßler, Maximum und Minimum. In: K. Heipcke, W. Neuser, E. Wicke (Hrsg.), Die Frankfurter Schriften, S. 181 - 197.

Geometrie."[42] Die Einsicht, daß Brunos Verständnis des Unendlichen die Notwendigkeit mit sich bringe, die traditionelle Erkenntnistheorie der Mathematik zu erweitern, ist eine der Grundaussagen dieses Beitrags.

In fachmathematischer und mathematikhistorischer Absicht bemühen sich K. Heipcke, W. Neuser und E. Wicke[43] die noch nicht untersuchten Auswirkungen von Brunos „maß- und strukturtheoretischen Einsichten", „Atomlehre" und „Monadologie"[44] als ernstzunehmendes Desiderat der Brunoforschung kenntlich zu machen. Vor dem thematischen Hintergrund einer wesensgemäßen „Identität von Punkt und Raum" erörtern die Verfasser die „Theorie des Messens" im Kontext der Entwicklung der Grenzwertbetrachtung und stellen die Frage nach möglichen Auswirkungen von Brunos Mathematik auf die Indivisibilienlehre des 17. Jahrhunderts. Das wesentliche Verdienst dieses Interpretationsansatzes ist es, das brunonische Denken erstmals konsequent im Zusammenhang mit historisch „anerkannten" Methoden der Mathematik zu betrachten.

Zur systematischen und historischen Absicht der Arbeit

Die Forschungslage zur brunonischen, am Begriff des Minimum orientierten Philosophie und Mathematik läßt eine erstaunliche Divergenz in der Beurteilung spüren. So überlagern sich systemgebundene und geschichtliche Implikationen, die die Interessenlage der jeweiligen Deutungsversuche bestimmen. Dies kann nun durchaus im positiven Sinn als das Anzeichen für die Dichte eines Denkens gewertet werden, dessen inhaltliche Substantialität Anlaß zu vielfältigen Reflexionen gibt; andererseits gilt es jedoch auch den Gesamteindruck festzuhalten, daß offensichtlich weder die systematische Position noch die geschichtliche Einordnung Brunos hinreichend gesichert ist. Die unzureichende Behandlung des systematischen Kontextes zeigt sich vor allem in der eigentümlichen Überbewertung des Atombegriffs und dessen Konsequenzen für die Konzeption der Mathematik: Obwohl es offensichtlich Brunos Absicht ist, mit der Dreiheit des „minimum" eine hierarchisch gegliederte Struktur des Seinsaufbaus zu konstituieren, in der das Atom selbstverständlich eine zentrale Funktion erfüllt, bleibt doch die als göttliches Prinzip aus-

42 M.-L. Heuser-Keßler, Maximum und Minimum, S. 182.

43 K. Heipcke, W. Neuser, E. Wicke, Über die Dialektik der Natur und der Naturerkenntnis, S. 145 - 162.

44 Ebd., S. 162.

gewiesene „monas monadum“ für das Verständnis der Mathematik eigenartig unbeachtet. Die Korrekturversuche dieser einseitigen Auslegung, die die neueste Forschung unternimmt, führen nun ihrerseits auf eine Fülle neuer Problemstellungen, die zusätzlich zu der Problematik der inneren Geschlossenheit des brunonischen Gedankengebäudes auf ungeklärte Fragen in der brunonischen Erkenntnistheorie und Methodenlehre hinweisen. Was das geschichtliche Verdienst von Brunos Philosophie angeht, sind innerhalb der Forschung ebenfalls erhebliche Differenzen zu vermerken. Während die von Lasswitz und Tocco beeinflußten Deutungsversuche die brunonische Mathematik auf eine Mathematik diskreter Endlichkeit reduzieren, heben neuere Versuche auf den Unendlichkeitscharakter der Mathematik ab und versuchen, die Richtung für die Beantwortung der Frage nach der historischen Standortbestimmung und der Wirkungsgeschichte erneut zu fixieren.

Vor dem Hintergrund dieser Vielfalt von Interpretationslinien stellt sich nun für jeden weiteren Deutungsversuch das Problem, über die Absicht und Zielsetzung der *methodischen* Vorgehensweise zu reflektieren. Um zu einem besseren Verständnis des brunonischen Gedankengebäudes zu gelangen, scheint die vordringlichste Aufgabe darin zu bestehen, nicht Einzelaspekte weiterzuverfolgen, sondern eine einheitliche Sichtweise auf die verschiedenartigen und - für die Forschung - eigentümlich unverbundenen Philosopheme und Begriffe anzustreben, um von hier aus den Bezug zwischen Philosophie und Mathematik zu klären. Notwendig jedoch ist diese Intention mit einer Rechtfertigung des Interpretationsansatzes verbunden. Gibt es für Bruno - so ist demnach zu fragen - ein Kriterium, das eine einheitliche Reflexion auf das begrifflich Verschiedene und eine Vermittlung des Unverbundenen erlaubt, sodaß, gleichsam geleitet von der Sache selbst, eine Möglichkeit zur Selbstvergewisserung in Bezug auf die methodische Vorgehensweise besteht?

Tatsächlich löst Bruno das hier aufgeworfene Problem durch eine einfache und universell verbindliche Aussage: Die Einheitlichkeit des Systems und seine Erkennbarkeit wird geleistet durch das metaphysische Prinzip der göttlichen Monas oder Einheit. Entschieden ist entgegen der „atomistischen“ und „diskretionistischen“ Tendenzen der Literatur zu Bruno darauf hinzuweisen, daß die Theorie des Minimum Einheitsdenken sein will: Dementsprechend lassen sich die ontologisch hierarchischen Abstufungen des Seinsaufbaus und die Bedingungen für die Erkennbarkeit des Seienden nur durch die Wirkweise des Einen verstehen. Stellvertretend für leitmotivisch Wiederkehrendes kann hier auf die Selbstprädikation der Monas verwiesen werden, die sich selbst als Fülle des Seins ausspricht und als übergeordnetes Prinzip innerhalb der Dreiheit des Minimum gründend für Punkt und Atom wirkt.[45] Den Überlegungen zur Erkenntnis- und Wissenschaftstheorie zufolge wird dies ergänzt durch die Aussage, daß es für das reflektierende Subjekt gerade die mathematische Denkweise sei, in der sich die Einheit der Methode manifestiere. Hieraus aber folgt, daß ein Bezug zwischen Philosophie und Mathematik deshalb gegeben sein soll, weil in beiden Disziplinen die Einheit als konstitutiver Grund wirksam wird. Für das Selbstverständnis des Interpretationsansatzes leitet sich hieraus ab, daß eine einheitliche und vermittelnde Sichtweise auf das „Ganze des Systems" nur durch eine mathematische Reflexion möglich sein kann.

Nun könnte jedoch gegen diese Begründung der Methode der Einwand erhoben werden, daß die Frage nach ihrer Einheit gleichsam zirkulär mit dem Verweis auf ihre Einheit, also mit dem Erfragten selbst beantwortet werde. Um bereits an dieser Stelle etwaigen Mißverständnissen zu begegnen, sei im Sinne eines Ausblicks auf Inhalt und Ziel der methodischen Reflexion auf folgendes verwiesen: Obwohl die Einheit als Voraussetzung für die Möglichkeit der mathematischen Reflexion angenommen werden muß, ist diese Weise der Einheit doch nicht schlechthin mit der göttlichen Monas identisch. Die Beziehung zwischen metaphysischer und methodischer Einheit läßt sich vielmehr im Sinne eines Verhältnisses zwischen Grund und Gegründetem verstehen. Die Möglichkeit für das methodische Denken an sich hängt im Sinne einer nicht umkehrbaren Beziehung wesentlich von dem ersten Prinzip ab. Von hier aus also meint die Sprechweise von der „Einheit der Methode" keine Einheit, die sich selbst grundlos und eigenmächtig als eine solche bezeichnet, sondern eine Einheit die aus einem zu ihr anderen abgeleitet ist.

In engem Zusammenhang mit dem Ziel einer systematischen Rekonstruktion verfolgt die vorliegende Arbeit auch eine geschichtliche Absicht. Dies meint zweierlei:

Erstens läßt sich das brunonische Denken nur in Hinblick auf Brunos Verbundenheit mit der Tradition verstehen. Dies erscheint trivial, da Bruno selbst in vielfacher Weise seine Verbundenheit mit der Tradition bezeugt und die Auseinandersetzung mit den Vorsokratikern, dem Platonismus, Aristotelismus, Neuplatonismus und zeitgenössischen Lehrstücken das gesamte Werk prägt. Für die Interpretation erfordert Brunos Umgang mit dem traditionellen Gedankengut jedoch eine geschärfte Aufmerksamkeit: Einerseits nämlich manifestiert sich innerhalb des brunonischen Denkens ein Bewußtsein für die Kontinuität von Problemkreisen und Denkstrukturen, deren Rückgewinnung und erneute Bearbeitung ein zentrales Motiv des eigenen

[45] AM 26, 12 - 16.

Selbstverständnisses ausmacht. Paradigmatisch kann hier auf Brunos Aussage hingewiesen werden, sein Philosophieren entdecke erst die „antiqua vera filosofia".[46] Andererseits jedoch darf die gewollte Anknüpfung Brunos an die Wurzeln der philosophischen Auseinandersetzung nicht darüber hinwegtäuschen, daß der Gehalt der von Bruno verwendeten Termini nicht nur durch den fortwährenden Prozeß der Auseinandersetzung innerhalb der Tradition, sondern auch durch seinen eigenen Gebrauch Erweiterungen oder Verkürzungen gemessen an der ursprünglichen Bedeutung erfährt. Zur Verdeutlichung kann hier auf die Problematik des Atombegriffs verwiesen werden, der lediglich einen Aspekt in der vielschichtigen Entwicklung des Unteilbarkeitsgedankens darstellt: So muß in der Tradition „Unteilbarkeit" nicht notwendigerweise eine atomistisch verstandene Materie meinen, sondern kann ebenfalls die Unteilbarkeit des Seins oder der Idee bedeuten. Bruno selbst treibt - trotz der Berufung auf die antiken Materialisten - die Diskussion voran, insofern das Atom in die Dreiheit des Minimum integriert wird und von hieraus durch das übergeordnete Prinzip der göttlichen „monas monadum" in einheitsmetaphysischem Kontext zu sehen ist. In diesem Sinne also ist das Moment der historischen Kontinuität nicht vordergründig als „bruchlose" Entwicklung zu unterstellen, sondern immer auch im oder als Spiegel von Diskontinuierlichem zu sehen. Demzufolge besteht das Anliegen der vorliegenden Arbeit darin, auf die wirkungsgeschichtliche Dimension der systembildenden Termini aufmerksam zu machen, um von hieraus deren spezielle Bedeutung und Funktion innerhalb des brunonischen Gedankengebäudes zu erkennen. Der methodisch systematische Anspruch ist somit untrennbar mit dem Bewußtsein verbunden, daß auch der „überzeitliche" Wahrheitsanspruch eines methodisch ausgewiesenen Systems nicht von dem Phänomen einer geschichtlich beeinflußten Interpretation loszulösen ist.

Zweitens bezieht sich das historische Interesse auf das Problem, welchen Beitrag das brunonische Denken für die Weiterentwicklung der mathematischen Wissenschaften liefert. Dies meint nicht nur, daß die Funktion der Mathematik innerhalb des Systems in ihrem Bezug zur Philosophie geklärt werden muß; zur Diskussion steht vielmehr auch die Frage nach der fachspezifischen Bedeutung der brunonischen Mathematik. Kann der mathematischen Reflexion, wie die neueste Forschung dies vermutet, nicht nur eine innere Konsistenz, sondern auch eine Bedeutung für die Entwicklungsgeschichte der Mathematik zuerkannt werden? Auch in diesem Zusammenhang wird deutlich, daß eine adäquate Beurteilung nicht unabhängig von den traditionellen

[46] CC Dial it. 29; zur Sache vgl. W. Beierwaltes, Identität und Differenz, Frankfurt a. M., 1980, S. 177 ff.

und zeitbedingten Aspekten des Verständnisses von Wirklichkeit erfolgen kann: Obwohl nämlich mathematisches Denken in den „zeitfreien“ Kontext einer systematischen Absicht eingebunden ist und von hier aus selbst Ausdrucksform „unveränderlicher“ Denkstrukturen und Inhalte sein will, reagiert auch die Mathematik auf Veränderungen allgemeiner systematischer Realitätsinterpretation. Dies heißt freilich nicht, daß der intendierte „unwandelbare“ Charakter des Mathematischen hierdurch nivelliert werde, sondern daß auf der Basis des systematischen Denkens neue Wege und Lösungen gefunden werden müssen, die dem veränderten und zunehmend komplexeren Weltbild entsprechen. Vor diesem Hintergrund erscheint es durchaus einleuchtend, daß - entsprechend den zeitbedingten, veränderbaren Faktoren der Realitätsdeutung - auch Wandlungen in der mathematischen Reflexion erfolgen. Dies kann dazu führen, daß zur Bewältigung der derselben Problemstellung unterschiedliche Lösungsvorschläge erarbeitet werden. Der Hinweis hierauf erscheint wichtig, um die Sichtweise der Interpretation nicht aus einem starr fixierten Blickwinkel einer vorgeblich „eindeutigen“ Entwicklungslinie der Mathematik einzuengen. Im Falle Brunos bedeutet dies konkret, daß die neuartige Theorie eines unendlichen Universums die Auseinandersetzung um den Geltungsbereich des Mathematischen wesentlich beeinflußt. Um jedoch zu einer fundierten Würdigung zu gelangen, darf diese Feststellung nicht nur im Sinne eines zu konstatierenden historischen Faktums angeführt werden, das die Systematik des Denkens nur äußerlich bestimmt. Das wirkungsgeschichtlich Relevante der brunonischen Mathematik läßt sich vielmehr umgekehrt - gemäß dem Sinn von Wirkungsgeschichte als Wechselbeziehung von Überzeitlichem und Zeitlichem - nur aus dem Verständnis eines systematischen Ganzen ableiten, dem über die geschichtlichen Umstände hinaus ernsthaft die Suche nach der „zeitlos gültigen Gewißheit“ zugestanden wird.

Begriff und Zielsetzung der brunonischen Methode

Die brunonische Metaphysik des Minimum ist wesentlich eine Metaphysik des Einen. Das Eine ist - im Sinne der philosophischen Reflexion auf das unbedingte Erste - der konstitutive Grund des gesamten Seinszusammenhangs. Von der gründenden Funktion des Einen ist der Bezug zwischen Philosophie und Mathematik abhängig und im weiteren umfaßt diese Verhältnisbestimmung auch das Problem der Einheit der methodischen Reflexion. Im welcher Weise aber muß die Sprechweise von der Einheit der Methode verstanden werden und welche Strukturmomente bedingen das methodische Vorgehen selbst?

Unter dem Horizont dieser Frage erhellt sich nun die methodologische Bedeutung der Mathematik für das Gesamtverständnis des Systems in folgender Hinsicht: Die metaphysische Einheit selbst stellt die Bedingung für die Möglichkeit von Mathematik dar oder präziser: Die Befähigung des Subjektes zu mathematischem Denken ist nichts anderes als die sich ihm vermittelnde Einheit selbst. Auf diese Weise also besteht das höchste Ziel der Methode in der Erkenntnis der Rückbindung an das erste Prinzip. Zudem bewirkt die Verbundenheit mit dem Ursprung die besondere Struktur des Mathematischen. Im Unterschied zu anderen Methoden zeigt sich gerade in der mathematischen Betrachtungsweise eine Selbständigkeit der Reflexion als eine Form der Erkenntnis, die sich unabhängig von vorgegeben Objekten realisiert. Dies aber intensiviert die mathematische Methode um ein Moment der Subjektivität, durch das Denken und Gedachtes als Einheit begriffen werden. Diese Verflechtung zwischen metaphysischer Einheit und Methode wird durch weitere Aspekte ergänzt: Das methodische Denken muß auf der Grundlage seiner einheitlichen Verfassung befähigt sein, Vielheit begreifen zu können, ohne selbst zu einem in sich Vielheitlichen zu werden. Dies setzt jedoch voraus, daß Einheit und Vielheit sich nicht als unversöhnliche Gegensätze gegenüberstehen, sondern daß das Mannigfaltige einen Grund für seine Intelligibilität in einer voraufgehenden Einheit hat, von der her erst das Viele verstehbar wird. Um dieses Problem lösen zu können, orientiert Bruno sich an den triadischen Denkstrukturen des Neuplatonismus: Durch die Bewegung des Denkens selbst läßt sich das ursprünglich Eine und Ungeschiedene in zweiheitlich Verschiedenes differenzieren und das solchermaßen Geschiedene wiederum - in einem dritten Schritt - auf die Einheit rückbeziehen. Für das Verständnis der Einheit der Methode bedeutet dies, daß „Einheit" nicht etwa als starre Unbeweglichkeit mißverstanden werden darf, sondern immer auch den „Weg" des Denkens selbst als eine dreiheitliche Bewegung von Einheit in Vielheit und Vielheit in Einheit meint.

Das reflektierende Subjekt muß sich der Einheit seines methodischen Vorgehens bewußt sein, da andernfalls jede Erkenntnis dem Verdacht der Beliebigkeit ausgesetzt wäre. Dies ist gleichbedeutend mit dem Problem, inwiefern der Mathematik ein „gesicherter Ausgangspunkt" des Denkens zugesprochen werden kann. Von hieraus spezifiziert sich die Diskussion der Methode zu einer Erörterung des erkenntnistheoretischen Stellenwertes der elementaren mathematischen Strukturen und Verfahrensweisen.

Die Frage nach der Methode läßt sich nicht von dem Gegenstand ihrer möglichen Anwendung lösen. In diesem Sinn muß sich nun mathematisches Denken nicht nur mit der neuartigen Auffassung des Unendlichen auseinandersetzen, sondern es verbindet sich auch mit einem wissenschaftstheoretischen Programm. Das letzte Ziel der wissenschaftlichen Erkenntnis ist die Einsicht in die Universalität der Wissensstrukturen und deren ersten metaphysischen Grund.

Vor dem Hintergrund der allgemein übergreifenden Überlegungen zur Methode schließt sich nunmehr die Aufgabe an, die Wechselbeziehung zwischen dem methodischen Denken und der systematisch inhaltlichen Aussage anhand des Ganges der Untersuchung zu verdeutlichen:

Die vorliegende Arbeit nimmt im *ersten* Kapitel ihren Ausgangspunkt bei der Begründung der Einheit der mathematischen Methode selbst, durch die zugleich ihre auf die Metaphysik rückweisende Bedeutungsdimension erschlossen wird. Dem Ansatz nach leistet dies die brunonische Reflexion in De la causa durch die Deutung von Punkt und Atom als einem Unteilbaren, das erst durch ein erstes Prinzip des Einen prinzipiiert wird.

Von hier aus wendet sich im *zweiten* Kapitel die Gedankenführung den Ausführungen im brunonischen Spätwerk zu. Hierbei gilt es darauf aufmerksam zu machen, daß sich der Gedanke der Einheit der Methode zu einer „Doppelwertigkeit" der verwendeten Begriffe ausweitet. Die Einheit von Metaphysik und Mathematik, die Bruno anhand der Kenntnis des Begriffs „Minimum" in den Articuli adversus mathematicos postuliert, wird weiterhin spezifiziert: Die begrifflichen Elemente, die sich für das mathematisch denkende Subjekt als erste Denkinhalte erschließen, gelten zugleich als Konstituentien des Seinsaufbaus. In diesem Sinn intensiviert sich die Einheit der Methode für den Mathematiker zu einem Denkinstrumentarium, durch das die ontologischen Gegebenheiten „subjektiv" erfaßt werden, wobei dem solchermaßen Erkannten zugleich auch die Gewißheit der Objektivität zugesprochen werden kann.

Nach diesen Überlegungen werden im *dritten* Kapitel die ontologische Funktion des dreifachen Minimum und die mathematisch deutbare Struktur des Seinsaufbaus erläutert. Von Bedeutung hierbei ist, daß der Begriff des Minimum nicht in Einzelaspekte isoliert, sondern im systematischen Kontext der Selbstentäußerung des ersten göttlichen Prinzip betrachtet wird: Wesentlich ist die dreiheitliche Korrelation von „mens - natura - ratio", die untrennbar mit dem Begriff des Minimum, d. h. mit der Dreiheit „monas - punctum - atomus" verbunden ist. Dies aber verdeutlicht die brunonische Absicht dahingehend, daß zusätzlich zu den systematischen und methodologischen Komponenten des dreifachen „minimum" eine Zuordnung von „Gott - Mensch - Natur" eingeführt wird, durch die die systematischen und methodologischen Aspekte allererst ihre Bedeutung gewinnen. Wenn daher von einem Verhältnis zwischen Philosophie und Mathematik in methodologischer die Rede ist, so kann dies sinnvoll nur aus der Perspektive des Denkenden geschehen, dem ein Wissen um die übergreifenden Zusammenhänge von Wirklichkeit gegeben ist. Mathematische Reflexion steht somit nicht für sich selbst, sondern für die Beziehung des reflektierenden Subjekts zu Gott und Natur. Vor dem Hintergrund des metaphysischen und theologischen Ansatzes des Systems lassen sich im weiteren erst die Motive verstehen, die die theoretische Entwicklung der Mathematik vorantreiben. So erfolgt auf der Grundlage der verschiedenartigen Gottesprädikate wie „monas monadum“ oder „mens“ eine konsequente Umdeutung der Theorie der Größe, die ihren Grund in der Wirkweise des metaphysischen Prinzips hat. Die widerspruchsfreie Begründung des unendlichen, einen Raumes und der Raumdimensionen bilden das Ergebnis dieses Themenbereichs.

In den Kapiteln *vier, fünf und sechs* verfolgt der Gang der Analyse speziellere Überlegungen zur Entwicklung der Mathematik. Den Ausgangspunkt der Erörterung bildet hierbei die durch die veränderte theoretische Fundierung des Größenbegriff entstandene Schwierigkeit, die Einheit des unendlichen Raumes in vorstellbare, endlich begrenzte Raum*teile* zu „differenzieren“. In diesem Zusammenhang erweist nun die triadisch strukturierte Bewegung des Denkens ihre methodologische Valenz: So muß die ursprüngliche Einheit der unendlichen Größe in vorstellbare, endliche Größen begrenzt werden. Dies aber ist, aus der veränderten Perspektive „mathematischer Subjektivität“, eine Frage der Definition der Raumstrukturen durch das mathematisch denkende Subjekt. Die Möglichkeit des Definierens selbst wurzelt jedoch in der dreiheitlichen Bewegung des Denkens. Im folgenden greift diese Zuordnung von Definition und Unendlichkeit über auf die Entwicklung des mathematischen Grenzverfahrens, das den Theoriekern der fachspezifischen Richtung der brunonischen Mathematik markiert. Die Reflexionen auf die als „Grenzübergang“ verstandene Gleichheit von qualitativ Ungleichartigem und die Theorie der grenzsetzenden, definitorischen „Einteilung“ des unendlichen, *kontinuierlichen* Raumes in endliche Größen werfen ein neues Licht auf Brunos zu Unrecht als „Geometrie des Diskreten“ bezeichnete Mathematik. Seine Mathematik ist keineswegs, soviel sei an dieser Stelle vorweggenommen, eine Mathematik des Endlichen, sondern eine Mathematik der Verendlichung des Unendlichen.

Im *siebenten* Kapitel wendet sich die Reflexion einer Untersuchung über die mathematisch-wissenschaftliche Erfaßbarkeit der unendlichen göttlichen Einheit zu. Wenn in den vorhergehenden Kapiteln der räumliche Unendlichkeitsbegriff akzentuiert wurde, so manifestiert sich nunmehr der wechselseitige Bezug von Philosophie und Mathematik in der Thematik, inwieweit die das mathematische Denken die Unendlichkeit des Göttlichen zu verstehen vermag. Aus der Perspektive mathematischer Reflexion führt dies auf die Frage, inwieweit und in welcher Weise metaphysische Strukturen durch mathematische Strukturen abgebildet werden können. In diesem Zusammenhang entwickelt Bruno seine Theorie einer universellen Wissenschaft, die - schon im Sinne einer erkenntniskritischen Untersuchung - die Ursprünglichkeit und Aussagekraft der ersten mathematischen Denkelemente überprüft. Hierbei wird sich zeigen, daß gerade der Versuch, die ersten Prämissen des mathematischen Denkens zu fixieren und weiterhin die Absicht, die göttliche Unendlichkeit mit den Mitteln der Mathematik begreifen zu wollen, wesentliche Impulse für die Analyse der Aussagefähigkeit der mathematischen Logik beinhaltet.

Im *achten* und abschließenden Kapitel wird die Frage nach dem Wesen von Kommunikabilität an sich gestellt. Über die im vorgehenden Kapitel erarbeiteten Ergebnisse hinaus soll geklärt werden, wodurch die Entsprechung zwischen dem göttlichen und dem menschlichen Geist begründet ist bzw. worin sie besteht. Dies bedingt eine intensivierte Reflexion auf das Verständnis universell gültiger Wissensstrukturen, die sich besonders der Abbildungsfunktion der Zahlen und Rechenregeln zuwendet. Neben diesen systematischen Aspekten soll dabei auch durch einen Ausblick auf Leibnizens *mathesis universalis* die problemgeschichtliche Bedeutung von Brunos Universalwissenschaft in den Blick gerückt werden.

Wenn die hier vorgelegten Überlegungen der Diskussion Stand halten, dann wäre die bisher uneinheitliche und in sich widersprüchliche Sichtweise der Forschung zu Brunos Leistung zu berichtigen. Dies bezieht sich nicht nur auf die systematische Stringenz von Brunos philosophischer Gedankenführung, sondern auch auf den fachlichen Wert der mathematischen Aussagen. So ist es das zentrale Anliegen der Abhandlung, den überzeitlichen und geschichtlich gebundenen Wahrheitsanspruch des brunonischen Denkens zu erhellen.

1 Hintergründe der Entwicklung des brunonischen Mathematikverständnisses

Die mathematische Konzeption der Metaphysik von De minimo entwickelt sich schrittweise im Rahmen der metaphysischen und wissenschaftlichen Problemstellung. Die metaphysische Spekulation und die wissenschaftliche Programmatik, die im brunonischen Gesamtwerk weitgehend unabhängig voneinander reflektiert werden, verdichten sich in De minimo zu einer einheitlichen Position: Die wissenschaftliche Methode findet als Methode der Mathematik ihren Gegenstand in der Thematik der Metaphysik und eines metaphysisch begründeten Naturbegriffs; die metaphysischen Sachverhalte müssen - um den Anforderungen von Wissenschaft zu genügen - in mathematischer Weise durchdringbar sein. Andererseits aber gewinnt die mathematische Methode durch das erste Prinzip der Metaphysik erst ihre letzte, methodologisch nicht weiter hinterfragbare Grundlage und erfährt somit auch eine Einschränkung ihrer Kompetenz.

Um dieses Bedingungsgefüge von Metaphysik und Mathematik in den mathematischen Schriften Brunos einsichtig zu machen, sollen im folgenden Abschnitt die Grundfragen beider Problembereiche skizziert werden.

1.1 Das Verhältnis von metaphysischem Einheitsprinzip und kategorialem Sein in *De la causa*

Schon in De la causa wird die Mathematik als eine Möglichkeit betrachtet, die innere Zuordnung zwischen einem ersten ungegenständlichen Prinzip und dessen Entäußerung in Gegenständliches zu verdeutlichen. Allerdings bleibt die Funktion der Mathematik in diesem Entwurf auf eine „zeichenhafte Verdeutlichung" („segno") sie übergreifender, metaphysischer Sachverhalte beschränkt. Erst in De minimo findet die Mathematik das ihr eigentümliche Objekt in einer mathematisch beschreibbaren Natur, deren mathematische Struktur letztlich in der Explikation der Ideen des göttlichen Geistes („mens", „deus") als einem rationalen Ordnungsgefüge quantitativer und qualitativer Beziehungen gründet. Trotz dieser inhaltlichen Divergenz dürfen die Dialoge von De la causa als eine Hinführung auf den Themenkreis „Metaphysik und Mathematik" gelten, da in ihnen nicht nur die ontologischen und kategorialen Bezüge zwischen Einheit und Quantität konstituiert werden, mit denen die Mathematik als Interpretament des Seins konfrontiert ist, sondern auch in einem ersten Ansatz die Frage nach dem erkenntnistheoretischen Fundament der mathematischen Methode gestellt wird.

In diesem Zusammenhang soll die Diskussion thematischer Schwerpunkte von De la causa vor allem einen Zugang auf das in der Brunoforschung strittige Problem eröffnen, welche Absicht das sogenannte „atomistische" Argument in der brunonischen Mathematik eigentlich verfolgt. Der Rekurs auf De la causa rechtfertigt sich dabei nicht nur rein äußerlich, indem Bruno selbst in seinem vierten Buch von De minimo auf die argumentativen Errungenschaften von De la causa verweist[1] und sich somit für Bruno die Kontinuität des eigenen Denkens eben nicht in der Entwicklung einer spezifisch atomistischen Mathematik, sondern - so legt es der Kontext des vierten Buches nahe - in der Fortsetzung der für De la causa verbindlichen pythagoreisch-platonischen und cusanischen Mathematiktradition erweist.[2] Vielmehr zeigen die Ausführungen von De la causa vor allem sachlich, daß die von einem Teil der Forschung vollzogene, einseitige Reduktion des „atomistischen" Grundgedankens auf einen Begriff physikalischer Unteilbarkeit einer Korrektur bedarf. So favorisierte Bruno nach eigener Aussage lange Zeit das demokritsche und epikureische System, nach welchem „die Materie allein die Substanz der Dinge und zugleich die göttliche Wesenheit sei";[3] schließlich sei er jedoch zu der Einsicht gelangt, daß weder eine einseitige Betonung der materialistischen Position noch auch die Festlegung auf ein ausschließlich materie-unabhängiges Formprinzip als exklusives, metaphysisch gründendes Konstituens des Seienden hinreichend sei.[4] In diesem Sinne bestimmt denn auch die Gleichberechtigung zwischen Geistigem und Sinnlichem - oder metaphorisch gesprochen die Versöhnung zwischen Licht und Dunkel[5] - die Dialoge von De la causa und wirkt in den spezielleren mathematischen Ausführungen zur Definitionslehre in De minimo fort.

1 TMM 272, 21 - 25.

2 TMM 269 ff. Vgl. zur Problematik einer Abkehr Brunos von diesem Strang der mathematischen Tradition z. B. H. Védrine, La conception de la nature, S. 194.

3 C (Aq) 93, 22 - 24. Giordano Bruno, Von der Ursache, dem Prinzip und dem Einen. Aus dem Italienischen übersetzt von A. Lasson. Mit einer Einleitung von W. Beierwaltes, herausgegeben von P. R. Blum, Hamburg 1983 (= L), 51 f.

4 C (Aq) 94, 6 - 9.

5 TMM 271, 27 - 272, 5.

Brunos Entwicklung und Ausdifferenzierung der diversen Bedeutungsnuancen des Unteilbarkeitsgedankens hat ihren sachlichen Ausgangspunkt in dem Bedürfnis, für das Intelligible und das Sinnenfällige *ein gemeinsames Fundament*[6] widerspruchsfrei ansetzen zu dürfen, um auf diese Weise nicht nur die neugewonnene eigene Einsicht systematisch zu verankern, sondern um sich zugleich auch gegenüber der Lehre der Aristoteliker absetzen zu können. Mit polemischer Insistenz dringt Bruno dementsprechend auf die Anerkenntnis dieses für ihn wesentlichen Grundgedankens, um vor diesem Horizont nicht nur die Unauflöslichkeit eben dieses allem gemeinsamen, einen Prinzips zu propagieren, sondern um auch die ordnungsgemäßen Bezüge alles Seienden und schließlich die methodische Einheit des mathematischen Denkens aus ihm abzuleiten. Gerade weil es nur ein Fundament des Intelligiblen und Sinnenfälligen geben soll, bedarf es - sofern dieses Fundament auch begreifbar sein soll - einer Einheit des Wissens, die fähig ist, das Verschiedene als solches aufzuheben und zu vereinheitlichen. Der Gedanke der Unteilbarkeit und der Einheit durchdringen sich also gegenseitig und bedingen eine erste metaphysische, konstante Grundannahme, die auch auf die Erkenntnistheorie und Methodenbildung ausstrahlt.

Die systematische Durchführung dieses Programms wird von Bruno allerdings nicht durchwegs mit wünschenswerter Klarheit vorgenommen. In einer eher lockeren Verbindung und Transformation traditioneller, d.h. vor allem (neu)platonischer, aristotelischer und cusanischer Lehrstücke nähert sich Bruno seiner Konzeption der unauflöslichen Einheit. Auf diese Weise gestaltet sich der Aufweis des „gemeinsamen Fundaments“ von allem durchaus als schwierig, indem der metaphysische Stellenwert dieser Einheit nicht unbedingt eindeutig bestimmt ist: Obwohl nach Brunos eigener Aussage in De la causa das oberste Prinzip und die oberste Ursache nicht den Gegenstand der Untersuchung bilden, „sofern sie [scil. die Untersuchung] über jeden Sinn und Verstand hinaus geht“[7] und somit eventuelle pantheistische Übergriffe nicht zu befürchten sind, ist die Valenz dieser Einschränkung doch für das Gesamtverständnis des Textes fragwürdig: Wenn also die Konzeption von De la causa nur die Natur als Spur („vestigio“) dieses ersten Prinzips thematisiert, bleiben doch innerhalb dieser „Spurensuche“ wesentliche Fragen offen: Unklar ist vor allem, wie das erste Prinzip - soll es nicht durch eine eigenmächtige und unkritische Behauptung in unsagbare Ferne entrückt werden - trotz seiner Unerkennbarkeit dennoch gründend wirken soll. Dies ist gleichbedeu-

6 C (Aq) 126, 5 f.: [...] una cosa che risponde alla raggione comune de l'uno e l'altro soggetto.

7 C (Aq) 65, 4 - 8; dt. Übs. (L) 27, 23 f.

tend mit der Frage, wie das erste Prinzip trotz seiner Unerkennbarkeit die „Gewißheit" seiner Existenz zu vermitteln vermag, da doch die ontologische und erkenntnistheoretische Einschätzung der Natur als „Spur" eben nur auf einer derartigen Gewißheit beruhen kann.

Inhaltlich macht sich dieser Mangel der ontologisch systematischen und erkenntniskritischen Argumentation insofern bemerkbar, als die offenbar schon wirksam gewordene Einheit innerhalb des Bereichs der Natur als Spur selbst wiederum als Ursache und Prinzip[8] der Weltseele als dem universalen Geist („intelletto universale"), der Materie als dem Schoß („seno") der Formen sowie dem einen, unendlichen und unbeweglichen Universum („l'universo uno, infinito, inmobile") zugesprochen wird.[9] In diesem Rahmen werden nun die transkategorialen und kategorialen Bedingungen des Unteilbaren und des Geteilten erörtert, die weiterhin auch für das Verständnis der mathematischen Deutungsweise des Seins relevant werden. Freilich erweist sich hierbei für das Verständnis des Mathematischen gerade die nicht beantwortete Frage nach einer möglichen Vermittlung zwischen dem absolut ersten Prinzip und dem von ihm Prinzipiierten als problematisch: Indem nämlich mathematisches Denken nach traditioneller (und auch nach brunonischer) Auffassung[10] eben jene in diesem Kontext *nicht* thematisierte Vermittlung leisten soll, erklärt sich die Reduktion der Mathematik auf das Zeichenhafte. In offensichtlichem Einvernehmen mit der cusanischen Deutung des (lediglich) exemplarischen, symbolhaften Charakters der Mathematik[11] und trotz einer - wie gezeigt werden soll - sich schon von der cusanischen Konzeption abhebenden Inanspruchnahme des Unendlichkeitsgedankens bleibt Mathematik vorläufig eben „nur" analoges, exemplifizierendes Zeichen für das Unbenennbare.[12] Obwohl dementsprechend die strenge Durchführung der eigentlich vermittelnden, konstruktiven Leistung des Mathematikers aus dem Bewußtsein der Einheit seiner methodischen Vorgehensweise noch aussteht, markiert die Position von De la causa dennoch den Anfang eines Problembewußtseins, das - gleichsam als Leitmotiv des brunonischen Denkens - den Zusammenhang der metaphysischen, systembildenden Komponenten und der mathematischen Methode vor dem Horizont eines universellen Unteilbarkeits- und Einheitsgedankens zu reflektieren beginnt.

8 Vgl. W. Beierwaltes, Identität und Differenz, S. 179 - 181.

9 C (Aq) 142, 3.

10 Vgl. z. B. F 140, 2 ff.

11 Nicolai de Cusa, Opera omnia, I: De docta ignorantia. Hrsg. von E. Hoffmann und R. Klibansky, Leipzig 1932, I 11, S. 24, 6 - 9.

12 C (Aq) 153, 13 - 18.

1.1.1 Transzendenz und Immanenz des Unteilbaren

Die Transzendenz und Immanenz des ersten Prinzips bildet den thematischen Schwerpunkt von De la causa. Die hiermit verbundene dialektische Gedankenbewegung, durch die Bruno die Wirkweise des ersten Prinzips einsichtig zu machen sucht, orientiert sich in ihren Grundzügen an der neuplatonischen Tradition. Obwohl Bruno eine Erörterung des Gottesbegriffs in De la causa noch bewußt aus erkenntnistheoretischen Bedenken zurückstellt, erinnert die Dialektik von Transzendenz und Immanenz ihrem Ansatz nach an ein theologisches Motiv des Neuplatonismus: In welcher Weise, so ist zu fragen, schließt sich das differenzlose, über-seiende oder transzendente Eine in Anderes auf, so daß durch das Eine überhaupt Anderes ist und das Eine dennoch das Eine bleibt?[13] Vor dem Denkhorizont dieser klassischen metaphysischen Problemstellung entfaltet Bruno nun seinerseits in De la causa das dialektische Verhältns von Transzendenz und Immanenz als eine Zuordnung von Unteilbarkeit und Teil, die ihre systembildende Bedeutung vor allem im Kontext der Theorie der Materie erhält.

Die Materie erscheint in ihrer sinnlich wahrnehmbaren Ausprägung als raumerfüllende, körperliche Substanz („sustanza corporale“) und steht somit unter der Kategorie der räumlichen Ausdehnung.[14] Ganz im Sinn der philosophisch-mathematischen Tradition[15] erfaßt Bruno den quantitativ ausgedehnten Aspekt der Materie durch den Aspekt des Teils, sodaß alles Ausgedehnte als Zusammengesetztes zu begreifen ist. Als Zusammengesetztes hat die sinnlich wahrnehmbare Materie ihr Sein nicht aus sich selbst;[16] hieraus folgt, daß sie in ontologischer Differenz zum Nicht-Zusammengesetzten als Nichtsein zu begreifen ist. Die Seinsminderung des Zusammengesetzten zeigt sich ebenso auf der Ebene kategorialer Gegensätzlichkeit. So verweist Teil-Sein seinem Wesen nach auf nicht realisiertes und nicht realisierbares Sein gegenüber einem Anderen, dessen So-Sein immer ausstehen-

13 Wirksam der Sache nach wird in diesem Zusammenhang die neuplatonische, dialektische Grundfigur, derzufolge Gott Alles und Nichts von Allem ist. Allerdings wird dieser Gedanke erst in den lateinischen Schriften - wie etwa in TMM 147, 4 - 12 - explizit mit dem Gottesbegriff in Verbindung gebracht. Vgl. hierzu die Erörterung in Kapitel 3, S. 65 ff.; Zur Sache vgl. ferner W. Beierwaltes, Identität und Differenz, S. 198.

14 C (Aq) 129, 15: [...] dimensioni et estensione; und C (Aq) 129, 17.

15 Vgl. z. B. Proklos, In primum Euclidis elementorum librum commentarii, ed. G. Friedlein, Leipzig 1873, S. 12, 23 - 26.

16 C (Aq) 136, 23 - 25; Bruno verweist in diesem Zusammenhang auch auf den platonischen Timaios (41 a - b). Vgl. C (Aq) 64, 27 - 30 und La cena de le ceneri, Dial. it. 155, Anm. 3.

des Sein bleibt.[17] Gegenüber dem Sinnenfälligen versteht Bruno das erste Prinzip als reine ungegenständliche und unräumliche Identität, die alle möglichen Differenzierungen des Anderen in sich als Einheit beschließt bzw. als das Unteilbare das Teilbare ungeteilt in sich enthält.[18] Unteilbarkeit meint dementsprechend nicht einen letzten, nicht weiter teilbaren Teil, der durch ein quantitatives Teilungsverfahren gewonnen würde. Vielmehr steht Unteilbarkeit für die jeder Form von Ausdehnung und Quantität enthobene, dialektische Aufhebung des Zusammengesetzten in eine Einheit, die ihre Transzendenz gegenüber dem Differenten als schlechthinnige Identität bewahrt. Indem die unteilbare Einheit zugleich die Aktualität jeder Möglichkeit *ist*,[19] wird sie zum Inbegriff des Seins an sich.[20] An dieser Stelle verbindet sich der Gedanke der Unteilbarkeit mit der transzendentallogischen These der Konvertibilität von Einheit und Sein.[21]

Das Sein ist dementsprechend grundsätzlich nur durch seine Gleichsetzung mit der Einheit zu begreifen, durch die jede Teilbarkeit des Seins negiert wird. Neben der Einheit des Seins an sich kann es kein zweites oder anderes Sein geben; damit aber wird die unteilbare Einheit in umgekehrter dialektischer Bewegung zum immanenten Urgrund des Seins für jedes So-Seiende, insofern dieses als So-Seiendes ist.[22] Der Begriff der Unteilbarkeit verdeutlicht also innerhalb der Thematik von Einheit und Sein die existenzstiftende Allpräsenz des ersten Prinzips, neben dem kein weiteres Prinzip existenzstiftend wirken kann. Die Negation der Teilbarkeit des Seins, d. h. seine ununterscheidbare Wirksamkeit in allem, führt im weiteren zu der Aufhebung eines *realen* ontologischen Gegensatzes zwischen dem Sein an sich und dem Nichtsein des Quantitativen: Obwohl die Quantität als solche nicht seinssetzend wirkt, kommt dem Quantitativen dennoch durch die unteilbare Einheit des Seins Sein zu; auch das Nicht- bzw. Andersseiende *ist*, sodaß der Gegensatz zwischen Sein und Nichtsein nur dem Namen nach besteht.[23] Dies bedeutet freilich nicht, daß nunmehr jede Differenz zwischen dem ersten Prinzip und dem Quantitativen eingeebnet würde; denn nach wie vor ist das Geteilte das Andere und Unterschiedene gegenüber Anderem. Die sachliche Tragweite

17 C (Aq) 110, 20 f.: [...] per che nessuna parte è tutto quello che può essere.

18 C (Aq) 111, 18 - 21.

19 Wirksam wird hier das cusanische „possest“. Vgl. W. Beierwaltes, Identität und Differenz, S. 190.

20 C (Aq) 131, 14 - 19.

21 C (Aq) 144, 35 - 145, 2; 146, 16 f.

22 C (Aq) 146, 23 - 28.

23 C (Aq) 125, 31 f.: perché ente e non ente non intendo aver distinzione reale, ma vocale e nominale solamente.

des transzendentallogischen Aspekts der Einheit bezieht sich vielmehr auf die Elimination eines Prinzipiendualismus zugunsten eines konsequenten einheitsmetaphysischen Ansatzes: Das Nichtsein des Quantitativen tritt der Einheit des Seins nicht als „eigenständige" Gegebenheit oder gar als ein zweites Prinzip gegenüber. Nichtsein besteht nicht als Nichtsein an sich, sondern insofern sich ein So-Seiendes von einem Anderen unterscheidet und deshalb dieses Andere *nicht* ist. In diesem Sinne meint Nichtsein also nicht die Negation des einen Seins, dessen Einheit seine Unteilbarkeit ist und das sich auch dem geteilten So-Seienden als dessen noch „kategorienjenseitiges" bzw. kategorial unbestimmtes Sein vermittelt. Nichtsein bedeutet vielmehr in oder als Differenz zu der kategorialen Unbestimmtheit des Seins die Weise der kategorialen Besonderung des einen Seienden gegenüber anderem Seienden, insofern das eine durch das Anderssein des anderen eine Einschränkung auf sein ihm jeweils eigentümliches So-Sein erfährt.

Brunos Versuch einer ontologischen Absicherung des Quantitativen durch die ungeteilte Präsenz des einen Seins zieht im weiteren eine wichtige erkenntnistheoretische Konsequenz nach sich: Die Rückbindung des Ausgedehnten an die Einheit als das Fundament des Seins verbürgt zugleich seine Intelligibität. Das Ziel des Begreifens besteht nach Bruno im Begreifen der Einheit selbst, sodaß Einheit zugleich als die Bedingung für jede vernunftgemäße Betrachtung gilt. Was sich dem Wahrnehmungs- oder Vorstellungsvermögen im Modus der räumlichen Ausdehnung bzw. der Geschiedenheit des Geteiltseins zeigt, ist von der Vernunft auf die Ungeschiedenheit der Einheit als des Grundes seines Seins zurückzuführen.[24] Dies aber bedeutet zum einen, daß kein Datum der Sinneswahrnehmung bzw. der Vorstellung per se zu einer Deutung der Gegenstandswelt führt, die deren Existenz erfassen könnte; denn an sich selbst existiert der Bereich des Wahrnehmbaren nicht. Zum anderen aber findet sich nichts Wahrnehmbares außerhalb oder neben der Unteilbarkeit des einen Seins, sodaß die Existenz des Sinnenfälligen nur durch die Ungeschiedenheit seiner eigenen Einheit vernunfthaft erkannt wird. Brunos Forderung nach einem „gemeinsamen Substrat der Sensibilität und der Intelligibilität",[25] die eng mit der Überwindung des Gegensatzes von Sein und Nichtsein verbunden ist, führt zugleich auf den Versuch der Lösung einer erkenntnistheoretischen Aporie: Der Bereich der quantitativen Phänomene ist vom erkennenden Subjekt weder im Sinne eines naiven und vordergründigen Realismus[26] einfach hinzunehmen noch als eine bloße

[24] C (Aq) 125, 28 - 30.
[25] C (Aq) 126, 2 - 6.
[26] C (Aq) 137, 8 - 12.

Welt des Scheins oder Nichtseins zu interpretieren. Der Nachweis der Existenz und damit auch der Intelligibilität bezieht sich vielmehr auch auf das Quantitative, weil diesem die unteilbare Einheit als Fundament seiner Existenz und seiner Erkennbarkeit immanent ist. Obwohl das reflektierende Subjekt notwendig auf die Differenzierungsmöglichkeiten des Geteilten verwiesen ist - ja eigentlich sogar nur das methodisch übersieht, was ihm Teil für Teil in abgeschlossener Ganzheitlichkeit gegeben ist[27] -, bedeutet diese erkenntnistheoretische Einschränkung doch keinen prinzipiellen Gegensatz zu den Erkenntnismöglichkeiten der Vernunft. Intelligibilität und Sensibilität wurzeln vielmehr in demselben „Substrat" („soggetto"), von dem her in umgekehrter Weise eine vernunftgemäße Betrachtung des Geteilten ermöglicht wird.

1.1.2 Unteilbarkeit als Inbegriff und Negation von Form

Die ontologische Abhängigkeit des Quantitativen von dem höchsten Prinzip zeigte sich anhand der Dialektik des unteilbaren Seins. Die Priorität der Unteilbarkeit vor dem Geteilten erweist sich nun in weiterer Vertiefung der Gedankenführung auch anhand des Problems seiner qualitativen Bestimmung. Die räumliche Ausdehnung der Materie bildet eine notwendige Voraussetzung für die kategoriale Differenzierung des endlich Seienden. Dennoch aber ist die Kategorie der Quantität für die Konstitution der Besonderung des Seienden unzureichend und muß durch ein qualitatives, formstiftendes Moment ergänzt werden, das untrennbar mit der räumlichen Ausdehnung verbunden ist. Entgegen der aristotelischen Auffassung des Verhältnisses von Materie und Form versucht Bruno nun beide Komponenten in eins zu denken und die Materie als den unveränderlichen Träger vielfältiger Formationen aufzuwerten. Abgesehen von der antiaristotelischen Haltung Brunos zeichnet sich sachlich durch seine Polemik gegenüber dem Hylemorphismus des Aristoteles ein zentrales Motiv ab, das in De minimo modifiziert und weiterentwickelt wird: Die räumliche Ausdehnung der Materie ist niemals nur als amorphe Stofflichkeit oder ziellos diffundierende Extension gegeben, sondern immer schon als gestaltete Formstruktur.[28] Diese Gebundenheit der Ausdehnung an Form[29] wurzelt wiederum in der unteilbaren Einheit des ersten Prinzips:

Als schlechthinnige Aktualität negiert das erste Prinzip jede partikulär begrenzte Ausdehnung und Form in sich selbst, weil es alle möglichen räumli-

[27] C (Aq) 64, 1 - 9.

[28] C (Aq) 133, 18 f.; 134, 1 f.

[29] In De minimo wird dies unter dem Aspekt der untrennbaren Verknüpfung der Kategorien von Quantität und Qualität weiterentwickelt. Vgl. Kapitel 3, S. 78 ff.

chen Gestalten als unteilbare Einheit in sich vereinigt. So erweitert sich die Funktion der unteilbaren Einheit dahingehend, daß die Einheit selbst als unausgedehnter, gestaltloser Urgrund jede ausgedehnte Erscheinung bewirkt. Die räumlichen Phänomene in ihrer Vielfältigkeit können somit nicht losgelöst von ihrem überkategorialen Urgrund betrachtet werden;[30] in ihnen zeigt sich vielmehr als entfalteter, partikulärer Ausschnitt,[31] was das Unausgedehnte als Inbegriff aller Formen und Negation jeder eingeschränkt bestimmten Form ist. Wiederum ist in diesem Zusammenhang darauf hinzuweisen, daß die Aktualität des Anschaulichen nicht im Anschaulichen selbst fußt, das Sein und die Substantialität von Ausdehnung und Gestalt gründen vielmehr in einem *unräumlichen, gestaltlosen Prinzip*.[32] Diese Feststellung ist um so wichtiger, als sie schon im Vorfeld der Diskussion des brunonischen Atomismus dem Mißverständnis begegnet, daß die Atome als raumerfüllende Elemente (etwa im Sinne des antiken, materialistischen Atomismus) selbst als verdinglichte, stofflich *daseiende* Substanzen begriffen werden sollen, durch die das Subjekt auf Grund der Sinneswahrnehmung zu einem adäquaten Seinsverständnis vorstoßen könnte.[33] Die anschaulich gegebene Gegenstandswelt *ist* nur, insofern sie durch die Produktivität des höchsten Prinzips erwirkt wird und auf die intelligible Einheit zurückgeführt werden kann.

1.1.3 Ordnung und Vergleichbarkeit

Vor dem Hintergrund des dialektischen Wechselspiels zwischen dem Unausgedehnten und dem Ausgedehnten entwickelt Bruno den Begriff der Ordnung. Damit Ordnung konstituiert werden kann, ist sowohl Verschiedenheit („distinzione“) als auch Gemeinsamkeit („qualche cosa comune“) des Verschiedenen im Sinne eines übergreifenden Gesichtspunkts anzusetzen, auf den das Verschiedene bezogen werden kann. Das Moment der Verschiedenheit beruht hierbei auf der kategorialen Gegensätzlichkeit geteilter Quantität, das Moment der Gemeinsamkeit hingegen auf der in allem wirksam werdenden Ungeschiedenheit des ersten Prinzips.[34] In diesem Zusammenhang zeigt sich ein vertieftes Interesse, das Bruno mit der Funktion der Quantität verbindet: So gilt

30 C (Aq) 149, 10 - 13: [...] tutto che si vede di differenza ne gli corpi quanto alle formazioni, complessioni, figure, colori, et altre proprietadi, e communitadi: non è altro che un diverso volto di medesima sustanza.

31 C (Aq) 150, 21 - 28.

32 C (Aq) 132, 12 f.; 134, 10 - 13.

33 Vgl. dazu Brunos Berufung auf die Pythagoreer, auf Anaxagoras und Demokrit. C (Aq) 136, 33 ff.

34 C (Aq) 125, 24 - 28; 127, 11 und 13.

ihm die Quantität nicht in einem pejorativen Sinn als das Mittel, das die Einheit in eine differente Vielheit vervielfältigt, sondern als eine notwendige Voraussetzung dafür, daß sich das identische und letztlich unerkennbare oberste Prinzip in der Weise der extensiven Geschiedenheit (des Universums) als der Spur seiner selbst willentlich zu vermitteln vermag.[35] Im Begriff der Ordnung drückt sich somit inhaltlich aus, was die brunonische Forderung eines gemeinsamen Substrats der Intelligibilität und der Sensibilität meint: Ordnung besteht demnach in der Möglichkeit der Rückbeziehung des Ausgedehnten auf das Unausgedehnte oder - aus der Perspektive der Erkenntnistheorie - in der Möglichkeit der Rückbeziehung der besonderten Wahrnehmungsgehalte auf ein übergreifendes Prinzip der Vernunft.[36] In der notwendigen Voraussetzung des Ungeschiedenen *vor* dem Unterscheidbaren manifestiert sich also das schlechthinnige Charakteristikum von Vernunft an sich, „zu dem die Differenz und unterscheidende Form erst hinzukommt".[37]

Die hier angesetzte Priorität vernunfthafter Ungeschiedenheit vertieft sich weiterhin in der brunonischen Rezeption des cusanischen Lehrstücks von der Koinzidenz der Gegensätze im Unendlichen. Mit sachlicher Klarheit formuliert Bruno vor dem Hintergrund dieser Traditionslinie sein Verständnis von Unteilbarkeit, das über jede quantitative Bestimmung hinaus als letzte bzw. erste gedankliche und seinsstiftende Grundlage des Teilbaren gilt.[38] Die Annahme der koinzidentalen Unteilbarkeit endlicher Gegensätze im Unendlichen präzisiert den Gedanken der transzendentallogischen Unteilbarkeit des Seins dahingehend, daß nunmehr auch die *Korrelationen* des quantitativen So-Seienden aus einem vorhergehenden, unendlichen Inbegriff aller endlichen Besonderungen konstituiert werden. Was immer sich auf der Ebene kategorialer Differenz als Andersseiendes bzw. Nichtseiendes gegenseitig einschränkt und ausschließt, wird durch den absolut gültigen Bezugspunkt seiner koinzidentalen Unteilbarkeit zu einer in sich kohärenten Vielheit gefügt. Damit aber ist das reflektierende Subjekt im Bereich des Quantitativen nicht auf eine in sich zerstreute, beziehungslose Mannigfaltigkeit verwiesen, die gleichsam nachträglich durch die Vernunft vereinheitlicht würde; vielmehr ist umgekehrt die geteilte Vielheit als solche losgelöst von ihrem vernunfthaften und unteilbaren Prinzip weder denkbar noch existent.

35 C (Aq) 62, 22 - 25.

36 C (Aq) 125, 28 - 30: Giongi a questo che la raggione medesima non può fare que avanti qualsivoglia cosa distinguibile non presuppona una cosa indistinta.

37 L 80, 32 - 34.

38 C (Aq) 152, 15 - 19; 155, 25 - 29.

1.1.4 Die Unteilbarkeit des Unendlichen als unveränderliche Bestimmungsform des Endlichen

Mit der gedanklichen Vertiefung des Prinzips der Koinzidenz der Gegensätze zu unteilbarer Unendlichkeit deutete sich schon die ontologische und gnoseologische Priorität des Unendlichen vor dem Endlichen an. Unendlichkeit meint also nicht ausstehende Möglichkeit im Sinn eines „schlechten" Außersichseins, sondern den ersten bzw. letzten Inbegriff des Endlichen, um dessen Ordnung und Relationalität zu begründen.

Einen etwas anderen Akzent beinhaltet jedoch der Begriff der Unendlichkeit in Bezug auf die Frage, welches Gründungsverhältnis zwischen dem Unendlichen und dem endlichen *Teil* bestehen kann. Zunächst gilt es in diesem Zusammenhang festzuhalten, daß das Unendliche sich jeder quantitativen Bestimmung entzieht. Keinesfalls also lassen sich im Unendlichen räumliche Unterschiede oder selbständige proportionale Teile ausmachen, sodaß das Unendliche selbst meßbar wäre.[39] Durch quantitative Addition

[39] C (Aq) 143, 5 - 7.
Brunos intensive Reflexion auf die verschiedenen Bedeutungen des Begriffs des Unendlichen läßt die Frage nach der Gemeinsamkeit, aber auch nach dem Unterschied des jeweils Gemeinten aufkommen. So führt insbesondere die kosmologische Konzeption eines unendlichen Universums auf die Schwierigkeit , diese Form der Unendlichkeit von einem absoluten, göttlichen Unendlichen abgrenzen zu müssen, wenn nicht der Verdacht eines pantheistischen Ansatzes aufkommen soll. Obwohl sich nun insbesondere in den lateinischen Schriften Brunos die klar aufrecht gehaltene Trennung zwischen Gott und Universum zeigt, sind auch in De la causa schon die begrifflichen Kategorien angelegt, die zu einer Differenzierung beitragen: Von der absoluten Unendlichkeit Gottes unterscheidet sich die (abgeleitete) Unendlichkeit des Universums dadurch, daß dieses Teile hat. Gleichzeitig aber markieren die Teile eine Differenz in der Einheit des Universums, insofern sie zwar ihrerseits das ganze Sein umfassen sollen, aber - aufgrund ihrer Abgrenzbarkeit - nicht auf absolute Weise. Vgl. C (Aq) 146, 1 - 4. Fügt man zu diesen Ausführungen z. B. die Aussage von Im 312 [OL Bd. 1, Teil 1] hinzu, so zeigt sich folgendes: Die Differenz zwischen dem Unendlichen und dem Teil, die für das Universum trotz dessen Einheit in eingeschränkter Weise gültig bleibt, ist für das göttliche Prinzip („divinitas") völlig nivelliert. Ausschließlich Gott kommt es zu, ungeteilt im Ganzen und in jedem Teil zu sein. Diese völlige Immanenz Gottes, die zwar nach TMM 147, 4 - 12 eindeutig als Transzendenz aufgefaßt wird, könnte nun möglicherweise Anlaß geben, den Pantheismusverdacht doch zu bestätigen. Dennoch scheint der Gedanke der radikalen Immanenz Gottes - auch wenn die Versicherung der Transzendenz Gottes nicht immer schon gleichzeitig erfolgt - durch sich selbst die völlige Herausgehobenheit Gottes zu signalisieren: Zu denken wäre hier an eine Konzeption der „Unterschiedenheit durch Un-Unterschiedenheit", wie sie etwa auch in der Philosophie Eckharts vertreten wird. Zur Sache vgl. W. Beierwaltes, Identität und Differenz, S. 97 ff. In diesem Sinne

oder Vergrößerung ist das Unendliche dementsprechend nicht auszuschöpfen, sondern es ist vielmehr das transkategoriale *Prinzip* des Quantitativen an sich. Dennoch aber läßt das Unendliche, insofern sich der Unendlichkeitsbegriff auf das Universum und nicht auf das in De la causa nicht thematisierte, schlechthin unteilbare, d. h. göttliche Prinzip bezieht, *in* sich finite Teile zu.[40] Dies meint zwar nicht, daß sich das unendliche Universum selbst additiv aus Teilen zusammensetzt, sodaß die Unendlichkeit des Universums aus Teilen bestünde;[41] dennoch aber entsteht jetzt das Problem, in welcher Weise in einem Unendlichen nach Art des Universums Endliches angenommen werden darf, oder präziser formuliert, in welcher Weise räumlich begrenzte Quanten aus einem nicht quantitativen Inbegriff des Quantitativen abgeleitet werden können.

Die gedankliche Durchführung dieses Problems bleibt Bruno in De la causa schuldig und die Behauptung, daß eine Beziehung wie das „Insein von endlichen Teilen im Unendlichen" zwischen dem Unendlichen und dem Endlichen möglich sei, ein pures Postulat. Wesentlich bleibt an dieser Stelle jedoch die Feststellung, daß Bruno überhaupt ein derartiges Verhältnis zwischen dem Unendlichen und dem Endlichen annimmt und daß die mögliche Beantwortung dieser Thematik in die speziellere mathematische Raum- und Gestalttheorie überleitet.

Trotz der unbefriedigenden Darstellung der Möglichkeit quantitativer Teile im unendlichen Universum zeichnet sich doch im Rahmen der Verhältnisbestimmung zwischen dem Unendlichen und dem Endlichen der Versuch ab, wenigstens die qualitativ strukturelle Abhängigkeit des Endlichen vom Unendlichen mittels einer neueingeführten dialektischen Denkfigur aufzuzeigen. Die folgende Überlegung reflektiert somit nicht Wesenszüge der Quantität, sondern die Aufgehobenheit des Endlichen im Unendlichen und seine Konstitution durch das Unendliche hinsichtlich des Aspekts formierender Qualität: Wenn in der voraufgegangenen Diskussion um das qualitative Moment der ausgedehnten Materie schon angedeutet wurde, daß sich in jeder endlichen Formation nur zeigt, was das erste transkategoriale Prinzip als Negation von Form immer schon ist, so verband Bruno diesen Aspekt mit einer permanent wechselnden Abfolge von Formen, durch die die jeweils

würde gerade aus der Perspektive von Brunos intensivierter kosmologischer Unendlichkeitsauffassung die traditionelle Auffassung eines Gottes, dem nichts entgegengesetzt ist, ihre Gültigkeit behalten.

40 C (Aq) 150, 6 - 8: Volete che per essere lo ente indivisibile, e semplicissimo perché è infinito; et atto tutto in tutto, e tutto in ogni parte (in modo che diciamo parte nello infinito).

41 C (Aq) 150, 8 f.: [...] non parte dello infinito.

konkretisierte Formation ein wesentliches Moment der Unbeständigkeit enthielt.[42] Nach der neuentwickelten Dialektik des fünften Dialogs von De la causa vermittelt sich jedoch das Wesen des Unendlichen den endlichen Teilen als ganzheitliches Insein,[43] sodaß mit dem Begriff der Ganzheit auch ein Wandel hinsichtlich der brunonischen Theorie der Form erfolgt.

Die dialektische Grundfigur, die Bruno in diesem Zusammenhang für seine Überlegungen in Anspruch nimmt und auf die gegenseitige Bezüglichkeit zwischen dem Unendlichen und dem Endlichen anwendet, erinnert von ihrer Struktur her wesentlich an die Konzeption der Weltseele des Plotin: In Analogie zu der plotinischen Weltseele, die als *eine* Seele alle Teile durch ihre Omnipräsenz bestimmt, versucht Bruno die für alle Teile gleichermaßen wirksam werdende Einheit des Unendlichen zu erklären. Dementsprechend ist das Unendliche in jedem Teil gleichbleibend ganz, ohne daß es selbst wiederum mit den Teilen identifiziert werden könnte.[44] Die Dialektik zwischen dem Unendlichen und dem Endlichen bedeutet also, daß weder das Unendliche noch das Endliche einseitig für sich fixiert werden kann. Vielmehr erhält die Negativität des Un-Endlichen einen positiven Sinn, weil es die eine Bestimmungsform des Endlichen ist. Umgekehrt hingegen ist das Endliche nicht der unvermittelte Gegensatz des Unendlichen, sondern dessen endliche Veranschaulichung.

Die inhaltliche Auswirkung der solchermaßen verstandenen Dialektik führt nun zu der Auffassung, daß die erscheinenden Formen des endlich Ausgedehnten auf einem für alle Teile verbindlichen, qualitativ ganzheitlichen Strukturgefüge beruhen, das in jeder Formation wirksam wird und *als* diese Formation das sich ganzheitlich vermittelnde Unendliche in jedem Teil zur Erscheinung bringt. Dieser behauptete ganzheitliche Aspekt ungeteilten Inseins des Unendlichem in allem realisiert sich in den elementaren Gestalten der Geometrie, die als Urformen („prima figura“) einer jeden endlichen Gestaltung erkannt werden[45] und sich durch die Objektivität eines in ihnen angelegten mathematischen Sachverhalts[46] von jeder anderen willkürlichen Formation unterscheiden. Mit der dialektischen Bezüglichkeit des ganzheitlichen, unteilbaren Inseins des Unendlichen im Endlichen, die sich nunmehr als geometrisch verendlichte Struktureinheit des Unendlichen manifestiert, ge-

42 C (Aq) 138, 30 f.: [...] la forma naturale, la quale va fluttuando nel dorso de la materia.

43 C (Aq) 143, 5 ff.

44 C (Aq) 159, 5 f.; zur Sache vgl. W. Beierwaltes, Identität und Differenz, S. 184 ff.

45 C (Aq) 158, 4.

46 Z. B. die immer gültige Winkelsumme von 180° in einem (euklidschen) Dreieck; vgl. C (Aq) 158, 7 - 10.

winnt die Mathematik einen zeichenhaften bzw. gleichnishaften Charakter,[47] der auch als Versinnbildlichung des an sich unsinnlichen Unendlichen gedeutet werden kann. Dies impliziert weiterhin, daß sich die Zeichenhaftigkeit der mathematischen Grundgestalten nicht anhand einer beliebigen sensiblen Form gedanklich herstellen läßt. Vielmehr beruht die von der jeweiligen Variabilität der konkreten Ausprägung unabhängig gewußte Objektivität der geometrischen Aussage auf der Beziehungsfähigkeit des geometrischen Gebildes auf ein unsinnliches Prinzip. Dieses Prinzip aber könnte - obwohl Bruno dies nicht ausdrücklich im fünften Dialog von De la causa erwähnt - dem Kontext nach als der die „wahre Form aller Dinge" seiende Geist bzw. als die Weltseele in ihrer Eigenschaft eines „constituirenden Formalprinzips des Universums" gedeutet werden.[48]

Neben dem erkenntnistheoretischen Aspekt beinhaltet die Modifikation der brunonischen Konzeption von Form zu einer Theorie geometrischer Figurationen auch eine Modifikation bezüglich der Auffassung der Erscheinungen: So steht innerhalb der Argumentation nicht mehr die unaufhörliche Sukzession möglicher individueller Formbildungen im Vordergrund, sondern ganz im Gegenteil die Behauptung eines allgemein verpflichtenden, exemplarischen Formmusters, an dem alle endlichen Arten teilhaben. Diese erste Form aber ist die einfachste, nicht weiter auflösbare Begrenzung,[49] die als das erste Fundament gestalthafter Gesetzmäßigkeit in jedem körperlichen Ding wirkt.

Auf diese Weise mündet die Diskussion um das Unauflösliche und Einfache in eine Theorie paradigmatischer Gestaltgebung, die offensichtlich ohne ein übergeordnetes, sich in der begrenzten Form mitteilendes Geistprinzip nicht zu verstehen ist. Wenngleich auch in diesem Punkt die Durchführung in De la causa nicht erschöpfend ist, darf doch an dieser Stelle festgehalten werden, daß die dialektische Auslegung des Unteilbaren bzw. seine ganzheitliche Vermittlung in allem ein Spektrum der Betrachtung eröffnet, das den Unteilbarkeitsgedanken eben nicht auf eine rein materialistische Deutung festlegt, sondern die Problematik des Unauflöslichen vielmehr in den traditionellen Kontext einer All-Einheitsmetaphysik integriert.[50]

47 C (Aq) 155, 30; 156, 1.
48 C (Aq) 79, 3 f.; L 39, 8 f.
49 C (Aq) 158, 4 f.
50 Vgl. W. Beierwaltes, Identität und Differenz, S. 181 ff.

1.1.5 Einheit als methodischer Grundbegriff der Mathematik

Die Prävalenz des Unteilbaren vor dem Teilbaren, die sich in der obigen Analyse vor allem als die ontologische Unteilbarkeit des Seins und als der koinzidentale Grund der Möglichkeit von Ordnung darstellte, führt nun in einer weiteren Überlegung auf den Gedanken einer einheitlichen Methode der Mathematik. Wenn sich bisher Unteilbarkeit und Einheit wechselseitig in ihrer ontologischen und erkenntnistheoretischen Funktion erhellten, verschiebt sich jetzt innerhalb der brunonischen Reflexion auf die methodologische Grundstruktur mathematischen Denkens die Gleichwertigkeit der beiden Begriffe zugunsten der Dominanz der Einheit vor der Unteilbarkeit.

Bruno verweist in diesem Zusammenhang darauf, daß die Vernunft („intelletto") genötigt ist, von der Vielheit auf die Einheit zurückzugehen, wenn sie das Wesen der mannigfaltigen Gegenstände verstehen will.[51] Die Begreifbarkeit der Mannigfaltigkeit wurzelt dementsprechend in der möglichen Reduktion von Vielheit und Zusammensetzung auf das Eine und Einfache.[52]

Besondere Bedeutung erhält dieses gnoseologische Postulat im weiteren innerhalb der Theorie der mathematischen Grundbegriffe. In einer behutsamen Kritik der platonischen Lehre von der doppelten Unendlichkeit macht Bruno darauf aufmerksam, daß das platonische Prinzip des μέγα καὶ μικρόν nicht als Gegensätzlichkeit begriffen werden dürfe, sondern daß das Große im Sinne von Fläche bzw. Körper *und* das Kleine im Sinne von Punkt und Atom selbst wiederum auf *ein* Prinzip zurückgeführt werden müsse, wie generell jedes Teilbare auf ein Unteilbares.[53] Wesentlich ist in diesem Zusammenhang zum einen, daß Bruno die in der Diskussion seines Atomismus strittigen Begriffe „Punkt" und „Atom" nicht der Theorie des antiken Materialismus, sondern vielmehr der platonischen Lehre des Groß-Kleinen entnimmt; als bedeutungsvoll zum anderen erweist sich der brunonische Versuch, durch eine Intensivierung der platonischen Gedankenführung das Moment des Unteilbaren selbst wiederum auf die Einheit als seinen Grund zurückzuführen.[54] Die traditionellen atomistischen Definitionen von Punkt und Atom,[55] die die Teillosigkeit von Punkt und Atom behaupten, bilden al-

[51] C (Aq) 153, 20 - 23: Aggiungi a quel che è detto che quando l'intelletto vuol comprendere l'essenzia di una cosa, va simplificando quanto può, voglio dire, dalla composizione e moltitudine se ritira [...].

[52] C (Aq) 153, 27; 154, 1: [...] l'intelletto in questo dimostra apertamente come ne l'unità consista la sustanza de le cose [...].

[53] C (Aq) 152, 11 - 14.

[54] C (Aq) 152, 19 - 22.

[55] Vgl. H. L. L. Busard, The Mediaeval Latin translation of Euclid's Elements, made directly from the Greek, Texte und Abhandlungen zur Geschichte der exakten Wis-

so nach Bruno nicht das letzte gedankliche Glied innerhalb des Reduktionsprozesses auf ein Erstes. Grundlegender als die Unteilbarkeit ist vielmehr die Einheit als das letzte nicht mehr hinterfragbare Prinzip von Unteilbarkeit an sich. Aus diesem Grund sieht Bruno auch ganz nach dem Vorbild der platonisch-neuplatonischen Tradition in der Zahl als einem ausdehnungsfreien Denkmittel zunächst ein den geometrischen Gegenständen übergeordnetes Prinzip.[56] Darüberhinaus aber thematisiert Bruno an dieser Stelle implizit die Forderung, daß nicht nur die Gegenstände der Arithmetik, sondern auch die der Geometrie letztlich unter das Prinzip der Einheit zu subsumieren seien.[57] Damit aber kündigt sich schon in De la causa eine zentrales Motiv des brunonischen Mathematikverständnisses an, indem die erkenntnistheoretische Dualität zwischen Arithmetik und Geometrie zugunsten eines einheitlichen Grundes überwunden werden soll.[58] Der Versuch der Rückführung der Zahl- und Raumgröße auf die Einheit an sich darf im folgenden nicht so verstanden werden, als handle es sich gleichsam um eine nachträgliche, die Vielheit vereinheitlichende Setzung des mathematisch denkenden Subjekts. Obgleich Bruno in De la causa dem methodischen Weg des Aufstiegs („progresso verso la indivisibilità") in den Vordergrund stellt,[59] deutet sich schon an, daß das erkenntnistheoretische Fundament der Einheit zugleich den gedanklichen Ausgangspunkt für die Erzeugung der verschiedenen geometrischen Gestalten bilden soll. Das wesentliche Motiv hierbei ist wiederum das cusanische Lehrstück von der Koinzidenz der Gegensätze im Unendlichen. In Vertiefung der cusanischen Argumentation beinhaltet Brunos Ansatz jedoch eine entscheidende Neuerung: Während nämlich Cusanus davon ausgeht, daß die Mathematik notwendigerweise endlich sei und nur eine hypothetische Extrapolation der Gegensätze deren Koinzidenz im Unendlichen symbolisiere,[60] versucht Bruno die unendliche Einheit als reale ontologische und erkenntnistheoretische Basis einer jeden gegensätzlichen, endlichen Bestimmung anzusetzen; denn das Größte und das Kleinste treffen nach Bruno in *einem Sein* zusammen.[61] Die seiende Ungeschiedenheit der Gegensätze bildet also die Voraussetzung für die nach der Größer-Kleiner-Relation geordneten quantitativen

senschaften, Bd. 15, Stuttgart 1987, Def. i, S. 27; J. Stenzel, Zahl und Gestalt bei Platon und Aristoteles, Darmstadt, 1959, S. 75.

56 C (Aq) 153, 5 - 7.

57 C (Aq) 153, 8 - 13.

58 Zum Problem des Dualismus zwischen Arithmetik und Geometrie vgl. Proklos, In Eucl. 33, 8 - 10.

59 C (Aq) 154, 19.

60 Nicolai de Cusa, De docta ignorantia I 12, S. 24, 16 - 23.

61 C (Aq) 156, 20 f.: [...] il massimo, et il minimo convegno[no] in uno essere [...].

Ausprägungen und nicht nur die symbolice in das Unendliche übertragene, koinzidentale Einheit des relativ Gegensätzlichen, die bei Cusanus, wie noch zu zeigen sein wird, für die Konstitution der endlichen Quantitäten nicht unmittelbar wirksam wird. Auf diese Weise aber konfrontiert Bruno die mathematische Reflexion mit dem Prinzip eines für sie verbindlichen, aktual unendlichen Prinzips als dem Grund für quantitative Vergleichbarkeit an sich - eine Konsequenz der Unendlichkeitsspekulation, die Cusanus mit seiner Konzeption einer ausschließlich endlichen, weil auf andere Weise nicht vorstellbaren, Mathematik noch vermieden wissen wollte.

Implizit ist mit diesem Ansatz auch die Emanzipation der Mathematik von einem jeweiligen Inhalt der sinnlichen Vorstellung verbunden. Die Bezugsfähigkeit der mathematischen Gebilde beruht nicht auf einem Akt „sinnlichen“ Vergleichens,[62] sondern auf dem vernunfthaften Wissen ihres gemeinsamen Bezugspunktes als der unendlichen, unteilbaren Einheit an sich. Das methodische Fundament der Mathematik ist also von dem metaphysischen Prinzip der Einheit nicht zu trennen; die aktual unendliche Einheit beschließt in sich auch die Grundbegriffe der Quantität.

1.1.6 Versuch einer Schlußfolgerung und Ausblick

Die Möglichkeit der Mathematik gründet in der unteilbaren Einheit des Seins, die auch die Existenz und die Intelligibilität des Quantitativen sichert. Könnte dem Quantitativen das Sein nicht zugesprochen werden, dann bliebe der gesamte Bereich des räumlich Gegenständlichen letzten Endes unerkennbar. Wirksam wird hier offensichtlich der eleatische Seinsbegriff, demzufolge letztlich nur Seiendes gedacht werden kann und dessen rigorose, einheitsmetaphysische Grundaussagen auch die Entstehung (und Einschränkung) der Mathematik als Wissenschaft wesentlich prägten.[63] Die Bedingungen dieses einheitsmetaphysischen Ansatzes weitet Bruno entgegen der eleatischen Auffassung auch auf die ontologische Grundlegung der Quantität aus: Das Sein des Quantitativen ist demnach nur von der Einheit her zu begreifen und weist sich somit allererst als begreifbar aus.

Vor diesem Hintergrund bereitet sich im weiteren eine Revision des traditionellen Größe- und Raumverständnisses vor, die allerdings erst im brunonischen Spätwerk zur Entfaltung kommt: Größe und Raum müssen selbst

[62] So z. B. S. Otto, Figur, Imagination, Intention, S. 43.

[63] Zum Einfluß des parmenideischen Seinsverständnisses auf die Entwicklung der Mathematik vgl. A. Szabó, Anfänge der griechischen Mathematik, München/Wien 1969, S. 290 ff.

unter dem Aspekt ihrer koinzidentalen Einheit begriffen werden,[64] sodaß sie nicht mehr als ein hinsichtlich ihrer erkenntnistheoretischen Valenz umstrittenes Medium bloßer Raumanschauung fungieren. Gegenstände der sinnlichen Anschauung sind somit weder Größe noch Raum an sich, sondern - wie schon De la causa verdeutlicht - lediglich die zusammengesetzten Teile, die im Medium der Extension die anschaulichen Quanta konstituieren.

Diese sich hier anhand der geometrischen Konstituentien der Größe in ersten Anfängen anbahnende Transformation des Raum- und Größenbegriffs zu prinzipieller Einheitlichkeit bedingt im weiteren erst die Letztbegründung für die Wissenschaftlichkeit der Geometrie, die nicht mehr in einer ausschließlich ideellen Ausrichtung besteht, sondern sich auch als Wissenschaft der *räumlichen* Größen bzw. der *räumlichen* Beziehungen etabliert: Indem nämlich Raum und Größe nicht mehr nur als das „auseinandergezerrt" Teilbare gedeutet werden,[65] werden sie allererst zu möglichen Objekten einer wissenschaftlichen Betrachtung. Brunos Übertragung des cusanischen Koinzidenzgedankens auf die Einheit des Quantitativen, die im Spätwerk allgemein als Einheit der Größe und des Raumes eingeführt werden wird, führt demnach auf den Existenznachweis der Quantität, der unabhängig von der Sinneswahrnehmung erfolgt. Raum und Größe gewinnen somit eine Seinsqualität, die deren mathematische Erforschbarkeit über die konsequente Anwendung des cusanischen Lehrstücks allererst legitimiert.

Ein ähnliches Problem beinhaltet Brunos Theorie der Form. Die im fünften Dialog von De la causa vorgenommene Reduktion der Form auf eine geometrisch begrenzte, elementare Urgestalt läßt vermuten, daß Bruno den Begriff des Unteilbaren nicht nur gemäß der von Parmenides begründeten Tradition *ontologisch* als das schlechthinnige Charakteristikum von Sein versteht, sondern daß er das Unteilbare auch mit den gedanklichen Vorgaben eines *mathematischen* Atomismus platonischer Provenienz verbindet. Auf diese Weise steht trotz der wiederholten namentlichen Nennung von Demokrit und Lukrez in den mathematischen Schriften nicht der Materialismus der Antike im Vordergrund, sondern eine platonisierende Deutung des Atomismus, die für die Epoche der Renaissance durchaus typisch sein kann.[66]

[64] In De monade (M 346) bringt Bruno den Gedanken der Einheit von Größe und Raum auf die formelhafte Aussage: Unum est spatium, Magnitudo una.

[65] Vgl. Proklos, In Eucl. 86, 23 - 87, 16.

[66] Vgl. H. G. Gadamer, Antike Atomtheorie. In: Ders. (Hrsg.), Um die Begriffswelt der Vorsokratiker, Darmstadt 1968, S. 532. Allerdings darf die Anlehnung Brunos an Platon nicht unkritisch als einzige Quelle seines Selbstverständnisses interpretiert werden, sondern es muß ebenso seine Deutung der leukippschen Atome beachtet werden. Nach dem brunonischen Verständnis der Atomtheorie bedeutet dies, daß die

Die in De la causa postulierte Unauflöslichkeit der geometrischen Gestalt des Dreiecks, die als „prima figura“ jeder endlichen Formation anzusetzen ist, ergänzt nach dem Vorbild des platonischen Timaios[67] den Charakter der Unteilbarkeit im Sinne der eidetischen Unteilbarkeit der Form.[68] Nach der brunonischen Argumentation im dritten und vierten Dialog von De la causa steht jedoch auch fest, daß sich die Formation des Endlichen immer im Medium der Ausdehnung vollzieht. Verbindet man nun den Gedanken der eidetischen Regularität der Form mit dem Konzept der räumlichen Ausdehnung, so können durch das Zusammenwirken beider Komponenten Grundformen angenommen werden, die hinsichtlich ihrer Form an der unräumlichen Idee ausgerichtet sind *und* zugleich als räumliche Gestaltelemente die Gegenstandswelt konstituieren. Wenn diese These zutrifft, realisiert sich die Vermittlungsfunktion der Mathematik zwischen dem Ideellen und dem Räumlichen als eine Verschmelzung der eidetischen und physikalischen Seinskonstituentien, indem die ideelle Gesetzmäßigkeit in eine Ordnung gleichartiger, raumerfüllender Gestaltmuster übertragen wird, denen die sinnlich wahrnehmbaren Formationen unterstehen. Eine solche Verbindung von *Idee und Ausdehnung* bildet auch die Voraussetzung für das im Spätwerk zentrale Motiv einer möglichen messenden Erforschung der Natur als „magnitudo mensurabilis“, die für Platon noch ausgeschlossen zu sein scheint.[69] Nach dem bisher Gesagten bedeutet eine solche Zuwendung zu einem quantifizierbaren Naturbegriff nicht die Preisgabe der Idee, sondern - wie der Entwurf von De minimo zeigen soll - die Wirksamkeit der ideellen Bestimmungen auch im Extensiven.

platonische Lehre von den Urkörpern als den Grundgestalten der Elemente abgelehnt wird. Allein dem (leukippschen) Atom kann nach Bruno eine Grundgestalt zugesprochen werden. In diesem Sinn verbindet Bruno sachlich - allerdings ohne dies explizit zu erklären - den platonischen Gedanken mit der (vorplatonischen) Position der Atomisten. Die namentliche Nennung Leukipps kann dabei als stellvertretend für die brunonische Rezeption der atomistischen Position gewertet werden, da diese Interpretation des Atoms mit ähnlichen Hinweisen Brunos auf die angeblich demokritsche und lukrezsche Auffassung des Atoms durchaus austauschbar erscheint. Vgl. M 410; TMM 169, 3 ff; 182, 5 ff.

67 Vgl. H. Nobis, Frühneuzeitliche Verständnisweisen der Natur und ihr Wandel bis zum 18. Jahrhundert. In: Archiv für Begriffsgeschichte, Bd. 11 Heft 1 (1967), S. 45 f; M 410.

68 Platon, Timaios 53 c ff.

69 Vgl. H. G. Gadamer, Antike Atomtheorie, S. 532 f.

1.2 Mathematik als Idealtypus von Wissenschaft

Die Diskussion von De la causa eröffnete den Zusammenhang zwischen Intelligibilität und Sein anhand des Prinzips der unteilbaren Einheit. Im methodischen Rückgang auf das Unteilbare bzw. auf das Eine artikuliert sich vernunfthaftes Begreifen. Innerhalb der Theorie der mathematischen Grundbegriffe bedeutet das Wissen um die Einheit die notwendige Voraussetzung für die Konstitution der arithmetischen und geometrischen Größe. Indem sich das mathematische Denken dieser Voraussetzung bewußt ist, gewinnt es metaphysische Valenz: Das Prinzip der Einheit in der Mathematik weist auf das metaphysische Prinzip der Einheit zurück.

Schon in De la causa kündigte sich eine eigentümliche Vielfalt von Funktionen an, die mathematisches Denken erfüllen soll. Im Spätwerk differenziert sich diese Vielfältigkeit weiter aus: Erstens versichert sich das mathematische Denken in abbildhafter Weise des Einen an sich,[70] zweitens beruht die Möglichkeit der Mathematik nach platonisch-idealistischem Vorbild auf an sich bekannten Denkstrukturen,[71] und drittens richtet sich die rational verfahrende Methode der Mathematik auf den Objektbereich der Natur,[72] der als ein äußerlich vorgegebenes Feld möglicher Erkenntnis der „ratio“ gegenüberzutreten scheint. Gerade dieser letzte Punkt bedeutet jedoch offensichtlich einen Widerspruch zu den beiden ersteren: Er thematisiert explizit ein übergreifendes erkenntnistheoretisches und im spezielleren Sinn mathematisches Problem, indem in diesem Zusammenhang die Frage gestellt werden muß, ob oder inwieweit die mathematische Reflexion - entgegen ihres offensichtlich intendierten idealistischen Grundzugs - für eine Deutung der Natur auf empirische Daten angewiesen ist. Allgemeiner formuliert bedeutet dies die Frage nach der Möglichkeit einer mathematischen Erkenntnis der Naturgegenstände, ohne daß hierbei eine der idealistischen Ausrichtung zuwiderlaufende, „fremde“ Erfahrung als Hilfsmittel eingesetzt werden muß. Diese Thematik verbindet sich mit dem Problem der mathematischen Methode an sich: Verfährt die Mathematik analytisch oder synthetisch bzw. nach Brunos Terminologie resolutiv oder kompositorisch?[73] Erschließt sie die Ursachen und Prinzipien der Dinge abstraktiv anhand eines gegebenen sinnenfälligen Materials oder gestaltet sie die Welt des Gegenständlichen nach den ihr eigenen Denkvorgaben?

70 TMM 273, 18 - 20.

71 TMM 284, 3 - 5.

72 TMM 136, 30 - 32: Natura est amabile, *obiectum*, ignis et ardor. Ratio est amans, *subiectum quoddam*, quod a natura accenditur. [Hervorhebung von mir].

73 Zur Reflexion der Methode vgl. z. B. STM 115, 9 - 14; LPA 264, 20 - 25.

Dieser Fragekomplex konfrontiert die Mathematik mit weiterführenden Aspekten, von denen die Entscheidung über ihren apriorischen oder aposteriorischen Charakter abhängt: Zum einen muß nun auf der epistemologischen Ebene das Verhältnis von Mathematik und Ontologie geklärt werden, indem die Erkenntnisbeziehung des Subjekts zum „Sein der Dinge" bestimmt wird. Zum zweiten aber wird sich eben die Gestaltung dieses Verhältnisses unmittelbar auf das Verständnis der mathematischen Grundlagentheorie auswirken; denn das Problem, inwieweit in die Systematik der Mathematik Inhalte der Empirie eingehen dürfen oder müssen, entscheidet sich rückwirkend anhand der Beziehung des mathematisch denkenden Subjekts zum Sein.

1.2.1 Seinserkenntnis als allgemeine Problemstellung der Wissenschaftstheorie

Die gedankliche Klarheit, mit der Bruno zum Abschluß seiner mathematischen Studien in den Praelectiones geometricae die Mathematik als eine streng deduktiv verfahrende Wissenschaft ausweist und ihre erkenntnistheoretische Kompetenz auch auf die wissenschaftliche Konstitution der „res" ausweitet,[74] ist das Resultat einer langwierigen Auseinandersetzung mit vielfältigen, methodologischen Konzepten der Tradition.[75]

Leitend in der Diskussion der methodischen Ansätze ist die Frage nach den Möglichkeiten und Bedingungen der Seinserkenntnis. Hierbei zeichnet sich die brunonische Überzeugung ab, daß zwischen der Struktur des Seins und der Struktur des Denkens eine Korrelation bestehen soll. Diese Korrelation zwischen dem erkennenden Subjekt und dem zu erkennenden Objekt ist nach brunonischer Aussage wie die Beziehung zwischen dem Zählenden und dem Gezählten zu verstehen: Erst durch das Zählen des Zählbaren, d. h. also durch die aktive Hinwendung des erkennenden Subjektes auf diejenigen Strukturen eines Objektfeldes, die mit seinem Erkenntnisvermögen korrespondieren, erweist sich die Sinnhaftigkeit des subjektiven Erkenntnisver-

[74] Vgl. P 3, 2 - 8: Triplex est genus demonstrationis: p r o p t e r q u i d seu causae, qua demonstratur aliquid ex notioribus secundum esse seu secundum coniecturam; q u i a seu signi, quae est a notioribus nobis, seu a posterioribus secundum esse, seu a remotioribus; et s i m p l i c i t e r, quae est a prioribus tum secundum esse tum secundum considerationen: ubi scilicet idem est principium, caussa scientiae et rei: Primum genus est proprie m e t a p h y s i c u m secundum p h y s i c u m, et tertium m a t h e m a t i c u m.

[75] Zu nennen ist hier beispielsweise Brunos Auseinandersetzung mit der aristotelischen Logik, dem Lullismus und dem axiomatischen Ansatz des Euklid.

mögens.[76] Weiterhin verbindet Bruno mit der solchermaßen postulierten Bezüglichkeit zwischen Sein und Denken die Hoffnung einer Wissenschaft, die nicht nur alles gedachte, sondern auch alles reale Sein als Einheit in sich beinhalten soll.[77] Die hiermit angedeutete idealistische Tendenz der brunonischen Wissenschaftslehre, d. h. der Versuch, die Gesetzmäßigkeit des Denkens und die Realität des Seins zumindest durch die untrennbare Zuordnung von Subjekt und Objekt einheitlich zu verbinden, wenn nicht - wie in den Praelectiones - als identisch zu setzen, wird noch durch die Annahme apriorischer, universeller Prämissen und Denkprinzipien („in anima praeordinatae praemissae quaedam universales") vertieft, mittels derer das Sein in seiner Vielfältigkeit erfaßt werden soll.[78]

Nun zeigen sich jedoch nach den Ergebnissen der Forschung[79] in den erkenntnistheoretischen Schriften eigenartige Unstimmigkeiten: So bleibt Bruno in seinem epistemologischen Programm die Erklärung schuldig, welche inhaltlichen Denkvorgaben mit den universalen Prämissen eigentlich gemeint sind. Ebenso besteht Unklarheit über die Existenz der Gegenstände, auf die sich die Erkenntnis richtet: Bestehen sie außerhalb des Denkens im Sinne einer eigenständigen Gegenständlichkeit, an der sich die Erkenntnis letztlich zu orientieren hat? Wenn dies der Fall wäre, bliebe die Intention einer einheitlichen Methode fragwürdig. Denn in diesem Falle würde das Denken das gedachte Seiende nicht aus dem Bewußtsein einer urspünglichen Einheit von Denkakt und Seinsgehalt begreifen, sondern als eine ihm äußerliche Faktizität hinnehmen und rezipieren.

[76] LV 20, 28 f.

[77] CA 8, 4 - 10: Conveniens nimirum est atque possibile, ut eum in modum, quo metaphysica universum ens, quod in substantiam dividitur et accidens, sibi proponit obiectum, quadam [sc. consideratio oder facultas] unica generaliorque ens rationis cum ente reali (quo tandem multitudo cuiuscunque sit generis, ad simplicem reduci possit unitatem) complectatur. Ergänzung durch P. R. Blum, Aristoteles bei Giordano Bruno. Studien zur philosophischen Rezeption, Die Geistesgeschichte und ihre Methoden, Quellen und Forschungen, Bd. 9, München 1980, S. 112, Anm. 89.

[78] LV 19, 13.

[79] Vgl. P. R. Blum, Aristoteles bei Giordano Bruno, S. 26 ff. Die offenen Fragen der brunonischen Erkenntnislehre führt auch zu kontroversen Auffassungen in der Forschungsliteratur: So besteht L. Spruit gegen P. R. Blum darauf, die Entsprechung zwischen „ens rationis" und „ens reale" nicht als Identität, sondern nur als „strukturelle Analogie" („analogia strutturale") gelten zu lassen. Obgleich die Blumsche Interpretation der brunonischen Erkenntnistheorie als einer „transzendentalen Logik" zu allgemein für die diversen Erkenntnisgegenstände sein dürfte, scheint die Aussage tendenziell für die *mathematische* Erkenntnis gerechtfertigt. Diese Form der Erkenntnis behandelt L. Spruit nicht eigens. Vgl. L. Spruit, Il problema della conoscenza in Giordano Bruno. Napoli 1988, S. 323, Anm. 155.

Trotz dieser offenen Fragen darf angenommen werden, daß sich für Bruno die Wissenschaftlichkeit von Erkenntnis und ihre Valenz als Seinserkenntnis am Ideal der Identität von Denken und Sein festmacht.[80] Wenn dies als Ausgangspunkt der brunonischen Überlegungen festgehalten werden darf, so stellt sich nun die Forderung nach einer befriedigenden Durchführung dieses wissenschaftstheoretischen Vorhabens. Dies bezieht sich vor allem auf die Beseitigung der gnoseologischen Aporie hinsichtlich einer möglichen empirischen Beeinflussung des Denkens. Soll das Ideal einer die Erkenntnis und das Sein gleichermaßen begründenden und umgreifenden Einheit nicht nur ein pures Postulat bleiben, dann muß die Identität zwischen denkendem Subjekt und gedachtem Objekt schlüssig zur Darstellung gebracht werden.

1.2.2 Die Identität von Denken und Sein in der Mathematik

Vor dem Hintergrund des oben skizzierten Problems erhellt sich die Sonderstellung der Mathematik, durch die sie sich als Wissenschaft von der metaphysischen Spekulation und der Forschungsmethode der Physik unterscheidet.[81] Die Spannung zwischen dem denkenden Subjekt und dem gedachten Objekt ist im Gegensatz zur Metaphysik und zur Physik innerhalb der Mathematik eliminiert, weil die Ursachen und Prinzipien von Wissenschaft und zu erforschender Sache aus der Perspektive der Mathematik identisch sind.[82] In der Mathematik also realisiert sich Brunos wissenschaftstheoretisches Ideal, insofern die Mathematik als eine „demonstratio simpliciter" das „dem Sein nach Frühere" erfaßt und mittels allgemeinster Denkstrukturen expliziert.[83] Das Sein eines mathematischen Gegenstands und die Bestimmung seines Wesens wird dementsprechend ausschließlich durch Operationen des Denkens bzw. durch die dem Denken evidenten, für alle Wissenschaften verbindlichen Prinzipien konstituiert.[84] Auf diese Weise wird die Mathematik zugleich zu einer „konstruktiven" Wissenschaft,[85] indem sie ihre Gebilde aus den Vorgaben des Denkens erzeugt.[86] Entschieden drängt Bruno also das Mo-

[80] P 3, 2 ff.

[81] TMM 136, 30 ff.; F 140, 2 - 7 und 21 - 23.

[82] P 3, 10; 4, 1 - 3.

[83] P 3, 6 f.

[84] TMM 293, 1 f.: Proxime supradicta [scil. definitiones, axiomata und theoremata] sunt principia prima scientiis omnibus communia.

[85] Zum Zusammenhang von Konstruktion und Sein in der Mathematik vgl. E. Ströker, Philosophische Untersuchungen zum Raum, Frankfurt a.M. 1977, S. 250 f.

[86] P 4, 8 - 10. Auch für Cusanus verfügt der menschliche Geist über schöpferische Kräfte, insofern er an der „Fruchtbarkeit der Schöpferin Natur" („fecunditas creatricis naturae") teilhat. Ausdruck dieser Schaffenskraft sind die mathematischen Ge-

ment einer dem Denken äußerlichen Erkenntnis bzw. die Orientierung an faktisch Vorgefundenem aus der Konzeption der Mathematik zurück; beherrschend bleibt vielmehr das idealistische Motiv einer erfahrungsfreien Wissenschaft, die die unsinnliche Struktur der mathematischen Gegenstände favorisiert. Von hieraus mündet die Gedankenführung in das Problem einer inhaltlichen Grundlegung der Mathematik, die sich in der speziellen Lehre von den Definitionen der mathematischen Begriffe, der Ausformulierung der Axiomata und der Ableitung der Theoremata artikuliert.[87] Wie die brunonische Kritik an einigen traditionellen Definitionen zeigt, muß das wesentliche, wissenschaftstheoretische Ziel hierbei sein, jede gnoseologische Doppeldeutigkeit aus den Definitionen zu eliminieren, d. h. eindeutige geometrische Sachverhalte zu formulieren[88] und darüberhinaus - wenn die Identität von Konstruktion und Sein als die konstruktive Erfassung des dem „Sein nach Früheren" tatsächlich gewährleistet sein soll - jede Verifikation der mathematischen Lehrsätze an einer empirischen Faktizität zu vermeiden.[89]

1.2.3 Das Problem der „imaginatio" in der Mathematik

Nun zeigt sich jedoch auch, daß die rein gedankliche Definition der mathematischen Gebilde ohne den Akt der „imaginatio" nicht möglich ist. Notwendig beruht die Konstitution der geometrischen Gegenstände auf dem Zusammenwirken zweier intensionaler Ebenen, die als reine Denkvorgabe und als an die räumliche Anschauung gebundene Imagination die Bedingungen geometrisch gestalthafter Formation ausmachen. Aus diesem Grund erhebt Bruno schon in den Articuli adversus mathematicos für sein Konzept einer Universalwissenschaft („mathesis universa") den Anspruch, daß sie alles, was *gewußt und vorgestellt* werden kann, in sich begreife.[90] Diese Aufwertung der „imaginatio" als einer legitimen Quelle wissenschaftlicher Erkenntnis erhellt einen weiteren Wesenszug des Mathematischen: Gemeint ist in diesem Zusammenhang nicht ein Rekurs des Denkens auf eine etwaige sensualistische Erfahrung der Gestalt,[91] sondern vielmehr die Verbundenheit der

genstände, insbesondere die Zahl als der „Ursprung des durch Vernunft Erreichbaren". Vgl. Nicolai de Cusa, De coniecturis I 1, n. 5, 5; I 2, n. 7, 3 - 6.

87 Vgl. hierzu den Aufbau der mathematischen Grundlagen in TMM 284 - 300.

88 Vgl. die Kritik an den traditionellen Definitionen in AM 33 f.

89 Zum Problem der Anerkenntnis und der empirischen Kontrolle der mathematischen Axiomata in der Antike vgl. A. Szabó, Anfänge der griechischen Mathematik, S. 382 - 389 und 394 ff.

90 AM 21, 9 - 15.

91 So S. Otto, Figur, Imagination, Intention, S. 39.

Denkvorgaben mit der *typologischen Darstellungsfunktion* mathematisch eidetischer Gestalthaftigkeit, in der sich das an sich nur Denkbare für die „imaginatio" als Bild („simulacrum", „imago") des Denkinhalts zeigt.[92]

Diese gegenseitige Verwiesenheit des Denkens auf bildhafte Vorstellung und umgekehrt des imaginierten Inhalts auf einen sich in ihm zur Anschauung bringenden intelligiblen Begriffsgehalt führt letztlich aus der Sphäre des Mathematischen hinaus in die Dimension einer Geistmetaphysik: Wenn in De la causa schon das metaphysische Prinzip der Einheit als letzter Grund für die Kategorie der Quantität angesetzt wurde, so ergänzt Bruno in seinen mathematischen Schriften die einheitsmetaphysische Begründung der Mathematik durch das Prinzip eines göttliches Geistes („mens"), der durch die ihm gleichewigen Ideen zugleich das qualitative Moment einer archetypisch repräsentativen Verfassung der geometrischen Gebilde verbürgt.[93] Die Bildhaftigkeit des Geometrischen meint also nicht eine Beliebigkeit des Bildinhalts; sie ist vielmehr der gestaltete Ausdrucksträger eines metaphysischen, nicht anschaulichen Formprinzips. Brunos Reflexion auf das Wesen der Mathematik zeigt sich also bisher in zweifacher Weise dem eidetischen Charakter der platonischen Mathematikauffassung verpflichtet: Zum einen vollzieht sich in der Mathematik die Einheit von Denken und Sein, durch die der Mathematiker autonom den Objektbereich der Mathematika erzeugt. Zum anderen aber ist das solchermaßen Gedachte bzw. Seiende immer auch bildhaft vorgestellte, archetypische Gestalt und thematisiert somit auch den möglichen „Übergang" des unkörperlichen Denkinhalts in eine räumliche Erscheinung.[94] Das unabtrennbare Ineinandergreifen der beiden Aspekte, das offensichtlich eine Aussöhnung zwischen dem ideell Unteilbaren und dem „nur" im Modus der Teilbarkeit vorstellbaren Phänomen intendiert,[95] wird zum Ausweis des brunonischen Wissenschaftsideals. Im folgenden wird dementsprechend zu klären sein, in welcher Weise sich diese wissenschaftliche Theorie in die Gesamtkonzeption des metaphysischen Seinsaufbaus einfügt. Dabei wird

[92] TMM 273, 13 und 18. CI 91, 9 - 11: [...] ita enim neque intellectus noster se ipsum in se ipso et res ipsas omnes in se ipsis, sed in exteriore quadam specie, simulacro, imagine, figura, signo.

[93] AM 16, 24 f und 17, 1 - 5; TMM 190, 15; 283, 10.

[94] Vgl. zum Zusammenhang von Idee und Erscheinung in der platonischen Philosophie K. Gaiser, Platons ungeschriebene Lehre. Studien zur systematischen und geschichtlichen Begründung der Wissenschaften in der platonischen Schule, Stuttgart 1963, S. 49 f.

[95] Vgl. hierzu die in der platonischen Mathematik angelegte Spannung zwischen dem Unteilbaren und dem Teilbaren, die durch die Gegensätzlichkeit von ἕν und ἀόριστος δυάς provoziert wird und in der neuplatonischen Mathematikauffassung rezipiert wird: Proklos, In Eucl. 5, 11 - 25.

sich zeigen, daß dem Bild- bzw. Gestaltcharakter des Geometrischen nicht nur Hinweisfunktion auf das Wesen des göttlichen Geistes zukommt, sondern daß diese ideell begründete Gestalthaftigkeit auch eine unumgängliche erkenntnistheoretische Prämisse für die Geometrie als einer Wissenschaft des *räumlichen* Messens darstellt, insofern sich der Akt des Messens und der Akt des Gestaltens gegenseitig bedingen.[96]

Wenn Bruno in den Articuli adversus mathematicos das Programm einer universellen Wissenschaft auf die Funktion geometrischer Archetypen bezieht und in dieser Art der Begründung Wissenschaftlichkeit an sich als Synthese von Denk- und Vorstellungsgehalt realisiert sieht, so zeigt die weiter drängende Entwicklung mathematischer Funktionalität im Spätwerk einen zusätzlichen, etwas anders akzentuierten Ansatz einer Universalwissenschaft: Bestimmend bleibt der Versuch, die Mannigfaltigkeit des Sagbaren, des Wißbaren und des Vorstellbaren in seiner Totalität beschreiben zu können.[97] Im Gegensatz zu der „Statik“ der Archetypen, in denen sich die vollständige wissenschaftlich geometrische Gestaltgebung widerspiegeln soll, thematisiert Bruno in diesem Zusammenhang den „Prozeß“ der Erzeugung von Wissensinhalten und Bildern aus wenigen Grundelementen.[98] Die Reflexion auf die erkenntnistheoretischen Bedingungen dieses Erzeugungsprozesses bestimmt somit als Sachproblem den Entwurf einer Universalwissenschaft und bezeichnenderweise ist es wiederum ein Paradigma der Mathematik, durch das diese Aufgabe bewältigt werden soll. So wird der ursprünglich geometrische Grundzug der „mathesis universa“ durch die Arithmetik ergänzt. Die sich im Zählprozeß artikulierenden Erzeugungsregeln sind es, durch die sich kombinatorisch eine „in infinitum“ fortsetzbare Menge variierender Inhalte hervorbringen läßt, sodaß die Kenntnis dieser Erzeugungsregeln schließlich auch die schöpferische Verfassung des mathematisch operierenden Subjekts ausmacht.[99]

Diese unterschiedlich akzentuierten Entwürfe für eine Universalwissenschaft führen jedoch im folgenden auf das Problem, ob nicht innerhalb des brunonischen Gesamtwerks nunmehr die jeweilige Tendenz zur Geometrisierung oder zur Arithmetisierung ihrerseits einen Gegensatz provoziert, der letztlich die intendierte Einheit der Methode erschüttert: Kann es denn, so

[96] TMM 149, 8 - 12. Auf die Verschränkung von Maß und Gestalt macht S. Otto (Figur, Imagination, Intention, S. 39) aufmerksam.

[97] CI 92, 6 f.

[98] CI 90, 4 f: Quis non videt quam paucis usque adeo multa natura faciat elementis?

[99] CI 90, 14: [...] hoc facere est facere omnia [...]. Eben dieselbe Vorgehensweise nimmt Bruno auch für die Natur an, sodaß das jeweilige Schaffensinstrumentarium für Natur und Mensch identisch ist. Vgl. TMM 272, 31 - 273, 4.

muß jetzt gefragt werden, eine durch die Einheit begründete Universalwissenschaft geben, die den „abgeschlossenen“, eidetischen Charakter einer geometrischen Formsprache mit der „offenen“, unabschließbaren Bewegung des Zählaktes zu einer Synthese bündelt? Wenn eine solche Synthese möglich sein soll, dann muß die Funktion des gründenden Prinzips dahingehend vertieft werden, daß Zahl und geometrische Gestalt insofern aufeinander verweisen, als sich die Statik der geometrischen Einzelgestalten der Produktivität einer arithmetischen Erzeugungsregel öffnen können sollte. Die Konstitution eines derartigen Zusammenhangs zwischen Zahl und Gestalt als einer Verbindung unterschiedlicher Methoden und einer durchgehenden Analogie zwischen den mathematischen Reflexionsweisen ist die methodologische Anforderung in De monade.[100] Brennpunktartig verdichten sich in diesem Text als Ergebnis einer langwierigen wissenschaftstheoretischen Reflexion die unterschiedlichen Motive zu einem einheitlichen Gefüge von „stoff-freiem“, arithmetischem Produktionselement und dessen typologisch gestalthafter Veranschaulichung. Mit welchen Mitteln die Durchführung eines universellen Erzeugungsprozesses gelingt, soll die abschließende Untersuchung von De monade zeigen.[101]

[100] M 332.

[101] Vgl. unten Kapitel 7 und 8, S. 174 ff.

2 Die Weiterentwicklung des Verhältnisses von Metaphysik und Mathematik nach *De triplici minimo et mensura*

In De minimo werden die Ergebnisse der Analyse von De la causa und die wissenschaftstheoretischen Implikationen der mathematischen Grundlagentheorie zu systembildenden Komponenten zusammengefügt. In De la causa thematisierte Bruno die innere Bezüglichkeit zwischen dem unteilbaren ersten Prinzip und der im Modus der Teilung stehenden ausgedehnten Materie. Als besonders bedeutsam erwies sich hierbei der Versuch, Intelligibles und Sinnenfälliges auf ein gemeinsames Fundament zurückzuführen und die Ordnung der Vielheit durch das Zusammenwirken von Ungeschiedenheit und Geschiedenheit bzw. durch die Beziehbarkeit des Differenten auf ein Identisches und Unteilbares zu begreifen. In der Reduktion des Geteilten auf das unteilbare Eine gründete auch die methodische Voraussetzung für die Möglichkeit der mathematischen Gegenstände: Das Eine wurde zum Grundprinzip der arithmetischen und geometrischen Reflexion an sich.

Innerhalb der wissenschaftstheoretischen Diskussion stand die Äquivalenz von Seins- und Denkstruktur im Vordergrund. Die mathematische Vorgehensweise wurde als Idealtypus von Wissenschaft herausgestellt, indem das mathematische Denken seine Objekte konstruktiv erzeugt und das Gedachte zugleich als Seiendes auslegt. Darüberhinaus stellte Bruno die Forderung, daß die wissenschaftliche Methode sich nicht in den Bedingungen des ideellen anschauungsfreien Denken erschöpfe, sondern auch das Vorstellbare, d. h. das phänomenologisierende Moment des Räumlichen in sich integrieren solle. Diese zweifache Ausrichtung realisiert sich in der repräsentativen, morphologischen Struktur des geometrischen Gegenstandsbereichs.

2.1 Die Verschränkung von Seinsstruktur und Begriffsbildung

Diese Motivstränge werden nun in De minimo erneut aufgegriffen und sowohl in ihrer ontologischen als auch in ihrer erkenntnistheoretischen Funktion erweitert. Im Vordergrund steht hierbei der Begriff des dreifachen Minimum, der in der neuartigen Terminologie „monas monadum", „punctus" bzw. „punctum"[1] und „atomus" der Sache nach die in De la causa thematisierte ontologische Abstufung zwischen dem unteilbaren ersten Prinzip und den ersten quantitativen Teilen wiedergibt[2]. Die Auseinandersetzung um das Verhältnis zwischen dem Unteilbaren und dem Geteilten wird hier allerdings in Modifikation von De la causa vor dem Hintergrund eines neuerarbeiteten Begriffs eines göttlichen Prinzips geführt, das sich in die quantitative Gegenständlichkeit der Natur entäußert.[3]

Die Fülle der verschiedenen Aspekte des göttlichen Wirkens „über und in allem"[4] versucht Bruno anhand variierender Gottesprädikate zu durchleuchten. So zeugen die diversen Gottesprädikate wie „monas monadum, nempe entium entitas"[5], „mens" oder „ordinator"[6] nicht von sprachlicher Ungenauigkeit oder gar möglicher Austauschbarkeit der Begriffe, sondern sie eröffnen eine jeweils spezifische Perspektive der Seinsbetrachtung. Ebensowenig bilden die Umschreibungen der kategorialen Faktoren des Seienden, d. h. seiner quantitativen und qualitativen Bestimmungsformen, eine beliebige Anhäufung von Termini. Begriffe wie „minimum", „indifferentia", „coincidentia dimensionum"[7] oder „elementum"[8] und ergänzend hierzu die Definition

1 AM 28, 6 - 9. Zur Unterscheidung von „punctus" und „punctum" vgl. K. Heipcke, W. Neuser, E. Wicke, Über die Dialektik der Natur und Naturerkenntnis, S. 156, Anm. 21.

2 TMM 139, 31 - 140, 5: Minimum est substantia rerum, quatenus videlicet aliud a quantitatis genere significatur, corporearum vero magnitudinem prout est quantitatis principium. Est, inquam, [...] punctum in magnitudine unius et duarum dimensionum, atomus privative in corporibus quae sunt primae partes, [...] monas rationaliter in numeris, essentialiter in omnibus.

3 TMM 136, 22 f.: Deus dictat et ordinat. Natura exequitur et facit. Vgl. ferner TMM 139, 3 - 7.

4 TMM 136, 21: Mens super omnia Deus est. Mens insita omnibus natura.

5 TMM 146, 30.

6 TMM 210, 19 f.: Deus, [...] ordinator supra et extra omnem ordinem. Vgl. ferner STM 76, 2.

7 TMM 147, 13; 272, 29.

8 TMM 139, 34.

des „elementum“ als „pars rei perpetuo“[9] erhellen in unmittelbarer Korrelation die jeweilige Wirkweise des ersten Prinzips im Bereich des Kategorialen. Von hieraus läßt sich die Bezüglichkeit zwischen Gott und quantitativer Gegenständlichkeit in einem ersten Schritt folgendermaßen charakterisieren:

Den universellen Seinsanspruch darf ausschließlich die göttliche Monas als unteilbare Einheit und Seinsheit für sich reklamieren.[10] In ontologischer Abstufung zu ihr wird das Quantitative als Teil und somit als Konstituens der Besonderung des Seins in So-Seiendes begriffen.[11] Als „ordinator“ gibt Gott das Gesetz für die An-Ordnung der quantitativen Elemente vor („elementorum dispositor“)[12]; er wirkt dementsprechend *im* Differenten, indem er dies zu einem universellen harmonischen Seinszusammenhang fügt. Als „mens“ ist Gott der Inbegriff von Zahl, Maß und Gestalt,[13] von dem her alles seine Benennung erfährt.[14] Diese Benennungsfunktion äußert sich in einer spezifisch mathematischen Struktur des Kategorialen, insofern die quantitative und qualitative Ausgestaltung des Ausgedehnten den mathematischen Ordnungsmöglichkeiten der Zählbarkeit und Meßbarkeit untersteht.[15]

Neben ihrer metaphysischen Bedeutung erhalten die Begriffsbildungen der kategorialen Analyse des Seinsaufbaus auch erkenntnistheoretische Valenz. So begegnen die genannten Termini eigentümlicherweise in einer neuentwickelten mathematischen Definitionslehre und Axiomatik als deren erste

9 STM 19, 20 f.

10 TMM 140, 7 - 9: Aufer undique monadem, nusquam erit numerus, nihil erit numerabile, nullus numerator. Hinc optimus, maximus, substantiarum substantia, et entitas, qua entia sunt, monadis nomine celebratur.

11 Die Differenz zwischen dem absoluten Sein und dem So-Sein umschreibt Bruno in De minimo durch eine zweifache begriffliche Fassung der „atoma natura“. Auf negative Weise wird Unteilbarkeit Gott zugesprochen, auf privative Weise den ersten Quanta. TMM 210, 19 f.: Deus, [...] spiritus unus omnia replens totius. TMM 210, 25 - 211, 3: Privative autem atoma natura [...] est duplex, et scilicet primo discreti prima pars [...]; et secundo continui pars prima [...].

12 STM 76, 2.

13 TMM 136, 21 - 28; M 342; 346. Zum geschichtlichen Hintergrund der brunonischen Konzeption vgl. Liber sapientiae 11, 20: Sed omnia in mensura et numero et pondere disposuisti.

14 AM 17, 2.

15 Der „ordo naturalis“ untersteht prinzipiell der maßstiftenden Funktion des Geistes, indem er von diesem das Maß entgegennimmt und selbst eine der Bedeutungen des Maßes darstellt. AM 16, 22 - 17, 5: Sive significationes mensurae spectes, sive rerum sub hoc genere distributarum ordinem consideres, mensuram primam mentem ipsam intelligas atque dicas oportet; [...] Tertio naturalem ordinem ipsum [...]. Vgl. ferner M 332.

gedankliche Grundlagen wieder.[16] Diese Verschränkung von Seins- und Denkstruktur auf dem Feld der Begriffe verdeutlicht den besonderen Charakter der ersten Abhandlung der Frankfurter Trilogie: Es verbindet sich hier die metaphysische Fragestellung nach dem Wesen und der Entäußerung des Göttlichen in der Natur mit der Frage nach den ersten Prämissen der mathematischen Methode, von der her sich die Systematik mathematischer Begriffsbildung umschreiben läßt. In der deduktiven Erkenntnis der Mathematik artikuliert sich zugleich ein metaphysisches Verstehen der Natur als dem realisierenden Agens der göttlichen Gesetze.

2.2 Probleme eines mathematischen Naturbegriffs

Die thematische Breite, in der sich mathematisches Denken als Aussagemöglichkeit über Seiendes bewegt, konzentriert sich in De minimo auf die Konstitution eines mathematisch deutbaren Naturbegriffs, in dem sich die übergeordneten metaphysischen Prinzipien einer Einheits- und Geistmetaphysik als mathematische Strukturen realisieren. Angesprochen im weitesten Sinn ist hier die von Bruno intendierte Vermittlungsfunktion des Mathematischen zwischen dem Ungegenständlichen und dem Gegenständlichen; die postulierte Zählbarkeit der Vielheit[17] und ebenso die intendierte Meßbarkeit physischer Elemente[18] bedeuten einen ersten Ausdruck für die angestrebte Mathematisierung.

In De minimo geht es nun zwar auch - etwa im Rahmen einer geometrischen und arithmetischen Proportionslehre[19] - um die Fixierung bestimmter, in der Anordnung der Materie wirksam werdender Maß- und Zahlverhältnisse.[20] Der Wesenskern der mathematischen, wissenschaftlichen Reflexion ist jedoch mit solchem Ergebnis noch nicht getroffen. Mathematisches Den-

16 TMM 284 ff.

17 AM 18, 7 f.

18 AM 18, 8 - 10.

19 Für die geometrische und arithmetische Proportionalität steht der Begriff des Gnomons. Zum brunonischen Verständnis von „gnomo“ vgl. die Beschreibung der „Area Democriti“ in TMM 182, 14 - 20.
Zur geschichtlichen Auffassung von γνώμων als arithmetischer Proportion vgl. K. Bärthlein, Der Analogiebegriff bei den griechischen Mathematikern und bei Platon, Diss. masch., Würzburg 1957, S. 87 ff.

20 Die „Area Democriti“ soll nach Bruno auch die Grundlage für eine Theorie des Messens bilden. Vgl. dazu Brunos Kommentar in TMM 185, 4 - 6: Et hinc non solum ad proportionalium, sed etiam verius mensurando ad aequalium partium comprehensionem perfacile captabimus documentum.

ken richtet sich vielmehr gemäß seiner deduktiven Verfahrensweise auf diejenigen Implikationen eines Begriffs der Größe und auf diejenigen logischen Voraussetzungen, auf denen die arithmetische und geometrische Bezugsetzung der Größe als einer geistigen Operation allererst beruht. Aus diesem Grund stellt Bruno das Problem einer mathematischen Naturbetrachtung in den Kontext einer rational diskursiven Methode, die die elementaren Konstituentien des Gegenständlichen bestimmt und deren ordnungsgemäße Relationen reflektiert.[21] Noch bevor also von Zählbarkeit und Meßbarkeit die Rede sein kann, muß sich das rational zergliedernde Denken auf diejenigen Elemente des Gegenständlichen richten, deren innere Struktur zugleich eine operative Verknüpfung dieser Elemente ermöglicht. Dies aber führt auf den Theoriekern von De minimo, von dem aus sich in einem ersten Schritt auch die „atomistische“ Tendenz dieses Textes erhellt: Gesucht sind diejenigen ersten, unauflöslichen „minima“ des Gegenständlichen, deren ordnungsgemäße Komposition die Mannigfaltigkeit der Natur als mathematisch beschreibbaren Inhalt hervorbringt.[22] Mit diesem Ansatz geht Bruno entschieden über die Konzeption von De la causa hinaus: So genügt es nicht mehr, Teile des Extensiven anzunehmen und sie auf ein unteilbares, unausgedehntes Prinzip zurückzuführen. Das sachliche Problem bezieht sich vielmehr auf die Konstitution ursprünglicher Elemente, die als *erste Teile einer Ordnung* diese selbst bedingen und den durchgehenden Sinnzusammenhang der Natur gewährleisten. Diese Intention überlagert sich weiterhin mit den Strukturen eines kompositorisch aufbauenden Denkens, das seinen Rückhalt in den „unauflöslichen“ Definitionen und Axiomata der Mathematik hat.

Indes, so einleuchtend dieses Konzept auf den ersten Blick als methodischer Anspruch des rationalen Denkens auch sein mag, so unklar sind bei diesem Stand der Argumentation die ontologischen und geistmetaphysischen Prämissen, auf denen es beruht. Obwohl das diskursive Verfahren den ihm eigentümlichen Gegenstandsbereich in den quantitativen Aufbaustrukturen des „ordo naturae“ findet und diese Art der Methodologie auch die gesamte Systematik der Mathematik prägt, läßt sich dennoch der Versuch einer Definitionslehre der Mathematik nicht von der übergeordneten Frage nach einer seinstiftenden Instanz lösen. Schon in De la causa führte die Überlegung auf die metaphysische Dimension eines unteilbaren Einen, von dem her auch das

21 STM 20, 14 - 16: Primo modo elementum est illud, quo nulla ratione est prius; secundo modo, quo nihil est prius in certo ordine. STM 52, 14 - 18: et ita primaria quadam ratione est [scil. ordo] in praedicamento quantitatis (quia in numeris est ordo, quo naturaliter unitas praecedit dualitatem [...] linealis planum, planum solidum). Vgl. ferner STM 115, 4 - 12.

22 TMM 158, 26 - 159, 1.

Quantitative sein Sein erhält; in De minimo aber verbindet sich das ontologische Problem mit dem traditionellen Kernpunkt der mathematischen Methode an sich: Sind die Definitionen der Mathematik zugleich als Existenzbehauptungen der definierten Objekte zu werten, oder stellen sie lediglich Voraussetzungen des Denkens dar, die im Sinne nicht weiter begründungsbedürftiger Annahmen die mathematischen Gegenstände einfach postulieren?[23] Nur vor dem Hintergrund dieser Frage läßt sich offensichtlich der Aufbau von De minimo verstehen: So widmet Bruno dem Existenznachweis der Minima, seien sie nun als Zahl, Punkt oder geometrisch figuriertes Atom[24] gedacht, das gesamte erste Buch seiner Abhandlung.[25] Erst wenn der Nachweis geführt ist, daß die Minima auch *sind*, erhält die Mathematik als Interpretament des Seins ihre Legitimation; die Schwierigkeiten, mit denen die Annahme der Existenz des Gegenständlichen befrachtet ist, artikulieren sich dementsprechend auch in De minimo innerhalb des Spannungsgefüges zwischen der unteilbaren Einheit und den elementaren Raumgrößen, wobei in der Vertiefung der Argumentation von De la causa allerdings der ontische Charakter dieser ersten Quanta thematisiert und gesichert werden muß.

Ebenso ergänzungsbedürftig ist der Begriff der Ordnung. Auch anhand dieses Begriffs zeigt sich die Notwendigkeit einer metaphysischen Letztbegründung des Mathematischen, allerdings weniger unter ontologischem Aspekt als in Hinblick auf das Verhältnis von Idee und Erscheinung. Allein die Behauptung, daß die Elemente der Natur nicht ein Konglomerat beziehungsloser Einheiten bilden sollen, sondern überhaupt mit den Mitteln einer rational verfahrenden Methode in Beziehung gebracht werden können, bedarf zu ihrer Rechtfertigung eines Prinzips, das diese Beziehungsfähigkeit als schlechthinnige Identität garantiert. Dies aber ist - um es an dieser Stelle schon vorwegzunehmen - der göttliche Geist als eine sich allem vermittelnde, „idea“ oder „intelligentia“[26], die in De minimo als die Immanenz des an sich transzendenten Gottes in allem thematisiert wird.[27] Dieser Verweis

[23] Zum Problemzusammenhang vgl. A. Szabó, Anfänge der griechischen Mathematik, S. 306 ff.

[24] Vgl. die geometrische Auffassung des Atoms in TMM 285, 5 f.: Est a t o m u s minimum longum latum atque profundum Corporis, et potis est pars esse ac terminus ipsa.

[25] Vgl. die Überschrift des ersten Buches von De minimo in TMM 131, 2: De minimi existentia liber. Als programmatisch für den Existenzanspruch des Minimum kann folgende Aussage von TMM 140, 6 gelten: Tolle undique minimum, ubique nihil erit.

[26] STM 102, 1: Intellectus seu idea. STM 103, 19 - 21: Intelligentia ergo est divina quaedam vis, insita rebus omnibus cum actu cognitionis, qua omnia intelligunt, sentiunt et quomodocunque cognoscunt.

[27] Für diese Annahme spricht die sprachliche Ähnlichkeit zwischen der Formulierung „mens insita omnibus natura“ von TMM 136, 21 und der Definition der göttlichen

auf ein sich mitteilendes Geistprinzip in allem deutet jedoch weiterhin darauf hin, daß auch innerhalb des phänomenalen Bereichs bestimmte geistmetaphysische Strukturen realisiert sein müssen, aufgrund derer die spezifisch mathematische Deutung eines ordnungsgemäßen Zusammenhangs des Phänomenalen allererst möglich wird. Dies aber erfordert eine Reflexion der Raumgröße, die in Abhängigkeit von der göttlichen „intelligentia" bzw. Idee gedacht werden muß und sich somit den Ansprüchen rationaler Operationalität fügt.

2.2.1 Das Problem der Entscheidung zwischen dem Unteilbaren und dem Teilbaren

Mit dem Versuch, die „minima" Punkt und Atom als seiend zu begreifen, d. h. also mit dem Versuch der Verifikation der Existenzbehauptung der ersten Elemente räumlicher Größen,[28] eröffnet Bruno das weitgespannte, in sich aporetische Problemfeld, mit dem die atomistische Denkweise einerseits, aber auch deren Ablehnung andererseits seit der Antike behaftet ist. So scheint gerade anhand der Absicht, auch die räumliche Größe als seiend zu begreifen - ob es sich dabei mit dem Punkt um das Element des Zweidimensionalen oder mit dem Atom um das „solide" Element des Dreidimensionalen handelt, ist sachlich unerheblich - ein Dilemma zwischen dem ontologischen Gegensatz von Sein und Nichtsein bzw. zwischen Denk- und Anschauungsgehalt aufzubrechen, das kaum zu beheben ist und den Erfolg einer definitorischen Grundlegung der *räumlichen* Elemente und ihrer Beziehungen sofort als zweifelhaft erscheinen läßt. Die Frage konzentriert sich auf den von De la causa her vertrauten Gedankengang, demzufolge das Geteilte auf ein unteilbares, *metaphysisches* Prinzip zurückgeführt werden soll; in De minimo wird dieser Grundzug der brunonischen Metaphysik jedoch auf eine Theorie der *räumlichen* Konstituentien übertragen,[29] und auf diese Weise bewegt sich die Auseinandersetzung um eine mögliche Ableitung des Geteilten aus dem Unteilbaren im Horizont einer von der Tradition nicht bewältigten Antinomie: So tritt der Auffassung, daß es unteilbare erste Elemente geben müsse, die spezifische, der Vorstellung eines Raumkontinuums entnommene Theorie entgegen, daß es solche Elemente nicht geben könne, da sonst die Annahme der offensichtlich möglichen, kontinuierlichen Teilbarkeit

Intelligenz. In diesem Sinne nimmt die Konzeption der göttlichen „intelligentia" als der Sohnschaft Gottes (STM 103, 15 f.) unmittelbar Einfluß auf den Begriff einer intelligiblen Natur.

[28] AM 26, 12 f.

[29] TMM 153, 22 - 26.

der räumlichen Größen hinfällig werde. Die Frage, inwiefern es Punkte oder Atome gemäß der euklidschen „atomistischen" Auffassung als unteilbare, räumliche Entitäten *gibt*, ist dementsprechend nicht eindeutig zu beantworten, sodaß der ontologische Status des Punktes (und auch des geometrisierten Atoms) in der Paradoxie einer notwendigen Existenzforderung und gleichzeitigen -ablehnung besteht.[30] Die geschichtliche Tragweite dieses Dilemmas zeigt sich schon in den ersten Definitionsversuchen des Euklid, deren Aussagewert bis heute umstritten ist:[31]

Folgt man nämlich der euklidschen Definition, nach der ein Punkt als teillose und damit auch als ausdehnungsfreie Größe verstanden wird,[32] bestreitet man seinen Charakter als Raumelement. Die Konsequenz hieraus zieht Proklos in seinem Euklidkommentar: Punkte existieren nur als mathematische, unräumliche Ideen; in der Geometrie als einer Theorie des Raumes gibt es solche kleinsten Größen hingegen nicht.[33] Weiterhin folgt hieraus, daß auf Grund der „in infinitum" möglichen Teilbarkeit des Raumes auch das Alogische oder Irrationale Eingang in die Geometrie findet.[34] Geht man jedoch umgekehrt von unteilbaren Elementen des Extensiven aus, dann leugnet man die offensichtliche Tatsache des Raumkontinuums. Die Alternative, vor der der Mathematiker steht, besteht also entweder im „Rückzug" auf die Idee, durch die sich das Unteilbare als das nur negativ zu erfassende Strukturmoment der ersten mathematischen Elemente artikuliert oder in einer Theorie der räumlichen Anschauung, die das Sein der Phänomene auf Kosten des Kontinuums durch das Postulat atomistisch quantitativer Partikel zu retten sucht.[35]

30 Zur Sache vgl. E. Ströker, Philosophische Untersuchungen zum Raum, S. 347 f.

31 Vgl. H. Meschkowski, Problemgeschichte der Mathematik, Bd. 1, Mannheim/Wien/Zürich 1984, S. 64; A. Szabó, Anfänge der griechischen Mathematik, S. 428 ff.

32 Wesentlich für die philosophiegeschichtliche Einordnung des Gegensatzes zwischen dem Unteilbaren bzw. dem Ausdehnungsfreien und dem Teilbaren als der sinnlich wahrnehmbaren Erscheinungsweise des Unteilbaren ist die eleatische Seinsauffassung, derzufolge das Eine selbst keinen Raum hat (vgl. Platon, Theaitetos 180 e). Auch Platons Reflexion auf die Zusammensetzung der Weltseele (Timaios 35a) und die weitere Entwicklung der Zweiprinzipienlehre wird hiervon wesentlich beeinflußt. Zur Interpretation des platonischen Gedankens vgl. K. Gaiser, Platons ungeschriebene Lehre, S. 41 ff.

33 Proklos, In Eucl. 12, 19 - 23.

34 Proklos, In Eucl. 6, 19 - 22.

35 Vgl. A. G. M. van Melsen, Atom gestern und heute. Die Geschichte des Atombegriffs von der Antike bis zur Gegenwart, Freiburg, München 1957, S. 24 ff; R. Löbl, Demokrits Atomphysik, Darmstadt 1987, S. 89 ff.

Der Wert des ersten Weges besteht in der Einsicht, daß die mathematischen Definitionen nicht anhand einer sinnlichen Anschauung aufgestellt werden können und daß sich die Existenz der Mathematika an der Intelligibilität ihrer Ideen bemißt; dies erfolgt allerdings zu Lasten der Existenz des Extensiven, denn die Ideen als seiende Grundgestalten gelten - nach dem Euklidkommentar des Proklos - eben nicht zugleich auch als Konstituentien für die Realisierung des Räumlichen.[36] Der Atomismus hingegen behauptet nun eine solche Realität durch die Reduktion der Existenz auf die physikalische Unteilbarkeit der Atome. Doch auch in diesem Falle wird durch die Gleichsetzung von Seinsstruktur und physikalischer Solidität die Möglichkeit einer mathematischen Deutung des Extensiven eliminiert, denn ein unabhängiges mathematisches Sein kann es neben der Existenz des Physischen nicht mehr geben, sodaß die Geometrie zu einem Teil der Physik wird.[37] Vor diesem Hintergrund erhält das brunonische Programm einer rationalen Methode, die die Gegenständlichkeit der Natur auf ein Erstes hin zergliedert, erst ihr volles Gewicht. So soll es die Minima nicht nur geben,[38] sondern sie sollen auch mit den Denkmitteln der Mathematik zu ordnen sein.[39] Auf welche Weise aber kann von der Existenz der Minima die Rede sein, wenn nach den traditionell verfügbaren Vorgaben das Unteilbare als existenzstiftendes Moment in dualistischer Weise entweder den Ideen oder den Atomen zugesprochen wird?

Der Weg, den Bruno zur Lösung dieses Konflikts einschlägt, ist eine konsequente Fortsetzung des Programms von De la causa: Intelligibles und

[36] Um nicht unkritisch einem klischeehaften Dualismus zwischen Idee und Raum bzw. zwischen Idee und Vorstellung das Wort zu reden, soll an dieser Stelle darauf verwiesen werden, daß schon Platon zu dem Ergebnis kommt, der Raum sei als eine dritte Gattung neben dem Denkbaren und dem Vergänglichen anzunehmen (vgl. Timaios 50 c - d). In gewisser Weise also soll der Raum mit den Eigenschaften des Noetischen ausgestattet werden. Vgl. dazu A. Szabó, Anfänge der griechischen Mathematik, S. 424 ff.
In Analogie hierzu läßt sich bei Proklos feststellen, daß die φαντασία als Organ der räumlichen Vorstellung ihrerseits ebenfalls „ungeteilt" ist. Wiese die φαντασία diese Eigenschaft nicht auf, könnte sie überhaupt kein räumliches Bild fixieren (vgl. Proklos, In Eucl. 94, 19 - 95, 10). Dennoch aber gelingt keine widerspruchsfreie Begründung einer Raumtheorie: Die Mathematik soll aus der Gebundenheit an Sinnenfälliges befreien, und ihr Ziel bleibt die Überwindung des Räumlichen zugunsten der Ausdehnungslosigkeit und Bildlosigkeit, d. h. zugunsten der Unteilbarkeit der Idee. Zum Problemhorizont vgl. W. Beierwaltes, Proklos, Grundzüge seiner Metaphysik, Frankfurt a. M. 1979, S. 166 ff.

[37] Vgl. R. Löbl, Demokrits Atomphysik, S. 148 f.

[38] Das Sein der Minima ist auch im Sinne von Bestandhaftigheit bzw. Subsistenz zu verstehen. AM 21,23 f.: Si minimum non subsistit, nihil subsistat oportet.

[39] AM 28, 19 - 25.

Sinnenfälliges dürfen nicht gegeneinander ausgespielt werden, sondern sind auf eine gemeinsame Grundlage zurückzuführen. Für die Thematik von De minimo bedeutet dies, daß die Existenz der Minima weder nach atomistischem Muster anhand einer gegebenen Sinnenfälligkeit postuliert, noch auch nach proklischem Vorbild ausschließlich in den Bereich der Ideen verwiesen werden darf. Vielmehr ist jetzt ein Prinzip gefordert, dessen seinsstiftende Kraft nicht nur die Realität der räumlichen Objekte, sondern auch deren Intelligibilität verbürgt. Dieses Prinzip aber ist die göttliche Monas, die als schlechthinnige Entitas *in* allen ontologischen Schichten seinsstiftend wirkt.[40]

Für den Mathematiker bedeutet dieser Rekurs auf die metaphysische Einheit keineswegs ein Angewiesensein auf ein seiner Disziplin fremdes Prinzip, das die Konstruktivität seines Denkens einschränken würde. Ganz im Gegenteil stellt das Wissen um die Einheit dasjenige Denkmittel dar, aufgrund dessen er sich erst der Existenz des Anschaulichen zu versichern vermag, denn „wer begreift, begreift entweder (ein) Eines oder Nichts".[41] Im folgenden erarbeitet Bruno dementsprechend auf der Basis seiner Einheitsmetaphysik den Begriff der koinzidentalen Einheit der Größe und des Raumes.[42] Noch bevor also erste Elemente, die sich als Teile immer im Medium der Ausdehnung realisieren, angesetzt werden können, muß ein koinzidentaler, aktual unendlicher Inbegriff der Größe gedacht werden, der von der sich materialiter, d. h. Teil für Teil konkretisierenden, phänomenalen Größe unterschieden werden muß.[43] Vor dem Hintergrund dieser modifizierten Auffassung der Größe, die schon als sachlicher Vorgriff auf das spinozistische und hegelsche Verständnis der Größe gedeutet werden kann,[44] ver-

40 TMM 144, 18 - 20.

41 S 216, 22 f.: qui intelligit aut unum aut nihil intelligit.

42 M 346; TMM 144, 32 - 145, 1.

43 Die Entwicklung des Begriffs der Größe ist eng mit der erkenntnistheoretischen Umdeutung des Unendlichen verbunden. Vgl. I Dial. it. 369: Non è senso che vegga l'infinito, non è senso da cui si richieda questa conchiusione; perché l'infinito non può essere oggetto del senso; e però chi dimanda di conoscere questo per via di senso, è simile a colui che volesse veder con gli occhi la sustanza e l'essenza. Was hier anklingt, ist eine Kritik an dem aristotelischen Unendlichkeitsverständnis. Vgl. Aristoteles, Physik III, 6 - 7

STM 23, 23 - 27: Linea et superficies dupliciter possunt accipi: uno pacto ut [...] *absolutae dimensiones* [...] ; alio modo ut partes quaedam et subiecta dimensionum quae sunt proprie longa et lata. [Hervorhebung von mir].

44 B. Spinoza, Ethica, Spinoza Opera II, Pars I Prop. XV, Schol., Heidelberg o. J. (1924), S. 59: Quantitas duobus modis a nobis concipitur, abstracte scilicet sive superficialiter, prout nempe ipsam imaginamur; vel ut substantia, quod a solo intellectu fit. Si itaque ad quantitatem attendimus, prout in imaginatione est, quod saepe et facilius à nobis fit, reperitur finita, d i v i s i b i l i s et e x p a r t i b u s c o n f l a t a,

schiebt sich die Fragestellung nach der Berechtigung der kompositorischen Methode in grundlegender Weise: Es geht nicht mehr darum, ob und wie in der chaotischen und permanent sich ändernden Abgründigkeit der räumlichen Gegenständlichkeit sich unteilbare Elemente ausfindig machen lassen, sondern unter welchen Bedingungen in der sich ständig wandelnden, sinnenfälligen Welt[45] von einer „beständigen", mathematisch beschreibbaren Struktur gesprochen werden kann[46] und wie sich das Verhältnis zwischen dem als existent angenommenen unendlichen Inbegriff der Größe und den ersten Teilen überhaupt gestaltet. Hieraus resultiert die vielleicht folgenreichste Aufgabe, vor der die brunonische Mathematik nunmehr steht: So müssen auf der Ebene der unendlich verstandenen Quantität jene verendlichenden Ordnungsstrukturen aufgedeckt werden, durch die der Übergang von der koinzidentalen Einheit als dem Prinzip der Größe[47] in ein rational fixierbares Quantum möglich wird. Dieses Problem drängt auf eine Neubearbeitung der Theorie des Kontinuums und seiner Grenzen, durch die sich die ersten Teile allererst als finite bzw. definierte Inhalte begreifen lassen.[48]

2.2.2 Die erkenntnistheoretischen und kategorialen Implikationen des Ordnungsbegriffs

Brunos methodischer Ansatz, nach dem der „ordo naturae" mit den Mitteln des kompositorischen Verfahrens erfaßt werden kann, bedingt nun die weiterführende Frage nach der inneren Verfassung der Denkstrukturen, die hierbei zugrundeliegen. Welche sind die Denkkategorien, durch die der geordnete Zusammenhang der Natur ermittelt wird, und welche Bedingungen müssen erfüllt sein, damit sich ein solches Beziehungsgefüge als mathematisch deutbar verstehen läßt?

Die erkenntnistheoretischen Implikationen, die der Ordnungsbegriff in sich birgt, werden schon in De la causa deutlich: Das Prinzip der unteilba-

si autem ad ipsam, prout in intellectu est, attendimus, et eam, quatenus substantia est, concipimus, quod difficillime fit, - infinita, unica et indivisibilis reperietur.

Hegel bemerkt hierzu: „Den Begriff der reinen Quantität gegen die bloße Vorstellung hat Spinoza, dem es vorzüglich auf denselben ankam, im Sinne [...] ". G. W. F. Hegel, Wissenschaft der Logik I (1812/1813), Gesammelte Werke Bd. 11, Hamburg 1978, S. 112.

45 TMM 199, 15 - 18.

46 TMM 237, 9 - 11.

47 M 345.

48 TMM 158, 10 f.; 161, 7 f.

ren Einheit gilt dort als die schlechthinnige Bedingung von Ordnung an sich; in der Möglichkeit, das Geteilte auf Eines hin beziehen zu können, manifestiert sich in einem ersten Schritt die Ordnung des Geteilten.[49] Sodann soll sich Ordnung auch innerhalb des Geteilten erweisen, da diesem etwas Gemeinsames („qualche cosa comune") und Unterschiedenes („distinzione") zugedacht wird.[50] Einheit, Gemeinsamkeit und Distinktion fungieren also als die denknotwendigen Kategorien, auf denen der Ordnungsbegriff beruht und durch die sich die Beziehung zwischen dem Unteilbaren und dem Geteilten gedanklich konstituiert.

So wichtig diese Strukturgesetzlichkeiten als gliedernde Denkformen auch sind, so sehr bedürfen sie aus der Perspektive des Naturbegriffs von De minimo einer inhaltlichen Ergänzung: Zu klären ist nämlich jetzt, worin das Gemeinsame und Unterschiedene *ausgedehnter* Teile besteht, oder anders formuliert, aufgrund welcher Bedingungen *im* Extensiven der dreifache Bezug von Einheit, Gemeinsamkeit und Unterschiedenheit angenommen werden darf.

Die hiermit gestellte Frage nach der Ordnung der Größen provoziert der Sache nach das Problem einer qualitativen Gestaltung der Größe. In De la causa zeichnet sich schon die Auffassung ab, daß sich eben durch die Unveränderlichkeit einer Urform Gleiches realisiere. In den mathematischen Schriften vertieft Bruno diesen Aspekt im Rahmen seines geistmetaphysischen Ansatzes, der - gemäß des Gottesbegriffs als der „Einheit des Einen und des Geistes"[51] - untrennbar mit der einheitsmetaphysischen Konzeption verbunden ist: So ist es die ideelle Gleichförmigkeit des sich in die Natur entäußernden göttlichen Geistes, durch die das den Teilen Gemeinsame als deren typologische Figuration begriffen werden kann.[52] Dies aber impliziert, daß das Postulat der Ordnung im Ausgedehnten durch eine Theorie der räumlichen Gestaltung ergänzt werden muß.

Brunos Konzeption der gestaltenden Prinzipien äußert sich dementsprechend in einer Korrektur der Kategorie der Quantität. Die reine Quantität im

49 Vgl. hierzu die Modifikation im brunonischen Spätwerk: Gott selbst ist der Urheber der Ordnung. STM 86, 24: Ipse [scil. deus] est pater omnis ordinis.

50 C (Aq) 127, 11; 13.

51 Obwohl sich die Ausdrucksweise „Einheit des Einen und des Geistes" bei Bruno nicht explizit findet, lassen doch die Gottesprädikate den Schluß zu, daß diese Auslegung des Gottesbegriffs gemeint ist. Bruno folgt der neuplatonischen Theologie, die auch für Ficino wirksam ist. Zur Sache vgl. W. Beierwaltes, Neuplatonisches Denken als Substanz der Renaissance. In: Studia Leibnitiana, Sonderheft 7, Wiesbaden 1978, S. 1 - 16, bes. S. 6.

52 AM 17, 3 - 5.

Sinne räumlicher Ausdehnung erweist sich als unzureichend, wenn für die Teile gemeinsame Gestaltmuster angenommen werden sollen. Aus diesem Grund verschmilzt in De minimo die Kategorie der Quantität mit der Kategorie qualitativer Gestaltung zu der neuen begrifflichen Einheit der räumlichen Dimensionalität.[53] Die in De la causa wiederholt propagierte unauflösliche Bezüglichkeit von Materie und Form erhält in diesem neuen Prinzip der Dimensionalität ihr systematisches, raumtheoretisches Korrelat.

Die mathematische Dimensionalität bildet also eine notwendige Voraussetzung für die Ordnung des Extensiven. Dimensionalität umfaßt nicht nur die Möglichkeit zur Konstitution der „minimalen" geometrischen Charaktere, die durch den Punkt als dem Ausgangs„punkt" zur Entfaltung in Dimensioniertes begründet werden,[54] sondern auch die geometrische Gestalthaftigkeit der „physikalischen" Atome, die nun einem vereinheitlichen Extensions- und Figurationsprinzip unterstehen.[55] Nicht die mechanische Unteilbarkeit des Atoms steht somit im Vordergrund der Diskussion, sondern die Gleichheit seiner Form, die letztlich nur in Abhängigkeit von einem metaphysischen Geistprinzip zu verstehen ist.

Dieser Ansatz, der im Begriff der Dimensionalität die Kategorie der Qualität der Kategorie der Quantität gleichnotwendig zur Seite stellt, entfaltet seinen erkenntnistheoretisch bedeutsamen Sinn in einer modifizierten mathematischen Beziehungslehre. Die gesuchten Denkkategorien, durch die das Gemeinsame und Unterscheidende mathematisch erfaßt werden soll, bestehen dementsprechend in dem axiomatisch verbürgten Wissen um die quantitativen und qualitativen, d. h. raum- und gestalttheoretischen Beziehungsformen, durch die das Gemeinsame und Verschiedene der extensiven Strukturen ausgemacht werden kann. Indem jedoch die Kategorie der Qualität als notwendiges Bildungsmoment in die Konzeption der räumlichen Größe integriert wird und die Systematik der axiomatischen Vergleichsformen eben um qualitative Gleichheitsbedingungen erweitert wird, fungiert die brunonische Grundlegung der Geometrie als Bindeglied zwischen der Tradition und

53 TMM 181, 8: Omne dimensionatum alicuius est figurae. Die Gestalthaftigkeit als „forma" und „figura" wird von Bruno dem Genus der Qualität zugeordnet. STM 27, 11 - 15: Quarta species seu differentia [scil. qualitatis] est sicut forma et circumstans figura: forma quidem, qua aliquid dicitur pulchrum, turpe, humanum, leonium; figura, qua dicitur quadrangulum, triangulum, pyramidale etc.

54 TMM 273, 18 - 20. Zur Definition von „Charakter" vgl. CI 99, 7 - 10: N o t a, c h a r a c t e r, s i g n u m, s i g i l l u m et i n d i c i u m dici possunt tum lineae, tum puncta, tum omnia quae spacium non concludunt [...].

55 TMM 177, 10 - 12: Simpliciter minimi simplex est una figura / Circulus atque globus; fiet quippe omne rotundum Cornibus abiectis, quod non facit angulus esse hoc.

der neuzeitlichen Theoriebildung insofern, als der Rekurs auf qualitative Momente der Größe inhaltlich eine wesentliche Ergänzung zu den euklidschen Ausführungen darstellt und darüberhinaus schon als eine sachliche Vorausnahme leibnizscher Überlegungen gelten kann.[56] Neben dieser unter mathematikhistorischem Gesichtspunkt relevanten Reflexion vertieft die spezielle Theorie der Dimensionen auch das Verständnis hinsichtlich der metaphysischen Vermittlungsfunktion der Mathematik: So gründet die Ordnung der ersten Elemente letztlich in der unsinnlichen göttlichen Idee, die sich in den Raumstrukturen als deren quantitative und qualitative Vergleichbarkeit manifestiert; für das reflektierende Subjekt jedoch liefert der deduktive Aufbau der Mathematik dasjenige Instrumentarium, durch das die Entäußerung der göttlichen „mens" in die Natur begriffen werden kann.

2.2.3 Zusammenfassung und Ausblick

Die in sich hierarchisch gegliederte Dreiheit des Minimum als „monas monadum", „punctus" und „atomus" umfaßt in sich die traditionelle Thematik einheitsmetaphysischen Denkens, indem der gesamte Aufbau des Seienden als Prinzipiat des einen und seienden Prinzips konstituiert werden wird. Innerhalb dieses Kontextes werden - wie im nächsten Abschnitt ausführlicher gezeigt werden soll - die klassischen Begriffskategorien wirksam, durch die die platonisch-neuplatonische Tradition das Verhältnis zwischen der transkategorialen Einheit des Seins und dem kategorial Seienden zu erfassen suchte: Die Dreiheit des Minimum wird aus der metaphysischen Perspektive im Sinn der ontologischen Differenz von Sein und Nichtsein, Einheit und Vielheit, Idee und Erscheinung gedeutet.

Weiterhin steht die Dreiheit des Minimum in engem Zusammenhang mit Brunos wissenschaftstheoretischem Konzept. Die ersten Elemente sind zugleich a priori gewußte Denkinhalte, die den deduktiven Aufbau der Mathematik bestimmen und das Ordnungsgefüge der Natur mit dem Regelsystem einer mathematischen Beziehungslehre zu beschreiben erlauben. Als von be-

[56] Vgl. G. W. Leibniz, Leibnizens mathematische Schriften. Hrsg. von C. I. Gerhard. 7 Bde., Bd. 7, Hildesheim 1962, S. 19. Zur Sache siehe auch E. Cassirer, Einleitung zu G. W. Leibniz, Hauptschriften zur Grundlegung der Philosophie, Bd. 1, Übersetzt von A. Buchenau. Durchgesehen und mit Einleitungen und Erläuterungen versehen von E. Cassirer, Hamburg 1966, S. 5: „Die quantitative Vergleichung ist weder die einzige noch auch die ursprüngliche Methode zur Herstellung eines streng begrifflichen Zusammenhangs zweier Elemente: sie muß vielmehr selbst überall Regeln voraussetzen, die nur in einer allgemeinen Disziplin der möglichen q u a l i t a t i v e n Beziehungsformen entdeckt werden können."

sonderer Bedeutung wird sich hierbei der Begriff der Einheit der Größe erweisen, der als erster Grund bzw. als *unsinnliches* Minimum der materialiter konkretisierten Größe voraufgeht.[57] Für die mathematische Definitionslehre bedeutet dies weiterhin, daß die erkenntnistheoretische Rechtfertigung der mathematischen Wissensstrukturen einzig durch das Prinzip der Einheit gewährleistet werden kann, insofern die Einheit an sich die Intelligibilität des Begreifbaren überhaupt und damit auch der mathematischen Gegenstände verbürgt. Nicht bei dem partikulären Objekt setzt die Reflexion ein, sondern bei der Einheit des Begriffs der Größe an sich.[58] Als Konsequenz der Ausweitung der ontologischen und erkenntnistheoretischen Gründungsfunktion der Einheit auf den Begriff der Größe entsteht ein neues Motiv, das die Gedankenführung von De minimo wesentlich prägt: So muß das Strukturverhältnis zwischen der unsinnlichen Einheit und der phänomenalen Gegenstandswelt nicht nur in metaphysischer Hinsicht durchleuchtet werden, sondern auch auf der *abgeleiteten kategorialen* Ebene unendlicher Dimensionalität. Dies meint nichts anderes, als daß sich für den Mathematiker innerhalb seines Objektbereichs in Analogie zur Metaphysik das nämliche Problem der Verhältnisbestimmung von Einheit und Differenz stellt, indem nicht mehr nur die vermittelnde Rolle der Mathematik zwischen dem metaphysischen Prinzip der Einheit und dem zu diesem Differenten bestimmt werden muß, sondern die „Differenzierung" der einen Größe in unterscheidbare, quantitative Strukturen selbst zu einem internen Problem der Mathematik wird.

[57] TMM 184, 23 f.; 187, 7 f.

[58] Vgl. hierzu die hierarchische Gliederung der Funktionen der Einheit in TMM 144 ff.

3 Die mathematische Struktur von Natur und Erkenntnis im Horizont der Selbstvermittlung Gottes

3.1 Der einheitsmetaphysische Ansatz

Obwohl De minimo nach den Angaben der „Epistola dedicatoria“ nicht metaphysische Spekulation, sondern mathematische Reflexion sein möchte[1], kann der mathematische Ansatz nicht von der metaphysischen Thematik isoliert werden. Dies zeigt sich schon in der Analyse des Seinsaufbaus, der auf der Prinzipiendreiheit des Minimum beruht: Die göttliche Monas bzw. Entitas gilt als das wahre und substantielle Fundament des unselbständig kategorial Seienden[2], das seinerseits von dem Prinzip der Dimensionalität als dem einheitlichen Inbegriff von Quantität und Qualität geprägt ist. Einheit und Dimensionalität fungieren somit als notwendige Voraussetzungen für die geometrische Beschreibbarkeit des Seienden.

Parallel zur Konstitution der ontologischen Schichten erweist sich die Notwendigkeit eines ersten metaphysischen Prinzips auch aus der Perspektive der mathematischen Erkenntnistheorie und Methodologie, indem die Einheit allererst die „Existenz“ von Mathematik und Philosophie verbürgt[3]. Zu

1 Zur methodischen Einteilung der Frankfurter Trilogie vgl. Im 197 [OL Bd. 1, Teil 1]: Primum [scil. De minimo] in methodo certe mathematica, secundum [scil. De monade] [...] divina, tertium [scil. De immenso] vere naturali.

2 TMM 140, 24 - 30: Principium numeri monas cum numero, sicut et principium magnitudinis atomus cum ipsa magnitudine, reductive vel principaliter sunt in genere quantitatis, et accidentia substantiae, quae est monas antecedens, vere et per se minimum principium magnitudinis, in quo non ex quo; et in hac omnia sunt unum, sicut in veritate atomi secundum speciem omnes atomi secundum numerum.

3 AM 26, 12 - 16: Ut ergo praeter monadem nihil est [...] ita et praeter minimi portionem et definitionem nulla est mensura, nullus est geometra et nulla consequenter philosophia.

bedenken ist jedoch in diesem Zusammenhang vor allem die erkenntnistheoretische Differenz, die zwischen der mathematischen Denkweise und dem metaphysischen Einheitsprinzip besteht: Obwohl die Möglichkeit der Mathematik auch auf einem voraufgehenden einheitlichen Prinzip der Größe beruht, ist das Einheitsprinzip der Mathematik doch nicht die metaphysische Einheit selbst; hinsichtlich der metaphysischen Valenz der mathematischen Erkenntnis bedeutet dies eine Einschränkung, indem dem mathematisch denkenden Subjekt lediglich eine abbildhafte Einheit zugänglich ist.[4] Mit welchem Recht aber, so muß jetzt gefragt werden, kann die Mathematik einen Anspruch auf objektive Gültigkeit ihrer Sätze im Sinne von *Seinsaussagen* erheben, wenn ihr methodischer Ausgangspunkt der relative Standpunkt eines „nicht absoluten Subjekts“ ist, dem der Einblick in das absolute Sein nur unter konjekturalem Vorbehalt möglich ist?[5] Von hier aus wird also die Hinweisfunktion des Mathematischen auf die metaphysische Einheit zweifelhaft. Denn aufgrund welcher Legitimation darf der Mathematiker behaupten, daß die Inhalte der Mathematik abbildhaft für jenes nicht wißbare Eine stehen?

Dieser Fragenkatalog führt aus der Perspektive einer möglichen mathematischen Deutung des Seinsaufbaus auf die vielfältigen Funktionen der metaphysischen Einheit. Nicht nur im Sinne eines onto-theologischen Ansatzes ist die göttliche Monas zugleich transzendente Seiendheit an sich, sondern sie wirkt auch existenzstiftend *im* Kategorialen.[6] Analog hierzu gilt die Einheit auch als der selbst nicht erkennbare Grund der Intelligibilität an sich, weil sich jeder Erkenntnisakt notwendig in der Erkenntnis einer Einheit artikuliert. Obwohl sich also die Mathematik auf die Kategorien von Quantität und Qualität als das ihr eigentümliche Objektfeld bezieht und ihre Aussagen das göttliche Eine in seinem Wesen nicht treffen, wirkt umgekehrt die Einheit an sich gründend für mathematisches Denken und dessen Gegenstandsbereich. Dies äußert sich in der Vermittlung der transkategorialen „Eigenschaften“ der göttlichen Monas, durch die die Erkenntnisstruktur des mathematisch denkenden Subjekts und der Bereich des Mathematischen selbst als seinsbezogene Einheiten konstituiert werden. Letzteres aber ist die Bedingung dafür, daß eine Äquivalenz von Seins- und Denkstruktur allerererst möglich ist. Nicht nur die Transzendenz Gottes, sondern auch die transzendentallogischen Implikationen, die aus der Konvertibilität der Einheit mit der Seinsheit resultieren,[7] bilden die zentralen Voraussetzungen für das Verständnis der brunonischen Meta-

4 TMM 272, 26 - 31.

5 P 3, 2 - 4 und 8 f.

6 TMM 146, 32 f.: Sicut per monadem omnia sunt unum, ita et per monadem sunt.

7 TMM 146, 31 f.: ens et unum non differunt.

physik. Daß Seiendes, d. h. auch kategorial Seiendes überhaupt ist und begreifbar ist, beruht auf der Wirkweise der Einheit. Für die Mathematik als Interpretament des Seienden bedeutet dies, daß ihre Legitimation auf dem Konzept der kategorienjenseitigen Identität von Einheit und Seinsheit beruht, das in der mittelalterlichen Transzendentalienlehre klassisch formuliert wurde.[8] Dieser Gedanke der Tradition wird nunmehr auch für die Letztbegründung der Existenz und Wißbarkeit der mathematischen Gegenstände fruchtbar gemacht.[9]

3.1.1 Der universelle Seinsanspruch der göttlichen Monas

Im Anschluß an den onto-theologischen Ansatz des Aristoteles[10] und an das neuplatonische Verständnis des Einen[11] begreift Bruno Gott als die Identitität von Einheit und Seinsheit. Diese Identität findet ihren ersten adäquaten Ausdruck in der Formulierung „Deus est monadum monas, nempe entium entitas“[12] und kulminiert schließlich in der Rezeption und Transformation von Exodus 3,14 zu der Formel „SUM QUOD EST“.[13] Diese Selbstaussage der Monas verdeutlicht zunächst, daß das Wesen des Seins prinzipiell nur von dem Wesen der Einheit her zu begreifen ist; denn was nicht *eines* ist, *ist* nicht.[14] Wenn jedoch Einheit als Bedingung des Seins zu verstehen ist, sodaß das Sein immer als konvertibel mit der Einheit gedacht werden muß, dann folgt daraus, daß Sein im ursprünglichsten und reinsten Sinn nur Gott selbst als der schlechthinnigen Einheit zukommen kann. Der universelle Seinsanspruch Gottes verdeutlicht sich dementsprechend in seinem Namen: An sich un(be)nennbar,[15] weil jede Benennung schon eine eingrenzende Bestimmung impliziert,[16] bezieht sich das einzig mögliche Gottesprädikat auf das Allsein Gottes, das in dem Relativsatz „‘qui est’ vel ‘quod est’“[17] zum Ausdruck gebracht wird. Diese beiden Formeln der Exodusmetaphysik beinhalten jeweils verschiedene Nuancen des onto-theologischen Ansatzes: So expliziert die erste Fassung („qui est“) schwerpunktmäßig die

8 Vgl. Thomae Aquinatis, Quaestiones disputatae, Vol. 1, De veritate, I, 1 a 1.
9 TMM 140, 7 f.
10 Vgl. W. Beierwaltes, Platonismus und Idealismus, Frankfurt a. M. 1972, S. 5 ff.
11 Vgl. W. Beierwaltes, Identität und Differenz, S. 25 ff.
12 TMM 146, 30.
13 AM 26, 13. Zur Rezeption von Exodus 3, 14 vgl. W. Beierwaltes, Platonismus und Idealismus, S. 9 ff.
14 TMM 146, 33: quando quod unum non est, nihil omnino est.
15 STM 85, 20: innominabilis.
16 STM 85, 20 f.: Ea enim possunt nominari, quae et definita sunt.
17 STM 86, 21.

innere Reflexivität des Seins, die in der Selbstbezüglichkeit der Aussage gründet; die zweite Fassung hingegen („quod est“) verdeutlicht mit stärkstem Nachdruck, daß neben oder außerhalb des göttlichen Seins nichts *ist.*[18] Was immer also ist, ist Gott als die Einheit selbst.

Als schlechthinnige Einheit ist Gott unteilbar („individuus“) und die Einfachheit an sich („simplicitas ipsa“).[19] Die ontologische Unteilbarkeit Gottes, die auf der These der Konvertibilität von Einheit und Seinsheit beruht und gemäß der thomasischen Gedankenführung die *Teilung* des Seins als Gegensatz der Einheit negiert, wirkt sich weiterhin in zweifacher Weise aus:

Erstens verdeutlicht die Unteilbarkeit Gottes dessen prinzipielles Herausgehobensein über jede Art von Gegensätzlichkeit. Das Sein Gottes ist also mit den Mitteln einer kategorialen Sprechweise keineswegs adäquat zu erfassen, sondern Gott ist vielmehr der Unerkennbare und Undefinierbare, der sich jeder definitorischen, d. h. seine Unendlichkeit[20] begrenzenden Bestimmung entzieht.[21] Sollte Gott als der Unbennbare dementsprechend überhaupt benennbar sein, müßte er mit der Allheit aller Namen benannt werden.[22] In diesem Sinn setzt Bruno also die eckhartsche und cusanische Tradition fort, indem auch der brunonische Gottesbegriff als absolute differenzlose Einheit über jeder Vielheit, Verschiedenheit und Unterscheidbarkeit zu verstehen ist.[23]

Zweitens aber steht der göttlichen Einheit das kategorial Seiende auch nicht als relative Gegensätzlichkeit gegenüber. Die Einheit des Seins hebt die Gegensätzlichkeit des Seienden als schlechthinnige Identität in sich auf.[24] Wirksam wird hier vor allem das cusanische Lehrstück der „coincidentia oppositorum“,[25] das Bruno für seinen Gottesbegriff in Anspruch nimmt. Als Inbegriff des übergegensätzlichen Seins verkörpert Gott die negative Unteilbarkeit an sich.[26] Diese Art der Unteilbarkeit aber expliziert die „atoma natura“ des ersten Prinzips gemäß der neuplatonischen Metapher von der ungeteilt hörbaren Einheit der Stimme.[27] In hierarchischer Überhöhung zu „allen anderen Arten“ unteilbaren Seins ist einzig die Monas bzw. das Göttliche

18 STM 86, 16 - 18.
19 TMM 147, 12.
20 STM 76, 15: ipse est infinitus intensive.
21 TMM 147, 7: nihil per definitionem.
22 STM 86, 3 - 5.
23 STM 87, 10 f.: est ipsa unitas super omnem multitudinem, varietatem, distinctionem absoluta.
24 TMM 147, 1 f.: In minimo, simplici, monade opposita omnia sunt idem.
25 Nicolai de Cusa, De docta ignorantia I, 4; S. 10, 4 - 6 und 14 - 16.
26 TMM 209, 20 f.
27 TMM 209, 23 f.

(„divinitas“) unteilbar *und* teillos bzw. ganz in jedem Teil.[28] In diesem Zusammenhang wird also deutlich, daß das „atomistische“ Wesen des ersten metaphysischen Prinzips die Unteilbarkeit des einen Seins meint, das Unendliches und Endliches gleichermaßen in sich begreift.[29]

3.1.2 Das Nichtsein des Kategorialen

Vor dem Horizont der unendlichen Einheit ergibt sich als Folgeproblem die Frage, auf welche Weise gleichsam „neben“ der Einheit, die ja per se jede Form von Verendlichung und Besonderung ausschließt, Endliches und Unterscheidbares gedacht werden kann. Es muß sich hierbei offensichtlich um eine Möglichkeit zur Differenzierung des Seienden handeln, die, soll das Eine nicht selbst eine ontologische Einschränkung erfahren, nicht mit dem einheits- und seinstiftenden Charakter der Monas konkurriert und dennoch die Vielheit des Seienden bedingt.

Auf dieser Thematik basiert das *ontologische* Interesse, das Bruno mit den Kategorien der Quantität und Qualität verbindet. So behandelt er die Kategorien als Strukturmomente, die durch sich selbst keinerlei Existenz stiften und dementsprechend im ontologischen Status des Nichtseins stehen. Mit aller Entschiedenheit wird dies in der Klassifikation des Kategorialen als Nichtigkeit („vanitas“), Nichts („nihil“) oder Nicht-Seiendes („non ens“) verdeutlicht.[30] Die hiermit allerdings aufbrechende ontologische Differenz zwischen dem Unendlichen und dem Besonderten führt erneut auf den schon von De la causa her vertrauten Gegensatz zwischen dem Unteilbaren und dem Geteilten, wobei diese Gegensätzlichkeit in De minimo mit der hierarchischen Gliederung des dreifachen Minimum fortgesetzt und in ihren ontologischen Bezügen vertieft wird: Die Minima „punctus“ und „atomus“ stellen als Elemente das materiale Prinzip des Teils[31] bzw. die ersten Teile („primae partes“)[32] dar, die den Bereich des Kategorialen mittels der in ihnen angelegten Tendenz zu räumlicher Dimensionalität strukturieren und dem schlechthin negativ Unteilbaren als lediglich privativ unteilbare Teile entgegengesetzt

28 Im 312 [OL Bd. 1, Teil 1]: Perfectum simpliciter est duplex, in essentia videlicet et in imagine. Primum est quod in toto et in omne parte totum, secundum quod est in toto totum. Primum est divinitas, intellectus universi, bonitas absoluta atque veritas; secundum est corporeum illius immensum simulacrum.

29 TMM 147, 1 f.

30 STM 86, 16 ff.

31 STM 19, 16 f. und 25 f.

32 TMM 140, 3.

werden.[33] Diese Einschränkung auf den Modus der Teilbarkeit verdeutlicht die Komplexität der ontologischen Bezüge, die innerhalb des Seinsaufbaus wirksam werden: So meint das Nichtsein des Kategorialen gegenüber dem Sein der Einheit die Unfähigkeit, sich selbst als seiend zu setzen; auf der Ebene der Kategorialität bedeutet Nichtsein das Anders-Sein des Einen gegenüber dem Anderen. Der systematische Nutzen der Kategorien von Quantität und Qualität beruht offensichtlich auf der mit ihnen verbundenen Möglichkeit zur Distinktion, die es erlaubt, Seiendes in seinem So-Sein zu begreifen, ohne daß dabei eine Unterscheidung dem Sein nach getroffen wird.[34] Diese Unterscheidbarkeit des Seienden vollzieht sich - wie gezeigt werden soll - im Rahmen der geometrischen, d. h. figurationstechnischen Bestimmbarkeit der Dimensionalität.

3.1.3 Die Überwindung des Gegensatzes von Sein und Nichtsein

Folgt man den brunonischen Ausführungen bis hierher, so sind in der Dreiheit des Minimum die wesentlichen Komponenten angelegt, die den Aspektreichtum der ontologischen Schichten verantworten. Die göttliche Monas und die ersten Elemente der räumlichen Dimensionen konstituieren ein Spannungsgefüge gegensätzlicher Bestimmungen, in dem die innere Ausdifferenzierung des Verhältnisses zwischen dem ungegenständlichen Einen und den räumlich gegenständlichen Phänomenen beschlossen liegt. Der Grund dieses Spannungsgefüges wurzelt in dem allgemein übergreifenden Gegensatz von Sein und Nichtsein, der sich weiter durch die Zuordnungen Unteilbarkeit und Teilbarkeit, Unendlichkeit und Endlichkeit sowie Einfachheit und Zusammensetzung spezifiziert.

Wenngleich dieses an die platonische Prinzipienzweiheit von ἕν und ἀόριστος δυάς erinnernde Schema[35] aus der Perspektive des einheitsmetaphysischen Ansatzes für das brunonische System verbindlich bleibt und als traditionelle Vorgabe durchaus plausibel erscheint, so führt diese Systematik des Seinsaufbaus jedoch aus der Perspektive des reflektierenden Subjekts auf eine eigentümliche Schwierigkeit. Die Problematik wird von Bruno zwar nicht eigens thematisiert; dennoch scheint sie jener Grund zu sein, der schließlich zu der einheitsmetaphysischen Fundierung der Wissenschaften zwingt: Bleibt

33 TMM 210, 25 - 30.

34 AM 25, 27 - 29: Ea ergo quae in composito, sensibili, discreto, disiecto, dimensionato, multo, dissolubili, non vero non ente distinguuntur [...]

35 Vgl. K. Gaiser, Platons ungeschriebene Lehre, S. 19.

man nämlich bei einem Dualismus zwischen metaphysisch transzendentem Sein und kategorialem Nichtsein als einem *realen* ontologischen Gegensatz stehen, dann scheint jede Form der Seinserkenntnis prinzipiell ausgeschlossen. Denn weder kann das unerkennbare, unbenennbare, nur sich selbst bekannte Eine an sich Gegenstand der Reflexion sein,[36] noch auch das Nichtseiende, das nach dem Verdikt Brunos und der Tradition ebenfalls als unsagbar bzw. unerkennbar gilt.[37]

Die Lösung dieses Konflikts besteht in der dialektischen Ausweitung der Wirkweise des Einen, das nicht mehr ausschließlich als das tranzendente, sondern auch als das allem immanente Prinzip begriffen werden soll.[38] In dieser Funktion ist die Monas nicht nur das realisierende Prinzip des Kategorialen bzw. Dimensionalen,[39] sondern auch der transkategoriale, einheitlich strukturierende Grund eines jeden räumlich qualifizierten Objektbereichs[40] als der Voraussetzung für die Möglichkeit wissenschaftlicher Erkenntnis des Kategorialen.

Wirksam wird in diesem Zusammenhang die Dialektik der neuplatonischen Tradition:[41] Die Transzendenz des Einen ist seine Verschiedenheit von allem, die es als den über-seienden Grund von allem ausweist. In diesem Sinne steht das Eine in absoluter Differenz zu dem von ihm Verschiedenen, eine Differenz, die Plotin durch den Satz zum Ausdruck bringt: Das Eine ist nichts von allem.[42] Insofern sich das Eine umgekehrt als Grund von allem entfaltet und aufschließt, ist es alles, jedoch nicht als ein in sich Differentes und Vielheitliches, sondern differenzlos und einfach.[43] In diesem Sinne ist für die neuplatonische Dialektik von Immanenz und Transzendenz die Aussage zentral, das Eine sei überall und nirgends.[44] Gemäß der neuplatonischen Denkweise bleibt auch für Bruno das Über- und Insein Gottes das wesentliche Charakteristikum seines dialektischen Bezugs zu allem; denn, „in

[36] STM 78, 13 f.: mens omnem intellectum, rationem atque sensum antecedens [...]. Vgl. ferner STM 80, 7 f.: unus deus *se ipso se ipsum* cognoscens et amans [Hervorhebung von mir].

[37] AM 26, 9 - 11. Zum geschichtlichen Hintergrund vgl. Parmenides, fr. 2, H. Diels, W. Kranz, Fragmente der Vorsokratiker, Zürich/Hildesheim 1989[18], Bd. 1, S. 231; Platon, Sophistes 237 a - d; W. Beierwaltes, Identität und Differenz, S. 9 ff.

[38] TMM 147, 5 f.: [Deus] ubique et nusquam, infra omnia fundans, super omnia gubernans [...]. Vgl. ferner TMM 136, 21.

[39] TMM 146, 25 f.

[40] TMM 154, 2 - 6.

[41] Zur Sache vgl. W. Beierwaltes, Identität und Differenz, S. 25 ff. und S. 194 ff.

[42] Plotin, Enn. VI 7, 32, 12 f.

[43] Plotin, Enn. V 3, 13, 34 f.; 15, 31 ff.

[44] Plotin, Enn. III 9, 4, 1 ff.

allem nicht eingeschlossen und aus allem nicht ausgeschlossen", umfaßt Gott das zu ihm Andere als differenzlose Identität.[45] Somit ist Gott überall und nirgends,[46] Minimum und Maximum,[47] letzter Grund von allem und selbst nichts von allem.[48]

Als schlechthin einheits- und seinstiftendes Prinzip gibt Gott allem das Sein, damit es ist,[49] und seine koinzidentale Differenzlosigkeit wirkt in gradueller Abstufung in allem fort.[50] Die Selbstvermittlung Gottes manifestiert sich nun in einer ursprünglichen Einheits- und Identitätsstruktur, die den gesamten Gegenstandsbereich von Quantität und Qualität erfaßt und sich ihm vermittelt. Die Art und Weise dieser Vermittlung wird sachlich nach dem traditionellen Modell von „complicatio" und „explicatio" verstanden: In gedanklicher Verwandtschaft zum Entfaltungsprozeß des cusanischen „possest" ist auch die brunonische Einheit die überseiende Fülle allen Seins, die in „je verschiedener Intensität" das Entfaltete eint.[51] Somit verdeutlicht das Verhältnis von „complicatio" und „explicatio" einen übergreifenden Bezug von Einheit und Andersheit, der in allen ontologischen Abstufungen als die Einheit im Anderen bzw. als der eine und einende Grund von allem fortwirkt.

Die in diesem Kontext von Bruno vorgenommene Aufzählung koinzidentaler Identitätssetzungen, wie etwa die Indifferenz der Dimensionen,[52] die Einheit von Gekrümmtem und Geradem[53] oder die Einheit von spitzem und stumpfem Winkel[54] zeugen von Brunos Inspiration durch Cusanus als dem „Enthüller der schönsten Geheimnisse der Geometrie".[55] Indem aber Bruno auch die Koinzidenz von Punkt und unendlicher Fläche sowie vor allem von Atom und unendlichem Körper denkt[56], bedeutet dies zugleich eine entschie-

45 TMM 147, 6; STM 89, 3 - 6: [...] in ipsa infinita monade, omnia complectente quae numeris comparantur, omnia in simplicitate et unitate ei identitate sunt examinanda.

46 TMM 147, 5.

47 TMM 147, 3.

48 STM 86,13 f.: Est enim [deus] omnia in omnibus [...] ; et est nullum omnium, quia est super omnia [...] Zur Sache vgl. W. Beierwaltes, Identität und Differenz, S. 196 ff.

49 TMM 146, 16 f.; Vgl. ferner STM 86, 13 f.

50 Bruno beginnt die Aufzählung der Identitätssetzungen mit Gott als dem ersten Prinzip, setzt die Überlegung mit dem Begriff des Universums fort und endet schließlich mit der Betrachtung des Punktes und des Atoms. Vgl. TMM 147, 1 - 149, 2.

51 Zur Struktur des cusanischen „possest" vgl. W. Beierwaltes, Identität und Differenz, S. 123 ff., insb. S. 124.

52 TMM 147, 13 f. und 16.

53 TMM 148, 7 - 9.

54 TMM 148, 4 - 6.

55 C (Aq) 156, 5 f. Von der Ursache, dem Prinzip und dem Einen (Lasson), S. 110.

56 TMM 154, 2 ff.; vgl. ferner TMM 148, 27 - 149, 1.

dene Abwehr der aristotelischen Physik, die die Möglichkeit eines unendlichen Körpers bestreitet.[57] Somit bereitet das brunonische Denken durch die Übertragung des cusanischen Koinzidenzgedankens auf die Struktur des Körperlichen einen neuen, sachlichen Zusammenhang zwischen Einheitsmetaphysik und geometrisch-physikalischer Wissenschaftstheorie vor.

Die Konsequenzen des brunonischen Einheitsdenkens sind nun folgende: Der ontologische Gegensatz zwischen Sein und räumlich kategorialem Nichtsein wird durch die Dialektik von Transzendenz und Immanenz des göttlichen Einen überwunden. Analog zu der koinzidentalen Einheit Gottes meint auch die Existenz der Minima nicht eine neue, eigenständige Realität, sondern die ursprüngliche Ungeschiedenheit vom jeweiligen Maximum, die letztlich auf der Allpräsenz der Monas basiert. Insofern fügt das Sein des Kategorialen dem Sein Gottes auch nichts hinzu. Denn, obwohl das Kategoriale nunmehr auch einen einheitsmetaphysisch fundierten Sachbereich zur Erforschung von Sein darstellt, ist dieses Sein doch nichts anderes als die ontologische Unteilbarkeit der ihm immanenten Einheit, durch die das Seiende allererst begreifbar wird. Aus der Sicht der Wissenschaftstheorie gelangt Bruno zu der für die Folgezeit wesentlichen Einsicht, daß die Einheitlichkeit eines Objektbereichs die gedankliche Voraussetzung für den inneren gemeinsamen Bezugspunkt der jeweiligen unterschiedenen Objekte ist.[58] Somit geht nicht nur ein jeder, auch von der schlechthinnigen Monas abständige bzw. relative Beginn in der „scala scibilium" letztlich auf die hierarchisch übergeordnete Monas.[59] Vielmehr entspringt auch, was immer sich als Kategoriales und damit schon als Geteiltes und Verschiedenes der „ratio" oder der Vorstellung zeigt (wie etwa Punkt und Fläche als zwei für die Vorstellung heterogene Formen räumlicher Strukturen), einem unsinnlichen, unendlichen Inbegriff von Raumelement und Gesamtraum. Dieser unendliche Inbegriff schließt die Mannigfaltigkeit der geteilten und anschaulichen Gegenstände in sich als Einheit ein[60] und begründet darüberhinaus als koinzidentaler Grund die innere Relationalität der Teile als Teile eines Ganzen.[61] Auf diese Weise fungieren für Bruno die geometrischen Paradigmata des Cusanus nicht nur als hypothetische „manuductiones", die als Hinweis für die Unendlichkeit

57 Vgl. K. v. Fritz, Das Apeiron bei Aristoteles, In: Ders., Grundprobleme der Geschichte der antiken Wissenschaft, Berlin/New York 1971, S. 684 ff.

58 Cassirer meint allerdings, daß diese Entwicklung erst mit Descartes einsetzt. Vgl. E. Cassirer, Leibniz' System in seinen wissenschaftlichen Grundlagen, Hildesheim 1962, S. 5 ff.

59 TMM 173, 25 - 28 und 31 - 33.

60 TMM 162, 19 - 22.

61 TMM 159, 17 - 20.

Gottes stehen, sondern als reale Prämissen des Wissens,[62] die die Mathematik und auch die Theorie der Atome als eine „mathematische Physik“ von einem universellen Prinzip aus als in sich konsistente Strukturgefüge einheitlicher Gegenstände zu begründen suchen.[63]

Die Weiterentwicklung der cusanischen „coincidentia oppositorum“ zu einer erschöpfenden Voraussetzung des Gegenständlichen, die die Allheit der Objekte als geeinte Ganzheit in sich birgt,[64] wird zum zentralen Motiv des brunonischen Spätwerks: So resultiert hieraus einerseits eine Loslösung der Mathematik und mathematischen Physik von der extrapolierenden Zeichenfunktion auf metaphysisch nicht Gewußtes zu einem in sich selbst einheitlichen Wissen, das seinen Gegenstandsbereich erforscht. Das räumlich Gegenständliche wird nicht mehr nur als das „bloß“ nichtige und deshalb unbegreifbare, „zerdehnende“ Moment erfahrungsunabhängiger Prinzipien aufgefaßt, sondern beruht selbst auf dem erfahrungsfreien Fundament der konvertiblen Einheit und Seinsheit. Diese Entwicklung zu einer „ursprünglichen Einheit der Methode“, in der sich ein neuzeitliches Wissenschaftsverständnis abzeichnet,[65] läßt sich - aus der Perspektive der Einheitsmetaphysik völlig konsequent, aus der Perspektive der Mathematik hingegen paradoxerweise - nicht von der dialektischen Wirkweise der metaphysischen Einheit *in* allem, d. h. ihrer existenz- und intelligibilitätsstiftenden Funktion im Kategorialen loslösen. Von hieraus wird auch die ontologische Basis des konstruktiven Charakters der Mathematik verständlich: Mathematisches Denken erfaßt „das dem Sein nach Frühere“, weil dieses Sein immer schon als der nicht aus dem Faktischen zu erschließende, intelligible Existenzgrund der mathematischen Gegenstände präsent ist und sich im Denken ihrer Einheit erschließt.

Andererseits bedingt das Gründungsverhältnis von Einheit und Allheit bzw. Ganzheit ein vertieftes Verständnis von „complicatio“ und „explicatio“, indem die Differenzierung des Einen als prozessuale Erzeugung von Allheit bzw. Ganzheit im Sinne zunehmend funktionaler und auch abschließbarer Komplexität gedacht werden muß. Die Ausführung dieses Programms vollzieht sich auf mehreren Ebenen: In De monade ist es die metaphysische Ein-

62 TMM 153, 28 - 31: Minimum ergo ubique est praesens atque semper, maximum vero nusquam atque numquam. Maximum tamen atque minimum ita in unam possunt coire rationem, ut inde etiam maximum ubique esse *cognoscamus* [...]. [Hervorhebung von mir].

63 Zum Problem einer mathematischen Physik im allgemeinen vgl. P. Lorenzen, Das Begründungsproblem der Geometrie als Wissenschaft der räumlichen Ordnung, In: Philosophia naturalis 6 (1960), S. 415 - 431.

64 TMM 148, 28 f.

65 So Cassirer für Descartes; vgl. E. Cassirer, Leibniz’ System, S. 5.

heit selbst, die sich in Vielheit aufschlüsselt und die gesamte Bedeutungsvielfalt des Explizierten erschließt. In De minimo ist es das mathematisch reflektierende Subjekt, das mit den ihm eigenen methodischen Mitteln die weitere Bestimmung des Kategorialen, d. h. des Dimensionalen vornehmen muß. Von hier aus bereitet sich nicht nur das wissenschaftstheoretische Gesamtkonzept der „mathesis universa“ vor, sondern es entsteht auch die für die inhaltliche Konzeption der „mathesis universa“ wesentliche Forderung nach einer Theorie der Gestaltung des Räumlichen,[66] die aus einem identischen Prinzip die einheitlichen und differenzierenden Momente der räumlichen Strukturen zu entwickeln sucht.

3.2 Der geistmetaphysische Ansatz

Brunos dialektisches Konzept von Transzendenz und Immanenz bedingte eine Umgestaltung des Verhältnisses von überkategorialem und kategorialem Sein. Das verbindende Glied beider an sich differenter Bereiche ist die differenzlose Einheit selbst, die auch die prinzipielle Ungeschiedenheit des zu ihr Verschiedenen verbürgt. Dieser dialektische Ansatz wiederholt sich im weiteren aus der Perspektive der brunonischen Metaphysik der „mens“, die nach der Eingangspassage von De minimo engstens mit dem Naturbegriff und den mathematischen Operationen der „ratio“ verbunden ist.[67] Der Kern der Thematik besteht auch in diesem Zusammenhang in der dialektischen Wirkweise Gottes, der sich als Überseiender in die Natur entäußert und im Kategorialen zeigt; diese Entäußerung Gottes als dem selbst jeder Ordnung enthobenen Prinzip[68] aber *ist* der Grund von Relationalität und Ordnung, die sich als mathematische Strukturgesetzlichkeiten innerhalb des Bereichs der Größe realisieren.[69]

Zwischen dem einheits- und dem geistmetaphysischen Prinzip läßt sich keine wirkliche sachliche Trennung vollziehen; rein äußerlich wird dies schon mit der Identifikation der Monas mit der „mens“ offensichtlich. Verbindungslinien zwischen beiden Ansätzen sind auch inhaltlich anhand des

66 Vgl. AM 19 - 21 und TMM 274 ff.

67 TMM 136, 29 f.

68 STM 87, 5 - 9: [...] non est dubium unicuique ordini praepositum esse unum, et super universorum omnem ordinem monadem istam ordinatricem, quae cum simplex et unissima sit, in se ipsa ordinem nullum admittit [...].

69 STM 86, 27 - 87, 1: Ipse [scil. Deus] [...] ordinem faciens extra se ipsum, sicut numerum et figuram et momentum pro rerum innumerabilium diversitate et ornamento constituit. STM 53, 12 f.: [...] natura quippe est intelligentia aut intelligentiae ordo [...]

jetzt im Vordergrund stehenden Begriffs der Ordnung zu ziehen. Dennoch aber bereichert das Gottesprädikat „mens" die Diskussion um den traditionellen geistmetaphysischen Aspekt *gedachter Relationalität,*[70] die gemäß dem Über- und Insein Gottes einerseits auf der metaphysischen Ebene des Göttlichen selbst und andererseits als Wirkweise Gottes in der Natur zu untersuchen ist.

Diese komplexe Überlegung eröffnet zunächst die traditionelle Thematik eines triadisch sich denkenden Gottes[71], der Relationalität als Reflexion seiner selbst allererst konstituiert. So ist die erste Entäußerung Gottes der „filius" als erster „intellectus seu idea";[72] in der kontemplativen Rückwendung Gottes auf sich selbst vollendet sich die göttliche Selbstreflexion zu dreieiniger, kreisförmiger Gestalt durch die Erzeugung von „amor"[73] oder „anima mundi" bzw. „spiritus universorum"[74]. Die „idea" als erster gedanklicher Inhalt Gottes bleibt jedoch nicht nur ausschließlich dem ersten transzendenten Prinzip vorbehalten, sondern entfaltet sich auch als immanente intelligible Kraft *in* allem.[75] Das Insein Gottes in der Natur, von dem Bruno in der Eingangspassage zu De minimo spricht, bedeutet also vor diesem Hintergrund die in allem präsente „idea" oder „intelligentia". In der spezielleren mathematischen Argumentation wird dieser Aspekt durch den Begriff der Dimensionalität als der „magnitudo mensurabilis" ergänzt;[76] denn das Insein Gottes vergegenständlicht sich im Medium quantitativer und qualitativer Extension als seinem anschaulichen Korrelat. Die sich als Erscheinung vermittelnde Idee bzw. die Selbstphänomenalisierung der Idee bedingt also offensichtlich die Möglichkeit einer mathematisch beschreibbaren Natur, durch die die Erkenntnis des Gegenständlichen geleistet werden kann. Der mathematische Zugang zu den Objekten aber zeichnet sich gegenüber jeder anderen Deskriptionsform des naturhaft Seienden aus, denn das Zusammenwirken von

70 Vgl. hierzu z. B. Nicolai de Cusa, De docta ignorantia I 1, S. 5, 23 - 6, 1: Omnis igitur inquisitio in comparativa proportione [...] existit.

71 LTS 44, 7 - 11.

72 STM 102, 1.

73 LTS 44, 18 f.

74 LTS 54, 10 f.

75 STM 104, 12 - 15: Intellectus ergo in divina essentia et separatus aliis quidem appellatur idea una rerum omnium supersubstantialis, intellectus vero in rebus est virtus, qua omnia se quodammodo et alia cognoscunt [...]. Zu den weltanschaulichen Konsequenzen der Dialektik von Transzendenz und Immanenz vgl. M. Zahn, Gott und die große Künstlerin Natur. Von Giordano Bruno zu Immanuel Kant. In: V. Schubert (Hrsg.), Was lehrt uns die Natur, St. Ottilien 1989, S. 61 - 135.

76 TMM 136, 26 f.

Idee und räumlicher Anschauung vermeidet eine jede Deutung der Natur, die unreflektiert nur aus faktisch Vorgefundenem schöpft.

In De minimo wird der dialektische Bezug zwischen der göttlichen „mens" und der Natur anhand der Trias „mens - natura - ratio" eingeführt: Der Geist Gottes wirkt als Prinzip von Zahl, Maß und Gestalt in der Natur als zählbare Zahl („numerus numerabilis"), meßbare Größe („magnitudo mensurabilis") und „anstoßbare" Kraft („momentum attingibile"); als Zählbares und Meßbares ist die Natur einem rationalen Bewußtsein gegeben, das als zählende Zahl („numerus numerans"), messende Größe („magnitudo mensurans") und schätzende Kraft („momentum aestimans") den Objektbereich der Natur zu einem definiten, quantifizierbaren Inhalt determiniert.[77] In der arithmetischen und geometrischen Fixierbarkeit des Kategorialen also, die letztlich auf der Immanenz der „mens" beruht, aktuiert sich für die „ratio" die Möglichkeit der gegenständlichen Erkenntnis.

Nun zwingt aber gerade der Allgemeinheitsgrad der brunonischen Formulierungen zu einer weitergehenden Erörterung: Was meint das geistmetaphysische, ideelle Moment, das in der Größe wirksam werden soll, und worin besteht die Rationalität des Zählens und Messens? Um diese Fragen beantworten zu können, bedarf es einer Analyse des Verhältnisses von „mens" und „dimensio" sowie der rational-logischen Implikationen der Mathematik.[78]

3.2.1 Die geistmetaphysische Begründung des Naturbegriffs

Die Begründung der intelligiblen Ordnung der Natur durch die „mens" vollzieht sich gemäß dem dialektischen Ansatz von Transzendenz und Immanenz auf zwei Ebenen, die in der Bezüglichkeit des differenzlosen Einen zu der von ihm gedachten Idee wurzeln. Wenn daher von Gott als dem Inbegriff von Zahl, Maß und Gestalt oder dem Grund von Ordnung und Relationalität gesprochen wird, so ist diese Sprechweise, insofern sie das Eine als den

77 TMM 136, f. Wesentlich ist in diesem Zusammenhang auch die cusanische Auffassung von Geist und Maß: Nicolai de Cusa, Idiota de mente I, n. 57, 5 f.: mentem esse, ex qua omnium rerum terminus et mensura. Mentem quidem a mensurando dici concicio.

78 Die ergänzende Deutung der „mens" als Prinzip der Gestalt rechtfertigt sich sachlich durch den brunonischen Grundgedanken, daß das Maß untrennbar mit Gestalthaftigkeit verbunden ist; vgl. TMM 149, 10 f.: [...] qui idem mensurans format et idem / Mensurat formans [...].
Monti übersetzt „momentum attingibile" mit „realtà determinabile" und „momentum aestimans" mit „criterio di valutatione", vgl. Opere latine di Giordano Bruno, S. 93.

Vater meint, nur als Analogie zu verstehen.[79] Der „filius" oder die Idee hingegen, die als Ausdruck gedachter Selbstrelationalität allem immanent ist, begründet als Denkinhalt Gottes auch den vernunfthaften, ordnungsgemäßen Zusammenhang von allem; die Natur als „intelligentiae ordo" ist daher nichts anderes als das sich vermittelnde Sich-selbst-Denken des an sich unerkennbaren Einen.

Obwohl der göttliche Geist als intensive Unendlichkeit[80] vor jeder quantitativen Bestimmung gedacht werden muß, prinzipiiert er doch die Zahl und die Gestalt. Die Gründungsfunktion des Geistes bezieht sich hierbei auf das ontologische Fundament der Zahl,[81] das durch die seinsstiftende Präsenz des einen, zahllosen Seins konstituiert wird.[82] Somit *ist* die Zahl nur, weil in ihr das transkategoriale Prinzip Gottes wirkt, das selbstverständlich nicht im Sinne numerisch diskreter Vereinzelung zu verstehen ist. Insofern meint die Zählbarkeit der Natur zunächst auch nicht einen verdinglichten Zahlbegriff, sondern die Präsenz der Einheit, durch die das zu Zählende allererst als eine Einheit und somit als Zählbares begriffen werden kann. Ebensowenig meint die Bezeichnung Gottes als der schlechthinnige Inbegriff von Gestalthaftigkeit oder Form[83] eine Form, die ihm selbst zukäme. Denn jede Formation impliziert schon ein Moment umschließender Begrenzung, das von Gott als dem Un-Endlichen ausgeschlossen ist.[84] Dennoch aber ist Gott - metaphorisch gesprochen - die unendliche, alles in sich einschließende Fülle einer jeden Form. Das symbolisch repräsentierende Bild des Ein- und Ausschlusses von Gestalt ist der unendliche Kreis (oder die unendliche Kugel) als erste Wurzel („prima radix") aller Formen[85] : Der Kreis enthält in sich die Mannigfaltigkeit der Formen als geeinte Totalität. Weil der Kreis als Metapher der unendlichen Einheit jedoch unendlich ist, wird seine begrenzende Peripherie zu einem (einzigen), „wahrhaft einfachen" Zentrum aufgehoben bzw. negiert.[86] In diesem Sinn ist Gott Minimum und Maximum, alles in allem und in jedem Teil ganz; nichts ist ihm äußerlich.[87] Die Metapher des Kreises „versinnbildlicht" auch das göttliche Wesen als vollendete Gleichheit, Symmetrie

79 M 342.

80 STM 76, 15.

81 AM 22, 1 f.

82 STM 88, 21 - 24.

83 Vgl. auch STM 77, 1 - 3: [Deus] et figuras unicuique proprias atque formas insculpsit, inscripsit, insevit, et appinxit [...].

84 STM 83, 1 f.

85 M 335.

86 M 336: centrum [...] vere simplex.

87 M 343.

und Identität,[88] wobei diese Prädikate für die erste trinitarische Person als das transzendente, „relationslos“ Eine noch nicht als Relationsbegriffe aufgefaßt werden dürfen. Insofern ist Gott ganz im Sinne des Cusanus *vor* jeder Relationalität und Ordnung als das Unbeziehbare an sich.[89]

Die negative Charakteristik des göttlichen Geistes als des Vaters erhält jedoch aus der Perspektive seiner gedanklichen Entfaltung in den „intellectus“ neue Valenz: So begründet der göttliche Denkakt, der sich in Gott selbst als „intelligentia“ oder „idea“ manifestiert, das gesamte Feld vergleichender Forschung, weil sich die in der Idee zum Ausdruck kommende Relationalität des göttlichen Denkens auch der Natur als deren komparativische Struktur mitteilt.[90] Der durch das Sich-selbst-Denken des Einen sich vollziehende „Übergang“ von der Unbeziehbarkeit des Vaters als der schlechthinnigen Einheit in die Idee als Grund der Beziehungsfähigkeit an sich, gestaltet das Verhältnis von Gott und Natur in der Weise, daß die Idee den Bereich des Kategorialen durch quantitative und qualitative Ordnungsrelationen strukturiert[91] und die somit erhaltene vergleichsgemäße Beziehbarkeit der Seinsstruktur - in Vertiefung der cusanischen Konzeption - immer schon Ausdruck der ideellen Präsenz der göttlichen „intelligentia“ ist.

Fragt man vor diesem Hintergrund weiter nach der Funktion der unermeßlichen und unmeßbaren „mens“ als des schlechthinnigen Maßes, so ergibt sich eine eigentümliche Verbindung zwischen Formprinzip und Idee: Nach den Articuli adversus mathematicos bedeutet auch die Idee eine Spezifikation des Maßes; die Besonderheit der so verstandenen Idee aber besteht in ihrer Definition als der „gleichewigen Form“ des Geistes,[92] sodaß die ideelle Gleichheit und Ewigkeit der Idee als der „Form des Geistes an sich“ offensichtlich das Wesen des Maßes ausmachen, noch bevor sich das Maß als Ordnung in der Natur[93] manifestiert. Ergänzt man nun die vorliegende Textpas-

88 M 342.

89 Nicolai de Cusa, De docta ignorantia I 3, S. 8, 20 - 9, 1. STM 79, 2 - 4: Ipse [deus] in sua absoluta natura, essentia atque substantia, simplicitate, immaterialitate absconditus, occultus, sibique soli notus [...] Vgl. ferner STM 87, 13 ff.: Ipso nihil prius [...] ; ipso nihil posterius [...] und 97, 21 f.

90 TMM 148, 28 f.; STM 79, 10 - 13: [...] si quippe sunt pulchre facta, mota, ordinata concordantia, oportet esse unum concordantem, ordinantem, moventem et exornantem necessario [...]; STM 53, 5 - 7: [...] ubi est multitudo, ibi est *comparatio*, et ubi est comparatio, ibi est distinctio si bene fuerint ordinata, ubi est distinctio, est *ordo*. [Hervorhebung von mir].

91 STM 106, 7 - 11.

92 AM 17, 30 f.

93 Was immer aus der Idee konstituiert ist, gilt als „Maß“ im Sinne einer aus dem ersten Geist abgeleiten Benennungsform. AM 17, 7 f.: [Sive significationes mensurae spec-

sage um die Ausführungen der Summa terminorum metaphysicorum, dann kann die Idee des göttlichen Geistes - ganz im Sinne des Cusanus - auch als die zweite trinitarischen Person[94] gedeutet werden. Hieraus aber folgt wiederum für das Verständis der Idee als des schlechthinnigen Maßes, daß die „Gleichewigkeit" des Maßes untrennbar mit einer *gedanklichen Bezugsstruktur* verbunden ist, die letztlich in der Selbstreflexion Gottes bzw. in dem die Sohnschaft und die Liebe erzeugenden Denkakt Gottes begründet liegt.[95]

Obwohl also die Definition des Maßes in ihrer Knappheit von Bruno in den Articuli adversus mathematicos nicht weiter reflektiert wird, enthält sie doch implizit jene gedanklichen Strukturelemente, durch die die weiterführende systematische Zuordnung von „mens" und „dimensio" als einer Korrelation von maßstiftenden Geistprinzip und meßbarer Größe[96] allererst versteh-

tes ...] Tertio [...] et eam, qua unumquodque est ex idea constitutum, divinae iustitiae et distributionis rationem.

94 STM 103, 16: coaeternus Filius

95 STM 80, 4 - 6: [...] pater in filio, filius in patre [...] contemplatur, sequatur infinitus ille amor utriusque nexus [...].

96 Vgl. „dimensio" von „di-metiri".
Die brunonische Konstitution des Maßes ist schon in der Philosophie des Cusanus vorweggenommen. Vor dem Hintergrund der cusanischen Überlegungen läßt sich die strukturierende Wirkung des göttlichen Geistes in der Natur besser verstehen: Ein zentrales Motiv bildet bei Cusanus die Frage nach der Verhältnisbestimmung zwischen der Unendlichkeit und dem endlichen Sein. Diese Bestimmung gestaltet sich jedoch schwierig, da von einer proportionalen Entsprechung zwischen dem Infiniten und dem Finiten nicht gesprochen werden kann; dies bedeutet zugleich, daß sich das Unendliche jeder Vergleichbarkeit entzieht (De docta ignorantia I 1, S. 6, 1 - 2). Als Koinzidenz des schlechthin Größten („maximum") und Kleinsten („minimum") (De docta ignorantia I 4, S. 10, 4 - 6 und 14 - 16) steht das Sein Gottes zum Sein des Endlichen in absoluter Differenz, weil es - eben als das unendlich Unbegrenzte - jede verendlichende Begrenzung von sich ausschließt. Dennoch aber bedingt die göttliche Einheit durch ihre trinitarische Selbstentfaltung den Grund von vergleichbarer Relationalität. So expliziert sich die Einheit des Vaters in das Sich - selbst - Gleiche; diese absolute Gleichheit aber ist die zweite göttliche Person als das absolute Maß, von dem her die Bezüglichkeit des Endlichen allererst gedacht werden kann (De aequalitate, Philosophisch-theologische Schriften, Studien- und Jubiläumsausgabe, lateinisch-deutsch, hrsg. und eingeführt von L. Gabriel, übersetzt und kommentiert von D. und W. Dupré, 3 Bde., Wien 1964 -1967, Bd. 3, S. 400). Von hieraus läßt sich die Komparativität des Finiten nicht ohne Rückbezug auf seinen, zu ihm nicht vergleichbaren Grund begreifen. In diesem Zusammenhang entwickelt Cusanus nun die systematischen Kategorien, durch die das Wesen von Bezüglichkeit näher beschrieben wird: So ist das Endliche in Abhebung zum Unendlichen eben nicht die koinzidentale, übergegensätzliche Fülle allen Seins, sondern gegenüber Anderem abgrenzbar, das es nicht

bar wird: Gemäß der oben angeführten, brunonischen Definition ist die Gleichewigkeit des Maßes - darin unterschieden von der Identität - einerseits unanschaulich ideell und andererseits wesentlich an Form gebunden.[97] Gerade letzterer Aspekt impliziert jedoch schon eine gewisse Bezogenheit auf einen Anschauungsgehalt, insofern Form auf erscheinendes Geformtes bezogen werden kann. Wenn also schon darauf verwiesen wurde, daß sich geometrisches Denken nach den Implikationen der platonischen Idee notwendig in der zweifachen Intentionalität von Denkinhalt und Anschauungsgehalt bewegt,[98] dann scheint die Definition des Maßes eben diese Zweiheit in sich als Synthese zu beinhalten. Unter der Bedingung dieser Synthese ist der letzte (göttliche) Grund des Maßes ist dann offensichtlich dasjenige Moment, das sich als die Selbstbezüglichkeit eines jeden möglichen Inhalts darstellt, wobei diese Selbstbezüglichkeit auch durch die paradox anmutende Formulierung eines „ideellen Anschauungsaktes" beschrieben werden könnte. Das Maß an sich kann somit als eine selbst noch nicht auf anderes bezogene

ist. Seiendes ist zwar mit sich selbst identisch, von allem anderen jedoch als Gegensätzliches unterschieden. Identität und Differenz bzw. Einheit und Andersheit sind also die wesentlichen Strukturen, die den Bereich des Endlichen charakterisieren (vgl. W. Beierwaltes, Identität und Differenz, S. 105 ff.). Diese Strukturen bedeuten die Grundlage von möglicher Bezüglichkeit durch die negative Abgrenzung des Einen gegenüber dem jeweils anderen. Von hieraus lassen sich nun die weiteren systemrelevanten Bestimmungen von Komparativität ableiten. So meint die Vergleichbarkeit des Endlichen im Sinn von Proportionalität die Bezüglichkeit des Seienden als dessen partielle Übereinstimmung und Verschiedenheit (De docta ignorantia I 1, S. 6, 2 - 3). Diese Proportionalität aber realisiert sich für das endliche Seiende in dem Seinsmodus des „maius aut minus" oder des „excedens et excessum" (De docta ignorantia I 5, S. 12, 1 - 3), d.h. durch das Mehr oder Weniger an Quantität, Kraft und Vollendung (De docta ignorantia II 1, S. 63, 26 - 64, 1), das das Seiende nicht nur als Gegensätzliches ausweist, sondern auch als durchgehendes Gefüge von Vergleichbarem bzw. Meßbarem verstehen läßt.

97 Zum Problemzusammenhang vgl. H. Cohen, Das Prinzip der Infinitesimalmethode und seine Geschichte, Frankfurt a. M. 1968, S. 43 ff. E. Ströker, Philosophische Untersuchungen zum Raum, S. 210 ff.

98 Die Notwendigkeit des Anschauungsgehaltes für die geometrische Denkweise drückt Bruno mit dem Verweis auf die Funktion der „figura" als einem raumumschließenden Gebilde aus. Vgl. AM 19, 14 f.: Prius igitur figuram esse oportet quam mensuram. In De minimo werden Figur und Maß nicht mehr als ein Folgeverhältnis, sondern als eine sich in sich selbst bedingende, gegenseitige Verschränkung begriffen. Vgl. TMM 150, 9 f.: [...] geometria, quae mensurando figurat et figurando mensurat. Auf die Bedeutung der „figura" macht S. Otto aufmerksam; allerdings bleiben die geistmetaphysischen Voraussetzungen der Mathematik unberücksichtigt. Vgl. S. Otto, Figur, Imagination, Intention, S. 40 ff.

Fundamentalrelation gelten, die innerhalb einer archetypisch repräsentativen Gestaltwelt als das Sich-selbst-Gleiche bezugsstiftend für anderes wirkt.

Wenn diese Interpretation des Maßes zutrifft und vor dem Horizont der brunonischen Geistmetaphysik das Verhältnis von „mens“ und „dimensio“ letztlich im Spannungsgefüge von ideellem Formprinzip und kategorialem Seienden als dessen mögliche Beziehbarkeit diskutiert wird, resultiert hieraus zunächst das Problem, ob und in welcher Weise sich in der göttlichen „mens“ als dem Inbegriff des Maßes Denken und Vorstellung vereinigen können. Die wesentliche Schwierigkeit, die einer solchen Synthese entgegenzustehen scheint, besteht in der Annahme, daß sich Vorstellbares immer auch als Endliches und Begrenztes darstellt. In Bezug auf die Konstitution des göttliches Geistes bedeutete dies jedoch erstens, daß verendlichte, d. h. die Absolutheit aufhebende Strukturen wesentlich die Verfassung des göttlichen Geistes prägten, und zweitens, daß wegen der Endlichkeit der Vorstellungsgehalte auch die schlechthinnige Selbstgleichheit als Grundbedingung des Maßes nicht angenommen werden könnte, weil die Selbstgleichheit eines Endlichen durch die Selbstgleichheit eines zu ihm endlichen Anderen eine Einschränkung erführe.

Diese grundlegende Bezugsstruktur des selbst unmeßbaren Geistes bzw. Maßes stellt im folgenden das aus der Geistmetaphysik resultierende *theologische* Motiv dar, das Verhältnis von Denk- und Vorstellungsgehalt neu zu überdenken. Dabei wird es vor allem darum gehen, den Charakter der Endlichkeit des Vorstellbaren zugunsten möglicher Unendlichkeit in Frage zu stellen und - wie gezeigt werden soll - durch die Konzeption unendlicher, dimensionaler Kategorialität zu ergänzen. Darüberhinaus stellt sich das Problem, wie sich das überkategoriale Moment des Maßes im Medium der extensiven Außenwelt so realisiert, daß die Größe gemäß der Aussage in der Eingangspassage von De minimo allererst zu einer meßbaren Größe wird. Die Konstitution einer Größenlehre, die in Abhängigkeit von der Wirkkraft des göttlichen Geistes die ideellen Bedingungen des Maßes in den Bereich des Kategorialen zu übertragen erlaubt, bedeutet demnach eine wesentliche Komponente der brunonischen Geistmetaphysik; dementsprechend soll vor diesem Hintergrund im folgenden der Begriff der Dimension untersucht werden, der in den übergreifenden Kontext einer Theorie des Raumes und dessen metrischer Beziehungen integriert ist.

3.2.2 Der Begriff der Dimension: Indifferenz und Unendlichkeit als Voraussetzung der räumlichen Maßtheorie

Den ontologischen Stellenwert, den der Begriff der Dimension innerhalb des geistmetaphysischen Systems einnimmt, verdeutlicht Bruno zunächst durch den der Dimensionalität zukommenden Modus der Kategorialität. Die Kategorien der Quantität und Qualität verschmelzen als Dimensionalität zu einer Einheit, die in Differenz zur göttlichen Einheit, d. h. als ontologisch unselbständige Seinsform gegenüber dem kategorienjenseitigen Prinzip der „mens" gedacht werden muß.[99] Über diese systemrelevante ontologische Einordnung der dimensionalen Kategorien hinaus vertieft sich anhand des Dimensionsbegriffs das Problem der Vermittlung zwischen Denk- und Vorstellungsgehalt weiterhin zu einem eigenständigen Problem der Geometrie: Die Beziehungsfähigkeit der Idee als des maßstiftenden Moments ist somit auf ihre geometrischen Korrelationen zu hinterfragen.

Der erste Grund für die Dimensionalität an sich ist Gott, der sie intendiert.[100] Die verendlichende Tendenz des Vorstellungsaktes, die für das menschliche Bewußtsein mit der Dimensionalität verbunden ist, darf hierbei keineswegs auf die Intention Gottes übertragen werden, denn so wie die menschliche „imaginatio" in einem potentiellen Progreß eine dimensionale Größe an eine andere und Zahl an Zahl fügen kann, so entspringt der göttlichen Intention die aktual unendliche Dimension und die unendliche Zahl.[101] Dieses in De l'infinito entwickelte Motiv charakterisiert schon die wesentlichen Implikationen, die für die Systematik des unendlichen Maßes

99 Obwohl die Identität gleichsam als analoge Ähnlichkeitsbeziehung von der unendlichen Einheit auf die unendliche Dimensionalität übertragen wird, bleibt in Abhebung von der Konzeption der Dimensionalität allein der göttlichen Unendlichkeit der Ausweis der absoluten Unbegrenzbarkeit vorbehalten. STM 25, 21 - 23: [...] Deum dicimus infinitum, quia finit omnia et nihil finit ipsum, continet omnia et nihil continet ipsum, et non est aptum finiri [...].

100 I (Dial. it.) 394: Oltre, sicome la nostra imaginazione è potente di procedere in infinito, imaginando sempre grandezza dimensionale oltra grandezza e numero oltra numero, secondo certa successione e, come se dice, in potenza, cossí si deve intendere che Dio attualmente intende infinita dimensione ed infinito numero.

101 Das Verbum „intendere" wird von Bruno unkommentiert eingeführt, und die Interpretation der göttlichen „Intention" bleibt schwierig. Nach dem dialektischen Ansatz Brunos scheint es jedoch ausgeschlossen, daß die intendierte Dimensionalität als unendlich ausgedehnter, physikalischer Raum mit der „Anschauung" oder „Vorstellung" Gottes identisch sein soll. Nach dem Kontext ist vielmehr anzunehmen, daß die „Intention" Gottes im Gegensatz zu einem endlichen Vorstellungsvermögen die unendliche Dimensionalität in der Einheit *eines* unveränderlichen Anschauungsaktes gleichsam als unausgedehnte Dimensionalität „aufspannt".

und dessen Beziehung zu kategorialer Quantität und Qualität wesentlich sind: So meint der Begriff der Dimensionalität seiner ursprünglich geistmetaphysischen Konstitution nach einen reinen Akt der göttlichen Wirkkraft, der unabhängig von jeder nicht vollständig aktualisierten, prozessualen Vorstellung realisiert ist. Für die Fundierung der Geometrie wird somit folgendes relevant: Die reine Dimensionalität hat ihren Grund in der immer wirklichen „unendlichen Vorstellung" des göttlichen Geistes; diese Verknüpfung von Vorstellung und Unendlichkeit ist jedoch für das menschliche Bewußtsein nicht nachvollziehbar. Die sich hier abzeichnende Paradoxie einer „unendlichen Vorstellung" bedeutet im weiteren nicht die Öffnung des göttlichen Geistes für Kategoriales oder gar Sinnliches. Angesprochen ist vielmehr die kategorienjenseitige Bedingung für die mögliche metrische Realisation des Maßes als der „ideellen Gleichheit der Form" oder mit anderen Worten: Das spezifisch Kategoriale, d. h. jede endlich begrenzte Formation der endlichen Vorstellung ist in der Vorstellung Gottes durch die Negation der kategorialen Einschränkung fundiert. Die intentionale Setzung der unendlichen Dimensionalität als eines - wenn man so will - sachlichen Vorgriffs auf eine Theorie der reinen Anschauung - bedeutet also von ihrem geistmetaphysischen Ursprung her nichts anderes, als die Setzung bestimmungsfähiger Kategorialität im Modus der Unbestimmtheit. Der für den Akt des Messens notwendigen Synthese von Denk- und Anschauungsgehalt entspricht somit ein Prinzip noch nicht in konkretes Einzelseiendes besonderter Anschaulichkeit, das gleichsam als das veräußerlichte, in die endliche Erscheinung überführbare Korrelat des ideellen Formprinzips fungiert. Indem weiterhin die aktuale, negative Bestimmungslosigkeit der Dimensionalität ihrer verendlichten Bestimmung voraufgeht, wird die für die Meßbarkeit der Größe notwendige Bedingung der Gleichheit, die ihre Funktion an ideell formierten, kategorialen Gestaltstrukturen erfüllt, letztlich durch die in der „unendlichen Vorstellung" Gottes realisierte Aufhebung der Gestalthaftigkeit begründet.[102]

Entsprechend den Ausführungen von De l'infinito präzisiert Bruno in De minimo die schlechthinnige Aktualität der Dimensionen im Sinne eines unendlichen einheitlichen Inbegriffs sich verschränkender Quantität und Qua-

[102] Die Sprechweise von der „Anschauung" oder „Vorstellung" soll durch einen „problemlosen Gebrauch" nicht den Eindruck erwecken, daß die gewählte Terminologie die unendlichen Aktualität des göttlichen Bewußtseins adäquat zum Ausdruck bringe. Der sachliche Zusammenhang, daß der Begriff des Maßes nicht ohne Anschaulichkeit zu erfassen ist, weil sich Meßbares nur an räumlich Gestaltetem ausmachen läßt, entspringt vielmehr der gnoseologischen Verfassung des „menschlichen Bewußtseins". In diesem Sinne umschreiben die Termini „Anschauung" oder „Vorstellung" die göttliche Intention nur uneigentlich.

lität, der als negatives Korrelat der endlichen Größen zu verstehen ist.[103] Der „bildhafte Ausdruck“, der die Unendlichkeit der Dimensionen verdeutlicht, ist wiederum der unendliche Kreis (für die Zweidimensionalität) und die unendliche Kugel (für die Dreidimensionalität),[104] wobei Kreis und Kugel in diesem Zusammenhang nicht als Metapher für das Göttliche zu deuten sind, sondern gleichsam als der nicht vorstellbare Inbegriff „ent-grenzter Quantität“, der untrennbar mit einem qualitativen Gestaltungsmoment verbunden ist. Die reine Dimensionalität an sich ist dementsprechend auch nicht eine materialiter konkretisierte Größe. Als Inbegriff von „longitudo“, „latitudo“ und „profunditas“ ist sie vielmehr von einer „sichtbar“ gewordenen Linie oder Fläche bzw. von einem „sichtbar“ gewordenen Körper als einem „longum“, „latum“ oder „profundum“ streng zu unterscheiden.[105]

Mit der Einsicht, daß das Räumliche von seiner prinzipiellen Grundlegung her noch nicht potentialiter Vorstellbares bzw. Vorgestelltes ist und daß der Konzeption einer „schlechten“, gestaltlos diffundierenden und chaotischen Unendlichkeit die gedankliche Ungeschiedenheit des Unendlichen[106] als „entgrenzter Gestalt“ entgegenzusetzen ist, wird die Dimensionali-

[103] TMM 181, 8 - 12. Vgl. ferner STM 25, 3 - 6; AM 14, 20 f.

[104] TMM 180, 11 - 16.

[105] AM 34, 19 f.: Mitto quod linea non longitudo sed longum est proprie [...]. Vgl. ferner STM 23, 17 - 21: Quantitatis vero continue species primae dicuntur longititudo, latitudo et profunditas, sub quibus materialiter sunt linea [...] superficies [...] corpus [...]. Die Unterscheidung zwischen Dimensionalität an sich und Dimensioniertem ist schon im platonischen Dimensionsmodell grundgelegt. Vgl. K. Gaiser, Platons ungeschriebene Lehre, S. 46.

[106] TMM 181, 14 f.: indifferentia et aequalitas dimensionum. Die brunonische Sprechweise von der Indifferenz und Gleichheit der Dimensionen verunklart den sachlichen Unterschied, der zwischen den beiden Begriffen besteht. Die Indifferenz der Dimensionen meint ihre Ungeschiedenheit noch *vor* jeder Ausdehnung, also die *Identität* ihres gemeinsamen Ursprungs (vgl. TMM 144, 32), die durch die Immanenz der metaphysischen Einheit begründet ist. Die Gleichheit der Dimensionen bedeutet im brunonischen Sprachgebrauch die *Gleichartigkeit* von Länge, Breite und Höhe, die dazu führt, daß die Strecke als metrisches Grundgebilde aller drei Dimensionen anerkannt werden kann. (Vgl. oben S. 79, Anm. 103; zur Sache E. Ströker, Philosophische Untersuchungen zum Raum, S. 262 ff.). Schließlich sei in Anlehnung an H. Cohen (Das Prinzip der Infinitesimalmethode und seine Geschichte, S. 43 f.) darauf verwiesen, daß „Identität“ und „Gleichheit“ nicht unterschiedslos gebraucht werden dürfen, weil die Gleichheit - sofern sie nicht ausdrücklich als *logische Gleichheit* und damit als *Identität* gekennzeichnet ist (vgl. A. Tarski, Einführung in die mathematische Logik, Göttingen 1977[5], S. 66 ff.) - Anschauung voraussetzt und ein Verhältnis von Größen beschreibt. Für die brunonische Theorie der Dimensionen folgt hieraus, daß die Gleichheit der Dimensionen eigentlich nur vom Anschauungsraum bzw. von räumlich Anschaulichem ausgesagt werden kann. Die Indifferenz der Dimensionen

tät allererst zum Träger einer mathematisch beschreibbaren Struktur der Natur. Dies zeigt sich zunächst darin, daß der unendliche Kreis und die unendliche Kugel als ubiquitäre Zentren zu verstehen sind.[107] Auf die Terminologie der Mathematik übertragen, folgt hieraus, daß innerhalb der unendlichen Dimensionalität keine Stelle vor einer anderen ausgezeichnet ist, sodaß - etwa entgegen der aristotelischen Interpretation des Raumes - das brunonische Dimensionsgefüge als ein in sich indifferentes, d. h. homogenes Stellengefüge aufgefaßt werden muß.[108]

In einem weiteren Schritt fungiert die Indifferenz der Dimensionen und die in ihnen angelegte Verknüpfung von Qualität und Quantität als Voraussetzung dafür, daß das kategorial Seiende überhaupt durch qualitative und quantitative Beziehungsformen in gegenseitige Relation gesetzt werden darf, weil die mit der ursprünglichen Ununterscheidbarkeit der Größe explizit intendierte Gleichartigkeit der Größe an sich die mögliche Vergleichbarkeit von Größen allererst im Sinne einer räumlichen Metrik begründet. Diese Homogenität der räumlichen Größen, die sich näherhin in der Austauschbarkeit der Dimensionen und damit in der prinzipiellen Gleichwertigkeit des Dimensionierten äußert,[109] wird keinesfalls auf der Grundlage eines sinnenfälligen Substrats postuliert, sondern ist der letztlich durch die aktuale Imagination des metaphysischen Geistprinzips synthetisierte ideelle, auf Vorstellbares beziehbare Bezugspunkt für die Komparativität des Phänomenalen. Erst wenn - schon in sachlichem Vorgriff auf leibnizsche Kongruenz- und Ähnlichkeitsdeutungen[110] - *die mathematische Substituierbarkeit des sinnenfällig Verschiedenen*, d. h. die Unterschiedslosigkeit von Länge, Breite und Tiefe ihrer dimensionalen Verfassung nach ausgemacht ist, dürfen geometrische Bezüge zwischen den Dimensionen angenommen werden. Für diesen Sachverhalt aber steht in diesem Zusammenhang das „Bild“ des unendlichen Kreises und der unendlichen Kugel.

Kehrt man vor diesem Hintergrund auf den Ausgangspunkt der Überlegung zurück und fragt, wodurch eine *maßstabsgemäße Meßbarkeit der ex-*

stellt als deren ursprunghafte, unausgedehnte Identität die *Voraussetzung* für die Gleich(artig)keit der Raumdimensionen dar.

107 TMM 181, 22 - 26.

108 Mit der Deutung der unendlichen Kugel als unendlichem, gleichförmigen Körper vollzieht Bruno die entscheidende Abkehr vom aristotelischen Unendlichkeitsbegriff. Vgl. Aristoteles, Physik III, 5, 204 b 10 ff; K. v. Fritz, Das Apeiron bei Aristoteles, S. 683.

109 AM 36, 1 - 4: Linea etiam si longum sit, omnes tamen dimensionum differentias significat, eadem in circulo longitudinem dicit et latitudinem, ut et in quadrato.

110 Vgl. G. W. Leibniz, Leibnizens mathematische Schriften, Bd. 5, S. 180.

tensiven, begrenzten Größe begründet wird oder mit anderen Worten, welche spezifisch mathematischen Vergleichsformen dem Maß als der ideellen Gleichförmigkeit im Bereich der Extension entsprechen, ergibt sich das Problem, daß die ursprüngliche Gleichheit der Dimensionen nunmehr für die messende Vergleichung von räumlich Unterschiedenem fruchtbar gemacht werden muß, sodaß sich die Ununterscheidbarkeit als Grund der Vergleichbarkeit auch in einem mindestens zweistelligen Relationsgefüge bewährt.

In dem Zusammenhang mit der Begründung mathematischer Relationen erweist nun die Modifikation der Indifferenz der Dimensionen als der Koinzidenz von Mimimum und Maximum ihre maßtheoretische Valenz. Indem nämlich Minimum als Teil und Maximum als Ganzes aufgefaßt werden können, die als koinzidentaler Inbegriff noch nicht voneinander geschieden sind,[111] wird durch die solchermaßen interpretierte Ungeschiedenheit von Teil und Ganzem eben auch die Gleichartigkeit der Relata konstituiert. Der Teil fungiert also prinzipiell nicht als ein dem Ganzen gegenüber heterogenes Gebilde, sondern als ein zu ihm homogenes Teilsystem, insofern das Minimum und das Maximum einen gemeinsamen Grund („ratio") haben.[112] Hierin besteht jedoch die notwendige Prämisse für die Legitimation einer Größenbeziehung quantitativer Art, die sich als Maßeinheit der Quantität eignet. Diese Beziehung besteht in der Relation des Kleiner- oder Größerseins, die aus der übergreifenden Relation von Teil und Ganzem abgeleitet werden kann.[113] Wenn daher der Teil kleiner als das Ganze ist und Teil und Ganzes sich wechselseitig als Maßeinheiten auslegen,[114] so kann die *axiomatische* Allgemeingültigkeit einer solchen Beziehung unabhängig von einem Befund empirischer Gegebenheiten, an denen diese Relation gleichsam abgelesen würde, nur deshalb angenommen werden,[115] weil die Vergleichbarkeit der Relata in der unsinnlichen Gleichheit der Größe verankert ist.

[111] Vgl. oben S. 66, Anm. 56. Die Einheit von Teil und Ganzem wird in letzter Konsequenz durch die göttliche Monas begründet und durch die Metapher des Kreises veranschaulicht. Vgl. M 336: Ipse [cyclus] velut totum, pars, punctus, terminus omnis / Principium, medium, ac finem complectitur atque / Indicat atque ullus non claudit terminus ipsum; [...].

[112] TMM 153, 31. Vgl. hierzu auch die brunonische Sprechweise von gleichartigen Teilen („pars homogenea") in TMM 210, 31.

[113] TMM 285, 17 f.: P a r s est in toto quidquid capias minus ipso, / T o t u m est compostum quod partibus omnibus extat. TMM 288, 24 f.: Cui totum esse potest, maius reputabitur illo, / Ut minus hoc cui pars, signavit in orbe Polites. Vgl. ferner P 11, 5 - 10.

[114] AM 66, 25 f. und 67, 1 f.

[115] Zum Problemhorizont des Axioms „Das Ganze ist größer als der Teil" vgl. A. Szabó, Anfänge der griechischen Mathematik, S. 394 ff.

Analog zu der quantitativen, d. h. hinsichtlich der Relation von Teil und Ganzem vergleichbaren Größe resultiert aus der Homogenität der Dimensionen auch die Möglichkeit qualitativer Beziehungen, die Bruno im Rahmen einer Theorie meßbarer Figurationen zu entwickeln sucht. Der ideellen Bestimmung des Maßes als der Gleichheit der Form entspricht der qualitative, d. h. extensiv gestalthafte Aspekt der Dimensionalität als das Moment der Veräußerlichung von Form.[116] Da also Dimensionalität niemals nur als Quantität gegeben, sondern wesentlich an qualitative Gestalthaftigkeit gebunden ist, erweitert Bruno die unsinnliche, transkategoriale Gleichheit des Maßes durch die qualitative Beziehbarkeit der Größen, d. h. hinsichtlich ihrer gestalthaften *Ähnlichkeit* und *Kongruenz*, wobei diese Beziehungsformen offensichtlich als mathematisch metrische Entsprechung zu der metaphysischen Bestimmung des Maßes zu verstehen sind. Wenn nach Bruno Kongruenz darin besteht, daß im Sinn einer verschärften Gleichheitsforderung nicht nur die quantitative Gleichheit, sondern auch die Gleichheit der Gestalt gegeben sein muß,[117] dann kann wiederum die *axiomatische* Behauptung eines solchen Sachverhalts ohne die empirische Verifikation einer sinnlich wahrgenommenen Deckung der jeweiligen Gebilde nur durch das Wissen um eine Raumstruktur erfolgen, die eben die gestalthaft qualitative Gleichheit als empirieunabhängige, prinzipielle Möglichkeit in sich verbürgt.[118]

Zusammenfassend läßt sich also feststellen, daß sich nach Bruno die Funktion des Maßes in der Konzeption der Größer-Kleiner-Relation von Teil und Ganzem sowie im Rahmen der Theorie ähnlicher bzw. kongruenter Figurationen realisiert. Für das Verhältnis von Geistmetaphysik und mathematisch beschreibbarem Naturbegriff läßt sich dementsprechend folgendes ableiten: Das Insein der göttlichen „mens“ in der Natur artikuliert sich in allgemeinster Weise als die Vermittlung der Beziehungsfähigkeit der Idee zu einem vernunfthaften Ordnungszusammenhang der Naturgegenstände. Durch die Spezifikation des Maßes als der ideellen Gleichheit der Form gewinnt der Begriff der Dimension seine systemimmanente Valenz als der phänomenologisierende, geometrische Ausdrucksträger der ideellen Verfassung des göttlichen Geistes. Daß also Räumliches, das sich der sinnlichen Wahrnehmung in steter Veränderung zeigt, mit den ideellen Mitteln der Gleichheit, Ähnlichkeit und Kongruenz messend verglichen werden kann, beruht zum

116 CI 99, 4 - 6; TMM 148, 28f.

117 P 8, 11 - 13: [...] omnia quae habent congruentiam secundum qualitatem, id est quae eandem referunt figuram sunt similia.

118 Vgl. zu diesem Problem auch E. Cassirer für Leibniz, Einleitung zu: G .W. Leibniz, Hauptschriften zur Grundlegung der Philosophie, Bd. 1, S. 8 ff.

einen auf der Homogenität der Größe an sich, die als unendliche Kategorialität an sich durch die „gestalthaft entgrenzte" Vorstellung Gottes intendiert wird; darüberhinaus aber gründen diese Operationen zum anderen in dem Sich-selbst-Denken Gottes, der die Gleichförmigkeit mit sich als maßhafte Beziehbarkeit vermittelt.

3.2.3 Mens und Ratio: Die triadische Struktur mathematischen Denkens

Die Dialektik von Transzendenz und Immanenz vermittelt im weiteren die Möglichkeit der rationalen Erforschung der Natur. Eigentliches Moment der Vermittlung ist auch in diesem Zusammenhang wieder der „intellectus" bzw. die „idea", die als Grund der Beziehungsfähigkeit und Ordnung an sich zur erkenntnistheoretischen Grundvoraussetzung für das rationale Denken und damit auch für die mathematische Methode werden.

Als in sich dreieiniger Gott ist die „mens" das Prinzip der Identität des Denkens und des Denkbaren schlechthin: Obwohl sich in Gott die Dreiheit von „pater", „filius" und „amor" entfaltet, meint die triadische Struktur der göttlichen „mens" doch keine Unterschiedenheit, die sich etwa in die Differenz von denkendem Subjekt und gedachtem Objekt aufspalten würde, sondern die Erkenntnis und Liebe Gottes selbst, die sich in diesem als reiner Akt vollzieht.[119] Auf diese Weise intendiert die göttliche Erkenntnis auch nichts ihr gegenüber anderes, denn alles Denkbare ist in der Einheit von Denken und Gedachtem aufgehoben. Dementsprechend ist die Erkenntnis des Vaters weder „sensus" noch „ratio" noch „intellectus", sondern das diesen Vermögen voraufgehende, unerkennbare Licht.[120] Als allem immanenter Gott hingegen bewirkt die göttliche Einheit des intellektualen Lichts[121] die Möglichkeit von Erkenntnis; Intellektualität, Rationalität, Imagination und die verschiedenen Formen der Sinneswahrnehmung haben ihren Grund in der Einheit des göttlichen Lichts.[122] Dies verdeutlicht nicht nur den Versuch Brunos, unterschiedlich gewichtete erkenntnistheoretische Ansätze der Tradition in sein einheits- und geistmetaphysisches Konzept widerspruchsfrei zu integrieren, sondern dieses Konzept beinhaltet auch die unabdingbare Voraussetzung für jede methodische Forschung, weil durch die Einheit des Lichts

119 STM 79, 21 f und 24 - 26; 80, 1 ff.

120 STM 78, 6; TMM 136, 30. Vgl. ferner STM 78, 13 f., 80, 7 f.

121 STM 108, 17 - 19: Vis ergo unius lucis intelligibilis ita omnia diversis modis ad cognitionem et cognoscibilitatem informat [...].

122 STM 114, 16 - 21.

die diversen Erkenntnisvermögen selbst als Einheit begriffen werden.[123] Wie immer das erkennende Subjekt methodisch auch verfährt, d. h. ob es also den „intellectus“, die „ratio“ oder die sinnliche Wahrnehmung als Erkenntnisquelle akzentuiert, immer verfährt es aus einem Bewußtsein um die ursprüngliche Einheit des jeweiligen Erkenntnisvermögens. Die Notwendigkeit, die Einheit als Voraussetzung jeder Erkenntnisform anzuerkennen, ermöglicht erst die innere Konsistenz des Erkannten; die Tatsache, daß vielheitliche Inhalte, gleichgültig durch welche Erkenntnisform auch immer sie gewonnen werden, eben nicht ein unzusammenhängendes Konglomerat verstreuter Einzeldaten darstellen, ist bedingt durch die in allem wirksam werdende Einheit.

Obwohl Bruno die generelle Abhängigkeit der „ratio“ von dem intellektualen Licht, die, wenn man so will, eben als ursprüngliche Einheit des rationalen Bewußtseins ausgelegt werden könnte, in De minimo nur andeutungsweise thematisiert, scheint jedoch in dieser Abhängigkeit eine Grundvoraussetzung für die innere Plausibilität der mathematischen Rationalität zu bestehen. Diese Feststellung erscheint umso wichtiger, als sich rationales Denken trotz seiner ursprünglichen, einheitlichen Verfassung auch auf Vielheit richtet und somit als Einheit dem göttlichen intellektualen Licht zwar partiell entspricht, dennoch aber in wesentlichen Punkten von ihm verschieden ist.

Gegenüber der aktualen Einheit des göttlichen Erkennens unterscheidet sich nun die menschliche „ratio“ wesentlich durch das Moment der Diskursivität, das gegenüber der schlechthinnigen Einheit der Erkenntnis Differenz und Potentialität impliziert. So meint Rationalität das gedankliche Durchlaufen von Erkenntnisinhalten, wobei der Prozeß des Durchlaufens allerdings immer einer Ordnung folgt[124] und sich insbesondere als mathematische Rationalität durch die Fähigkeit zur Reihenbildung auszeichnet.[125] Dieser spezielle „modus ratiocinandi“ ist es offensichtlich, den Bruno in De minimo als „ratio“, d. h. als „zählende Zahl“ und „messende Größe“ bezeichnet. Der Akt des Zählens und Messens, den Bruno auch explizit als Erleuchtung der „ratio“ durch die göttliche „mens“ versteht,[126] meint von seiner begründenden Voraussetzung her noch nicht bestimmte, inhaltliche mathematische Erkenntnis, sondern allein die Vermittlung des geistigen Lichts der „mens“, das sich für die „ratio“ in den allgemeinen logisch-mathematischen Bedingungen ihrer Methode erschließt. Deutlich wird dies anhand der formallogischen Implikationen, auf denen der Akt des Zählens beruht: Zählen ist von der formalen

[123] STM 114, 21 - 24.

[124] TMM 136, 23: Ratio [...] discurrit. Zu den verschiedenen Ordnungsformen innerhalb des Erkenntnisaktes vgl. auch LPA 264, 20 ff. Vgl. oben S. 48, Anm. 21.

[125] Zum Problem der Reihenbildung vgl. auch Ars memoriae 86.

[126] TMM 136, 31 f.: Ratio [...] a Deo illuminatur.

Operation her nichts anderes als das Wissen, daß Eins, Zwei, Drei, Vier ... etc. ist und daß Eins nicht Zwei, Zwei nicht Drei, Drei nicht Vier ... etc. ist.[127] Dies impliziert die (formal)logische Identität einer jeden Zahl mit sich selbst (a=a) und die Denkkategorie der Verschiedenheit, die hier als Negation (a non b) zum Ausdruck gebracht wird. Das beim Zählprozeß angewandte Verfahren der Addition ermöglicht eine erste gedankliche Verbindung zwischen den Zahlen durch die Verknüpfung „und“,[128] sodaß durch die wiederholte Anwendung derselben Operation die verschiedenen Zahlen in fortlaufender Reihenbildung nach dieser Regel erzeugt werden. Der Akt des Messens, der nach der obigen Untersuchung auf der ideellen Konstitution der Raumdimensionen beruht, erweitert die anhand des Zählprozesses gewonnenen Denkkategorien um die quantitative Beziehung von Teil und Ganzem und die qualitativen Beziehungen der Kongruenz und Ähnlichkeit. Nach dieser Analyse der in den mathematischen Operationen des Zählens und Messens vorausgesetzten Denkbedingungen bedeutet mathematische Rationalität die Fähigkeit zum vergleichenden Denken, das nach den Gesichtspunkten der Gegensätzlichkeit von Identität und Negation, von Gleichheit und Ungleichheit, bestimmter formallogischer Verknüpfungsregeln und darüberhinaus auf der Grundlage des Wissens um die quantitativen und qualitativen Relationen die Ordnung seiner Objekte herstellt.

Brunos metamathematische Reflexion auf die gnoseologischen Implikationen von Rationalität an sich, durch die die traditionellen Denkkategorien von Einheit und Andersheit in einem ersten Ansatz zu einer „Strukturlogik der Mathematik“ erweitert werden, erhellt nun erst den inneren Zusammenhang, der zwischen der göttlichen „mens“ und der von ihr illuminierten „ratio“ besteht: So sind die oben genannten Denkprinzipien eben jene evidenten Prinzipien, die unabhängig von der Sinneswahrnehmung gewußt werden. In dieser Form bedingen sie nicht nur den anti-empirischen Charakter der mathematischen Definitionen und Axiomata, sondern sichern auch als Beweisprinzipien die Gewißheit der mathematischen Methode.[129] Auswirkungen hat dies

127 CI 90, 9 - 12: At, per Deum immortalem, quid homini numeratione facilius est? Primo quod sit unum, duo, tria, quatuor; secundo quod unum non sit duo, duo non sint tria, tria non sint quatuor [...].

128 CI 90, 12 - 14: [...] tertio quod unum et duo sint tria, quod unum et tria sint quatuor [...].

129 Vgl. hierzu Brunos Kommentar zu den Axiomata der Mathematik in TMM 290, 3 ff.: In proposito genere media argumentationis desumuntur, primo ab unitate et identitate vel similitudine, proportione et rationibus aequalitatis, oppositionis et congruentiae; secundo adiectionis et subtractionis; tertio totis et partis [...] sexto a partium seu concurrentium identitate et homogenitate [...].

auch auf die Frage nach der Existenz der mathematischen Gegenstände und damit auf die Funktion der Mathematik als Interpretament des Seienden. Wenn Bruno diese Existenz im Rahmen seines einheitsmetaphysischen Ansatzes über die allem immanente Konvertibilität von Einheit und Seinsheit löst, so erweitert er durch die geistmetaphysische Begründung der mathematischen Rationalität die Entscheidbarkeit der Existenz anhand der Identität der Seins- und Beweisprinzipien. Die brunonische Sprechweise von der „demonstratio simpliciter", die innerhalb der mathematischen Methode wirksam wird,[130] meint also nicht die Reduktion der Mathematik auf ein rein technisches, formallogisches Schlußverfahren. Intendiert ist vielmehr die strenge Deduktion mathematischer Sachverhalte aus den Relations- und Verknüpfungsregeln des Denkens, sodaß ein Sachverhalt erst dann „ist", d. h. als bewiesen gilt, wenn er diesen Bedingungen gehorcht. Die aus der Widerspruchsfreiheit des Beweisverfahrens resultierende Gewißheit der Existenz aber beruht letztlich auf der Illumination der „ratio" durch den Geist.

Zusammenfassend läßt sich für das Verhältnis von „mens" und „ratio" konstatieren, daß die Fähigkeit der „ratio", aufgrund *selbstevidenter* Beweisprinzipien mathematisch denken zu können, in der *Erleuchtung* der „ratio" durch das sich mitteilende intelligible Licht des göttlichen Geistes gründet. Die Äquivalenz zwischen sich vermittelnder Geiststruktur und rationalem Verfahren sichert also die für die Mathematik intendierte Parallelität von Seins- und Denkstruktur. Trotz dieses Bezugs zwischen „mens" und „ratio" bleibt jedoch an dieser Stelle noch eine wesentliche, weiterführende Frage offen: Erschöpft sich die Vermittlung des Geistes ausschließlich in der Begründung der metalogischen Implikationen mathematischer Rationalität, die sich nach der bisherigen Analyse noch als eine Mehrheit von - wie es scheint - unzusammenhängenden Denkregeln darstellt und deshalb noch nicht die wesentliche Bedingung einer einheitlichen Erkenntnis erfüllt, durch die die Einheit der Methode erst ermöglicht wird? Dies führt auf die Frage, ob die Pluralität der rationalen Denkbedingungen schon selbst eine methodisch nicht weiter hinterfragbare und nicht weiter reduzierbare Mehrheit darstellt, oder ob sich innerhalb der bisherigen Methodenreflexion ein übergreifender methodologischer Gesichtspunkt ausfindig machen läßt, der die diversen und bisher noch unverbundenen Denkstrukturen der „ratio" in die Einheit eines einheitlichen Verfahrens integriert.

Vor dem Hintergrund dieser Problemstellung erweist nun die brunonische Konzeption einer sich nach neuplatonischem Vorbild triadisch gliedernden und offensichtlich zu der triadischen Struktur eines dreieinigen Gottes in

[130] P 3, 6.

Analogie stehenden mathematischen Methode ihren Sinn: Daß wissenschaftliches Denken den Implikationen der Trias „mens - intellectus - amor" folgen soll, bemerkt Bruno dementsprechend schon in den Articuli adversus mathematicos.[131] Kann aber auch für De minimo angesichts der erkenntnistheoretischen Dominanz eines *rationalen* Ansatzes von einer übergreifend einigenden, triadischen Struktur der Mathematik gesprochen werden? Eine mögliche Antwort hierauf lautet folgendermaßen:

Wie Gott selbst die differenzlose Einheit von „mens - intellectus - amor" als einer sich selbst entfaltenden und rückbezüglichen Einheit des Seins ist, so eignet auch dem mathematisch reflektierenden Subjekt ein ursprüngliches Wissen der Identität von Einheit und Sein. Näherhin spezifiziert sich dieses Wissen der Identität in der transzendentallogischen Begründung der Einheitlichkeit der mathematischen Objekte. Im Gegensatz zu der jede Andersheit negierenden Selbstreflexion Gottes richtet sich die „ratio" jedoch als zählende Zahl und messende Größe auf die Konstitution von Mannigfaltigem. Die Reflexionsbedingungen des rationalen Diskurses bestehen demnach trotz der transzendentallogisch voraufgehenden Identität von Einheit und Sein einerseits in der gegenüber der göttlichen Denkweise unaufhebbaren Differenz von Identität und Differenz und andererseits in dem nicht reflexiv, sondern additiv verstandenen Nexus zwischen den Elementen. Obwohl nun zwischen dem göttlichen und dem rationalen Denkakt dieser fundamentale Unterschied besteht, weist dennoch das rationale Verfahren auf die innergöttliche Dreiheit als Bedingung seiner Möglichkeit zurück: Allein die Tatsache, daß überhaupt durch Negation unterschiedene, mathematische Mannigfaltigkeiten wie etwa die Zahlen[132] in den geordneten Kontext einer Reihe gebracht werden können,[133] oder daß in der räumlichen Vielfältigkeit Gleiches erkannt und mittels der Axiomata widerspruchsfrei zu „mathematisch existenten Sachverhalten" verknüpft werden kann, ist allein mit den Mitteln der „ratio" nicht mehr zu erklären.

Wirksam wird hier vielmehr der übergreifende Aspekt der relationsstiftenden Idee des göttlichen „intellectus" und des die Gegensätze aussöhnenden „amor" als des Prinzips der Verknüpfbarkeit an sich.[134] Die innere Kohärenz

[131] Die Dreiheitlichkeit mathematischen Denkens verdeutlich Bruno anhand der Benennung der Archetypen als „Figura Mentis", „Figura Intellectus" und „Figura Amoris". Vgl. AM 21, 16 - 18.

[132] STM 108, 17 ff.

[133] STM 105, 15 - 17.

[134] M 358 f.

bzw. die systematische Einheit, in der die mathematischen Gegenstände als beziehungsfähige Objekte stehen sollen, kann demnach nur Ausdruck eines die Rationalität übergreifenden, in sich konsistenten Bewußtseins sein, dessen methodisches Prozedere der einheitlich-triadischen Struktur des göttlichen Denkaktes folgt.

4 Das Problem der Unterscheidbarkeit des Ununterscheidbaren

Brunos einheitsmetaphysischer Ansatz bedingt den Gedanken der koinzidentalen Einheit der Größe. Jede räumliche Erscheinung ist unabhängig von ihren jeweiligen partikulären Ausprägungen durch die ursprüngliche Einheit des Besonderten grundgelegt. Das unendliche Universum, die im Unendlichen aufgehobene „Gegensätzlichkeit“ von Kreisförmigkeit und Geradlinigkeit oder die symmetrische Gestalt der endlich begrenzten Kugel gelten als Beispiele des einen Inbegriffs der Größe.[1] Durch den geistmetaphysischen Hintergrund vertieft sich der Begriff der Größe zum Prinzip der Dimensionalität, indem die ideelle Gleichförmigkeit des Maßes als Voraussetzung für die quantitative und qualitative Metrik der Raumgröße fungieren soll. Das spezifische Charakteristikum des brunonischen Konzepts der Größe besteht in deren ursprünglicher Ununterschiedenheit, sodaß weder die Dimensionen an sich noch die relationalen Größenbestimmungen wie Teil und Ganzes von ihrer einheitlichen Grundlegung her differieren. Als Inbegriff unendlicher Dimensionalität gilt die unendliche Kugel, der Bruno in den Articuli adversus mathematicos im Sinne eines unsinnlichen formationstheoretischen Prinzips axiomatischen Stellenwert einräumt.[2]

Obgleich in De minimo zwar die ausdrücklich *axiomatische* Grundlegung der unendlichen Dimensionalität fehlt, ist doch auch in diesem Text der erkenntnistheoretische Kontext eindeutig: Die Indifferenz bzw. Koinzidenz der Dimensionen ist der methodische Ausgangspunkt des Denkens, von dem her die Spekulation über die Natur erst vorgenommen werden kann.[3]

Nun zeigte jedoch andererseits die Analyse der „ratio“, daß sich mathematisches Denken nicht nur im Bereich reiner Identität oder Indifferenz, son-

1 TMM 147, 13 - 16; 148, 12 - 15.

2 In AM 14, 14 bezeichnet Bruno seine Sätze über die Kugel als „Axiomata sphaerae“. Zur erkenntnistheoretischen Tragweite eines axiomatischen Satzsystems vgl. in Kapitel 7 unten S. 184 ff.

3 TMM 272, 29 f.: Nos per viam coincidentiae ad eorum quae sunt in natura [...] contendimus.

dern auch notwendigerweise in den Kategorien von Identität *und* Differenz bewegt. Besonders deutlich wird dies anhand des Wesens der Zahl als einer der Grundformen der Quantität, indem die Zahl sowohl die Position der Identität als auch die Negation des Seins des Anderen in sich als das Moment der Diskretion bzw. der Unverbundenheit mit dem Anderen vereinigt.[4] Wie aber, so ist von hieraus zu fragen, vollzieht sich die für die „ratio" offensichtlich denknotwendige Differenzierung der Raumgröße, deren typisches Merkmal gerade die Ununterscheidbarkeit und Substituierbarkeit der Dimensionen ist? Und welcher Art muß dieses methodische Mittel der Distinktion sein, damit auch dem Unterschiedenen Gemeinsames zukommt, wenn die quantitativen und qualitativen Gleichheitsrelationen des Maßes zur Anwendung gebracht werden sollen?

Diese Frage nach dem methodischen Mittel der Distinktion weist von ihren systematischen und logischen Voraussetzungen auf die Implikationen des parmenideischen Einheitsdenkens zurück. Die Thematik steht somit im Rahmen einer geistesgeschichtlichen Entwicklung, die - ausgehend von einem in sich differenzlosen Einen - die Möglichkeit von Unterscheidung allererst begründen muß. Stellvertretend für die Mannigfaltigkeit der Aporien, die mit dieser Frage verbunden ist, soll an dieser Stelle auf die Auseinandersetzung Platons mit dem parmenideischen Seinsbegriff hingewiesen werden: Die Notwendigkeit, in sich einiges und gleichartiges, d.h. also ununterscheidbares Sein unterscheiden zu müssen oder zu wollen,[5] stellt sich Platon im Rahmen einer langwierigen Diskussion bezüglich der Valenz von methodischem Denken an sich. In diesem Sinn ist es ein zentrales Anliegen der platonischen Philosophie, durch den argumentativen Weg des Denkens selbst die innere Unterscheidbarkeit des Seins als Bezüglichkeit des Seins aufzuzeigen. Träger dieser Bezüglichkeit sind die Ideen, die im Seienden selbst Identität und Differenz anzeigen.[6] Auf diese Weise wird das Problem der Unterscheidung an ein methodisches Verfahren rückgebunden, das sich eigens als dihairetisches, das homogene Ganze in Teile zergliederndes Denken

4 STM 23,7 f.: [...] numerus, qui dicitur quantitas discreta, et cuius partes non copulantur ad terminum communem; [...].

5 Zur Sache vgl. W. Beierwaltes, Identität und Differenz, S. 9 - 23. Selbstverständlich ist der Begriff der indifferenten Einheit der Größe mit der parmenideischen Konzeption nicht einfach austauschbar. So werden in beiden Entwürfen gegensätzliche Auffassungen bezüglich der Gegebenheit einer letzten Grenze vertreten; dennoch aber wird als sachliche Übereinstimmung in beiden Fällen das Problem der Unterscheidbarkeit des Ununterscheidbaren durch die uneingeschränkte Gültigkeit des Gleichheitsbegriffs erschwert. Vgl. Parmenides, fr. 8, H. Diels, W. Kranz, Fragmente der Vorsokratiker, Bd.1, S. 238.

6 Vgl. W. Beierwaltes, Identität und Differenz, insb. S. 10 ff. und 19.

versteht.[7] Diese Konzeption des gliedernd unterscheidenden Denkens ist jedoch mit einer Fülle von Aporien verbunden, die die Unvereinbarkeit eines an den Ideen orientierten Teilungsverfahrens mit dem Begriff der räumlichen Größe aufzeigen. In gedanklicher Schärfe stellt Platon daher die Divergenz zwischen methodischem Vorgehen und „verräumlichten“ Seinsvorstellungen an den Anfang seines Dialoges *Parmenides*. Als eine grundlegende Feststellung dieser Auseinandersetzung kann festgehalten werden, daß sich der gedankliche Prozeß der Unterscheidung von Ununterscheidbarem *nicht* bewährt, wenn dieses Ununterscheidbare selbst schon als ausgedehnte Verdinglichung verstanden wird. Würde nämlich, so lautet die platonische Argumentation, eine Idee angenommen, deren Einheit und Selbigkeit nach dem Muster räumlich ausgedehnter Homogenität - Platons Beispiel ist das Segeltuch - gedacht würde, so bedingte das Verfahren der Distinktion sofort eine Aufteilung dieser Einheit in eine Pluralität von Teilen.[8] Dieselbe Überlegung steigert die aporetischen Folgen einer unsachgemäßen Vergegenständlichung ideeller Bezugsmomente anhand des Begriffs der Größe an sich: Die Größe selbst, auch wenn sie als Idee aufgefaßt wird, wird offensichtlich durch eine inadäquate methodische Aufteilung zu Kleinerem gemacht und in ihr Gegenteil verkehrt; umgekehrt werden jedoch die kleineren Teile durch Teilhabe am Großen groß.[9] Diese Spannung, die Platon zwischen der Einheit und Selbigkeit der Ideen einerseits und ihrer „gleichbleibenden“ Gültigkeit für eine nach Teilen unterschiedene, verdinglichte Vielheit aufdeckt, markiert die problemgeschichtliche Tragweite der Paradoxie, die mit einem unzureichenden Differenzierungsverfahren verbunden ist. Offensichtlich - so muß man aus den platonischen Überlegungen vorgreifend auf Brunos Problemstellung folgern - genügt die Annahme der Zerteilung von Selbigem keineswegs zur Begründung einer erkenntnistheoretisch haltbaren Unterscheidung der Einheit der Größe.[10] Notwendig erscheint vielmehr eine Methode, die die unvereinbar anmutende Forderung nach der Unterscheidbarkeit von Ununterscheidbarem unabhängig von der Gefahr einer unvermittelten Aufteilung von Selbigen zu lösen sucht.

Für das brunonische Denken selbst vertieft die Frage nach der methodischen Möglichkeit der Unterscheidung den sachlichen Bezug zwischen Einheitsdenken und „atomistischer“ Tendenz: Es entsteht nämlich jetzt das Pro-

7 Platon, Phaidros, 265 d - e.

8 Platon, Parmenides, 131 c

9 Platon, Parmenides, 131 c - d.

10 Platon selbst begegnet diesen Schwierigkeiten mit der Entwicklung des Prinzipienpaars von ἕν und ἀόριστος δυάς. Zum Zusammenhang dieses Prinzipienpaars mit dem dihairetischen Verfahren vgl. J. Stenzel, Zahl und Gestalt bei Platon und Aristoteles, S. 11 ff.

blem, daß von einem intelligiblen Inbegriff unendlicher Dimensionalität aus der Materialaspekt der verendlichten, raumerfüllenden, d. h. der ersten, selbst nicht weiter teilbaren Teile der bestimmten Größe entwickelt werden muß. Dies ist gleichbedeutend mit der Forderung, die Einheit der Größe und ihre elementaren Konstituentien auch methodisch aufeinander beziehen zu können. Zwischen der ununterscheidbaren Kategorialität, die als höchste Erkenntnisebene dem mathematisch reflektierenden Subjekt nur durch eine koinzidentale Betrachtungsweise der Größe zugänglich wird[11] und einem Verfahren, das die Größe nach Art eines rationalen, diskursiven Verfahrens in einzelne Elemente gliedert und diese wiederum zusammensetzt, darf kein erkenntnistheoretischer Bruch entstehen. Erschwert wird die Vermittlung von Einheitsdenken und rationalem Verfahren zusätzlich dadurch, daß die Raumgröße im Gegensatz zur Zahl von Bruno nicht als „quantitas discreta" sondern als „quantitas continua" bestimmt wird.[12] Dies aber heißt, daß nicht nur das Verhältnis vom Ungeschiedenen zum Unterscheidbaren erklärt werden muß; vielmehr muß auch die „ratio" als diskursiv verfaßtes Erkenntnisorgan prinzipiell imstande sein, die Kontinuität von Raumelementen zu erfassen bzw. zu setzen. Auf diese Weise entsteht zusätzlich eine neue erkenntnistheoretische Schwierigkeit, indem der Modus cognoscendi der „ratio", der doch eindeutig auf Diskretion und Distinktion ausgerichtet ist,[13] auf dieser Basis auch den kontinuierlichen Zusammenhang der Raumelemente begreifen können soll.

4.1 Die metaphysisch dreiheitliche Begründung der Unterscheidbarkeit und Bestimmbarkeit der Raumgröße

Obwohl die mathematische Reflexion an die kategoriale Quantität und Qualität als ihr Objekt gebunden bleibt, ist doch der Akt des Differenzierens und Bestimmens an sich Ausdruck einer metaphysisch spekulativen, dreiheitlichen Denkbewegung, der auch die mathematische Begründung der Raumgebilde folgt und für die sie abbildhaft steht.[14] Noch bevor also das rationale

[11] TMM 272, 27.

[12] STM 23, 9.

[13] Vgl. STM 20, 14 - 16; 52, 14 - 18.

[14] TMM 273, 8 ff.: Ad propositum ergo praesentis contemplationis applicantes, ex monade nostra quae est punctus in propagandam multitudinem suo contendimus ordine, ubi monas ab esse absolute evaserit alicubi sita monas [...]. Hic autem [...] gignit diadis

Verfahren zur Komposition von Raumelementen eingesetzt werden kann, müssen diese Elemente durch einen triadischen Prozeß der Besonderung aus dem ursprünglichen Inbegriff der Größe abgeleitet werden. Angedeutet wurde die dreiheitliche Bewegung des Denkens schon im Zählprozeß der Arithmetik; im Gegensatz zu der seriellen Prozessualität der stoff- und ausdehnungsfreien Zahl,[15] bedarf es - wie schon oben vermerkt - innerhalb der Geometrie einer plausiblen Darstellung des Übergangs von der Einheit der Raumgröße in die ausgedehnte, materiell konkretisierte Größe. Soll hierbei die Gefahr eines Dualismus zwischen der intelligiblen und der stofflichen Auffassung der Größe überwunden werden, dann muß die dreiheitliche Bewegung des Denkens fähig sein, die Ausdehnung und deren Bestimmung *durch sich selbst* zu erzeugen. Gelänge dies, würde die Ausdehnung nicht einfach als Gegebenheit hingenommen, sondern hätte gemäß der Forderung von De la causa ein intelligibles Fundament.

Der wesentliche Ansatz eines gedanklich definierten Übergangs von der ununterscheidbaren Größe bis zu den dreidimensionalen, atomaren Grundgestalten des Räumlichen ist schon implizit in De minimo im Aufbau der brunonischen Definitionslehre präsent;[16] die explizit metaphysische Begründung dieses Sachverhalts erfolgt allerdings erst in De monade:

Der Ausgangspunkt der Überlegung besteht in der allgemeinen Verbindlichkeit der Trias „Einheit - Zweiheit - Dreiheit" als des universellen Erzeugungsschemas der Arten,[17] sodaß triadisches Denken auch die Entfaltung der Einheit der Größe[18] begründet und bestimmt. Das übergreifende, explizierende Strukturmuster der Trias besteht nun zunächst in der Verdoppelung der Einheit,[19] sodaß aus der „sich abständig gewordenen Einheit" Zweiheit entsteht.[20] Als verdoppelte Einheit begründet die entstandene Zweiheit das

simulacrum, lineam [...]. Quae [...] in tertium terminum communem applicabit, et tunc prima figura triangula consequitur [...].

15 Im Gegensatz zur Zahl hat die Monas als Punkt eine Lage (alicubi sita monas) und damit die Tendenz zur Ausdehnung. Zum platonischen Hintergrund dieser Auffassung vgl. J. Stenzel, Zahl und Gestalt, S. 78 ff.

16 Vgl. dazu die Untersuchung in Kapitel 6 unten S. 139 ff.

17 M 328: Quin etiam species, monas addita, multiplicando / Per diadis primae ac triadis discrimina [...] / facit [...].

18 M 346.

19 M 349: Ut monas est rerum cunctarum essentia tota, / [...] iterum atque iterum resumpta / [...].

20 E. v. Samsonow, Weltförmigkeit des Bewußtseins. In: K. Heipcke, W. Neuser, E. Wicke (Hrsg.), Die Frankfurter Schriften, S. 101.

Materialprinzip der Teilung,[21] weil sie als Zweifaches allererst geteilt werden kann und damit die Tendenz zu relativer Gegensätzlichkeit (d. h. als Verdoppeltes das Größersein und als Teilbares das Kleinersein), aber auch zu partieller Identität in sich birgt;[22] aus diesem Grund subsumiert Bruno auch die für den Naturbegriff relevante Ordnungsrelation von Teil und Ganzem unter den Überbegriff der Zweiheit.[23] An sich selbst jedoch ist die Zweiheit noch nicht bestimmt,[24] und der abbildhafte Ausdruck dieser Unbestimmtheit zeigt sich in der Linie als einem noch nicht figurierten, d. h. noch nicht räumlich begrenzten Zweieck.[25] Soll in einem weiteren Schritt die gestalthaft noch unbestimmte oder „unbegrenzte Zweiheit" zu einer Gestalt bestimmt werden, dann bedarf in einem dritten Schritt einer Verknüpfung der Extreme, durch die das Entzweite wiederum als vermittelte Einheit konstituiert wird; dies aber ist die die Funktion des „amor" als der einigenden Kraft des Entzweiten.[26] Die mit der liebenden Rückführung der Zweiheit in vermittelte Einheit intendierte Bestimmung des Unbestimmten kann jedoch nicht ohne das Moment der Begrenzung begriffen werden, die sich in der reflexiven Rückbindung des Endes an den Anfang manifestiert. Der übergreifende, die begrenzende Funktion der Dreiheit ausweisende Ternar ist deshalb auch die Trias „principium - medium - finis".[27]

Versucht man nun die Prozessualität der Dreiheit auf den Begriff der „magnitudo" anzuwenden, ergibt sich folgendes: Aus der ursprünglichen Einheit der Größe folgt durch die wiederholte Setzung der Einheit die Zweiheit, die ihrerseits als der abstrakte Inbegriff für die Mannigfaltigkeit anschaulicher bzw. materieller Aspekte der Größe fungiert. Gleichsam in Analogie zum Zählprozeß entfalten sich durch die Zweiheit die für die Kategorie der Quantität wesentlichen Relationen des Kleiner- und Größerseins sowie von Teil und Ganzem, die zugleich auch den Übergang von der Einheit der Größe in ihre elementaren, quantifizierbaren Konstituentien, d. h. die ersten Teile einer Ordnung bedingen. Die Bedeutung der Zweiheit als des durch

21 M 350: Linquitur a diadis partu solidaria primum / Omnipotentia, principio est hinc materiali / Appropriata dias, siquidem hinc est sectile primo.

22 Partielle Identität zeigt sich anhand der Relationalität des zweiheitlich Entgegengesetzten. So z.B. in den Begriffspaaren „par - impar", „multum - paucum" oder „maius - minus". Vgl. M 349.

23 M 350: Pars totum, simplum duplum, sursum, atque deorsum. / [...] Milia quae mox sunt positis fundata duobus [...]

24 M 358: Mox, diade adiecta, formam nil servat eandem [...].

25 TMM 273, 13 f.: Quae [sc. linea] duobus finita terminis aut vage discurrens nihil cincluderet, firmaret, figuraret [...]. M 349: Diadis figura digonus.

26 M 358: Nexus duorum.

27 M 360.

die Einheit grundgelegten Materialaspekts besteht also offensichtlich darin, den inneren metaphysischen Zusammenhang und die gedankliche Plausibilität zwischen der negativ unteilbaren Einheit und den privativ unteilbaren ersten Quanta zu gewährleisten. Mit der Dreiheit vollendet sich der Prozeß der Bestimmbarkeit der Größe durch das Mittel der Grenze, das in dem Ternar „terminus - pars - totum"[28] ergänzend zu der relationalen Zweiheit von Teil und Ganzem hinzutritt und die Größe zu einer raumumschließenden Gestalt determiniert.[29] Dies aber meint nichts anderes, als daß durch die triadische Struktur des Denkens die ursprünglich unanschauliche „magnitudo" anschaulich geworden ist, d. h. sich „den Sinnen als klare Figur darbietet".[30]

Mit diesem Rekurs auf dreiheitliche Denkstrukturen und deren spezifischer Anwendung auf die Grundformen der Quantität sucht Bruno, ein schon in der platonischen Philosophie beherrschendes Motiv mit neuplatonischen Mitteln fortzuführen: In dem Aufweis der Abhängigkeit der raumgestaltenden Prinzipien von übergeordneten geistigen Prinzipien scheint ein grundsätzlich bewegendes Motiv des Platonismus zu bestehen.[31] Die Grenze als definierendes Prinzip und ihr untrennbarer Zusammenhang mit den atomaren Größen des Raumes ist daher auch implizit als das genuin platonische Erbe in der brunonischen Auslegung der quantitätsbestimmenden Triaden thematisiert. Da jedoch das Zusammenwirken der atomaren Größen und ihrer Grenzen nach der Vorgabe der platonischen Tradition letztlich der gedanklichen Bewältigung des Kontinuums dienen soll und sich die Tragfähigkeit dieser Konzeption allererst in Bezug auf die dimensionalen Strukturen erweisen muß,[32] wird im folgenden der Versuch unternommen, die auch für Bruno relevante Verknüpfung der triadischen Denkkomponenten mit der Konstitution des Raumkontinuums, d. h. genauer mit dem Aufbau des Dimensionsmodells von De minimo zu untersuchen.

28 M 371.

29 M 358.

30 M 358; dt. Übs.: Giordano Bruno, Über die Monas, die Zahl und die Figur als Elemente einer sehr geheimen Physik, Mathematik und Metaphysik. Mit einer Einleitung hrsg. von E. v. Samsonow, Kommentar von M. Mulsow, Hamburg 1991, S. 39.

31 Vgl. J. Stenzel, Zahl und Gestalt, S. 78 ff.

32 Zum Aufbau der Dimensionen vgl. den Bericht des Aristoteles, Metaphysik, V 6, 1016 b 24 ff; J. Stenzel, Zahl und Gestalt, S. 75 ff.

4.2 Die Transformation des Raumkontinuums in die Denkbewegung der Kontinuation

Die brunonische Auffassung des Kontinuums bildet die Crux der Interpretation von De minimo. Nach der gängigen Deutung der Interpreten handelt es sich um einen groben Materialismus oder um eine Verabsolutierung der Ausdehnung, der die Schwäche der mathematischen Konzeption offenkundig werden läßt und die Möglichkeit wissenschaftlichen Denkens überhaupt in Frage stellt.[33] Tatsächlich bestärkt die brunonische Rezeption der atomistischen Terminologie, d. h. seine Sprechweise vom Vollen und Leeren, den Eindruck, daß der Begriff der Größe von den physikalischen Eigenschaften materieller Atome beherrscht wird.[34]

Inhaltlich betrachtet steht eine solch einseitige Annahme in vollem Widerspruch zu der brunonischen Relationstheorie, die den Naturbegriff und die Konzeption der Größe prägt: Faßt man nämlich die Größe ausschließlich als eine Zusammensetzung schon irgendwie bestehender, unteilbarer Partikel auf, dann bildet die somit erhaltene Größe keineswegs ein Relationsgefüge, sondern lediglich das summative oder aggregative Konglomerat an sich beziehungsloser Teilchen; die vorherrschende Beziehung der Größe wäre also die eines Elements zu einer Menge, in der sich das Element nur als ein diskreter Bestandteil festmachen ließe. In der Antithese von Relationalität und beziehungsloser oder unvergleichbarer Diskretion besteht zunächst das logische Grundproblem, das die mathematische Brauchbarkeit eines materialistischen Atomismus in Bezug auf die Begründung des Kontinuums generell einschränkt, und bezeichnenderweise ist es die Zahl als das Moment der Diskretion, das den antiken Atomismus charakterisiert.[35] Eine vorzeitige Festlegung der Interpretation auf materialistisches Gedankengut übersieht jedoch nicht nur, daß Bruno die Teile der Zusammensetzung ausdrücklich unter dem Aspekt ihrer gestalthaften, geometrischen Ähnlichkeit,[36] d. h. unter dem Aspekt der gedanklichen Beziehung der Kongruenz behandelt, sondern läuft generell Gefahr, die tiefere erkenntnistheoretische Gründungsfunktion eines

[33] So E. Cassirer, Das Erkenntnisproblem, Bd. 1, S. 307 f.

[34] Vgl. z. B. AM 22, 11 - 17.

[35] Vgl. E. Frank, Plato und die sogenannten Pythagoreer. Ein Kapitel aus der Geschichte des griechischen Geistes, Halle 1923, S. 54 ff., S. 351 Anm. 121; H. G. Gadamer, Antike Atomtheorie S. 526. Zu diesem Themenkomplex vgl. auch die Ausführungen G. W. F. Hegels, Wissenschaft der Logik (1812/1813) I, Gesammelte Werke Bd. 11, S. 127 ff.

[36] Vgl. hierzu die Ausführungen Brunos bezüglich des Archetyps der Area Democriti, TMM 183, 5 - 8.

mathematischen Atomismus zu verkennen. Dies bezieht sich vor allem auf die Bruno offensichtlich bekannte und von ihm ausdrücklich gebilligte platonische Lehre von den unteilbaren Linien[37] als das theoretische Fundament des Raumkontinuums, durch das das Verhältnis von begrenzender Formstruktur und ausgedehnter Erscheinung zugleich in dem sachlichen Zusammenhang von Idee und Wahrnehmung reflektiert wird. Die ausdrückliche Einbeziehung des Prinzips des πέρας in den dimensionalen Aufbau des Räumlichen bedeutet letztlich wohl auch den Hauptgedanken des platonischen Atomismus.[38]

Nun zeigt sich jedoch innerhalb des platonischen Dimensionsmodells als einer Abstufung vom Unsinnlichen zum Sinnlichen eine eigenartige Ambivalenz hinsichtlich des Wesens des Kontinuums, die sich bis zu den jeweiligen Voraussetzungen der Indivisibilienproblematik Cavalieris und der Entwicklung des Integrals fortsetzt[39] und die Kritik der Gegner des mathematischen Atomismus provoziert. Der Haupteinwand artikuliert sich dabei nicht nur in der aristotelischen Frage, wie denn aus einem Größelosen überhaupt Größe und Kontinuierliches entstehen könne,[40] sondern richtet sich auch auf das Moment der Unterschiedenheit, die das Unteilbare und Begrenzende gegenüber dem von ihm Begrenzten auszeichnet: Obwohl das Unteilbare an sich selbst durch Gleichheit charakterisiert ist, macht sich doch zwischen den einzelnen Übergängen der Dimensionen der kategoriale Gegensatz von Gleichheit und Verschiedenheit bemerkbar.[41] Auf diese Weise verbindet sich der Gedanke mathematisch atomistischer Unteilbarkeit von seinem geschichtlichen Ursprung her mit dem Wesenszug der Heterogenität des jeweiligen dimensionalen „indivisibile". Wenn daher Aristoteles auf der in infinitum möglichen Teilbarkeit des Kontinuums besteht,[42] dann ist dies nur ein Teilaspekt seiner Theorie des Kontinuums. Der zweite wesentliche Aspekt, der schließlich innerhalb der Auseinandersetzung um den Atomismus die Diskussion beherrscht, ist die Möglichkeit, das Teilbare immer wieder in

37 AM 31, 15 - 17: Non enim improbamus Platonem dicentem punctum esse lineam individuam.

38 Vgl. J. Stenzel, Zahl und Gestalt, S. 79 ff; die Ausarbeitung der Grundlagen des platonischen Dimensionsmodells findet sich bei K. Gaiser, Platons ungeschriebene Lehre, S. 19.

39 Vgl. C. R. Wallner, Die Wandlungen des Indivisibilienbegriffs von Cavalieri bis Wallis, in: Bibliotheca mathematica, dritte Folge, Band 4, Leipzig/Berlin 1904, S. 28 - 46.

40 Aristoteles, Metapysik, XII 10, 1075 b.

41 Aristoteles, Metaphysik I 9, 992 a; vgl. K. Gaiser, Platons ungeschriebene Lehre, S. 57 f.

42 Aristoteles, Physik I, 185 b 10 f; III, 206 a 22 f.

Gleichartiges teilen zu können.[43] Erst im Zusammenwirken beider Merkmale wird der mathematische Charakter des Kontinuums begründet. Gegen diese Interpretation des Kontinuums scheint die brunonische Auffassung insofern zu verstoßen, als Bruno nicht nur auf dem Ende des Teilungsprozesses insistiert,[44] sondern das Kontinuum auch aus diskreten Teileinheiten zusammenzusetzen scheint.[45]

Folgt man jedoch dem Gedankengang von De minimo in der Entwicklung des Größenbegriffs, dann zeigt sich ein wesentlich differenzierteres Bild des Kontinuums, als die Forschung bisher annimmt: Wie der Aufbau der brunonischen Definitionslehre impliziert, besteht auch für Bruno - analog zu der platonischen Konzeption des Dimensionsmodells - die Erklärung des Übergangs von der unsinnlichen Einheit der Größe in die Größe der räumlichen Anschauung thematisch im Vordergrund.[46] Trotz der Affinität zu dem platonischen Vorbild des dimensionalen Aufbaus als der Abfolge von Einheit - Länge - Breite - Tiefe bzw. in der phänomenalisierten Ausprägung von Einheit - Linie - Fläche - Körper[47] läßt sich doch für Bruno schon im Vorfeld seiner Überlegungen ein bedeutsamer Unterschied feststellen: Während sich die platonische Lehre nämlich - zumindest nach der aristotelischen Interpretation[48] - mit der erwähnten Heterogenität der Dimensionen auseinandersetzen muß, liegt für Bruno deren Gleichartigkeit in ihrer Indifferenz, d. h. in der Einheitlichkeit ihres Ursprungs beschlossen, die dann auch die gegenseitige Austauschbarkeit bzw. die Gleichwertigkeit des Dimensionierten bedingt. Mit diesem Ansatz greift Bruno also nicht nur den platonischen Gedanken der Entfaltung eines zusammenhängenden Modells der Raumgrößen aus einem unteilbaren Ersten auf, sondern er trägt auch der aristotelischen Tradition Rechnung, wonach das Wesen kontinuierlicher Größen in ihrer Homogenität besteht. Indifferente Unteilbarkeit des Ursprungs und Gleichartigkeit des Prinzipiierten schließen sich dementsprechend nicht mehr aus, oder anders formuliert: Die Gleichartigkeit dimensionierter Größen ist nicht an den Prozeß einer potentiellen, in infinitum durchführbaren Teilung gebunden.

Wie aber kann nun vor diesem Hintergrund der kontinuierliche Übergang der Dimensionen so begriffen werden, daß nicht nur die Entäußerung des Unteilbaren in zu ihm gleichartig Dimensioniertes denkbar wird, sondern auch

43 Besonders deutlich stellt dies Cusanus heraus, vgl. De docta ignorantia I, 17, S. 33, 5: Sed finita linea non est divisibilis in non-lineam.

44 TMM 153, 23 - 28.

45 So z. B. die Interpretation von H. Védrine, La conception de la nature, S. 186.

46 TMM 284 f.

47 Vgl. K. Gaiser, Platons ungeschriebene Lehre, S. 45.

48 Aristoteles, Metaphysik, I 9, 992a.

das der Kontinuität entgegenstehende Moment diskreter Beziehungslosigkeit eliminiert wird, das als Gefahr mit einer „atomistischen" Grundlegung der Größe verbunden ist? Vor allem der zweite Aspekt der gestellten Frage, der das Wesen des Kontinuums noch durch die Forderung nach einer in ihm wirksam werdenden Relationalität gegenüber dem Diskreten abgrenzt, führt auf den definitorisch fixierten Zusammenhang zwischen der Relationalität des Teils und dem Prozeß der Kontinuation.

Der Hintergrund der Beziehung von Teil und Kontinuation, der unter Umständen schon als sachlicher Vorgriff auf das leibnizsche Verständnis von Kontinuation gewertet werden kann,[49] scheint innerhalb des brunonischen Werks das Resultat einer Entwicklung zu sein, die den Übergang des Punktes in die Linie als Gegenstand der Untersuchung thematisiert und dieses Problem in mehreren Anläufen reflektiert. In den Articuli adversus mathematicos spricht Bruno daher von einer Vervielfältigung („multiplicatio") oder auch von einem Fluß des Punktes („fluxus puncti"), und das Ergebnis dieser Übergangsformen ist die Linie als ein Teil, der schon in die nächsthöhere Dimension integriert ist.[50] Dieser Sachverhalt wiederholt sich nun in der brunonischen Definitionslehre unter dem Begriff der „continuatio puncti", der sowohl für die Konstitution der Linie als eines dimensionierten Teils als auch für das Verständnis der Linie als einer teillosen Grenze in Anspruch genommen wird.[51] Fragt man jetzt unter dem in De minimo neu entwickelten Aspekt einer mathematischen Definitionslehre nach dem eigentlich kontinuierlichen Moment, das mit den Termini „multiplicatio", „fluxus" und „continuatio" zum Ausdruck gebracht werden soll, dann zeigt sich, daß Bruno zwei Typen von Mimima einführt, deren logische Implikationen auf *jeder* Stufe der Dimensionalität wiederkehren. Inhaltlich spezifizieren sich diese Minima in die Komplementarität von Teil und Grenze, sodaß eine jede Dimension durch die relationale Einordnung in den funktionalen Kontext von Teil und Ganzem sowie dessen möglicher Begrenzung charakterisiert wird.[52] So wie der Punkt die Linie als deren Teil konstituiert, ebenso konstituiert die Linie die Fläche und diese den Körper, sodaß das Dimensionsmodell als ein durchgängiges Relationsgefüge mit den entsprechenden, die Relata bestimmenden Grenzen verstanden werden kann. In Ergänzung zu dem platonischen Konzept des Aufbaus der Dimensionen eliminiert Bruno also die Momente der Heterogenität und der Diskretion durch einen ursprünglich indifferenten Größenbegriff, der ja letztlich auch die koinzidentale

[49] E. Cassirer, Leibniz' System, S. 147.
[50] AM 33, 15; TMM 273, 27.
[51] TMM 284, 21 und 24.
[52] TMM 284 f.

Identität von Teil und Ganzem behauptet. Die somit begründete Homogenität des Relationalen hebt die Spannung der Verschiedenheit zwischen den Dimensionen auf und integriert auch die Grenzen in der Funktion der ausdehnungsfreien, terminierenden Konstituentien der Teile an sich.

Auf welche Weise aber kann die Transformation der traditionellen Interpretationen des Kontinuums in eine logische Betrachtungsweise der Multiplikation oder Kontinuation von jeweils ersten Raumelementen gerechtfertigt werden? Was bedeutet es, wenn Bruno den kontinuierlichen Aufbau der Dimensionen aus der Perspektive einer mathematischen Definitionslehre abhandelt, deren beherrschende logische Grundformen Relationalität und Begrenzung sind?

Einen ersten Hinweis zur Beantwortung dieser Fragen gibt Bruno in De minimo durch seine Spezifikation des Koinzidenzprinzips, das sich auch auf die ursprüngliche Verfassung der Größe auswirkt: So besteht für Bruno das Wesen der Koinzidenz - jedenfalls was den Begriff der Größe betrifft - darin, daß sich das Minimum *im* Maximum und umgekehrt das Maximum *im* Minimum findet.[53] Die hiermit zum Ausdruck gebrachte, sich zu einer Einheit durchdringende Bezüglichkeit von Minimum und Maximum kann nun in Bezug auf die Indifferenz der Dimensionen so gedeutet werden, daß in der Ununterscheidbarkeit der Größe selbst schon eine zweistellige Relation als Einheit angelegt ist, indem sich die gegensätzlichen Extrema Minimum und Maximum gegenseitig enthalten. Die Einheit der Größe könnte somit als „ungeschiedene Zweieinigkeit" aufgefaßt werden,[54] die die Möglichkeit zur prozessualen Entfaltung in die Zweiheit der Relationalität in sich birgt. Wie jedoch kann im folgenden vor dem Horizont eines solchen Verständnisses der Größe die Setzung von Relation und Grenze als die Kontinuation eines definitorischen bzw. erzeugenden Verfahrens einfachster Begriffe begründet werden,[55] damit sich auf jeder Stufe der Dimensionen derselbe Relationstypus als ein begrenztes Teilsystem der übergeordneten Dimension realisiert? Die Antwort auf die hier gestellte Frage läßt sich zwar nicht von De minimo aus, aber von De monade her entwickeln:

[53] TMM 153, 32 f.: maximum in minimo et minimum in maximo. TMM 159, 18: relatio minimi ad maximum. Vgl. auch TMM 272, 27 f.

[54] Für eventuelle Parallelen in Hegels Auffassung vgl. L. Eley, Hegels Wissenschaft der Logik, München 1976, S. 106 f.; Allgemein zur Problematik des Kontinuums vgl. H. Weyl, Philosophie der Mathematik und Naturwissenschaft, München 1990, S. 47 - 90.

[55] Innerhalb des Definitionssystems sind die definierten Dimensionen „termini simplices". Vgl. TMM 287, 14.

Wenn nämlich der Aufbau der Dimensionen unter dem Aspekt der logischen Voraussetzungen einer Definitionslehre betrachtet wird, dann scheint in diesem Zusammenhang durchaus die dreiheitliche Struktur mathematischen Denkens wirksam zu werden, die schon auf die Ausführungen von De monade vorausweisen. Der gedankliche Ausgangspunkt für die Dimension als Definiertes ist demnach die an sich ununterscheidbare Größe, die über einen der Zweiheit unterstellten Relationstyp geteilt und schließlich im Sinne der Dreiheit begrenzt wird. Weiterhin sind nach der brunonischen Einleitung zu De monade die Zweiheit und die Dreiheit multiplizierbar.[56] Wenn diese Möglichkeit zur Vervielfältigung nun auch Teil und Grenze als die logischen Implikationen der Definitionslehre miteinbezieht, dann folgt hieraus, daß die Setzung der Zweiheit und Dreiheit sich nicht in einem einmaligen Akt erschöpft, sondern wiederholt in einer neuen gedanklichen Setzung als Teilungs- und Begrenzungmoment fungieren darf. Sofern diese Interpretation zutrifft, bedeutet die Auffassung der Größe als „ungeschiedene Zweieinigkeit" das gedankliche Fundament für die prozessuale Entfaltung der Größe aus einem ursprünglichen Inbegriff, der durch die Wiederholung eines zweiheitlich relationsstiftenden und dreiheitlich terminierenden Verfahrens seinen differenzierenden Bestimmungen zugeführt wird.

Keineswegs also steht für die brunonische Definitionslehre ein atomistischer Standpunkt im Vordergrund, der das Wesen der Dimensionen bzw. des Kontinuums aus einer starren, diskreten Mannigfaltigkeit zusammenzusetzen suchte.[57] Die dreiheitliche Bewegung eines zunehmend determinierenden Verfahrens, das sich auf jeder Stufe neu bewährt, bedingt vielmehr die einheitliche Strukturlogik für die gedankliche Bewältigung des Kontinuums. In diesem Sinne steht Bruno auch in der Nachfolge Platons, denn auch Platon setzt innerhalb seines Dimensionsmodells - läßt man das Problem der Heterogenität einmal beiseite - mit dem intelligiblen Prinzip des πέρας der Denkbewegung ein Ziel, durch das die unbestimmten räumlichen Gegebenheiten in Abhängigkeit von einem geistigen Prinzip strukturiert und in Zusammenhang gebracht werden können.[58]

[56] M 328.

[57] Vgl. K. Lasswitz, Geschichte der Atomistik vom Mittelalter bis Newton, Hamburg, Leipzig 1890, S. 368 ff.; H. Weyl, Philosophie der Mathematik und Naturwissenschaft, S. 62.

[58] Vgl. J. Stenzel, Zahl und Gestalt, S. 77.

4.3 Verendlichung und metrische Bestimmbarkeit der Größe

Der voraufgehende Abschnitt thematisierte das Problem der Unterscheidbarkeit der Größe unter dem methodischen Aspekt eines kontinuierenden, relationssetzenden und begrenzenden Verfahrens. Der erkenntnistheoretische Nutzen dieser Operation besteht zunächst darin, daß mit der zweiheitlich relationalen Zergliederung der Größe prinzipiell ihre Unterscheidbarkeit *und* Vergleichbarkeit gesichert wird.[59] Dennoch aber ist auf der Stufe der zweiheitlichen Entfaltung das eigentlich meßbare Verhältnis der Größe noch unbestimmt, weil Teil und Ganzes zwar als Relata unter den Modus der Teilung subsumierbar sind, die Teile selbst jedoch noch nicht als quantifizierbare Teile einer in konkrete Bestandteile geteilten, ganzheitlichen Raumgröße aufzufassen sind,[60] durch die allein das Maß („quantum sit") einer Größe eruiert werden kann.[61] Der Übergang von der Unbestimmtheit der noch nicht räumlich eingeteilten bzw. abgeschlossenen Zweiheit der Größe in eine begrenzte, aus Teilen zusammengesetzte Größe[62] bedeutet also eine wesentliche Voraussetzung für die Möglichkeit einer Maßtheorie. Die gedankliche Leistung, durch die ein derartiger Übergang von der noch nicht definierten Größe in eine definite Größe vollzogen werden kann, besteht nach De monade in der Funktion der begrenzenden Dreiheit; innerhalb der Theorie der Dimensionen hat diese metaphysisch spekulative Auslegung der Grenze ihr Pendant in der Auffassung, daß sich die materialiter dimensionierte Größe nicht unabhängig von der reinen und offensichtlich unausgedehnten, geometrisch begrenzenden Dimensionalität begreifen lasse.[63] Auf diese Weise eignet dem Begriff der Dimension also ein zweifacher Aspekt, der durch die wechselseitige Bezogenheit von gesetztem und negiertem Materialaspekt der Größe deren phänomenologische und quantifizierbare Struktur erst begründet. Analog zum platonischen πέρας fungiert die reine geometrische Dimensionalität als das selbst teillose (und deshalb unausgedehnte) methodische Mittel der Distinktion und Verknüpfung räumlicher Teile,[64] indem die reine Dimensionalität deren kompositorischen und meßbaren Eigenschaften und

[59] STM 53, 5 f.: [...] ubi est comparatio, ibi est distinctio [...].

[60] Die Teile sind per definitionem noch nicht quantitativ fixierte Teile, sondern unterstehen lediglich der Relation des Kleiner - und Größerseins. Vgl. TMM 285, 17 f.

[61] TMM 285, 20 f.

[62] TMM 248, 9 - 11.

[63] STM 23, 17 - 28.

[64] TMM 164, 17 - 22; 176, 1 f.

deren Zusammenhang im Sinne eines συνεχές verbürgt. Die mit dem Begriff der Dimension gewonnene Zuordnungsmöglichkeit von bedingender Relationalität und schließlich meßbarer Zusammensetzung der Größe ist letztlich ein Ergebnis der dreiheitlich verfaßten Denkbewegung. Wenn also im brunonischen Sprachgebrauch von einer Zusammensetzung der Größe die Rede ist,[65] dann darf dies nicht zu dem Mißverständnis führen, die Intention der brunonischen Mathematik bestünde ausschließlich in der Konstitution einer diskreten oder aggregativen Menge;[66] innerhalb der Theorie der Dimensionen bedeutet das durch die Grenze bedingte Moment der Diskretion nicht ein *ursprüngliches* Moment der Bestimmung, sondern lediglich die aus dem Ternar „Teil - Ganzes - Grenze" *abgeleitete* Möglichkeit der veranschaulichten Größe, durch deren - mittels einer *beliebigen* [67] Grenzziehung vollzogenen - Einteilung fixiert werden kann, wieviel oder wie groß sie ist.

Wenn bisher in einem ersten Schritt die Integration der zusammengesetzten Größe in die übergreifende Methodenstruktur dreiheitlichen Denkens zu verdeutlichen versucht wurde und schon im Zusammenhang mit der auf die Frage „quantum" antwortenden Quantifizierbarkeit der Größe auf die Funktion der Grenze hingewiesen wurde, so verschärfen sich im weiteren die Bedingungen für eine Maßtheorie speziell durch den qualitativen Aspekt, der mit der Dimensionalität immer verbunden ist. Dies meint näherhin, daß eine durch die Grenze getätigte Einteilung der Größe zwar eine notwendige Voraussetzung für die quantitativen Anforderungen einer Maßtheorie darstellt, dabei jedoch die mit dem Akt des Messens verbundenen geometrischen Bedingungen eines qualitativ vergleichenden Maßes noch nicht ausgeschöpft sind. Wenn also nach der Eingangspassage von De minimo die Größe meßbar sein soll und der Akt des Messens methodologisch nicht von dem Akt des Figurierens getrennt werden kann,[68] dann meint dies offensichtlich denjenigen gestaltgebenden Aspekt, der mit dem Begriff der Grenze[69] bzw. mit dem Begriff der Dimension immer auch verbunden ist und die qualitative Grundlage des Maßes bildet. Nicht eine irgendwie geartete Begrenzung der Teile ist demnach gefordert, sondern eine Gestalthaftigkeit, die den Bedingungen der Metrik der Dimensionen, d. h. den Relationen der Ähnlichkeit und der Kongruenz gehorcht.

So plausibel diese Anforderung an eine Maßtheorie auch klingen und sosehr deren spekulative triadische Begründung auch überzeugen mag, so

[65] TMM 158, 26 - 31 und 159, 1.

[66] So z. B. H. Védrine, La conception de la nature, S. 193.

[67] TMM 148, 27 ff.; 154, 2ff.

[68] AM 19, 6 - 13.

[69] TMM 181, 8 und 27 f.

schwierig gestaltet sich die konkrete Durchführung, sobald sich die Meßbarkeit innerhalb der räumlichen Verhältnisse erweisen soll: Aus der Perspektive des brunonischen Denkansatzes unendlicher Dimensionalität muß nämlich jetzt gefragt werden, wie sich vor diesem begrifflichen Hintergrund überhaupt Begrenztes ausmachen läßt, sodaß sich das Problem der Unterscheidbarkeit der Größe innerhalb der mathematischen Theorie der Dimensionen allgemein zu einer Verhältnisbestimmung von Unendlichkeit und Endlichkeit ausweitet. Vollends kulminieren die Anforderungen an die Maßtheorie in der Behauptung Brunos, daß den verendlichten Elementen untereinander dieselbe Struktur zukommen soll und auf diese Weise die Homogenitätsforderung auch für begrenzte, zusammensetzbare Größen gelten muß.[70] Der Aufweis des gedanklichen Zusammenhangs zwischen dem Unendlichen und dem Endlichen bei gleichzeitiger Gültigkeit gleichartiger endlicher Gestaltmuster bedeutet dementsprechend ein vertiefendes Motiv der brunonischen Dimensionstheorie. Letztlich ist hiermit auch das Thema einer mathematisch deutbaren, regulär begrenzten und „raumerfüllenden Materie" angesprochen, sodaß sich das Verhältnis zwischen Mathematik und Physik innerhalb des brunonischen Systems zu dem Problem der Begründbarkeit einer „mathematischen Physik" wandelt.

Den Ausgangspunkt der brunonischen Spezifikation der unendlichen Dimensionalität bildet die schon in diesem Zusammenhang genannte Gestalthaftigkeit als einer wesentlichen Eigenschaft der Dimensionalität. Denn was immer dimensioniert ist, hat auch Gestalt und ist somit dem Genus der Qualität zuzuordnen.[71] Das Bemerkenswerte an der brunonischen Argumentation etwa gegenüber der platonischen Tradition ist nun, daß Bruno die Möglichkeit zur Figuration nicht vor dem Hintergrund eines gestaltlosen, chaotischen ἄπειρον festmacht, das in seiner platonisch modifizierten Fassung als das unbestimmt Großkleine der gestaltenden Grenze bedarf, sondern - offensichtlich im Duktus einer eigenen Korrektur der Vorstellung eines nicht figurierbaren Chaos[72] - die Gestalthaftigkeit auch der *unendlichen* Quantität zuspricht. Der Sinn dieser paradoxal anmutenden Zusprache von Endlichkeit implizierender Gestalthaftigkeit an eine unendliche Quantität meint jedoch keine Figuration, die sich in einem unendlichen Raum konkret als „raumumschließendes Gebilde" realisiert und sich an einem quantitativen Träger festmachen ließe, sondern gleichsam eine „entgrenzte" Gestalt unendlicher Quantität, deren tieferer dimensionstheoretischer Sinn sich dahinge-

[70] TMM 182, 24: partes adsimilares.

[71] TMM 181, 8 - 10.

[72] LTS 9, 16 f.

hend erschließt, daß die solchermaßen angesetzte Gestalt alle möglichen, begrenzbaren Raumstellen in sich integriert. Wenn daher die unendliche Dimensionalität als unendlicher Kreis oder als unendliche Kugel begriffen wird,[73] bedeutet dies keine bloße Façon de parler, sondern einen entscheidenden Fortschritt gegenüber der antiken Raumtheorie, weil in dieser Konzeption auch der topologischen Struktur der Ebenheit des Raumes Rechnung getragen wird.[74] Der Raum ist gleichförmig, eben weil infolge seiner qualitati-

73 TMM 181, 12 - 14.

74 In Anlehnung an E. Ströker (Philosophische Untersuchungen zum Raum, S. 283 ff.) meint die Ebenheit des (euklidschen) Raumes eine „ebene Ausdehnung", die sich wesentlich durch das Strukturmoment der Geradlinigkeit auszeichnet. Bruno formuliert diesen Sachverhalt in AM 36, 1 - 6: Linea etiam si longum sit, omnes tamen dimensionum differentias significat, eadem in circulo longitudinem dicit et latitudinem ut et in quadrato. In sphaera vero ultra haec etiam profundum, ubi tres dimensiones eadem notantur et idem esse intelliguntur.
Die insgesamt (neu)platonisch orientierte Interpretation des brunonischen Raumverständnisses möge nicht den Blick dafür verstellen, wie sehr Bruno auch mit aristotelischem Denken - durch Kritik und Abgrenzungsversuche - verwurzelt ist. Insbesondere die intensive Auseinandersetzung mit der Kosmologie prägt die brunonische Philosophie (zur Sache vgl. P. R. Blum, Aristoteles bei Giordano Bruno, S. 29 ff.). Um die Veränderungen besser abschätzen zu können, sollen an dieser Stelle einige Aspekte der Raumtheorie des Aristoteles kurz skizziert werden: Für das Verständnis des Raumes sind die Lehre vom Ort, die Theorie der natürlichen Bewegung und die Ablehnung des Leeren bestimmend. Den Nachweis der Realität des Ortes führt Aristoteles durch die Annahme des Ortsaustausches (vgl. Physik, 208 b 2). So kann beobachtet werden, daß z.B. Wasser seinen Ort wechselt und durch Luft ersetzt wird (vgl. Physik, 208 b 3-4). Von hieraus stellt sich der Ort als ein Grenzmoment dar, das den Gegenstand unmittelbar umfaßt und von ihm verschieden ist (zur Sache vgl. H. G. Zekl, Art. Raum, in: Historisches Wörterbuch der Philosophie, Bd. 8, Sp. 72 ff.). Erhärtet wird die Existenz des Ortes durch die „Beobachtung" einer natürlichen Bewegung, der jeder Körper folgt, um an seinen Ort zu gelangen. In diesem Sinne gelten in der Natur absolut fixierte räumliche Richtungen wie Oben und Unten oder Rechts und Links (vgl. Physik, 208 b 8 - 20). Auf der Grundlage der Topologie versucht Aristoteles weiterhin die Theorie des Leeren zu entkräften. So kann es das Leere weder als eine selbstständige Realität geben (vgl. Physik, 214 b), noch ermöglicht das Leere die Bewegung im Raum. Vielmehr führt gerade die Lehre von der natürlichen Bewegung die Annahme eines Leeren ad absurdum, denn Bewegung als solche wäre in einem homogenen, unterschiedslosen Medium dieser Art unmöglich (vgl. Physik, 215 a). Dies ist gleichbedeutend mit der Ablehnung eines unendlichen Raumes, da auch die räumlichen Bewegungsrichtungen durch die Ununterscheidbarkeit des Infiniten völlig nivelliert würde (vgl. Physik, 215a).
Problemgeschichtlich läßt sich zu der aristotelischen Konzeption anmerken, daß der platonischen Ansatz mathematisch beschreibbarer, dimensionierter Räumlichkeit zugunsten einer empirisch konkreten Betrachungsweise zurückgedrängt wird. Diese

ven Bestimmung sich keines seiner Elemente gegenüber einem anderen inhomogen verhält, sodaß für die erkenntnistheoretische Fundierung der Metrik des Raumes die Kategorie der Qualität gegenüber der Kategorie der Quantität methodologisch vorgeordnet ist.[75] Dies bedeutet jedoch nicht, daß in einem unendlichen Kreis oder in einer unendlichen Kugel als dem unendlichen Inbegriff sich verschränkender Quantität und Qualität alle räumlichen Elemente als mengenmäßig fixierte Gesamtheit enthalten sind, sodaß sich Kugel und Kreis aus der Allheit ihrer Punkte bzw. ihrer Atome zusammensetzen würden. Die unendliche Dimensionalität ist vielmehr der Begriff[76] einer Systematik des Raumes, der die Beziehung von Raum und Raumelement dialektisch versteht: Der unendliche Kreis oder die unendliche Kugel sind nichts anderes als schlechthin ubiquitäre Zentren. Dies meint inhaltlich, daß alle Einzelstellen als mögliche, gleichwertige Zentren gelten und daß umgekehrt jedes singulär herausgegriffene Zentrum in Hinblick auf die unendliche Peripherie als ausgezeichnete Einzelstelle aufgehoben wird.[77] Diese Dialektik von Raum und Raumelement zeigt sich näherhin auch als ein Wechselspiel von Ganzheit und Allheit,[78] durch das sich eine neue Nuance der koinzidentalen Bezüglichkeit von Maximum und Minimum ergibt: Die Ubiquität von Punkt und Atom ist in diesem Zusammenhang so zu deuten, daß die unendliche Dimensionalität als Maximum die Setzung aller Raumelemente erlaubt, diese als ganzheitlicher Inbegriff umfaßt und als Minimum diese Allheit bzw. Totalität wiederum in die Einheit eines Zentrums zurücknimmt.

Fragt man nun vor diesem Hintergrund nach den engeren erkenntnistheoretischen Implikationen, durch die die differenzierende dialektische Beziehung zwischen der unendlichen Dimensionalität und der Einzelgröße letztlich begreifbar wird, so zeichnet sich für die kategoriale Analyse des Unendlichen und Endlichen an dieser Stelle ein weiterer bemerkenswerter Unterschied gegenüber der traditionellen Raumauffassung ab. Indem nämlich die unendliche Quantität mit dem qualitativen Moment entgrenzter Kreis- bzw. Kugelförmigkeit untrennbar verbunden ist, wird der Begriff der schlechthinnigen

Dominanz des gegenstandsgebundenen Ortes über den mathematisch abstrakten Raumbegriff bedingt die „metrische Unproduktivität"; denn auf der Basis bloßer „Örtlichkeit" lassen sich die räumlichen Bestimmungen nicht mathematisch exakt, sondern nur vage als „da" und „dort" vornehmen (H. G. Zekl, Art. Raum, Sp. 74 f.).

75 Zur Sache vgl. P. Lorenzen, Das Begründungsproblem, S. 425; H. Weyl, Philosophie der Mathematik und Naturwissenschaft, S. 95 ff.

76 TMM 153, 30 f.

77 TMM 181, 18 - 20.

78 TMM 148, 29 f; 181, 24 f.

Dimensionalität zu einem Inbegriff *„universeller Selbstähnlichkeit“* erweitert, die sich gegenüber einer jeden aliorelativen Fixierung des Endlichen allgemein durch das Moment der Selbstbezüglichkeit abhebt.[79]

Die Schlußfolgerung der Selbstähnlichkeit der unendlichen Dimensionalität bedeutet somit die begriffliche Voraussetzung und den nicht weiter hinterfragbaren Grund für die gnoseologische Legitimation von Brunos erstem Gleichheits- und Kongruenzaxiom, nach dem die Ähnlichkeit zweier Gebilde in der Gleichheit ihrer Gestalt wurzelt.[80] Wird die Gültigkeit dieses Axioms nicht nur in Hinblick auf die Vergleichs- bzw. Meßmöglichkeit zweier endlicher Gebilde, sondern auch hinsichtlich der Verfassung der unendlichen Dimensionalität überprüft, so resultiert aus der Dialektik von Peripherie und Zentrum, daß die Anlage zur Kreis- oder Kugelförmigkeit einer jeden beliebigen Raumstelle als einem Zentrum in gleicher Weise zugesprochen werden muß, weil die ursprüngliche Indifferenz der Dimensionen für jedes Zentrum gleichermaßen verbindlich bleibt.[81] Die Tendenz zu selbstbezüglicher Gleichartigkeit der Gestalt in der Allheit aller Punkte vertieft die Dialektik zwischen dem Unendlichen und dem Endlichen also dahingehend, daß das Unendliche innerhalb der Dimensionstheorie offensichtlich die noch nicht kategoriale, d. h. die noch nicht zwischen zwei voneinander unterschiedenen Gebilden statthabende qualitative Beziehbarkeit räumlicher Strukturen an sich verbürgt. Die Ähnlichkeit der Raumelemente stellt in Hinblick auf die unendliche Kugel noch keine Relation zwischen zwei finiten Gestalten dar, die sich durch die Beziehung der einen Figuration auf die andere ergäbe, denn nicht nur gestalttheoretisch, sondern auch logisch betrachtet wird jede Bezüglichkeit zwischen dem Einen und dem Anderen im Unendlichen negiert. Dennoch aber bleibt die gestalthafte Gleichheit[82] als eine Beziehung der Selbstähnlichkeit auch im Unendlichem bestehen, indem diese Beziehung ihre Verbindlichkeit nicht auf ein endliches Anderes hin, sondern als Selbstreferenz des Unendlichen erweist.[83]

Erst vor dem Horizont der qualitativen Struktur des Unendlichen als universeller Selbstähnlichkeit läßt sich im folgenden der sogenannte „diskrete“ oder „atomistische“ Grundzug der brunonischen Mathematik[84] als die ausgedehnt gestalthafte Verendlichung der unsinnlichen homogenen Dimensionali-

[79] TMM 181, 15 f.: [...] infinitum est simpliciter et totum et secundum se, quod finitum est secundum quid [...].

[80] TMM 288, 15 f.

[81] TMM 181, 22 - 25.

[82] Vgl. zu diesem Sachverhalt auch TMM 145, 3: aequalis [...] undique sphaera.

[83] Vgl. LTS 44, 7 ff.

[84] Vgl. K. Lasswitz, Geschichte der Atomistik, S. 368.

tät begreifen, durch die in letzter Konsequenz auch das mathematisches Modell der raumerfüllenden (vollen) Materie begründet wird: Wenn nämlich bisher die Indifferenz der Dimensionen als Dialektik von Punkt und Peripherie noch als die begriffliche Strukturvorgabe einer räumlichen Gestalttheorie begriffen wurde, so transportiert die verendlichte Erscheinung diese Struktur nach außen. Dies meint nichts anderes, als daß sich die nicht wahrnehmbare dimensionale Indifferenz eines an und für sich unsichtbaren Zentrums in einer kleinsten sensiblen Fläche bzw. eines kleinsten sensiblen Körpers konkretisiert.[85] Das sichtbar gewordene Zentrum ist dementsprechend im Bereich der Zweidimensionalität ein Kreis[86] und im Feld der Dreidimensionalität eine Kugel[87], die als geometrisch begrenzte Grundformationen die verendlichten Phänomene konstituieren. Weil jedoch aufgrund der Selbstähnlichkeit der unendlichen Dimensionalität die gleichen figurationstheoretischen Bedingungen für jedes Zentrum angenommen werden dürfen, sind die verendlichten Strukturen auch untereinander gleichartig und letztlich nur in Hinblick auf ihre Grenzen als Teile voneinander unterscheidbar.[88]

Auf diese Weise also erweitert Bruno die prinzipielle Leistung des Dimensionsbegriffs zu einer umfassenden theoretischen Begründung der zusammengesetzten Größen, die durchgehend von qualitativer Ähnlichkeit geprägt sind[89] und deren „compositio" durch ihre jeweiligen Grenzen als die methodischen Mittel der Distinktion und der Berührung gewährleistet wird. Von hieraus läßt sich im weiteren der Aufbau der diversen figurativen Grundkonstellationen aus der topologischen Charakteristik der unendlichen Dimensionalität ableiten: So resultiert aus der Berührung dreier gleichartiger, benachbarter Minima das Dreieck als dem Urtyp jeder geradlinig begrenzten Figuration.[90] Ergänzt man den Raum um ein kreisförmiges Zentrum im Sinne der dichtesten, d. h. der „ökonomischsten" Packung[91] vollständig durch die hierzu notwendigen sechs ähnlichen, kreisförmigen Flächen, dann resultiert hieraus die archetypische Zusammensetzung der *Area Democriti*,[92] durch die das Wesen der zusammengesetzten Größen unabhängig von ihrer

[85] AM 24, 21 - 23.

[86] AM 28, 5 f; 22, 10.

[87] AM 22, 11.

[88] Zur Unterscheidungsfunktion der Grenze vgl. TMM 176, 1 f.: Perpetuo inter minima extat terminus unus, / Principium istius partis finisque sequentis.

[89] TMM 182, 21 - 23; 184, 27 - 30.

[90] TMM 179, 7 f.

[91] Vgl. M.-L. Heuser-Keßler, Maximum und Minimum, S. 194 ff.

[92] AM 23, 9 - 11: Nos vero circa unum punctum et ad unum individuum ultra sex individua pertingere non posse indicabimus. Diese Aufbaustruktur bestimmt die Ordnung der *Area Democriti*, vgl. TMM 185, 15 - 18.

quantitativen Ausdehnung - modern gesprochen - im Sinne einer sechsstelligen Rotationssysmmetrie bestimmt wird. Der Archetyp der *Area Democriti* symbolisiert dementsprechend nichts anderes als eine makroskopische Vergrößerung[93] der an sich nicht wahrnehmbar mikroskopischen, in der ursprünglichen Indifferenz der Dimensionen grundgelegten Gestaltgesetze, die ihre Gültigkeit auch für die zusammengesetzten, wahrnehmbaren Größen erweisen.

4.4 Zusammenfassung und erkenntnistheoretische Schlußfolgerung

Die Argumentation von De minimo greift wesentliche Motivstränge von De la causa auf und versucht die dort in ersten Ansätzen formulierten Thesen systematisch vor dem Hintergrund eines neuen Begriffs der Größe zu begründen. Dies gilt insbesondere für die Konzeption der Ordnung der Natur, wobei sich Ordnung nach De la causa durch das Moment einer gemeinsamen vergleichbaren Struktur der Vielheit und durch die Möglichkeit der Distinktion des Gemeinsamen auszeichnen soll. Diesen Aspekt der Ordnung expliziert Bruno in De minimo mittels der formtheoretischen Implikationen der unendlichen Dimensionalität und ihrer möglichen Verendlichung in Dimensioniertes.

Die Überlegung nimmt ihren Ausgangspunkt bei der göttlichen „mens" als dem ideellen, gleichförmigen Gestaltprinzip, führt weiter auf die Ähnlichkeit der selbstbezüglichen unendlichen Dimensionalität und endet schließlich bei den Aufbaukriterien der wahrnehmbaren materiellen Größen. Das übergreifende gemeinsame Strukturmerkmal zwischen dem Unendlichen und dem Endlichen besteht dabei in der Gleichartigkeit der Gestalt, die im Unendlichen entgrenzt, im Endlichen hingegen als Teil begrenzt wird. Die im Rahmen der Gestalttheorie ausgeführte Dialektik zwischen der Negation und der Position der Grenze erklärt die schon in De la causa formulierte eigentümliche Bemerkung, derzufolge das unendliche Universum zwar in sich finite Teile zulasse, selbst aber nicht als Zusammensetzung aus Teilen bestehe. Das für das Gesamtverständnis des brunonischen Philosophierens Wesentliche dieser Bemerkung ist nun, daß der diskrete, atomistische Charakter der sensiblen Größen im Gegensatz zu der Intention der antiken Materialisten keinesfalls eine eigenständige ontische Gegebenheit begründen soll und kann; die als Teil verendlichte und begrenzte Größe läßt sich ihrer Struktur nach nicht ohne den

[93] TMM 182, 7 - 20; 184, 23 - 30.

intelligiblen Inbegriff des Ununterschiedenen verstehen, dessen phänomenologisierte und dialektisch negierbare Veräußerung sie ist.

Für die Perspektive des reflektierenden Subjekts ist an dieser Stelle hinzuzufügen, daß sich die Beziehung zwischen dem Unendlichen und dem Endlichen offensichtlich nicht als unvermittelter Sprung zwischen dem intelligiblen Begriff der Einheit der Größe und der an Teile gebundenen Vorstellung darstellen soll: Das vermittelnde Glied zwischen dem gedanklich Ungeschiedenen und dessen extensiver Erscheinung ist vielmehr die dreiheitlich strukturierte Reflexion an sich, durch die die ursprünglich indifferente Größe über den differenzierenden Akt der Kontinuation und der Grenzsetzung zu unterschiedenen Raumstrukturen gestaltet wird. Wenn daher in den endlichen, dimensionierten Gebilden die Dimensionen zu faktisch begrenzten geworden sind, die die zusammengesetzten Größen mittels Berührung konstituieren, dann meint dies nicht, daß die Teile der „compositio" als starr fixierte Partikel vorgefunden werden können. Obwohl Bruno in diesem Zusammenhang vom Vollen und vom Leeren spricht[94] und bewußt seine Mathematik in den Kontext einer physikalischen Betrachtungsweise stellt, widerspricht einer materialistischen Interpretation allein schon die Tatsache, daß es eben diese idealisierten und für die speziellere Maßtheorie entscheidenden Formationen im Bereich des sich permanent verändernden Sinnenfälligen *nicht* gibt.[95] In diesem Sinne weist die brunonische Atomtheorie eindeutig Züge eines durch die platonische Tradition inspirierten eidetischen Atomismus auf.

Aus der Einbeziehung des Begriffs der unendlichen Größe in das Genus der Quantität[96] folgt zudem als bemerkenswerte erkenntnistheoretische Konsequenz die Prävalenz des Unendlichen vor dem Endlichen. In den Articuli adversus mathematicos gilt die unendliche Kugel dementsprechend auch als die gegenüber der endlichen Formation *wahrere* Kugel.[97] Versucht man das gnoseologisch Bedeutsame aus dieser als Axiom verbürgten Feststellung herauszufiltern, dann liefert das Unendliche offensichtlich dasjenige gleichbleibende Wahrheitskriterium, das in jeder Setzung des Endlichen zur Anwendung gebracht wird. Das Unendliche als universelle Ganzheitlichkeit und - selbstverständlich nicht summative, sondern ungeschiedene - Allheit fungiert als die erkenntnistheoretisch fundamentalere Instanz vor dem Endlichen, weil es die Bedingung der Strukturgleichheit für jedes endliche Element erst verbürgt.

94 TMM 185, 10 f.
95 TMM 196, 3 - 9; 237, 3 - 12.
96 TMM 181, 10.
97 AM 14, 21 f.

Wenn diese Interpretation zutrifft, dann zeigt sich auch aus dem Blickwinkel der Erkenntniskritik, daß der hier wirksam werdende Hintergrund nicht der der antiken Atomisten ist. Die brunonische Argumentation hinsichtlich der Bedeutung des Unendlichen erinnert vielmehr an die konsequente, auf die Dimensionstheorie bezogene Umsetzung des cusanischen Gedankens, demzufolge das Unendliche der Wesensgrund („ratio") des Endlichen sei.[98]

[98] Nicolai de Cusa, De docta ignorantia I 17, S. 33, 7 - 10: Quare finita linea in ratione lineae est indivisibilis. Pedalis linea non est minus linea quam cubitalis. Relinquitur ergo quod infinita linea sit ratio lineae finitae. Ita maximum simpliciter est omnium ratio.

5 Das Problem der Kommensurabilität der Größe und die Entwicklung des Grenzbegriffs

Brunos Naturbegriff zielt auf den Aufweis mathematischer Ordnungsstrukturen, die in der Natur als zählbare Zahl und meßbare Größe wirksam werden. Damit die Operationen des Zählens und des Messens überhaupt angewendet werden können, bedarf es eines ursprünglichen Wissens um die Gleichartigkeit der zu zählenden und zu messenden Elemente. In der Arithmetik ist diese Gleichartigkeit durch die in jeder Zahl wirksam werdende Einheit gegeben,[1] aus deren wiederholter Setzung die zählbare Zahl resultiert. In der Geometrie bezieht sich das Maß auf die Gleichheit kongruenter oder ähnlicher Flächenstücke als einer Folge ihres dimensionalen Aufbaus.

Von wesentlicher Bedeutung in diesem Zusammenhang ist nun, daß der solchermaßen konstituierte Akt des Zählens und Messens eine *endliche* Operation darstellt: Obwohl nämlich die Zahl potentialiter beliebig vermehrt werden kann,[2] findet doch kein Übergang in das Unendliche statt; denn das Unendliche schließt die Unterscheidungsmöglichkeiten des Endlichen von sich aus.[3] In Analogie hierzu zeichnet sich das Verständnis der Homogenität in der Betrachtungsweise der geometrischen Formationen durch die Elimination des Unendlichen aus, weil sich die Gleichartigkeit ähnlicher und kongruenter Flächen auf endlich Begrenztes richtet und auch die geometrisch unendliche Kugel in sich nicht die Unterschiede endlicher Figurationen zuläßt.[4] Die Notwendigkeit eines Übergangs in das Unendliche wird in der Geometrie folglich erst dann thematisiert, wenn nicht nur qualitativ Gleichartiges, son-

1 TMM 140, 21 f.: Numerus est accidens monadis, et monas est essentia numeri.

2 TMM 151, 9. Vgl. hierzu auch C. Monti, Opere latine di Giordano Bruno, S. 108, Anm. 31.

3 TMM 154, 13 f.: Non igitur minima esse valent sine fine tomique / Finito in toto [...]. Vgl. auch Brunos Kommentar TMM 158, 10 f.: In toto finito neque actu neque potentia esse infinita constabit amplius [...].

4 TMM 181, 2 f.

dern auch Ungleichartiges wie etwa das Gekrümmte und Gerade vergleichend in Beziehung gesetzt werden soll und die Meßbarkeit des Gegensätzlichen behauptet wird.[5]

Die Möglichkeit eines gemeinsamen Maßes des Gegensätzlichen erfordert eine vertiefte Reflexion auf die Implikationen des Gleichheitsbegriffs, die über die räumliche Deckung endlicher Gestalten hinausführt. Die brunonische Behauptung, daß die Kenntnis des Minimum vollständig die Kommensurabilität des Quantitativen vermittele,[6] bedarf demnach einer Rechtfertigung durch eine Erweiterung der Funktion der Gleichheit, indem Gleichheit auch von Ungleichem ausgesagt werden kann. Dies aber gelingt allererst durch die Einbeziehung des Unendlichen in die Geometrie, wobei die inhaltliche Auslegung des Gleichheitsbegriffs innerhalb der Tradition unterschiedliche Aspekte beinhalten kann: Zum einen bedarf es eines Ausgleichs zwischen dem *qualitativ* Entgegengesetzten, wie er etwa in der cusanischen Koinzidenz der „opposita" gedacht wird. Zum anderen bedarf es der Annahme eines *quantitativen* Gleichheitsbegriffs, der das Größer- oder Kleinersein einer Größe als ein bestimmtes Größenverhältnis konstituiert und die mögliche Irrationalität oder Inkommensurabilität der Größe zu eliminieren sucht. Der erste qualitativ ausgerichtete Gleichheitsbegriff orientiert sich an der Gleichheitsbedingung von Gestaltetem, die innerhalb der mathematischen Tradition mit dem Begriff ὁμοιότης bezeichnet wurde; vor dem Hintergrund des cusanischen Koinzidenzgedanken erfordert die Entwicklung weiterhin, das Problem der möglichen geometrischen Ähnlichkeit von Verschiedenartigem aus der Perspektive des Unendlichen weiter zu durchdringen. Der zweite Begriff der Gleichheit wird in der platonischen Philosophie unter dem Aspekt der ἰσότης bzw. der „geometrischen Mitte" thematisiert, die zwischen dem unbezüglichen „Zuviel" und „Zuwenig" ausgleichend wirkt[7] und als πέρας das unbestimmte „Mehr oder Weniger" zu einem bestimmten „Wieviel" determiniert.[8] Beide Formen der Gleichheit berühren auf jeweils verschiedene Weise das Problem des Unendlichen. Das Lehrstück von der Koinzidenz der Gegensätze behauptet die Identität der Gegensätze in einem

[5] AM 67, 7 - 9: Non inconvenit rectum vicissim a curvo metiri et tantum vel quantum denominari, sicut non est absurdum quod curvum a recto metiatur. Zu derselben Problematik siehe auch G. W. F. Hegel, Wissenschaft der Logik (1816) II, Gesammelte Werke Bd. 12, S. 227.

[6] AM 26, 21 f.

[7] Vgl. K. v. Fritz, Gleichheit, Kongruenz und Ähnlichkeit in der alten Mathematik bis auf Euklid. In: Ders., Grundprobleme der Geschichte der antiken Wissenschaft, S. 430 - 508, bes. 469 ff; K. Gaiser, Platons ungeschriebene Lehre, S. 67 ff.

[8] Platon, Philebos 23 d ff.; J. Stenzel, Zahl und Gestalt, S. 68 f.

aktual Unendlichen;[9] das Prinzip des πέρας hingegen setzt der potentiell ins Unendliche fortschreitenden Unbestimmtheit der Zweiheit ein bestimmendes Ende, sodaß Gleichheit und relationale Bestimmbarkeit in engem thematischen Zusammenhang stehen.

Die Verbindung dieser unterschiedlich betonten Gleichheitsbegriffe und ihrer jeweiligen Bezogenheit auf Formen des Unendlichen durchdringen das mathematische Werk Brunos, sodaß die brunonische Geometrie eben nicht als eine Mathematik des Diskreten gewertet werden kann, deren Fundament ausschließlich in *endlichen* Elementen besteht.[10]

Die brunonische Reflexion richtet sich zwar durchaus auf Ordnungsstrukturen des Endlichen und sucht diese arithmetisch und geometrisch zu bestimmen. Als bezeichnendes Beispiel hierfür kann der Rekurs auf die Gnomonik angesehen werden, deren Sinn im Aufweis einer arithmetischen Analogie besteht, die das Anwachsen regulärer räumlicher Strukturen nach den Gesetzen einer Reihe gemäß der Ausgangsformation regelt.[11] Dennoch aber läßt sich die brunonische Mathematik nicht auf eine Mathematik des Endlichen reduzieren. Dies zeigte schon die Analyse des Dimensionsbegriffs, der als intelligibler, unendlicher Inbegriff ontologisch und erkenntnistheoretisch vorausgesetzt werden muß, damit die Ähnlichkeit endlicher Figurationen nicht auf Grund sinnenfälliger Anschauung, sondern auf der Basis eines einheitlichen Denkinhalts behauptet wird. Weiterhin widerspricht der These einer finit atomistischen Mathematik[12] schon rein äußerlich Brunos enthusiastische Rezeption der „coincidentia oppositorum", die von ihm in De la causa unwidersprochen in Anspruch genommen und weiterhin als göttliches Prinzip der Kommensurabilität gewertet wird.[13]

An dieser Stelle entsteht jedoch das sachliche Problem, ob und wie die in das Unendliche verlagerte Koinzidenz der Gegensätze für die bestimmende Konstitution endlicher Größen fruchtbar gemacht werden kann. Von Cusanus her wird diese Frage mit dem Verweis auf den erkenntnistheoretischen Standort des „intellectus" beantwortet,[14] der sich über die dem Endlichen ver-

9 Nicolai de Cusa, De docta ignorantia I 4, S. 10, 12 - 16.

10 So z. B. K. Atanasijevic, The Metaphysical and Geometrical Doctrine, S. 96 ff.

11 Vgl. hierzu die Funktion der *Area Democriti*, TMM 182 f; AM 23, 16 - 18. K. Bärthlein, Der Analogiebegriff, S. 87 - 92.

12 Vgl. H. Védrine, La conception de la nature, S. 192 ff.

13 Spaccio, Dial. it. 756.

14 Nicolai de Cusa, De docta ignorantia I 14, S. 27, 23 - 28, 3; J. E. Hofmann, Einleitung zu: Nikolaus von Kues, Die mathematischen Schriften, übersetzt von J. Hofmann mit einer Einführung und Anmerkungen versehen von J. E. Hofmann, Hamburg 1980, S. XIV ff.

haftete Vorstellungskraft erhebt und dem es gelingt, Ungleiches wie Linie und Dreieck im Unendlichen als konvertibel zu denken und für die symbolische Deutungsfunktion der Mathematik zu nutzen.[15]

Obwohl das Unendliche innerhalb der cusanischen Mathematik schon als Wesensgrund des Endlichen fungieren soll und Cusanus der Seele das Wissen um Gleichheit als Fundamentalbedingung für das Verständnis von Mannigfaltigem zuspricht,[16] kann jedoch - wie es scheint - die Koinzidenz der Gegensätze noch nicht unmittelbar als Prinzip der Kommensurabilität angesehen werden. Zwischen dem Unendlichen und dem Endlichen gibt es nach Cusanus keine vermittelnde Instanz, weil auf Grund einer metaphysisch motivierten Gotteslehre keine Proportion zwischen dem Unendlichen und dem Endlichen gesetzt werden kann.[17] Dieses Verbot, zwischen der Unendlichkeit Gottes und dem Endlichen eine Entsprechung anzunehmen, wirkt sich auch auf die Zulässigkeit des Gleichheitsbegriffs innerhalb der Mathematik aus: Weil nämlich das schlechthin Gleiche allein dem Unendlichen vorbehalten ist, kann es in dem Bereich des Endlichen als der relativen Region des „maius aut minus" keine vollständige Gleichheit geben.[18] Der von Platon erarbeitete Begriff der ἰσότης, die immer als ein „Zwischenwert" existiert, sobald Größeres und Kleineres gegeben ist,[19] wird also von Cusanus aus metaphysischen Gründen aus der mathematischen Größenlehre ausgeschlossen.[20] Weil jedoch der platonische Gleichheitsbegriff neben seiner

15 Nicolai de Cusa, De docta ignorantia I 12, S. 24, 13 - 25.

16 Vgl. Nikolaus von Kues, De aequalitate, S. 371. W. Beierwaltes, Denken des Einen, Studien zur neuplatonischen Philosophie und ihrer Wirkungsgeschichte, Frankfurt a. M. 1985, S. 371.

17 Nicolai de Cusa, De docta ignorantia I 3, S. 8, 20 - 9, 1.

18 Nicolai de Cusa, De docta ignorantia I 3, S. 9, 3 - 8.
An dieser Stelle entsteht für Cusanus prinzipiell die Schwierigkeit, auf welche Weise „Exaktheit" („praecisio") in der Mathematik zu verstehen ist. Nach De docta ignorantia II 1, S. 61, 22 - 62, 3 ist es z. B. unmöglich, zwei völlig deckungsgleiche, geometrische Figuren zu konstruieren. Auch oder gerade im Bereich des Endlichen gilt daher die Annahme, daß „Exaktheit" als mathematische Entsprechung nicht zu erreichen ist. In der Fortsetzung dieser Diskussion - etwa durch Leibniz - zeigt sich jedoch, daß der dem Unendlichen vorbehaltene cusanische Gedanke der Koinzidenz im Sinne des „principium identitatis indiscernibilium" auch für endliche mathematische Strukturen zugelassen werden muß, wenn mathematisch genaue Äquivalenzen konstituiert werden sollen. Zur Sache vgl. R. Kauppi, Über die leibnizsche Logik. Mit besonderer Berücksichtigung des Problems der Intension und der Extension, Helsinki 1960, S. 93 f.

19 Platon, Parmenides 161 d und 165 a; O. Becker, Grundlagen der Mathematik in geschichtlicher Entwicklung, Frankfurt a. M. 1975, S. 47.

20 Nikolaus von Kues, De circuli quadratura, Die mathematischen Schriften, S. 37.

metaphysischen Bedeutung mathematikhistorisch als Grund der Stetigkeit bzw. der Kontinuität betrachtet werden und von seiner Funktion her schon als Vorgriff auf den dedekindschen Schnitt interpretiert werden kann,[21] folgt hieraus für die Konzeption des Cusanus, daß mit der Ablehnung eines Gleichheitsbegriffs im Endlichen auch die Stetigkeit der Größe problematisch wird. Die Auswirkungen, die sich durch die Einschränkung der Gültigkeit der Gleichheitsannahme ergeben, lassen sich für Cusanus anhand der Behandlung des klassischen Beispiels der Quadratur des Kreises festmachen: So ist es nach Cusanus wegen des von ihm nicht akzeptierten Zwischenwertsatzes[22] ausgeschlossen, daß jemals eine geradlinige Figur in eine gekrümmtlinige

[21] Vgl. O. Becker, Grundlagen der Mathematik, S. 47. Der Hinweis Beckers auf das Verständnis des platonischen Gleichheitsbegriffs im Sinne des Stetigkeitsprinzips des dedekindschen Schnitts scheint deshalb interessant, weil die neuere Forschung auch den brunonischen Grenzbegriff mit dem dedekindschen Schnitt vergleicht. Die Berechtigung dieser Annahme wird sich mit der brunonischen Einordnung des Grenzbegriffs in die Kategorie des Quantität erweisen. Zum Problem vgl. K. Heipcke, W. Neuser, E. Wicke, Über die Dialektik der Natur und Naturerkenntnis, S. 156.
Sachlich meint der dedekindsche Schnitt eine eindeutige Begründung der kontinuierlichen Größen durch die irrationalen Zahlen. Den Ausgangspunkt der Überlegung bildet das Problem der Vergleichung der rationalen Zahlen mit den Punkten einer geraden Linie. Die Vorstellung, daß in einer Geraden unendlich viele Punkte gelegen sind, die keiner rationalen Zahl entsprechen, führt auf die Einführung der Schnitte, durch die die irrationalen Zahlen gleichsam als arithmetische Nachahmung der Stetigkeit erzeugt werden. Vgl. K. Volkert, Geschichte der Analysis, Mannheim/Wien/Zürich 1988, S. 212 ff.; Auch Bruno wird bei der Frage der *Quantifizierung* des Grenzbegriffs intuitiv auf das Problem stoßen, daß die natürlichen Zahlen und die endlichen Größer-Kleiner-Beziehungen nicht ausreichen. Ausführlicheres hierzu im nächsten Kapitel, S. 155 ff.

[22] Der sogenannte „Zwischenwertsatz" besagt, daß es zwischen einem Größerem und einem Kleineren immer auch ein Gleiches gibt. In der Geschichte der Mathematik werden verschiedene Formulierungen des Zwischenwertsatzes angeboten, eine Tatsache, die Rückschlüsse auf den als fraglich empfundenen Inhalt dieses Satzes zuläßt. Eine eindeutige Formulierung gibt Platon, Parmenides 161 d: „Wem aber Größe und Kleinheit zukommt, dem kommt auch Gleichheit zu, zwischen diesen beiden liegend". Schließlich wird die Funktionalität der Formulierung „zwischen" abgeschwächt, indem der Gedanke der Stetigkeit in eine Äquivalenz zweier Relata umgeformt wird, z. B. in der Fassung: „Was weder größer noch kleiner ist, ist gleich". Vgl. J. E. Hofmann, Nikolaus von Kues, Die mathematischen Schriften, S. XX f.
Bewiesen wurde der Zwischenwertsatz erst durch B. Bolzano; seine Annahme ist zur Begründung der Analysis notwendig. Vgl. H. Gericke, Geschichte des Zahlbegriffs, Mannheim 1970, S. 91 ff; K. Volkert, Geschichte der Analysis, S. 194 ff.

Figur exakt überführt wird. Vielmehr können beide einander lediglich approximiert werden und lassen kein rationales Verhältnis zu.[23]

Der Problemzusammenhang zwischen der gestaltmäßigen Ungleichheit der zu vergleichenden endlichen Größen und den hieraus abgeleiteten Irrationalitätsvorstellungen wiederholt sich auch in der mathematischen Behandlung der Kontingenzwinkel (Hornwinkel) als dem zweiten traditionellen Beispiel für die Unstetigkeit ungleicher Größen: Obwohl nämlich der Winkel zwischen der Kreisperipherie und der Kreistangente kleiner als jeder spitze Winkel sein soll und das Kleinersein dieses hornförmigen Winkels die Vergleichsmöglichkeit mit einem spitzen geradlinigen Winkel impliziert, bleibt doch wegen der Annahme der Unstetigkeit die vergleichende Behandlung des Gegensätzlichen innerhalb eines einheitlichen Ordnungssystems ausgeschlossen. Der Grund hierfür besteht beispielsweise nach den Ausführungen des Proklos darin, daß sich der Übergang vom Größeren zum Kleineren eben *nicht* überall durch das Gleiche vollziehe.[24] Ein hornförmiger Winkel wird also einem spitzen Winkel niemals gleich, weil zwischen der *Krümmung* des hornförmigen Winkels und der *Geradlinigkeit* des spitzen Winkels keine Gleichkeit besteht und deshalb innerhalb ihres Angleichungsprozesses auch nicht kontinuierlich jeder Wert durchlaufen wird. Dies ist im weiteren gleichbedeutend damit, daß zwischen den infinitesimalen Maßen der Kontingenzwinkel und den endlichen Maßen eine „unstetige Lücke" besteht. Exakt an dieser Stelle der Argumentation werden die theoretischen, mathematischen Schwierigkeiten ersichtlich, die aus der Nichtanerkennung des Zwischenwertsatzes resultieren.[25] Die gestalthafte Ungleichheit der zu vergleichenden Größen bedingt also letztlich auch deren metrische Beziehungslosigkeit.

Brunos spezielle Ausführungen zu einer möglichen Quadratur des Kreises oder - allgemeiner gesagt - zu den Funktionen der Gleichheit scheinen von einer eigenartigen Widersprüchlichkeit geprägt zu sein.[26] Bruno folgt der cusanischen Argumentation, wonach die reine Gleichheit demjenigen metaphysischen Prinzip vorbehalten bleibt, das in sich vollendet ist und keine

[23] Nikolaus von Kues, De geometricis transmutationibus. Die mathematischen Schriften, S. 5.

[24] Proklos, In Eucl. 234, 12 - 19.

[25] Vgl. D. Laugwitz, Zahlen und Kontinuum, Eine Einführung in die Infinitesimalmathematik, Darmstadt 1986, S. 199 - 201.

[26] Vgl. F. Tocco, Le opere latine di Giordano Bruno esposte e confrontate con le italiane, Firenze 1889, S. 164; C. Monti, Opere latine di Giordano Bruno, S. 209, Anm. 36.

Veränderung erfährt.[27] Das absolute Minimum und Maximum ist dementsprechend für den menschlichen Intellekt verborgen und durch keine Abstiegs- oder Aufstiegsbewegung adäquat zu erfassen.[28] Weiterhin impliziert dies, daß das göttliche Prinzip als Koinzidenz von Minimum und Maximum immer auch das Unmeßbare („immensum") bleibt,[29] das durch keinen Maßstab erreicht wird und sich jeder Vergleichbarkeit entzieht.

In Übereinstimmung mit Cusanus geht Bruno davon aus, daß der Bereich der Größe von Relativität und die konkrete materielle Erscheinung von durchgehender Ungleichheit geprägt sind.[30] So ist die Größe immer relativ, weil ein jeweils als Minimum definiertes Element zugleich groß und klein sein kann, je nachdem aus welcher Perspektive es betrachtet wird.[31] Ungleichheit besteht darüberhinaus auch zwischen verschiedenartigen geometrischen Figuren; denn da sich die Figuren durch die *Anzahl* ihrer Teile unterscheiden, können sie niemals untereinander gleich werden.[32] Der Grund hierfür liegt im Wesen der natürlichen Zahlen: Obwohl es nämlich unter den Zahlen größere und kleinere gibt, gibt es doch keine (natürliche) Zahl, die einer anderen (natürlichen) Zahl gleich ist.[33] Werden also die geometrischen Figuren unter arithmetischem Aspekt als „wahrnehmbare Zahlen" aufgefaßt,[34] dann ist auch eine Quadratur des Kreises unmöglich.[35]

Interessanterweise verweist Bruno bei seiner Problematisierung der Kreisquadratur also auf die Gleichheitsbedingung der Stetigkeit, die innerhalb der Reihe der natürlichen Zahlen nicht erfüllt ist. Das diskrete Moment der

[27] TMM 202, 30 - 203, 1: Et monas et paritas ubi sunt essentia simplex, / Heic aequale putes exactum simpliciterque, / In reliquis certa ut serie sunt deficiuntque / Seclusa a norma. TMM 203, 6 f.; 207, 5 - 7.

[28] AM 24, 25 - 28: In minimo ergo, quod est absconditum ab oculis omnium, etiam sapientium et fortasse Deorum, vis omnis est; ideo ipsum est maximum omnium. Obwohl Bruno auf der Verborgenheit des Minimum besteht, meint dies nicht, daß das menschliche Denken gleichsam „ziellos" umherschweift; die Argumentation richtet sich vielmehr darauf, die Rationalität durch „relative Minima", d. h. durch „relative Halte- oder Orientierungspunkte" des Denkens zu sichern. Vgl. z. B. AM 27, 25 f.

[29] TMM 136, 23 - 26: Deus est monas omnium numerorum fons, simplicitas omnis magnitudinis [...] innumerabile, immensum. TMM 147, 10 f.: [Deus] metitur et concludit omnia immensus et inexaequabilis ipse [...].

[30] TMM 200, 20 - 27; 201, 26.

[31] TMM 173, 26 - 28.

[32] TMM 217, 9 - 14.

[33] TMM 203, 21 - 23; 207, 8 - 10: In numeris secundum speciem licet detur alter altero maior atque minor, numeri tamen species alteri numeri speciei nusquam aequalis invenietur.

[34] M 334.

[35] TMM 214, 18.

Zahl ist demnach ein prinzipiell inadäquates Mittel, um eventuelle kontinuierliche Übergänge zwischen quantitativ und qualitativ Ungleichartigem zu beschreiben. Somit scheint nach den bisherigen Voraussetzungen der thematische Komplex der Quantifizierung qualitativ ungleichartiger Größen in den Bereich der Irrationalität abzugleiten, weil noch kein Maßbegriff zur Verfügung steht, durch den auch das Verschiedenartige in Beziehung gesetzt werden kann. Dennoch hält Bruno an der durchgängigen Verhältnismäßigkeit der Größe fest. Denn die Eingangspassage von De minimo postuliert ja nichts anderes, als daß die Größe mit den methodischen Mitteln eines rationalen Verfahrens gemessen werden kann. Zudem relativiert Bruno an anderer Stelle selbst sein Verdikt hinsichtlich einer möglichen Quadratur des Kreises, indem er allgemein darauf aufmerksam macht, daß es einen Unterschied ausmache, ob man Figuren oder Größen einander angleiche.[36] Ein gemeinsames Maß zwischen dem Gekrümmten und dem Geraden sei also durchaus möglich,[37] obwohl eine exakte arithmetische Behandlung dieser Aufgabenstellung wegen der Unstetigkeit der Zahlenreihe offensichtlich unmöglich ist.

Das Dilemma bezüglich der Meßbarkeit der Größe, das sich paradigmatisch an der widersprüchlichen Beurteilung der Quadratur des Kreises festmacht, drängt unter dem oben dargestellten Problemhorizont zunächst auf die Klärung der Frage, in welcher Form Bruno den Unendlichkeitsbegriff für die Mathematik zuläßt und in welcher Form er ihn ablehnt. Bedeutet die koinzidentale Gleichheit verschiedenartiger Größen für Bruno wie für Cusanus ein transzendentes Moment, dessen Annahme die Unverhältnismäßigkeit verschiedenartiger endlicher Größen noch vertieft? Oder kann das Unendliche doch mit dem Endlichen so in Beziehung gesetzt werden, daß es für die intendierte Rationalität eines Meßverfahrens wirksam wird?

5.1 Die Abwehr des aristotelischen Unendlichkeitsbegriffs

Neben der Beschäftigung mit der cusanischen „coincidentia oppositorum" richtet sich die brunonische Diskussion des Unendlichen vor allem auf die Kritik des aristotelischen Unendlichkeitsbegriffs. Mit polemischer Energie verkehrt Bruno die aristotelische Gedankenführung in ihr Gegenteil, indem er die Paradoxien aufzeigt, die das aristotelische Konzept seiner Meinung nach beinhaltet.

[36] AM 56, 2 f.

[37] TMM 267, 7 - 15.

Das Wesentliche der aristotelischen Argumentation besteht in der Annahme der potentiell möglichen Teilbarkeit einer endlichen Größe, die „in infinitum“ fortgesetzt werden kann, ohne jemals aktualisiert zu werden. Das Unendliche ist demnach das Imperfekte, das gemäß eines unendlich möglichen Progresses immer etwas außer sich hat.[38] Dementsprechend läßt Aristoteles auch die Möglichkeit eines unendlich ausgedehnten Körpers nicht zu; denn eine derartige Annahme impliziert, daß das Unendliche ein flächenhaft Umgrenztes und als Umgrenztes auch ein Vollständiges sei.[39] Eine derartige Schlußfolgerung ist für Aristoteles jedoch unannehmbar. Hinsichtlich ausgedehnter Größen bleibt das Unendliche das unbegrenzte und gestaltlose ἄπειρον.

Bruno seinerseits lehnt dieses Argumentationsschema als illegitim ab. Zunächst macht er anhand der Theorie der Zeit und des Raumes darauf aufmerksam, daß das Unendliche keineswegs indefinit, sondern de facto infinit sei.[40] Die erkenntnistheoretische Valenz der begrifflichen Unterscheidung zwischen dem indefiniten Progreß und dem Infiniten an sich besteht in der Verdeutlichung der Unmöglichkeit, das Unendliche durch *relationale*, d. h. für den Bereich der *endlichen* Größen zulässige Vergleichsmomente zu erfassen. Weder die Addition von Teilen noch auch die Division in Teile erschöpft jemals das allgegenwärtige Unendliche, das sich so einer quantifizierenden Betrachtungweise prinzipiell entzieht.[41] Denn wenn innerhalb des Infiniten auch nur eine Größe finit wäre, so bedeutete dies die Endlichkeit des Unendlichen.[42] Wie in De la causa betrachtet Bruno auch in De minimo das Unendliche als das schlechthin Unteilbare, das als Identität von „principium“ und „finis“ nichts außerhalb seiner selbst hat.[43]

Ebensowenig wie das Unendliche durch das Endliche verendlicht werden soll, soll umgekehrt die endliche, aus Teilen zusammengesetzte Größe durch das Unendliche verunendlicht werden. Per definitionem nämlich ist der Teil der Vermehrung und der Verminderung fähig und aus diesem Grund auch nicht unbegrenzt, sondern begrenzt.[44] Damit nun im weiteren die quantitative Differenzierungsmöglichkeit der endlichen Größen gewahrt bleibt und nicht zugunsten einer widersinnigen Unbestimmtheitheit aufgehoben wird, muß die potentielle, unendliche Teilbarkeit des Endlichen abge-

[38] Aristoteles, Physik III 4, 204 a ff.; K. v. Fritz, Das Apeiron bei Aristoteles, S. 682 ff.

[39] K. v. Fritz, Das Apeiron bei Aristoteles, S. 683.

[40] TMM 153, 3 f.; 153, 16 f.

[41] TMM 162, 17 - 19.

[42] TMM 162, 23 - 25.

[43] TMM 151, 20 ff.

[44] AM 25, 15 - 18; TMM 161, 7 f.; 162, 4 - 6.

lehnt werden.[45] Notwendigerweise findet der Teilungsprozeß in einem letzten bzw. ersten Teil sein Ende, damit die relationalen Ordnungsbeziehungen des Größer- und Kleinerseins überhaupt sinnvoll angewendet werden dürfen.[46]

Aus dieser Paraphrase des Textes folgt, daß sich die aristotelische Konzeption des Unendlichen von der brunonischen Auffassung sachlich insofern unterscheidet, als Aristoteles den unendlichen Progreß als Teilungsverfahren zuläßt und die Vollständigkeit des Unendlichen negiert, während Bruno in einer gegenläufigen Gedankenbewegung die Vollständigkeit eines gestalthaft entgrenzten Unendlichen[47] behauptet und dafür die „in infinitum" mögliche Prozessualität der Teilbarkeit der Größe einschränkt.[48] Für den Ausgangspunkt der Problemstellung, ob und inwieweit das Unendliche operationalisierbar geworden ist, scheint mit dieser Feststellung nicht viel gewonnen zu sein. Obwohl das Unendliche nach Bruno in weiterer Spezifizierung als punkthaft unendliche Fläche bzw. als atomar unendlicher Körper zugelassen wird und auf diese Weise die Totalität eines vollendet unendlichen Inbegriffs der Raumgröße dialektisch gesetzt wird,[49] bleibt das Verhältnis zwischen dem Unendlichen und dem Endlichen eigenartig unausgeglichen und widersprüchlich: So scheint das Unendliche dem Endlichen unvermittelt gegenüberzustehen, indem die Endlichkeit der Teile betont wird, damit das Unendliche das Endliche nicht absorbiere und dessen Bestimmung negiere. Für die begriffliche Rechtfertigung des Endlichen bleibt nach dem bisherigen Ergebnis der Analyse nur die erkenntnistheoretisch paradoxe Behauptung erster, unteilbarer Teile,[50] deren bloße Summierung zu Aggregaten keinesfalls die Vergleichbarkeit der Größe sichern, sondern wiederum die atomistische Beziehungslosigkeit des diskret Unteilbaren zur Diskussion stellen würde.

Die in diesem Zusammenhang auftretende Dichotomie zwischen dem Unendlichen und dem Endlichen verdeutlicht inhaltlich schärfer, was eine Vermittlung zwischen dem Infiniten und dem Finiten leisten muß: So ist erstens danach zu fragen, ob die drohende Auflösung der endlichen Größen in die Bestimmungslosigkeit des Unendlichen abgewehrt werden kann, ohne zugleich durch eine atomistisch diskrete Konzeption deren Beziehungsmöglichkeit aufzugeben. Daß es Brunos Absicht ist, die endliche Größe in ihrem Bestand und in ihrer Relationalität zu sichern, bedeutet eben die Charakterisierung der Minima als „teillose Teile", indem für die Größe einer-

45 A 151 ff.
46 TMM 159, 16 f.
47 Vgl. hierzu die Ergebnisse über den Dimensionsbegriff, Kapitel 3, S. 77 ff.
48 Vgl. P. R. Blum, Aristoteles bei Giordano Bruno, S. 46.
49 TMM 154, 5 f.
50 TMM 284, 11; vgl. ferner TMM 161, 7 f.

seits das Ende der Teilung und andererseits die Gültigkeit der Größer-Kleiner-Relation behauptet wird, da sich die Bezeichnung „Teil" nur als Relatum dieser Beziehung überhaupt als sinnvoll erweist.[51] Die gewollt vereinheitlichende Begriffsbildung von Widersprüchlichem, die in der Definition der Minima als „teilloser Teile" zum Ausdruck gebracht wird, verdeutlicht also die sachlich zugrunde liegende Antinomie, daß die Vergleichbarkeit der Größe erst dann gewährleistet ist, wenn ein Unteilbares gesetzt wird, das den relationalen Zusammenhang des Größer- oder Kleinerseins nicht negiert, sondern allererst begründet.

Zweitens verschärft sich das Problem der Vermittlung zwischen dem Unendlichen und dem Endlichen durch die Anforderungen des Gleichheits- und Stetigkeitsbegriffs. Gerade weil Bruno keinen Zweifel daran läßt, daß die Zahl als das Moment der Diskretion eben nicht Gleiches zwischen dem Größeren und dem Kleineren zuläßt und deshalb auch als verhältnisstiftendes Prinzip für qualitativ ungleichartige Größen ausscheidet, ist das hierfür erforderliche Moment einer zugrundeliegenden, die Stetigkeit verbürgenden Gleichheit offensichtlich im Wesen des Kontinuums zu suchen. Auf welche Weise aber kann die Stetigkeit der Größe angenommen werden, wenn Bruno die traditionelle Auffassung der Teilbarkeit „in infinitum" als unsinniges Verfahren ablehnt,[52] weil die verunendlichende Tendenz der Teilung eine unterschiedslose Gleichheit des Endlichen provoziert, die für dessen Differenzierung und damit auch für dessen meßbare Vergleichbarkeit unbrauchbar ist?

Vor dem Horizont dieses Fragekomplexes zeichnet sich die Funktion ab, die das Unendliche nunmehr in Modifikation seiner bisherigen traditionellen Auslegungen erfüllen soll: Das Unendliche darf demnach weder im Sinne eines immer unvollständigen Progresses angesetzt werden, noch darf seine eventuelle Aktualität für das Endliche im Sinne schlechthinniger Transzendenz unwirksam bleiben oder dieses gar zu völliger Bestimmungslosigkeit verunendlichen. Diese Variationen der Unendlichkeitsdeutung führen zwangsläufig zu einer Auffassung der endlichen Größen, die deren Meßbarkeit nicht sicherstellen und das Problem der Irrationalität nicht umgehen kann. Gefordert ist dementsprechend vielmehr ein Prinzip der Unendlichkeit, das die qualititative und quantitative Gleichartigkeit ermöglicht, ohne die Determination des Endlichen in Frage zu stellen - oder anders formuliert - ein Prinzip, das sowohl die Vergleichbarkeit als auch die Unterscheidbarkeit des Endlichen konstituiert und die Rationalität des Meßverfahrens bewahrt.

51 Vgl. AM 25, 15 ff.; TMM 161, 7 f.; 162, 4 ff.; ferner TMM 285, 17 f.
52 TMM 153, 22 f.; 159, 26 - 29.

5.2 Die Grenze als Koinzidenz der Gegensätze

Auf die oben thematisierte Problemstellung antwortet Bruno in den Articuli adversus mathematicos mit einem Lehrsatz, der das Wesen des Endes einer jeden Auflösung („resolutio“) beschreibt. Nach diesem Theorem endet die „resolutio“ eben nicht in einem unteilbaren Partikel, sondern in einer Grenze („terminus“).[53] Damit wird die erkenntnistheoretische Bedeutung des analytischen Verfahrens umrissen: Die Grenze ist dasjenige methodische Mittel, das als Definiens in Natur und Kunst[54] angesetzt werden muß, damit ein „in infinitum“ fortschreitender Prozeß der Auflösung überwunden werden kann. Die damit implizierte Aufhebung der Unbestimmtheit durch die Grenze gelingt im Rahmen der Theorie der Größe wesentlich durch das Verständnis der Grenze als „non quantum“, das sich per definitionem einem quantitativen Teilungsverfahren entzieht.[55] Umgekehrt jedoch entfaltet die Grenze ihre Bedeutung nicht als erkenntnistheoretisch isolierbares Moment, sondern in Hinblick auf die Teile eines Ganzen, die sie zu Teilen begrenzt. Notwendigerweise also bilden Teil und Grenze eine Korrelation, indem sich ihre jeweilige Funktion allererst in Bezug auf das betreffende Korrelat erfüllt.[56] Diese Entwicklung der Komplementarität von Teil und Grenze, die nach De minimo zum evidenten mathematischen Grundwissen gehört[57] und in De monade zu dem für die Quantität gültigen Ternar „Grenze - Teil - Ganzes“ („terminus - pars - totum“) komprimiert wird,[58] deutet sich in den Articuli erst an. Dennoch aber verdeutlicht Bruno in diesem Text schon den Wesenkern der Grenze, insofern diese - in Weiterentwicklung des platonischen πέρας und des cusanischen Koinzidenzprinzips - als ein größeloses,[59]

53 AM 10, 26-28: Tum naturae, tum artis resolutio non est ad infinitum (licet interdum indeterminata), sed certum terminum definit necessario.

54 Der Begriff „ars“, den Bruno in AM 10, 26 - 28 kommentarlos einführt, meint nach der Verwendung in AM 27, 24 - 26 offensichtlich das definierende Verfahren der „ratio“, das zwar in Analogie zu der analytisch bestimmenden Tätigkeit der Natur zu verstehen ist, dennoch aber der „resolutio“ der Natur nicht vollständig entspricht.

55 TMM 160, 20 - 23; 180, 4.

56 TMM 158, 21 - 23.

57 TMM 284, 12 f.

58 M 371.

59 In Anlehnung an E. Cassirer (Leibniz’ System, S. 158), der das Grenzverfahren bei Leibniz entwickelt, kann auch für Bruno geltend gemacht werden, daß das „endliche einzelne Raumgebilde nicht als Ausgangspunkt ursprünglich für sich vorhanden“ ist: „es entsteht erst in einer Bestimmung, die das Unendliche zur Voraussetzung hat.“ Diese Feststellung ist wesentlich, um den idealistischen Grundzug der brunonischen Mathematik gegenüber einem naiven realistischen Ansatz herauszustellen.

qualitatives Mittel für die Bestimmung des Quantitativen wirksam wird: So versteht Bruno die Grenze als dasjenige Unendliche, das nicht nur als unterstes Limit der nicht weiter verkleinerungsfähigen Größe deren Auflösung beendet, sondern auch mit dem obersten Limit der nicht weiter vergrößerungsfähigen Größe koinzidiert. Der „terminus" ist das aus der quantitativen Ordnungsrelation des Größer- oder Kleinerseins herausgehobene Prinzip koinzidentaler Identität, das auch die qualitativ gegensätzlichen Eigenschaften der relativen Größen als unendliche Einheit umfaßt.

In der Grenze also lassen sich das Konvexe und das Konkave oder das Gekrümmte und das Gerade nicht trennen,[60] sodaß es keine Bestimmung von qualitativ Ungleichartigem gibt, die nicht in der Grenze als der Identität und Gleichheit von Minimum und Maximum beschlossen ist.[61] Weil aber das Minimum zugleich das Maximum ist, ist das Ende der Größe auch ihr Ursprung, indem der Endpunkt des einen relativen Gegensatzglieds auch den Anfang des zu ihm korrelativen Gegensatzes markiert.[62] Diesen durch die Grenze bezeichneten Übergang sich ausschließender Bestimmungen in das jeweilige Gegenteil erläutert Bruno anhand der „opposita" von Bewegung und Ruhe: So weiß der Physiker, daß die schnellste Bewegung, der gegenüber keine Bewegung schneller sein kann, als Maximum mit der Ruhe (als der „langsamsten" Bewegung) zusammenfällt.[63] Jeder mittlere Wert der Bewegung, der ein relatives Schneller- oder Langsamersein bedeutet, wird von den Extrema der Bewegung umfaßt und auf die koinzidentale Gleichheit der Gegensätze bezogen.[64] Die unmittelbaren mathematischen Auswirkungen dieses Ansatzes zeigen sich inhaltlich in der brunonischen Behandlung des hornförmigen Winkels: Während die Tradition die Hornwinkel wegen ihrer nicht archimedischen Eigenschaften, d. h. wegen ihrer die mathematischen Relationsvorstellungen unterlaufenden „infinitesimalen Lücken" theoretisch nicht zu durchdringen vermochte und schließlich diese Gruppe von Winkeln ver-

60 AM 25, 18 - 27.

61 AM 11, 8 - 11.

62 AM 27, 14 - 19.

63 AM 27, 11 - 14; TMM 148, 17 - 20. Bruno orientiert sich hier an dem cusanischen Beispiel des Kreiselspiels, das den Gedanken der Koinzidenz durch die unendliche Bewegung versinnbildlichen soll. Vgl. Nicolai de Cusa, Trialogus de Possest, 18, 7 - 17; 19, 1 - 24.

64 Cusanisches Gedankengut wird auch in Bezug auf das Verhältnis von Bogen und Sehne wirksam, das Bruno nach den Vorbild der „coincidentia oppositorum" als Gleichheit im Unendlichen begreift. Vgl. TMM 148, 7 - 11.

nachlässigte,[65] ordnet Bruno diese Winkel geradezu mühelos in ein über die Koinzidenz der Gegensätze erweitertes Relationsschema ein.[66] Weil nämlich das Minimum oder Maximum an Krümmung letztlich als nicht zu übersteigende Extrema eines Relationssystems betrachtet werden können,[67] spricht Bruno nicht mehr von Winkeln, die zwar nach der Beziehung des Größer- oder Kleinerseins betrachtet werden, aber dennoch wegen der fehlenden archimedischen Eigenschaften als nicht komparabel gelten, sondern von dem größten und dem kleinsten Winkel, die innerhalb des vorgegebenen Systems von Größenbeziehungen angenommen werden können. Die Elimination der unstetigen, infinitesimalen Lücken zwischen qualitativ Heterogenem geschieht also durch die gezielte Integration der superlativen Struktur von Minimum und Maximum in das Feld möglicher Relationalität.

Indem Bruno mithin die Ununterscheidbarkeit der Gegensätze als Grenze und Grund der relationalen Bestimmbarkeit des Gegensätzlichen ansetzt, ist für die Leistungsfähigkeit des Unendlichen folgendes gewonnen: Die mit der Koinzidenz gedachte Unendlichkeit bleibt nicht ein gegenüber dem Gegensätzlichen transzendentes Moment, das dessen Unverhältnismäßigkeit noch vertieft, sondern sie rechtfertigt als qualitative Gleichheit erst eine rationale Behandlung des Gegensätzlichen. Wird nämlich die Grenze der Gegensätze nicht gesetzt und der gedankliche Zusammenhang zwischen dem Unendlichkeits- und dem Gleichheitsbegriff nicht erkannt, so bleibt der Akt des Vergleichens in der approximativen Unbestimmtheit verhaftet, die letztlich ein Hauptproblem der traditionellen Mathematik bildet.

65 Die Definition der „archimedischen" Eigenschaft findet sich bei Euklid (Busard) V, Def. iv: „Proportionem ad se invicem habere quantitates esse dicuntur que possunt multiplicate se invicem superare".
Zu der geschichtlichen Entwicklung des archimedischen Axioms vgl. I. Schneider, Archimedes. Ingenieur, Naturwissenschaftler und Mathematiker, Erträge der Forschung Bd. 102, Darmstadt 1979. Zum sachlichen Zusammenhang vgl. weiterhin D. Laugwitz, Zahlen und Kontinuum, S. 199 f.

66 P 53, 14 - 21; 54, 1 - 9.

67 Bruno unterscheidet bei der mathematischen Behandlung des kleinsten Winkels zwischen zwei möglichen Betrachtungsweisen. Entweder wird der kleinste Winkel positiv an zwei sich berührenden Kreisen ausgemacht (vgl. z. B. AM 44, 11 - 13). Oder aber der kleinste Winkel wird „simpliciter" unter dem Aspekt der Koinzidenz von Gekrümmten und Geradem betrachtet (vgl. TMM 321, 20 - 24). Dies bedeutet letztlich die erkenntnistheoretische Voraussetzung für die mathematische Einordnung der hornförmigen Winkel, obwohl die Koinzidenz von Gekrümmten und Geradem selbst keiner rationalen bzw. endlichen Verhältnisbestimmung untersteht. Eine ähnliche Argumentation findet sich bei Leibniz, vgl. E. Cassirer, Leibniz' System, S. 190 ff.

Der wissenschaftstheoretische Kern des Theorems über die Funktionalität der Grenze besteht demnach darin, daß, so paradox dies klingen mag, das in sich vollendete Infinite den Akt der Verendlichung von Größen durch die Elimination des Teilungsunendlichen ermöglicht. Durch die Vereinigung eines (noch zu klärenden) mathematischen und logischen Aspekts im Begriff der Grenze,[68] versucht Bruno nicht nur den Konflikt zwischen atomistischer Unteilbarkeit und kontinuierlicher Teilbarkeit zu umgehen, sondern er deutet auch das Programm einer finitisierenden Mathematik an, die die Vermeidung der Widersprüche potentieller Unendlichkeit mittels der determinierenden Funktion eines aktual Unendlichen anstrebt.

5.3 Die Grenze als Mittel der Kontinuation und Determination der relationalen Größe

Brunos neuartiger Umgang mit dem aktual Unendlichen innerhalb der Mathematik zeichnet sich in den Articuli adversus mathematicos zunächst als Ergänzung eines qualitativen Gleichheitsbegriffs aus. Die Gleichheit bleibt nicht auf die Kongruenz endlicher Figurationen beschränkt, sondern besteht auch als Gleichheit des Ungleichen in dessen gemeinsamer Grenze. Obwohl dieses Verständnis der Gleichheit eine unerläßliche Voraussetzung für die intendierte Kommensurabilität der Größe ist, so stellt sich doch hinsichtlich der Quantifizierbarkeit der Größe folgendes Problem: Eignet dem bisher entwickelten Begriff der Grenze neben seiner qualitativen Akzentuierung auch schon jener Aspekt der ἰσότης, durch die eben die Gleichheit nicht nur als Identität von „principium“ und „finis“ des Relationalen, d. h. als die Identität der minimalen und maximalen Grenze von Vergleichbarem angesetzt wird,[69] sondern auch *zwischen* den Relata wirksam wird, sodaß lückenlos *jeder* Wert innerhalb eines Relationsgefüges durchlaufen wird? Nur wenn dieser von Proklos und Cusanus bestrittene Aspekt der Gleichheit wieder zurückgewonnen wird, ist auch die Bedingung eines gemeinsamen *quantifizierenden* Maßes für qualitativ Gegensätzliches insofern erfüllt, als die „opposita“ nicht mehr nur in der Unbestimmtheit eines approximativen Verfahrens angeglichen werden, sondern die störenden infinitesimalen Lücken durch die Annahme mittlerer, gleicher Werte eliminiert werden können.

Von der neuesten Brunoforschung wird nun tatsächlich vermutet, daß der brunonische Begriff der Grenze durchaus das Stetigkeitsprinzip im Sinne

[68] STM 65, 5 f.
[69] AM 27, 18 f.

des dedekindschen Schnitts zu vermitteln sucht.[70] Dies aber würde bedeuten, daß - in Analogie zu der platonischen ἰσότης - Auffassung - die Grenze als vermittelnde Instanz zwischen den „contraria“ zu gelten hat. Diese Vermutung findet ihre Bestätigung im Rahmen der Metaphysik von De monade, indem Bruno dort die Identität von Anfang und Ende nicht nur in den Extremwerten, sondern in *allen* Punkten eines relationalen Systems gegensätzlicher Größen behauptet und diese Einsicht allgemein im Rahmen des weiterführenden Zusammenhangs von Gleichheit und Stetigkeit bzw. Kontinuum thematisiert.[71] Mathematisch betrachtet tritt jedoch die Diskussion durch eine derartige Ausweitung der Funktion der Grenze in eine neue Phase. Trifft nämlich die Interpretation der Grenze als eine sachliche Vorwegnahme des dedekindschen Schnitt zu, dann muß die Grenze ihre Funktionalität nicht nur als das Kleinste bzw. Größte von Kleinerem bzw. Größerem erweisen, sondern sie muß auch *innerhalb* der Relation des Kleineren oder Größeren den stetigen Übergang der Größe sichern, ohne dabei deren Differenzierungsmöglichkeit in Frage zu stellen. Diese schon im platonischen Grenzbegriff angelegte zweifache Tendenz der Begründung des kontinuierlichen Zusammenhangs und der limitierenden Bestimmung[72] sollte sich demnach auch innerhalb eines noch unbestimmten Größensystems in einer neuen Komplementarität von Kontinuation und verhältnisstiftender Determination bewähren. Erst wenn sich der Gedanke des kontinuierlichen Übergangs nicht nur für die (unendlichen) Extrema von Größen, sondern auch zur Begründung der Verhältnismäßigkeit ihres endlichen Größer- und Kleinerseins nutzen läßt, sind die Bedingungen für die von Bruno intendierte, schlechthinnige Kommensurabilität der Größe erfüllt.

Die metaphysischen Voraussetzungen eines Gleichheitsbegriffs, der sowohl den qualitativen Ausgleich heterogener Größen als auch die quantifizierende, verhältnisbestimmende Mitte des unbestimmt Gegensätzlichen zu leisten vermag, entwickelt Bruno auf der Basis seines Einheitsdenkens in De monade. Die Gültigkeit der cusanischen Unendlichkeitsbedingung für den Grenzbegriff ist hier ebenso vertreten[73] wie der platonische Gedanke der ἰσότης als der geometrischen Mitte, den Bruno in der an den klassischen „Zwischenwertsatz“ erinnernden Formulierung „Zwischen zwei beliebigen

[70] Vgl. K. Heipcke, W. Neuser, E. Wicke, Über die Dialektik der Natur und der Naturerkenntnis, S. 155, Anm. 23.

[71] M 336 f.

[72] Vgl. J. Stenzel, Zahl und Gestalt, S. 77 ff.

[73] M 336: Ut minimum est unum, recta una, et circulus unus, / Chorda, arcus, spiclum, punctum, finis, nihil, omne.

Extremen (in jedweder Ordnung) gibt es eine Mitte"[74] übernimmt. Dementsprechend erfolgt durch diese Kombination der Gleichheitsbegriffe eine eindeutige Absage an die Irrationalitätsvorstellungen des Proklos und Cusanus, indem Bruno den innerhalb der mathematischen Tradition heftig umstrittenen Zwischenwertsatz in der oben zitierten Version zuläßt und offensichtlich uneingeschränkt akzeptiert.

Fragt man nun vor diesem Hintergrund nach der theoretischen Legitimation der brunonischen Rückgewinnung des platonischen Stetigkeitsmotivs, führt die Reflexion wiederum auf die Valenz des dreiheitlichen Denkens. Obwohl zwischen Bruno und Proklos gerade hinsichtlich der Anerkennung des Zwischenwertsatzes Uneinigkeit besteht, folgt Bruno doch in der Entwicklung seiner Grenz- und Gleichheitskonzeption streng den neuplatonischen Implikationen eines triadischen Begründungsschemas: So wird der erste Aspekt eines die qualitativen Differenzen identifizierenden, koinzidental unendlichen Grenzbegriffs in dialektischer Übersteigerung dem unendlichen Kreis als dem Bild der Monas zugeordnet. Die begrenzende Funktion des ersten Prinzips wird durch den Ternar „principium - medium - finis"[75] charakterisiert, wobei jede mögliche Grenzsetzung für das erste Prinzip negiert werden muß.[76] Als unendlich triadischer Inbegriff, der seine Wirkkraft in allem entfaltet, verbürgt die so verstandene Einheit des Kreises die Möglichkeit des qualitativen Übergangs der Gegensätze ineinander prinzipiell an jeder Stelle, sodaß das Bild des Kreises zugleich als Metapher für den Zusammenhang von Kontinuum und Gleichheit steht.[77] Die Legitimation des zweiten, die Gleichheit als immer gegebenen Zwischenwert des Kleineren und Größeren behauptenden Grenzbegriffs realisiert sich innerhalb des metaphysischen Kontexts der dreiheitlichen Entfaltung des ersten Prinzips. Wenn schon die ursprüngliche platonische Formulierung des Stetigkeitsprinzips impliziert, daß sich die kontinuitäts- und verhältnisstiftende Funktion der Gleichheit offensichtlich in einer dreiheitlichen Struktur des Kleiner-, Gleich- und Größerseins erfüllt, so steht dies für Bruno als verbindlich fest. Der Prozeß der Entfaltung der Einheit über die (noch unbestimmte) Zweiheit in die Dreiheit, die ja auch auf die Entfaltung der Einheit der Größe übertragbar ist, artikuliert sich in der für die innere Struktur der Quantität und Größe relevanten Trias „terminus - pars - totum" und dem höchstwahrscheinlich der Korrelativenlehre

[74] M 373: Unum inter extrema (in quolibet ordine) quaelibet est medium. Deutsche Übersetzung, S. 54. Vgl. ferner Spaccio, Dial. it. 756 f.: l'equitá che si trova tra il massimo e minimo [...].

[75] M 358.

[76] M 343.

[77] M 337.

Lulls entnommenen, von der Sache her jedoch von Platon beeinflußten Ternar „minoritas - aequalitas - maioritas".[78] Durch die Einordnung des Grenz- und Gleichheitsbegriffs in ein dreiheitliches Entfaltungsschema der Größe ist die umstrittene Aussage des Zwischenwertsatzes in eine Korrelationslehre der „quantitas" bzw. „magnitudo" transformiert, die letztlich von ihrem traditionellen Ursprung her die transzendententallogischen Grundformen in sich bezüglicher Vielheit reflektiert und zu rechtfertigen sucht. Keinesfalls also trifft der Einwand gegenüber der brunonischen Theorie der quantitativen Beziehungen zu, daß sich Grenze, Teil und Ganzes nicht aus einem einheitlichen Inbegriff der Größe ableiten ließen.[79] Die Dreiheit von Grenze, Teil und Ganzem entspringt vielmehr der transkategorialen, übergreifend grenzelosen und begrenzenden Einheit von „principium - medium - finis", deren weitere Spezifikation in die Relationalität des Größer-, Gleich- und Kleinerseins auch die Determination der unbestimmten Zweiheit und den kontinuierlichen Zusammenhang des Determinierten verbürgt.

[78] M 371 f; CA 18. Zum Lullismus vgl. E. W. Platzeck, R. Lull, 2 Bde., Düsseldorf 1962/1964.

[79] So z. B. E. Cassirer, Das Erkenntnisproblem, Bd. 1, S. 308.

6 Probleme der mathematischen Interpretation des Grenzbegriffs

Die Fortsetzung und Modifikation der (neu)platonischen und cusanischen Tradition innerhalb der metaphysischen Begründung eines determinierenden Grenzverfahrens bildet nach den bisherigen Ausführungen ein wesentliches Motiv der brunonischen Theorie der Größe. Vergegenwärtigt man sich die zentralen Aussagen hinsichtlich der Konstitution der Grenze, so zeichnet sich in den Articuli adversus mathematicos die Loslösung des Grenzbegriffs von jeder quantifizierenden Betrachtungsweise ab. Der „terminus" wird mit den Eigenschaften der cusanischen Koinzidenz der Gegensätze ausgestattet und ist innerhalb der brunonischen Theorie der Größe dementsprechend als ein qualitatives Unendliches zu verstehen, das den Übergang der „opposita" als Identität bzw. als Gleichheit von „principium" und „finis" sichert.

Methodisch betrachtet fungiert die Grenze als Limit einer jeden „resolutio". Dementsprechend bezeichnet der „terminus" auch innerhalb des resolutiven Verfahrens jenes finitisierende Moment, das die Verhältnislosigkeit heterogener Größen eliminiert und zugleich der Tendenz einer gleichmachenden Verunendlichung der endlichen Größe entgegenwirkt.

In der weiteren Entwicklung des systematischen Grundgedankens fundiert Bruno die Operation der Grenzsetzung metaphysisch durch die triadische Struktur der Entfaltung der Einheit in Dreiheit, deren Korrelationen auf die Kategorie der Größe übertragen werden. Gegenüber den Ausführungen der Articuli adversus mathematicos beinhaltet dieser Ansatz eine entschiedene Bereicherung, weil auch das platonische bzw. neuplatonische Moment der Mitte für die Bestimmung der Größe fruchtbar gemacht werden kann. Jetzt gilt: Die Grenze und die Gleichheit als drittes Moment determinieren die relativen Größenunterschiede, die durch die unbestimmte Zweiheit konstituiert werden.

Wenngleich nun der methodische und gnoseologische Horizont des brunonischen Grenzbegriffs über die Vermittlung platonischer, neuplatonischer und cusanischer Implikationen durchaus plausibel erscheint, ergeben sich doch wesentliche Schwierigkeiten, sobald sich das limitierende Grenzverfahren auch über den metaphysischen Horizont hinaus unter den Bedingungen der konkreten, räumlichen Größen bewähren soll. Die Tatsache, daß genuin metaphysische Denkfiguren zur Entwicklung einer mathematischen Theorie genutzt werden sollen, zeigt sich schon in Brunos Interpretation des traditionellen „Exhaustionsverfahrens". Die Aufgabe, die sich hier stellt, betrifft die Frage, ob und in welcher Weise krummlinig begrenzte Flächen durch geradlinig begrenzte Flächen ausgemessen werden können.[1] In diesem Zusammenhang bietet es sich nun sachlich an, die Auffassung von der cusanischen „coincidentia oppositorum" auch für eine mathematische Theorie eines gemeinsamen Maßes qualitativ unterschiedlicher Raumgebilde fruchtbar zu machen. So ist es vor allem die verendlichende Tendenz eines qualitativ verstandenen, koinzidentalen Minimum und Maximum, die dieses Lehrstück für die Konstitution eines Meßverfahrens geeignet erscheinen läßt: Die wesentliche Aussageabsicht hinsichtlich des Maßes zwischen einem Kreis und einem regulären Polygon bezieht sich hierbei nach Bruno auf die sich an den räumlichen Gebilden faktisch vollziehende Aufhebung ihrer phänotypischen Heterogenität und nicht auf eine im cusanischen Sinn nur hypothetisch gemeinte Koinzidenz verschiedenartiger Größen.[2] So ist - im Gegensatz zu den cusanischen Irrationalitätsannahmen[3] - der Prozeß der Annäherung zwischen dem Gekrümmten und dem Geraden, wie ihn Bruno anhand des Beispiels von Kreisbogen und Kreissegment erklärt, nicht nur mit dem Erreichen einer Grenze abgeschlossen.[4] Vielmehr erlaubt die Identität von Bogen, Sehne und Pfeil[5] auch die paradox anmutende Sprechweise von dem Kreis als einem Polygon oder Winkel,[6] einem Kreis also, der prinzipiell als n-Eck interpretiert werden kann und letztlich auch in dieser Eigenschaft rektifizierbar sein soll.[7]

Dies aber impliziert, daß die Beziehungslosigkeit verschiedenartiger räumlicher Gebilde durch die systematische Einheit einer ihnen gemeinsamen Grenze aufgehoben wird und ihr Übergang ineinander nicht als μετάβασις εἰς

[1] Zum Problem vgl. O. Becker, Grundlagen der Mathematik, S. 52 ff.

[2] Nicolai de Cusa, De docta ignorantia I 13, S. 25, 17: [...] si *esset* linea infinita [...] [Hervorhebung von mir]. Zum hypothetischen Charakter der cusanischen Mathematik vgl. S. Otto, Nikolaus von Kues. In: O. Höffe (Hrsg.), Klassiker der Philosophie I. Von den Vorsokratikern bis David Hume, München 1981, S. 254 ff.

[3] Nikolaus von Kues, De circuli quadratura, In: Die mathematischen Schriften, S. 37.

[4] TMM 213, 32 - 214, 3.

[5] TMM 213, 20 - 23.

[6] TMM 212, 2 f.; 213, 9 f.: [...] totus circulus angulus unus dicitur.

[7] TMM 213, 10 f.; Vgl. ferner C. Monti, Opere Latine di Giordano Bruno, S. 162, Anm. 6.

ἄλλο γένος, sondern als in sich kohärentes Beziehungsgeflecht betrachtet werden soll.[8]

In nuce ist in dieser Interpretation der „Quadratur des Antiphon"[9] die Fülle der Problemstellungen enthalten, mit denen die brunonische Mathematik durch die Transposition des Koinzidenzgedankens auf räumliche Gestalten zu rechnen hat: Wie kann über das pure Postulat hinaus eine Rektifikation des Kreises *verfahrenstechnisch* möglich sein? Handelt es sich hierbei um eine Auflösung der Größen bzw. Gestalten in unteilbare, unendliche Grenzmomente, aus deren Zusammensetzung dann die dem Kreis gleiche Gerade resultiert?[10] Allein diese Fragestellung beweist schon, daß die Auseinandersetzung zwischen Atomismus und Kontinuum mit der metaphysischen Begründung des Grenzverfahrens keineswegs abgeschlossen ist. Ganz im Gegenteil bewirkt gerade der Versuch, die Tragfähigkeit des metaphysischen Fundaments auch für die methodische Durchführung des Grenzverfahrens zu nutzen, einen neuartigen Problemzusammenhang, in dem die Gegensätzlichkeit von Atomismus und Kontinuum zusätzlich intensiviert wird: Die speziellere Frage nach der Unendlichkeit und Zusammensetzbarkeit unteilbarer Größen„elemente" bildet nunmehr den schon von der sachlichen Anlage her widersprüchlichen Horizont, in dem sich die mathematische Methodenreflexion bewegt.[11]

Um den brunonischen Lösungsvorschlag zu dieser Problemstellung verstehen zu können, müssen im folgenden die erkenntnistheoretischen Implikationen des Grenzbegriffs hinsichtlich ihrer logischen Funktionalität im Räumlichen untersucht werden.

6.1 Das Problem der Bedeutungsvielfalt der Grenze

Obgleich die in den Articuli adversus mathematicos entwickelte Eigenschaft des qualitativen Übergangs von Gegensätzlichem für den Grenzbegriff auch in

8 Vgl. zu dieser Problemstellung auch M 328: In monade atque atomo est recti curvique potestas / Ac simplex actus, quo sunt haec unum idemque. Ferner P 22, 10 - 18.

9 Zur historischen Behandlung der „Quadratur des Antiphon" vgl. F. Rudio, Bericht des Simplicius über die Quadraturen des Antiphon und des Hippokrates. In: Bibliotheca mathematica, Bd. 4, Leipzig/Berlin 1904, S. 7 - 63, bes. 13 ff.

10 Die Vorstellung, daß eine Linie aktual aus unendlich vielen Indivisibilien besteht, findet sich z. B. bei Galilei. Vgl. K. Volkert, Geschichte der Analysis, S. 65.

11 Zum Problem der logischen Widersprüchlichkeit der Indivisibilientheorie vgl. O. I. Kedrovskij, Wechselbeziehungen von Philosophie und Mathematik im geschichtlichen Entwicklungsprozeß, Leipzig 1984, S. 133 ff.

De minimo gültig bleibt,[12] betrachtet Bruno in der ersten Abhandlung der Frankfurter Trilogie den „terminus" schwerpunktmäßig als den Typus eines Minimum, der untrennbar mit der Fixierung eines ersten Teils als dem zweiten Typus eines Minimum verbunden ist.[13] Der „terminus" fungiert hierbei als Komplementärbegriff des Teils, indem er die Kontinuität bzw. Kontiguität zwischen den Teilen verbürgen soll.[14] Auch im Zusammenhang mit dem strukturalen „Aufbau" der räumlichen Größen bewirken die Eigenschaften des „terminus" deren Verendlichung im Sinne kontinuierlicher oder sich physisch berührender, benachbarter Quanten.[15] Die charakteristische Funktion der Grenze besteht demnach darin, als ein selbst nicht quantifizierbares Moment die Teile zu verbinden und auf diese Weise auch den Übergang zwischen den Dimensionen zu vermitteln.[16] In Analogie zu der dimensionsaufbauenden Funktion des platonischen πέρας bewirkt auch für Bruno die Grenze den räumlichen Zusammenhang zwischen den Teilen und deren Determination zu rationalen Größen. Dementsprechend gilt die Grenze als dasjenige verbindende Glied, das über die in ihm wirksame Koinzidenz von „principium" und „finis" prinzipiell beiden Seiten des zu Vermittelnden angehört.[17] Allgemein impliziert dies weiterhin, daß durch die Annahme eines Grenzbegriffs nicht nur räumlich Zusammenhängendes konstituiert werden soll, sondern daß auch die Irritationen einer eventuellen Inkommensurabilität der Größe verringert werden, indem gerade durch die Grenzsetzung die kontinuierliche Größe auch in ein *bestimmtes* quantitatives Verhältnis gebracht wird.[18]

Trotz dieser Anklänge an die platonische Konzeption des Grenzbegriffs und an die Definitionslehre der mathematischen Tradition,[19] haftet dem Begriff des „terminus" jedoch eine erkenntnistheoretische Zweideutigkeit an.[20] Schließlich identifiziert Bruno die Grenze doch auch mit dem Leeren der

12 Vgl. TMM 213, 20 - 23.

13 TMM 160, 6 - 13.

14 TMM 161, 9 - 11; 173, 9 - 16. Zum Problem der Berührung der Minima E. Cassirer, Das Erkenntnisproblem, Bd. 1, S. 306 ff; P. R. Blum, Aristoteles bei Giordano Bruno, S. 47 ff.

15 TMM 161, 18 - 20.

16 TMM 175, 7 - 13.

17 TMM 176, 2. Zum platonischen Hintergrund des Grenzbegriffs J. Stenzel, Zahl und Gestalt, S. 80.

18 Zum Problem der Maßtheorie vgl. K. Heipcke, W. Neuser, E. Wicke, Über die Dialektik der Natur und Naturerkenntnis, S. 156 f.

19 Vgl. Euklid (Busard), Def. xiii, 27: Terminus est quod est alicuius finis.

20 Vgl. H. Védrine, La conception de la nature, S. 182.

antiken Atomisten[21] und läßt so an die Gefahr eines illegitimen Übergriffs des Materialismus auf die Mathematik denken.

De facto impliziert schon die offene Diktion von „Kontiguität oder Kontinuität"[22] eine gewisse Unentschlossenheit in Bezug auf die logische Einordnung der Grenze, da diese gleichsam unterschiedslos sowohl als verhältnisstiftendes Moment als auch im Sinne einer physikalischen Kontakttheorie gebraucht wird.[23] Damit aber lebt anhand des „terminus" wiederum die Ambivalenz zwischen Platonismus und Materialismus auf, wobei der Konflikt nicht mehr nur durch die äußerlich vorgegebenen Rahmenbedingungen einer in sich vielfältigen Tradition entsteht, sondern sich zu einem systemimmanenten Problem ausweitet. So gilt es nunmehr zu klären, welches Verhältnis der platonisch gefärbte Grenzbegriff, der doch seine erkenntniskritische Bedeutsamkeit erst in der Prozessualität eines relationsstiftenden Grenzverfahrens entfaltet, zu einem atomistisch getönten Grenzbegriff haben kann, der seinerseits die starr vorgegebene Fixierung räumlicher Aggregate impliziert. Die offensichtlich gewollte sachliche Verbindung dieser differierenden Funktionen des Grenzbegriffs könnte darauf hinweisen, daß der traditionelle Widerstreit zwischen der atomistisch-materialistischen Interpretation des Leeren und dessen idealistischer Umdeutung durch Platon von Bruno bewußt thematisiert wird; der Grund hierfür liegt möglicherweise in dem Wissen, daß sich gerade durch das im Grenzbegriff angelegte Spannungsgefüge platonischer und atomistischer Tendenzen ein Problemfeld gegensätzlicher Bestimmungen herauskristallisiert, das schon die leibnizsche Überlagerung von Idealität und atomistisch strukturierter Realität anzudeuten scheint.[24]

21 TMM 176, 24 - 26: [Minima] non uno communi, sed duobus propriis terminis attinguntur, quos inter duos terminos est in quo fit contactus, et inde Democrito est vacuum interiectum corporibus.

22 TMM 161, 19: contiguum vel continuum.

23 TMM 176, 26 - 177, 3.

24 G. W. Leibniz, Leibnizens mathematische Schriften IV, 93 f.: „Cependant on peut dire en general que doute la continuité est une chose ideale et qu'il n'y a jamais rien dans la nature, qui ait des parties parfaitement uniformes, mais en recompense le reel ne laisse pas de se gouverner parfaitement par l'ideal et l'abstrait, et il se trouve que les regles du fini reussissent dans l'infini, comme s'il y avait des atomes (c'est à dire des elemens assignables da la nature), quoyqu'il n'y en ait point la matiere estant actuellement sousdivisée sans fin; [...] ". Leibniz argumentiert also mit einer Überlagerung einer idealistischen und atomistisch realen Naturauffassung. Allerdings hebt sich Leibniz von Bruno insofern ab, als er seine Konzeption des Idealen mit einen in infinitum möglichen Teilungsverfahren verbindet. Dies wird der Grund für das spezifisch leibnizsche Problem sein, daß innerhalb der leibnizschen Mathematik Unendlichkeiten nach endlichen Vorstellungen miteinander verglichen werden. Damit wendet sich Leibniz beispielsweise gegen die - etwa auch durch Berkeley kriti-

Wenn dies zutrifft, dann stellt sich vor diesem Problemhintergrund verstärkt die Frage nach einer möglichen Vermittlung des Gegensätzlichen. Denn erst, wenn die Anwendung des Grenzbegriffs frei von jedem willkürlich erscheinenden Schwanken ist, ist auch die Eindeutigkeit der brunonischen Mathematik sichergestellt.

In diesem Zusammenhang ist nun wesentlich, daß die Bedeutungsmannigfaltigkeit des „terminus" für Bruno keinen Widerspruch darstellt, sondern durch seine diversen Aspekte legitimiert wird. In Anklang an die aristotelische Sprechweise von der Vielfältigkeit des Seins,[25] kann nach Bruno der „terminus" in vielfältiger Weise ausgesagt werden.[26] Somit eignet der Grenze nicht nur eine logische und mathematische Bedeutungsebene, die sich letztlich im Akt der Definition manifestiert, sondern auch eine physische Komponente, die sich auf die Determination der Materie bezieht.[27] Gerade in diesem letzten Aussagemodus der Grenze, der in De minimo eben nicht ausschließlich als das relationsstiftende Moment des „produktiven Übergangs" zwischen den Dimensionen verstanden wird, liegt die Gegenläufigkeit zwischen „Idealität" und „Realität" als Gegenläufigkeit zwischen der Konstruktivität des begrenzenden Denkens und der endlich begrenzten Größe der Vorstellung beschlossen.[28]

Aus dieser eigenartigen Multifunktionalität der Grenze resultiert im folgenden die veränderte Problemstellung, die die Auseinandersetzung mit dem Raumkontinuum prägt: So muß jetzt im Rahmen der Theorie der Größe gefragt werden, welchen Einfluß die Konzeption der Grenze als der nicht quantifizierbaren Verbindung von Teilen auf die rationale Bestimmung der Quantität haben kann - oder anders formuliert: Welchen Beitrag leistet ein Grenzbegriff, der sowohl die mathematische als auch die physische Möglichkeit zur Determination in sich birgt, für die behauptete Kommensurabilität der kontinuierlichen Größen und ihrer äußeren, an die Anschauung gebundenen Erscheinung?

sierte - newtonsche Fluxionsmethode. Vgl. hierzu D. Spalt, Vom Mythos der mathematischen Vernunft, S. 177 - 214.

25 Aristoteles, Metaphysik VII, 1028a.

26 STM 64, 23.

27 STM 65, 6 - 10.

28 Die Gegenläufigkeit von Idealität und Realität zeigt sich innerhalb des brunonischen Systems anhand der doppelten Bedeutung der Minima: Einerseits werden die Minima als „reine" Begriffe des mathematisch begrenzenden Denkens genannt und andererseits als die atomistisch begrenzten Elemente der objekthaft bestimmten, anschaulichen Gegenstandswelt begriffen. Vgl. hierzu die jeweilige Funktion der Grenze z. B. in TMM 284 f. und in AM 25, 7 - 10.

Das Problem der Zuordnung zwischen einem logisch-mathematischen und einem physischen Grenzbegriff, das sich in diesem Kontext anhand eines Problems der spezielleren Größenlehre manifestiert, weist in seiner allgemeinen erkenntnistheoretischen Intention auf eine veränderte Auffassung des Zusammenhangs von Wissensstrukturen an sich hin. Solange die mathematische und die physische Begrenzung bzw. der ideell fundierte definierende Akt eines konstruktiven Grenzverfahrens und die wahrnehmbare Größe voneinander unabhängig betrachtet werden, scheint die Vielfältigkeit des Grenzbegriffs eben jenen historischen Konflikt zwischen atomistischem und intelligiblem Grenzverfahren zu reproduzieren, den die platonische Korrektur der demokritschen Auffassung gerade überwunden wissen wollte. Wenn also eine Bewältigung des Raumkontinuums vor dem Hintergrund seiner mathematischen Determination und der konkreten Erscheinungsformen der Größe überhaupt gelingen soll, müssen zunächst die übergreifenden gnoseologischen Bedingungen erörtert werden, die den Zusammenhang verschiedenartig gelagerter Erkenntnisstrukturen auf der Basis eines einheitlichen Fundaments zu entwickeln erlauben.

6.1.1 Das Absolute und das Relative als Bedingung der Wissenschaftslehre

Die Begründung eines allgemeinen, hierarchisch gegliederten Kontexts zunehmend quantifizierbarer und qualifizierbarer Elemente bildet ein wesentliches Motiv der Theorie des Minimum. Ziel der brunonischen Überlegung ist hierbei, die Variabilität verschiedener Methoden nicht gegeneinander auszuspielen, sondern die diversen methodologischen Ausgangspunkte in Analogie zueinander aufzuweisen und ihre Abhängigkeit voneinander zu begreifen.[29] Die Grundvoraussetzung für dieses Vorhaben besteht in der Annahme relativ ursprünglicher Minima, sodaß durch die Festlegung eines jeweiligen Minimum immer ein spezielles Wissensgebiet konstituiert wird, dessen Inhalt das gewählte Minimum als erster elementarer und synthetisierbarer Bestandteil verantwortet. Die somit behauptete Relativität und analoge Staffelung der Wissensgebiete, die damit durch den Oberbegriff „minimum" zum Ausdruck gebracht wird, hat ihren tieferen ontologischen Grund in der ungegenständlichen Monas als dem schlechthin einfachen Minimum,[30] das die innere Ordnung der „scala scibilium" begründet und die zunehmende Spezifikation der

[29] TMM 172, 20 - 29.
[30] TMM 174, 8 f.

Minima nach Quantität und Qualität als deren gemeinsamer Ausgangspunkt allererst legitimiert.[31]

Die übergreifend methodologische Bedeutung dieses Strukturgefüges besteht offensichtlich darin, daß es dem reflektierenden Subjekt durch die durchgehend kontinuierliche Verschränkung prinzipiierender und prinzipiierter Minima vorbehalten bleibt, den Gegenstandsbereich einer Wissenschaft zu fixieren. Weil also festgelegt werden darf, was als erstes Element gelten soll, erweist sich auch die brunonische Sprechweise von der Vielfältigkeit der Grenze als sinnvoll, indem das zu Begrenzende als ein Vielfältiges angenommen werden darf, das einer zunehmenden inhaltlichen Spezifikation fähig ist.[32] Weiterhin intensiviert Bruno die Stufenfolge des Wissens durch die Annahme von Maxima, die mit den betreffenden Minima gleichsam die Rahmenbedingungen eines Objektfeldes definieren.[33]

Wenn nun das Problem der Mehrdeutigkeit der Grenze auf die brunonische Annahme einer hierarchischen Gliederung variabler Elemente geführt hat und innerhalb dieser Diskussion wiederum die einheitsmetaphysische Grundlage der Monas und der Koinzidenz der Gegensätze wirksam wurde, ist dennoch die ursprüngliche Frage nach der eventuellen erkenntnistheoretischen Willkür des Grenzverfahrens noch ungeklärt. So scheint gerade die Freiheit in der Wahl des methodischen Ausgangspunkts die erkenntnistheoretische Ungewißheit der Wissenschaftslehre im allgemeinen und der Größenlehre im besonderen zu verschärfen. Denn offensichtlich wird eine unbillige Vielfältigkeit in die Methodendiskussion hineingetragen, die dem Wahrheitsanspruch des einheitsmetaphysischen Ansatz widerspricht.[34]

Nun darf sich jedoch ein adäquates Verständnis dieses Argumentationsmusters durchaus nicht in der Feststellung erschöpfen, daß es verschiedene Minima geben soll. Keineswegs geht es Bruno darum, die diversen, angeblich elementaren Bedingungen der einzelnen Wissenschaften oder die mathematischen Minima einfach aufzuzählen und als nicht weiter begründbare Bestandteile von Vielheit einzuführen. Zu beachten ist in diesem Zusammenhang vielmehr, daß die Auseinandersetzung um die Fixierung erster Elemente unter dem übergreifenden Gegensatzpaar des *Absoluten* und des *Relativen* geführt wird, das die erkenntnistheoretische Bedeutung der Korrelation von Grenze und Element allererst in diesem Kontext erschließt. So läßt sich kein

[31] TMM 174, 12 - 15.

[32] Vgl. neben TMM 172, 20 - 29 auch STM 20, 18 - 30.

[33] TMM 173, 2 - 8.

[34] Die Mannigfaltigkeit der Minima scheint dem einheitsmetaphysischen Grundgedanken zu widersprechen. Vgl. LTS 188, 10 f.: Quod enim est duplex vel multiplex, non est verum, merum; [...].

relatives Minimum annehmen, wenn nicht zugleich auch ein absolutes Minimum gegeben ist,[35] das, wie es der Begriff des Absoluten nahelegt, als das Unbezügliche und Unabhängige gilt. Die relativen Minima können offensichtlich überhaupt nur in Hinblick auf das Absolute angenommen werden und charakterisieren von ihrer logischen Grundstruktur her gegenüber dem unabhängig Unbezüglichen das Beziehbare. In der Gegensätzlichkeit von Unbezüglichkeit und Beziehbarkeit also wurzelt das Verfahren der hierarchischen Begrenzung der Minima, wobei das Absolute als die Negation der Bezüglichkeit deren Grund bildet, insofern das Relative als Relatives nur durch die Beziehung auf ein Absolutes konstituiert werden kann. Die Gefahr der willkürlichen, rein summativen Vervielfältigung erster Elemente ist demnach durch die immer gültige erkenntnistheoretische Einsicht behoben, daß ein *jeder* fixierte Ausgangspunkt gegenüber dem Absoluten ein relativer ist und der postulierte Zusammenhang zwischen einem „elementum“ und dem hieraus abgeleiteten „elementatum“[36] nur durch ein Absolutes begründet werden kann, das - als die göttliche Monas - alle Bestimmungsmöglichkeiten in sich vereint.[37] Für die Beantwortung der Frage nach der widerstreitenden Tendenz des brunonischen Grenzverfahrens resultiert hieraus vorläufig, daß sich vor dem Hintergrund des Gegensatzes von Absolutem und Relativem das Problem eines Dualismus zwischen Mathematik und Physik nicht mehr stellt. Wesentlich wird jetzt vielmehr der Versuch, die erkenntnistheoretisch ursprünglichen Minima zu konstituieren und mittels der *Einheit eines methodischen Verfahrens* die zunehmende Spezifikation aus den ursprünglicheren Inhalten zu entwickeln. Die übergreifende Gegensätzlichkeit des Absoluten und Relativen rechtfertigt also erst die von Bruno intendierte systematische und einheitliche Progression von den inkomplexen zu den komplexen Wissensstrukturen,[38] in die der Übergang vom Ungegenständlichen in das Gegenständliche integriert ist.

[35] TMM 172, 31 - 173, 2: Minimum vero bifariam non sine causa accipimus; est quippe simpliciter et absolute minimum, quale unius generis oportet; est et hypothesi seu suppositione respectuque minimum, quod pro subiectorum et finis varietate varium constituitur.

[36] STM 20, 27 f.

[37] TMM 147, 7 - 11: [Dicitur deus] principium omnia promens, finis omnia terminans, medium nectens et discriminans [...] in quo sunt omnia et qui in nullo [...].

[38] TMM 287, 13.

6.1.2 Die Variabilität von Grenze und Teil innerhalb der mathematischen Definitionslehre

Das Problem der Verhältnisbestimmung von Kontinuität und Kontiguität entzündet sich an der Komplexität des Grenzbegriffs und thematisiert aus der Perspektive der mathematischen Erkenntnistheorie die Überlagerung von definierbarer und vorstellbarer Raumstruktur. Die Diskussion der Frage, wie im Rahmen der Theorie der Größe Definitionen zunehmend komplexeren Inhalts aufgestellt werden können, charakterisiert das zentrale Motiv der erkenntnistheoretischen Grundlegung der brunonischen Mathematik. Die neuartigen gnoseologischen Anforderungen bestehen eben in der Vermittlung zwischen den Grundlagen der Definition, die auf der Beziehungsfähigkeit der Idee basieren und dem faktisch begrenzten Gehalt der materiell konkretisierten, räumlichen Gebilde. Noch bevor also der platonisch idealistische oder der materialistische Charakter der brunonischen Mathematik im Sinne einer Antithese konstatiert wird, sollte sich die Reflexion auf die Frage richten, inwiefern die traditionellen theoretischen Modelle mathematischer Definitionsbildung modifiziert werden müssen, um der intendierten Einheit der Methode zu genügen und ein Modell in sich zusammenhängender Begriffe zu entwerfen.

Tatsächlich realisiert Bruno die Durchführung dieses Programms mittels der zweifachen Bedeutung des Minimum als einem Teil und einer Grenze. Durch die Komplementarität dieser begrifflichen Zweiheit wird eine Definitionslehre begründet, mit deren Hilfe der systematische Kontext zwischen dem Verfahren der Grenzsetzung und den atomaren Strukturen aus den logischen Implikationen dieses Begriffspaars abgeleitet werden kann. So sieht Bruno die rein ideellen Inhalte des schon immer Gewußten ursprünglich in der noch nicht weiter inhaltlich spezifizierten Bezüglichkeit von Teil und Grenze gegeben, die als rein formale und „variable" Begriffe des mathematischen Definitionssystems allererst mit zunehmend speziellerem Bedeutungsgehalt erfüllt werden.[39] Gewußt wird also zunächst nur, daß das Minimum in der Wechselbeziehung von Teil und Grenze angesetzt wird, deren engerer Bedeutungsgehalt sich erst aus der wiederholten Anwendung dieses Definitionsschemas auf die ursprünglich indifferente Dimensionalität ergibt und auf diese Weise deren sukzessive Entfaltung gedanklich erzeugt.[40] Der Aufbau der Dimensionen als Resultat eines Definitionsprozesses, der auch die Konkretion des Dimensionalen als Atomlinie („filum") beinhaltet,[41] erfolgt dem-

[39] TMM 284, 12 f.
[40] TMM 284, 15 - 285, 6.
[41] TMM 285, 8 f.; AM 33, 10 - 18.

entsprechend durch die immer wieder vollzogene Setzung der Minima als Teil und Grenze, die in der näheren terminologischen Spezifikation auch als eine Korrelation von gesetztem „quantum“ und „non quantum“ begriffen werden kann.[42] Damit aber wird die ideelle Grundlage des Wissens als die noch von jedem Inhalt unabhängige Fähigkeit zur Setzung in sich bezüglicher Bestimmungen angesetzt, welche sich über die formale Struktur der Minima konstituiert und mit diesen Minima gleichsam die „Anleitung“ für die Definition der mathematischen Gegenstände erhält. Wenn Bruno also von der mehrfachen Signifikanz des Grenzbegriffs spricht und sich diese Grenze sowohl auf die logisch-mathematische als auch auf die physische Determination bezieht, ist dies keine bloße Façon de parler, die sich in den mathematischen Texten als inkonsequentes Changieren zwischen einer ideellen oder materiellen Auffassung der Größe niederschlägt. Die wiederholbare und wiederholte Applikation desselben Definitionsmusters auf den Aufbau der Größen meint nichts anderes als die hierarchische Gliederung einer zunehmenden Ausgestaltung der Minima als jeweils erster Teile bis zu ihrem räumlichen Anschauungsgehalt,[43] deren kontinuierliche begriffliche Systematik aus dem koinzidentalen Verständnis des „terminus“ als „principium“ und „finis“[44] der jeweiligen Teile resultiert.[45]

Der Verweis auf die brunonische Definitionslehre schien in diesem Zusammenhang notwendig, um einem etwaigen Mißverständnis bezüglich des Charakters der brunonischen Mathematik vorzubeugen. Es zeigt sich von hieraus nicht nur, daß die auf den ersten Blick atomistisch anmutende Lehre sich berührender Minima keineswegs im Sinn eines gedanklich nicht nachvollziehbaren Übergriffs der Physik auf die Mathematik gedeutet werden darf. Vielmehr repräsentiert die Mathematik als in sich fortsetzbares Definitionssystem jene Vermittlung von Idee und Materialgehalt, durch die sich die geometrische Realisation des Extensiven erst über die logisch stringente Fortsetzung des Modus definiendi ergibt. Die Konzeption der Grenze als Bedingung des produktiven Übergangs zwischen den Teilen einerseits und dem Medium der räumlichen Berührung andererseits birgt also keinen prinzipiellen Widerspruch in sich. Der Widerspruch entsteht erst dann, wenn der Anschauungs-

42 AM 22, 5 - 7: Punctus qui est terminus neque quantum, neque minus aliquo, neque minimum est, et tunc distinguimus a puncto quod est minima pars [...].

43 Vgl. hierzu den Aufbau der Definitionslehre, TMM 284, 15 - 25.

44 TMM 176, 2.

45 Selbstverständlich erweist sich diese Überlegung nur dann als sinnvoll, wenn die „atomare“ Struktur der Materie im geometrischen Sinn als Struktur gleichartig figurierter Teile gedeutet wird. Daß dies in der brunonischen Absicht liegt, geht aus der Definition des Atoms als dreidimensionalem Körper eindeutig hervor.

gehalt der Größe aus dem Kontext seiner Erzeugung herausgelöst und absolut gesetzt wird.

Nun könnte jedoch gegenüber einer sich variabel ausdifferenzierenden Definitionslehre der Einwand erhoben werden, daß sich die Valenz der so definierten Inhalte aus der Perspektive einer für sich Gültigkeit beanspruchenden Methodenlehre als fraglich erweist: Wenn sich nämlich gegenüber einer starren und unverbundenen Festlegung der jeweiligen methodologischen Ausgangspunkte die Konzeption einer Wissenschaftsauffassung durchsetzt, derzufolge die Einheitlichkeit eines Systems nicht notwendigerweise in der Fixierung unbedingt erster, sondern in dem verfahrenstechnisch einheitlichen Modus definiendi variabler Inhalte besteht, entsteht dann aus einer derartigen „Freiheit zur Definition" nicht das Problem der willkürlichen Festlegung bzw. der Beliebigkeit des Definierten, durch das der erkenntnistheoretische Gewinn einer solchen Methodentheorie in Frage gestellt wird?

In diesem Zusammenhang zeigt sich nun, daß die Diskussion der mathematischen Definitionslehre nur dann schlüssig sein kann, wenn auch die Möglichkeit der Definitionslehre an sich auf das im Rahmen der „scala scibilium" entwickelte Gegensatzpaar „absolut - relativ" rückbezogen wird. Obwohl Bruno innerhalb des unmittelbaren Kontextes der Diskussion des Definitionssystems nicht explizit auf das Absolute verweist, muß dennoch ein solches Absolutes sachlich vorausgesetzt werden. Drückt doch der Begriff des Minimum als *Teil* selbst schon Relativität aus. So kann dieser Begriff sinnvoll nur dann als Definiens gelten, wenn das durch ihn Definierte auf ein Absolutes hin ausgesagt wird. Dies bestätigt sich dadurch, daß Bruno an anderer Stelle dem Begründungsproblem der Variabilität des Definitionsverfahrens mit der Theorie eines jeweils absoluten und relativen Minimum zu begegnen sucht, durch deren gegenseitige Bezüglichkeit die bisherigen Ausführungen zum Grenzverfahren ergänzt werden:[46] So läßt sich der Akt des Definierens einschließlich seines relativen Ergebnisses nur in Hinblick auf das absolute Minimum eines jeweiligen Genus vollziehen. Dieses absolute Minimum eines Genus meint jedoch offensichtlich nichts anderes als die teillose Grenze, die im Sinne eines koinzidentalen Inbegriffs der „minimal notwendigen" und der „maximal zulässigen" Eigenschaften der Objekte die jeweiligen Extrema eines Wissenschaftsgebiets abgrenzt, wobei die so verstandene Funktion der Grenze letztlich wiederum durch die „monas monadum" begründet wird. Die Korrelation zwischen dem teillosen Minimum als der jeweils absoluten Grenze eines Genus bzw. als dem „principium a quo"[47] und dem Minimum als

[46] TMM 172, 31 - 173, 2.

[47] TMM 180, 8.

dem ersten Teil bzw. als dem „principium ex quo“[48] bedingt erst die methodische Begründung des Grenzverfahrens als der Möglichkeit, die Konfrontation mit dem unbestimmt Relativen durch dessen Abhängigkeit von einem Absoluten zu vermeiden und die Relativität der Inhalte als methodologischen Ausgangspunkt definierter Beziehungen zu verstehen.[49]

6.1.3 Die Funktion von Grenze und Teil im Zusammenhang mit den Aufbaugesetzen der Quantität

Die in der Definitionslehre wirksam werdende Akzentuierung des methodologischen Gesichtspunkts von Teil und Grenze beinhaltet die gedankliche Voraussetzung dafür, daß sich die eigentlich mathematische und physische Funktion des „terminus“ nunmehr im Zusammenhang mit den Aufbaugesetzen der Quantität erschließt. Dabei verbindet Bruno die Thematik der Vieldeutigkeit des „terminus“ mit den verschiedenen Typen der *Ordnungsbeziehungen*, deren je eigentümliche Bedeutungen den intendierten Übergang vom Raumkontinuum bis hin zur physischen, räumlich abgegrenzten Determination der Materie verantworten. Die Verbindung des „terminus“ mit den Prinzipien einer relationalen Ordnung zeigt sich dementsprechend zunächst in der Funktion der Grenze als dem stetigen Übergang zwischen den Teilen einer Größe. Daß überhaupt von einem kontinuierlichen Zusammenhang zwischen den Teilen im Sinne eines συνεχές die Rede sein kann,[50] gründet in der Vermittlungsfunktion der Grenze, deren koinzidentale Eigenschaften als „principium“ und „finis“ nicht mehr nur den möglichen Übergang zwischen zwei Extremwerten leisten soll, sondern auch die ununterbrochene Fortsetzung zwischen den Teilen gewährleistet, um auf dieser Grundlage des Raumkontinuums auch deren Beziehung des Kleiner- oder Größerseins allererst zu konstituieren.[51] Wenn also letztlich die Grenze den kontinuierlichen Zusammenhang zwischen den Teilen verantworten soll, so thematisiert Bruno in diesem Kontext erneut die durch das platonische Prinzipienpaar

48 TMM 180, 9.

49 Vgl. hierzu die Ausführungen zur Größenlehre, TMM 175, 18 ff.

50 STM 23, 9 f.: [...] dicitur quantitas continua, cuius partes copulantur ad unum terminum communem [...]. In diesem Zusammenhang folgt Bruno zunächst durchaus der aristotelischen Argumentation, indem er die Implikationen der aristotelischen Kontinuumstheorie aufgreift. Allerdings zieht er aus der Annahme des συνεχές bei seinen weiteren Ausführungen gegenteilige Schlußfolgerungen. Zur Problemlage bei Aristoteles vgl. z. B. Metaphysik XI 12, 1069a 5 ff.; V 6, 1016 1 - 17 ff; Physik V 3, 227a 10 ff.

51 TMM 159, 29 - 160, 5.

von ἕν und ἀόριστος δυάς grundgelegte Einsicht, daß weder die beziehungslose Determination der Teile an sich, noch die Annahme ihrer unbestimmten Relationalität zur Bewältigung des Kontinuums ausreicht. Vielmehr beruht die Stetigkeit der Raumgrößen allein auf der Annahme von Teilen und ihrer Grenzen, deren verbindende und unterscheidende Struktur eben diesen Zusammenhang und die relationale Distinktion des Räumlichen allererst begründet.[52] In diesem Sinne bedeutet die Quantifizierung der Größe nichts anderes als das Resultat einer rational definierenden Einteilung der Quantität, deren Aussagewert hinsichtlich des letztgültigen unsensiblen und unendlichen Inbegriffs der Größe zwar nicht absolut zu setzen ist,[53] aber dennoch der Anwendung der ideellen Definitionsgrundlagen entspringt.

Mit der Theorie, daß die Relationalität der Größe weder absolut vorgegeben noch von einem sinnenfälligen Material zu abstrahieren ist, sondern erst durch die wiederholte Anwendung des Definitionsmusters des „zweifachen Minimum" als Teil und Grenze auf den Inbegriff der einen Größe als kompositionsfähiger Inhalt des Denkens und der Anschauung hervorgeht, bewegt sich Bruno auch in De minimo in dem traditionellen Umfeld der platonischen Stetigkeitsauffassung, die den „Haltepunkt" und das „Durchlaufen" einer Grenze als Notwendigkeit für die Distinktion und Vermittlung der räumlichen Beziehungen betrachtet.[54]

Wie aber erklärt sich von hieraus die Aussage, daß zumindest die materielle Konkretion der gestalteten Raumgröße nach den Kriterien des Vollen und Leeren zusammengesetzt ist? Bedeutet dies letztlich die Loslösung der materiellen Gegebenheiten von jeder Art von Relationalität oder läßt sich auch der *physische* Aspekt eines in der Grenze statthabenden Kontaktes der Teile unter dem übergreifenden Gesichtspunkt eines gedanklichen Beziehungsgefüges verstehen? Die Schwierigkeit, die sich durch diese Fragestellung abzeichnet, besteht in der weiteren inhaltlichen Spezifikation der Relationstypen, denen die Grenze als vermittelnde Instanz zwischen den Teilen zugeordnet ist: Wenn sich bisher die Funktion der Grenze schwerpunktmäßig in der quantitativen Beziehung des Kleiner- oder Größerseins bewährte, so wird diese Form der Beziehung im weiteren durch die Kriterien der räumlichen Anordnung vertieft: Nicht in der Berührung der Grenzen an sich, sondern im Strukturgefüge von Teil und Ganzem sieht Bruno das eigentliche

52 TMM 158, 12 ff.; 159, 16 f.

53 TMM 169, 21 f.: Minimum naturae seu reale, ut mirum infra sensibile minimum contractum sit, non est ullius artis definire. TMM 184, 23 f.; 237, 3 ff.

54 Vgl. hierzu die Problematik des Übergangs bei Platon, Parmenides 156a-157b; J. Stenzel, Zahl und Gestalt, S. 80.

Grundmuster der räumlichen Beziehungen.[55] Das Bemerkenswerte an der brunonischen Diskussion ist dabei, daß er die euklidsche Definition „Et totum parte maius est"[56] in das Satzpaar „P a r s est in toto quidquid capias minus ipso, t o t u m est compositum quod partibus omnibus extat"[57] transformiert. Auf diese Weise aber wird mit der Umformulierung des euklidschen Axioms, die durch den antiken Atomismus inspiriert erscheint, ein weiteres Aufgabengebiet der Mathematik umrissen. Der Gedanke der „compositio" der Raumgrößen wird nämlich durch die solchermaßen modifizierte Relation von Teil und Ganzem überformt, sodaß diese Deutung von Teil und Ganzem schon als eine gedankliche Voraussetzung für die (an dieser Stelle noch ausstehende) Möglichkeit einer Theorie des Integrals gelten kann.[58] Das Gemeinsame, das der Grenze demnach sowohl in der Beziehung des Größer- oder Kleinerseins als auch in der Relation von Teil und Ganzem zukommt, ist der funktionale Gehalt eines „Schnitts", der im Falle des Größer- oder Kleinerseins den quantitativen Übergang der Stetigkeit und im Falle der Teil-Ganzes-Beziehung den qualitativen Zusammenhang ähnlicher Teile zu einem integren Raumgebilde sichert.[59] Hieraus aber folgt, daß in der Grenze ein Zusammenhang zwischen der quantitativen Bestimmung der Größe und ihrer qualitativ zusammengesetzten Erscheinung konstituiert wird, der es in weiterer gedanklicher Durchdringung erlaubt, die sich durch Kontinuation auszeichnende Größe und die sich durch Diskretion auszeichnende Gestalthaftigkeit unter einem gemeinsamen Gesichtspunkt der Relationalität zu subsumieren.[60] Zwischen den ersten Elementen und den Raumgebilden wird also ein Abhängigkeitsverhältnis insofern angenommen, als die kontinuierliche Setzung der jeweils ersten Teile nicht ein in sich unzusammenhängendes Konglomerat von Teilen im Raum, sondern deren gestalthaft *ganzheitliche* Struktur verbürgen soll.[61]

[55] TMM 159, 11 - 15.

[56] Vgl. Euklid (Busard), Communes animi conceptiones ix, S. 28.

[57] TMM 285, 17 f.

[58] Ebenso argumentiert Cusanus in De circuli quadratura. In: Die mathematischen Schriften, S. 38. Bemerkenswert erscheint die Anmerkung von J. E. Hofmann (Ebd., S. 202 Anm. 7): „Mit dieser Auffassung [sc. daß das Ganze aus der Summe aller seiner Teile besteht], nimmt der Cusaner das Prinzip voraus, auf dem alle modernen Integralumformungen beruhen."

[59] TMM 275, 14 f.; 276, 1 - 3.

[60] Vgl. hierzu die brunonische Aussage, derzufolge Größe und Gestalt noch nicht auf einen gemeinsamen Bezugspunkt bezogen werden können: AM 56, 2 f.

[61] Vgl. z. B. die brunonische Deutung der „compositio" als „integratio" in TMM 161, 21 f. Vgl. ferner die Formulierung „partes integrales" in STM 20, 8 f.

Indem somit jedoch die Diskussion des Grenzbegriffs nicht mehr nur hinsichtlich des stetigen Übergangs zwischen einem Minimum und Maximum oder einem Größeren und Kleineren geführt wird, sondern auch die an der Figurationstheorie orientierte Relation von Teil und Ganzem in die Argumentation miteinbezogen wird, eröffnet sich für die brunonische Mathematik ein neues Problemfeld: So muß jetzt nicht nur die mit der Grenze verbundene Elimination des (Teilungs-)Unendlichen unter den modifizierten Bedingungen der Korrelation von „quantum“ und „non quantum“ erneut diskutiert werden, sondern auch die damit verbundene Frage entschieden werden, ob innerhalb der Aufbaustruktur eines räumlichen Gebildes ein quantifizierbarer Teil oder aber die teillose, nicht quantifizierbare Grenze als Element der Zusammensetzung dominiert. Diese Frage bewegt sich zum einen im traditionellen Horizont der Problematik eines „atomistischen“ Verständnisses der unteilbaren Grenzen, das seit (der aristotelischen Interpretation) der platonischen Grenzauffassung den Aufbau der geometrischen Gebilde durch *Unteilbare* bestimmt, die sich gegenüber dem ganzheitlichen Gebilde *heterogen* verhalten.[62] Die bedeutendste Ausformulierung dieses Ansatzes findet in der Indivisibilientheorie Cavalieris statt.[63] Zum anderen aber weist die relationale Umdeutung des Teils und des Ganzen voraus auf die leibnizsche Methode der Integration, deren charakteristisches Merkmal in der *Homogenität der zu integrierenden Elemente* besteht.[64] Auf diese Weise also konzentriert sich in der brunonischen Korrelation des zweifachen Minimum die gesamte kontroverse Auseinandersetzung um die Theorie des Kontinuums und der elementaren Komponenten der räumlichen Gebilde.

6.2 Grenze, Minimum und Unendlichkeit in den methodischen Operationen der Mathematik

6.2.1 Die widersprüchliche Struktur des mathematisch Unendlichen

Die Frage, ob in den Aufbauelementen der mathematischen Gebilde eher das Moment der Verschiedenheit oder das Moment der Gleichartigkeit überwiegt, entscheidet sich innerhalb des brunonischen Systems wesentlich anhand der

62 Vgl. hierzu J. Stenzel, Zahl und Gestalt, S. 75.
63 Vgl. C. R. Wallner, Wandlungen des Indivisibilienbegriffs, S. 31.
64 Vgl. C. R. Wallner, Wandlungen des Indivisibilienbegriffs, S. 31.

logischen Funktion, die der Grenzbegriff im Rahmen einer übergreifenden Theorie des Kontinuums erfüllen soll. Nach der bisherigen Analyse der Vieldeutigkeit des „terminus" ist die Entscheidung für Bruno durchaus noch offen, weil die Grenze sowohl im Sinne der Stetigkeit als auch im Sinn der kontigen Berührung interpretiert werden kann.

Beide Deutungsmöglichkeiten des Grenzbegriffs führen aus mathematikhistorischer Sicht auf gravierende Probleme, sobald die mathematischen Gebilde auch quantifiziert werden sollen. Die logischen Unstimmigkeiten entzünden sich beispielsweise an der Frage, ob eine endliche Summe unteilbarer Momente eine endliche Größe überhaupt konstituieren kann oder ob - will man an der Theorie eines „diskreten Grenzbegriffs" festhalten - nicht eine unendliche Summe von Grenzmomenten angenommen werden muß.[65] Ebenso schwierig gestaltet sich die Frage nach der quantitativen Bestimmung der Größen, wenn ein „kontinuierlicher Grenzbegriff" unterstellt wird. Wenn nämlich die Grenze gemäß dem Zwischenwertsatz das Gleiche zwischen dem Kleineren und dem Größeren ist, wieviel ist dann dieses Gleiche? Entsteht nicht hier eine Antinomie, indem sich die Frage nach der Quantität einer Größe nur durch die Annahme der Kleiner-Größer-Relation lösen läßt, die für das Gleiche gerade ausgeschlossen ist?

Um Brunos Beitrag zu dieser Thematik abschätzen zu können, muß also der jeweilige Bedeutungsgehalt des „terminus" innerhalb der Argumentation beachtet werden: Handelt es sich um eine Grenze, die sich an einem schon verendlichten, materialiter konkretisierten Gebilde manifestiert, oder um eine Grenze, die noch vor jedem Anschauungsgehalt den Prozeß der Verendlichung allererst konstituiert? Ist eine unteilbare Grenze als ein „non quantum" geeignet, ein quantitatives Gebilde aufzubauen, oder zeigt nicht gerade diese Frage, daß eine solche Annahme eigentlich nur dann diskutabel erscheint, wenn die Grenzen an einem schon irgendwie gegebenen Gebilde gleichsam nachträglich ausgemacht werden und nicht der Prozeß der Entstehung des Quantitativen im Vordergrund steht? Gerade dieses letztere Problem ist es, das Bruno im Zusammenhang mit seiner Deutung kontinuierlicher Größen interessiert.[66] Dabei zeichnet sich hier schon ab, daß die Aussagen zum Grenzbegriff nicht isoliert betrachtet werden dürfen, sondern ihre letzte Sinnhaftigkeit erst im Zusammenhang mit Brunos Theorie der Einheit der Größe entfalten.

[65] So argumentiert beispielsweise Galilei, vgl. O. I. Kedrovskij, Wechselbeziehungen von Philosophie und Mathematik, S. 134 ff.

[66] Vgl. TMM 159, 29 - 160, 5.

Die Komplementarität und quantitative Deutung von Größe und Grenze ist dementsprechend auch ein zentrales Motiv des ersten Buches von De minimo. Die Vielschichtigkeit der zu klärenden Fragen wird allerdings durch die Konzeption des einheitlichen Inbegriffs der Größe wesentlich bereichert: So gilt es zunächst festzuhalten, daß innerhalb der Diskussion Unteilbarkeit als Attribut nicht nur der Grenze zugesprochen wird, sondern daß sich der „atomistische“ Grundgedanke auch auf die Unteilbarkeit der *einen, koinzidental unendlichen* Größe bezieht. Wie sich dementsprechend die Unteilbarkeit der Größe zu der Unteilbarkeit der Grenze verhält, bedarf einer eigenen Analyse.

Eng verbunden mit diesem Fragenkomplex ist im weiteren die Entwicklung von Methoden, durch die das quantitative und qualitative Verhältnis der ersten Teile zu ihrem jeweiligen Ganzen auf der Basis der Kontinuumstheorie bestimmt werden kann.[67] Von besonderer Bedeutung ist hier die Auseinandersetzung um die Zuordnung von Infinitem und Finitem, wobei die Erörterung des Grenzverfahrens in diesem Zusammenhang schwerpunktmäßig mit dem Begriff „minimum“ geführt wird. Zusätzlich zur Dichte des Grenzbegriffs wird die Argumentation dadurch erschwert, daß auch die begriffliche Signifikanz des Minimum durchaus nicht einheitlich ist. Dies meint nicht nur allgemein, daß das Minimum per definitionem als variabler Ausgangspunkt einer jeweiligen wissenschaftstheoretischen Betrachtung festgelegt werden darf. Vielmehr bezeichnet Bruno mit „minimum“ innerhalb der speziellen Kontinuumstheorie sowohl die koinzidentale Einheit der Größe als auch die Grenze und den ersten Teil.[68] Hieraus aber folgt nicht nur, daß die Theorie der Quantifizierbarkeit der jeweiligen Minima je nach dem gemeinten Minimum streng differenziert werden muß. Es zeigt sich gerade auch übergreifend an der brunonischen Unentschlossenheit, ob erstens dieses Kleinste entweder als endlich fixiertes Quantum eines Teils oder zweitens als nicht quantitative Grenze feststeht oder ob - als eine dritte, weitere Möglichkeit dieses vielschichtigen Begriffs - das Minimum doch auf das ontologische und erkenntnistheoretische Fundament eines unendlichen, nicht im Sinne endlicher Verhältnismäßigkeit quantifizierbaren Begriffs der Größe hinführt, die gesamte Fülle der aporetischen Grundstrukturen, mit denen der Versuch einer widerspruchsfreien Begründung einer Mathematik des Unendlichen konfrontiert ist.[69]

[67] Dies ist die Thematik von De minimo III, De inventione minimi.

[68] Vgl. TMM 153, 22 ff; 158, 12 ff., 159, 16 f.

[69] Zu den Widersprüchen der Infinitesimalmathematik vgl. K. Volkert, Geschichte der Analysis, S. 98 - 112; D. Spalt, Vom Mythos der mathematischen Vernunft, S. 182 ff.; O. I. Kedrovskij, Wechselbeziehungen von Philosophie und Mathematik, S. 136 ff.

In einem ersten Schritt führt die dem Minimum zugesprochene Bedeutungsvielfalt auf die Frage, wie sich die Unvergleichbarkeit des Unendlichen zu der Relationalität einer endlichen Größe überhaupt verhalten kann, weil für das Unendliche die Beziehungsmöglichkeiten des Endlichen nicht gelten. Wenn das Unendliche im Sinne der unendlichen Quantität dennoch als erste Begründungsinstanz des Endlichen gelten soll, andererseits aber die Relationen des Größer- und Kleinerseins sowie von Teil und Ganzem als den „archimedischen" Beziehungsformen[70] des Endlichen im Unendlichen nicht gelten, welchen Einfluß hat dann dieses Unendliche für die Konzeption kontinuierlicher Größen? Zusätzlich verwirrend wirkt sich Brunos Behauptung aus, das Unendliche als der unendliche Kugelraum solle selbst auch ein Kontinuum sein.[71] Was aber bedeutet die Identifikation des Unendlichen mit dem Kontinuum? Gerade diese Fragestellung verdeutlicht die grundsätzliche Schwierigkeit, für die eine Lösung gefunden werden muß: Wird nämlich das Unendliche als Negation des Endlichen verstanden, welchen Sinn macht es dann, ihm den Charakter eines Kontinuums zuzusprechen, wenn sich Kontinuierliches im Beziehungsfeld endlicher, vergleichbarer Größen erweist?

Durch dieses eigentümliche Zusammendenken von Koinzidenz und Kontinuum deutet sich der Ansatz an, der die brunonischen Aussagen zum Unendlichen vor dem Hintergrund der zenonschen und aristotelischen Paradoxien erst verständlich werden läßt: So muß es Bruno zum einen darum gehen, daß der „atomistische" Grundgedanke der Größe widerspruchsfrei angesetzt werden kann. Dies geschieht durch die Entscheidung für ein Unteilbares, das im schon ausgeführten Sinn die Aktualität der einen Größe bzw. des einen Raumes selbst ist[72] und offensichtlich auch mit der brunonischen Sprechweise von der nicht erfahrbaren „Tiefe des Kontinuums"[73] gemeint ist. Andererseits aber zeichnet sich in diesem Kontext die Aporie ab, daß sich ein unteilbares Unendliches noch nicht als Kontinuum deuten läßt. Denn die Kontinuität der Größe erweist sich eben durch eine gemeinsame Grenze ihrer Teile bzw. als stetiger Übergang zwischen dem Größeren und dem Kleineren. Da aber diese Beziehungen bisher ihre Valenz nur für das Endliche erwiesen haben, müßte es Bruno konsequenterweise darum gehen, die am Endlichen ausgemachten Kriterien des Kontinuierlichen auf das Unendliche zu übertragen, damit die Behauptung eines unendlichen und kontinuierlichen Kugelraums überhaupt sinnvoll wäre. Dies wäre gleichbedeutend mit der Auf-

70 Zum Zusammenhang zwischen archimedischer Eigenschaft und Homogenität vgl. D. Laugwitz, Zahlen und Kontinuum, S. 200 f.

71 Vgl. AM 14, 21 f.

72 M 346.

73 TMM 175, 31.

fassung eines *in sich* bezüglichen Unendlichen. Die hiermit implizit verbundene Annahme, daß sich die Begriffe der Unendlichkeit und der Relationalität nicht grundsätzlich ausschließen, würde im weiteren auch die wesentliche Voraussetzung für die Möglichkeit eines Bezugs zwischen dem Unendlichen und dem Endlichen bedeuten. Damit das Unendliche mit der endlichen Größe überhaupt in Verbindung gebracht werden kann und dieser nicht als ein vollständig unbezügliches Prinzip äußerlich bleibt, bedarf es eines Begriffs des Unendlichen, der die Eigenschaft der Verhältnismäßigkeit in irgendeiner Weise zuläßt. Wenn jedoch Beziehungen nach der Art des Endlichen für das Unendliche ausscheiden, wie kann die Beziehungsfähigkeit des Unendlichen dann überhaupt gedacht werden?

Vor diesem Hintergrund zeichnet sich die eigentliche, mathematisch relevante Antinomie ab. Das Unendliche soll mit dem Endlichen in Beziehung gebracht werden, obwohl das Unendliche eine solche Beziehbarkeit a priori nicht zuläßt.[74] Wenn sich jedoch vor dem Hintergrund dieser Widersprüchlichkeit, die den mathematischen Umgang mit dem Unendlichen bestimmt, der Charakter des Kontinuums im Sinne der Definition von kontinuierlicher Quantität[75] für das Unendliche als sinnvoll erweisen soll, muß es offensichtlich Beziehungen des Unendlichen oder im Unendlichen geben, die zwar Beziehungsformen darstellen, aber nicht mehr als die rationalen Beziehungen des Endlichen zu verstehen sind. Auf diese Weise scheint Bruno genötigt zu sein, durch die gedankliche Kombination von Unendlichkeit und Kontinuum doch ein Moment der „Irrationalität" in seiner Theorie des Kontinuums zuzulassen, dessen traditionelle Widersprüche er gerade vermieden wissen wollte.

In einem zweiten Schritt verschärft sich die Schwierigkeit einer theoretischen Grundlegung der quantitativen Darstellung der Größe durch die Bezeichnung „minimum" für Quantifizierbares und nicht Quantifizierbares. So führt die Frage, warum Bruno mit dem Teil und der Grenze zwei Typen von Minima konstituiert, deren quantitative Eigenschaften streng zu unterscheiden sind, zunächst auf die Auffassung, daß es neben der endlichen, durch die Addition von Teilen verkleinerungs- und vergrößerungsfähigen Größe auch die mit den Teilen korrespondierenden Grenzen geben muß, die sich nicht in der Weise einer Kleiner-Größer-Relation zueinander verhalten.[76] Anhand dieser Unterscheidung bezüglich der archimedischen Eigenschaft zeigt sich nun Brunos Ringen um die inhaltliche Deutung der Zusammensetzbarkeit der Größen, die zudem vor dem Hintergrund eines unendlichen Kontinuums

[74] TMM 156, 14 - 17.

[75] AM 14, 21 f.

[76] TMM 161, 1 f.: [...] terminus adiectus termino non facit maius [...].

entwickelt werden muß. Auch in diesem Zusammenhang zeichnet sich dabei eine Antinomie ab, die ihr Fundament in der Widersprüchlichkeit zwischen einer Mathematik des Unendlichen und einer atomistischen Grundlegung der Größe hat: Neben dem Problemfeld der Irrationalität an sich liegt in der Entscheidung zwischen Kontinuum oder Zusammensetzung ein Konflikt beschlossen, dessen Wurzel in der eigentümlichen, nicht quantifizierbaren Verfassung des Minimum als Grenze begründet ist und dessen Behebung nur durch die Einführung eines quantitativen Minimum als einer verendlichenden Einschränkung des Unendlichen möglich erscheint. Die logisch widerstreitenden Tendenzen, die dementsprechend in der schillernden Bedeutungsvielfalt des Minimum als einem ersten Teil und einer Grenze zum Ausdruck kommen, spiegeln die Schwierigkeiten wider, mit denen der Versuch konfrontiert ist, die mathematischen Aufbaugesetze von räumlichen Gebilden mit den quantitativen Bedingungen des Kontinuums in Einklang zu bringen: Gäbe es nämlich dieses Kleinste als Teil im Bereich des Größeren oder Kleineren nicht, wäre der unendlichen Teilung und Approximation kein Ende gesetzt. Gibt es hingegen dieses Kleinste im Sinne eines quantitativen ersten Teils, kann die Größe durch Zusammensetzung von endlichen Teilen entstehen, allerdings um den Preis ihrer Einheitlichkeit und Kontinuität. Nimmt man hingegen die Grenze als Minimum, gewinnt man zwar ein „non quantum", das alle Eigenschaften eines stetigen Übergangs in sich vereinigt, jedoch als „non quantum" selbstverständlich niemals ein Quantitatives durch etwaige Zusammensetzung hervorzubringen imstande ist.

Dieser Rekurs auf die von Aristoteles als in sich widersprüchlich gekennzeichnete Auffassung eines Kontinuums, das aus unteilbaren Momenten zusammengesetzt sein soll,[77] markiert die Vertiefung und Weiterentwicklung der brunonischen Position in De minimo, von der her die Gedankenführung allererst verständlich erscheint. Nicht allein die Rezeption platonischer und cusanischer Elemente bestimmt die Argumentation, sondern auch der Versuch, mittels einem der platonischen Tradition entnommenen begrifflichen Instrumentarium den zentralen aristotelischen Einwand hinsichtlich der Konstitution des Kontinuums zu widerlegen. Besonders deutlich wird der in De minimo neu hinzugekommene aristotelische Hintergrund der Fragestellung durch die Ausweitung der sachlichen Funktion des „terminus": Obwohl Bruno nach wie vor in der Grenze die ursprünglich anhand der unendlichen Koinzidenz gewonnenen Eigenschaften der Identität von „principium" und „finis" realisiert denkt, diskutiert er den Grenzbegriff in De minimo nicht nur als den möglichen kontinuierlichen Übergang zwischen den Teilen oder als ein quali-

[77] Aristoteles, Physik VI, 231a f.

tativ determinierendes Moment von Gegensätzen,[78] sondern eben auch unter dem Aspekt seiner Quantifizierbarkeit innerhalb der kontinuierlichen Größe selbst. Durch diese Überlagerung platonischer und aristotelischer Motive hinsichtlich der Funktion des Grenzbegriffs innerhalb des Aufbaus der Größen berührt sich der thematische Komplex des Kontinuums mit der Gegenposition eines nicht mehr materialistischen, sondern mathematischen Atomismus, der grundsätzlich von der Kritik des Aristoteles geprägt ist.[79] In diesem Zusammenhang schiebt die aristotelische Kernfrage „Wie kann aus einem Größelosen Größe und Zusammenhängendes entstehen?“[80] eine quantitative Betrachtungsweise des Größelosen in den Vordergrund, die sich als die Frage nach der möglichen Addition von Grenzen prinzipiell von der platonischen, dimensionsverbindenden Auffassung der Grenze unterscheidet.

Die Variationsmöglichkeiten, die sich durch diese unterschiedlichen Konzeptionen des „Größelosen“ für die mathematische Behandlung des Kontinuums ergeben, bilden im folgenden den sachlichen Hintergrund für den brunonischen Lösungsvorschlag. Die Entscheidung, die jetzt getroffen werden muß, bezieht sich dementsprechend nicht nur darauf, ob sich die Präsenz des unendlichen Kontinuums in den räumlichen Größen etwa durch eine noch nicht näher beschriebene Erweiterung der relationalen Strukturen auswirkt oder ob sich das Unendliche - eventuell gemäß der Auffassung der Indivisibilienlehre - als Zusammensetzung von unendlich vielen Unteilbaren manifestiert. Vielmehr bestimmt sich anhand dieses Themenkomplexes auch Brunos Beitrag hinsichtlich des Wesens der *gestaltenden* Bildungsgesetze der Größe. Geklärt werden muß, ob der *qualitative* Übergang zwischen den Dimensionen durch die bloße Zusammensetzung von Unteilbaren geleistet werden kann oder ob ein solcher Übergang durch die relationale Abhängigkeit der Gesamtgröße von einen integrierenden Element bewirkt wird.

Allein wenn die Entscheidung zugunsten eines Elements ausfällt, das dem Gesamtgebilde prinzipiell gleichartig ist, kann Bruno dem klassischen, gegen eine Theorie elementarer Aufbaugrößen gerichteten Einwand begegnen, der die Unmöglichkeit eines qualitativen Übergangs zwischen den Dimensionen durch die Summierung von heterogenen, unteilbaren Elementen betont. Diese traditionelle Aporie zwischen einer atomistischen Grundle-

78 Vgl. z. B. die Thematik des „winkligen Kreises“ in TMM 212 ff.

79 Die brunonische Rezeption der aristotelischen Kontinuumsaufassung zeigt sich anhand des Versuchs, folgenden Einwand zu entkräften: Minimum, ais, si tangit, toto se tangit, et hoc non faciet maius [...] haec est, inquam, terminorum confusio [...]. TMM 159, 29 - 160, 3.

80 Aristoteles, Metaphysik XII, 1075b, 28 - 30.

gung der Größe einerseits[81] und der Unbrauchbarkeit der Atome als aufbauende Strukturmomente von Gebilden unterschiedlicher Dimensionalität andererseits beschäftigt als ein zentraler Punkt mathematischer Theoriebildung die philosophisch-mathematische Spekulation von den zenonschen Paradoxien bis zu den Ausführungen Hegels[82] und kann offensichtlich erst durch die gedankliche Weiterentwicklung des Unteilbaren zum Integral umgangen werden.[83] Auch für die brunonischen Ausführungen sind die traditionellen Argumentationsmuster als Hintergrund präsent.[84] Die Argumentation bewegt sich innerhalb der Thematik des implizit vorgegebenen Motivs, den Gedanken einer elementaren Begründung der Größe mit dem Gedanken eines Kontinuums aussöhnen zu können. Dies aber kann nach den bisherigen Ergebnissen nur heißen, daß sich die Eigenschaft der Gleichartigkeit des unendlichen Kontinuums in dem funktionalen Kontext von Aufbauelement und Gesamtgebilde wirksam erweisen muß. Inwieweit die brunonische Argumentation diesem Anspruch gerecht wird, soll die folgende Analyse zeigen.

6.2.2 Die Ergänzung der Kategorie der Quantität durch den Begriff der Grenze

Die Auseinandersetzung um das Problem, ob aus einem Größelosen Größe entstehen und ob die Unendlichkeit des Kontinuums als Ergebnis einer Summierung von unteilbaren, kleinsten Atomen begriffen werden könne, eröffnet den Problemhorizont der möglichen quantifizierbaren Eigenschaften der Grenze.

Folgt man der Gedankenführung von De minimo, ist auffällig, daß die Funktion der Grenze zunächst ausschließlich im Zusammenhang mit der Konstitution *endlicher* Größen erörtert wird.[85] Die Grenze wird als das Korrelat eines Teils gedacht, der einem endlichen Ganzen angehört, wobei die Grenze eben den Modus der Endlichkeit der räumlichen Größen bewirkt. In diesem Zusammenhang hat die Grenze also die Funktion, das Phänomen des Endlichen an sich zu ermöglichen, indem das Infinite von der finiten, kontinuierlichen Größe durch die Grenzsetzung ausgeschlossen wird.[86] Wenn bis hierher

[81] Vgl. hierzu die atomistischen Definitionen Euklid (Busard), Def. xiii.
[82] Vgl. G. W. F. Hegel, Wissenschaft der Logik (1832) I 1, Gesammelte Werke Bd. 21, S. 299 ff.
[83] C. R. Wallner, Die Wandlungen des Indivisibilienbegriffs, S. 28 f.; für Leibniz vgl. E. Cassirer, Leibniz' System, S. 170.
[84] TMM 163 ff.; F 196 ff.
[85] TMM 154, 13 - 18.
[86] TMM 158, 10 f.; 162, 7 f.

die Argumentation an das Programm einer finitisierenden Mathematik anknüpft, das mit dem Grenzbegriff grundgelegt ist, ergibt sich doch durch den aristotelischen Horizont der Atomismuskritik eine bedeutsame Verschiebung: Während nämlich in den Articuli adversus mathematicos der „terminus" im Sinne der cusanischen Koinzidenz selbst als „infinitum" begriffen wurde, wird er in De minimo durch seine Gebundenheit an ein numerisch endliches System endlicher Teile in die sachliche Nähe numerischer Endlichkeit gerückt: Da nämlich nach Bruno eine endliche Größe keinesfalls aus unendlichen Teilen zusammengesetzt sein kann, folgt aufgrund der Abhängigkeit der Grenzen von der Anzahl der Teile auch, daß eine derartige Zusammensetzung nicht durch unendlich viele Grenzen bewirkt werden kann.[87] Bruno beantwortet dementsprechend den aristotelischen Einwand, daß aus einem Größelosen keine Größe entstehe, durchaus mit einem Zugeständnis: Die Konstitution endlicher Größen durch ein „non quantum" bleibt ganz im Sinne des Aristoteles prinzipiell ausgeschlossen, und dies gilt auch für die Annahme, daß die Größe durch eine unendliche Zahl von Grenzen konstituiert werde.[88] Denn die Anzahl der Grenzen bemißt sich nach Bruno von Haus aus nach der immer endlichen Anzahl der Teile einer endlichen Größe. Damit klärt sich auch, inwiefern Bruno als Wegbereiter der Indivisibilientheorie gelten könnte: Bruno gelingt es, den für die Indivisibilientheorie typischen Bruch mit der aristotelischen Position dadurch zu vermeiden, daß er die Gebilde nicht aus *aktual* unendlich vielen Indivisibilien bestehend denkt.[89] Als negative Konsequenz dieser Konzeption scheint jedoch jetzt die sich in den Articuli abzeichnende Errungenschaft eines fixierbaren Unendlichen in De minimo vollständig nivelliert: Weder im Sinne eines potentiellen Teilungsverfahrens noch als aktual infinite Summe von in sich infiniten Grenzen oder Teilen läßt sich nach dem bisherigen Stand der Diskussion das Unendliche in die mathematische Behandlung der Größe miteinbeziehen. Vorherrschend bleibt allein die Sicherstellung der Differenzierungsmöglichkeiten eines *endlichen* Ganzen. Hieraus aber folgt, daß die Funktion des Unendlichen als bestimmendes Moment des Endlichen zurückgedrängt wird. Dominierend wirkt innerhalb der Theorie der endlichen Größe das zahlhaft Diskrete, das die bedrohende Verunendlichung und Vereinheitlichung unterschiedlicher Quanten verhindern soll.[90]

87 TMM 161, 14 - 16; 22 - 24.

88 So z. B. Galilei, vgl. E. Goldbeck, Galileis Atomistik und ihre Quellen. In: Bibliotheca mathematica, dritte Folge, Bd. 3, Leipzig 1902, S. 84 - 112, bes. S. 93 f.

89 Zum Problemzusammenhang vgl. K. Volkert, Geschichte der Analysis, S. 63 ff.

90 Vgl. TMM 154, 13 ff.; H. Védrine, La conception de la nature, S. 194.

Wenn nun an dieser Stelle - gemessen an seiner sonstigen Polemik gegenüber den aristotelischen Aussagen bezüglich des Kontinuums - die übereinstimmende Ablehnung einer durch eine aktual unendlichen Anzahl von Unteilbaren konstituierte Größe fast überraschend anmutet, darf dies doch nicht über die entscheidenden Unterschiede zwischen der brunonischen und der aristotelischen Aussage hinwegtäuschen. Die Auseinandersetzung Brunos mit dem aristotelischen Gedankengut ist in De minimo wesentlich von der Problematik einer möglichen Auflösung der zenonschen Paradoxien geprägt, deren begriffliche Konfusion durch die Aristoteliker er vermeiden möchte.[91] Wenn daher die Einführung zweier Typen von zählbaren Minima geradezu als ein Rückschritt gegenüber der Programmatik eines koinzidentalen, unendlichen *und* limitierenden Grenzbegriffes anmutet, läßt sich doch als eigentlicher Hintergrund der Argumentation feststellen, daß Bruno zunächst den implizit verborgenen logischen Aporien der zenonschen Interpretation wirksam begegnen möchte. Das von Zenon angeführte und von Aristoteles widerlegte Paradoxon des Unendlichen besteht eben darin, daß aus der Annahme einer unendlichen Anzahl von Indivisibilien auch die gleiche Mächtigkeit unterschiedlich großer Mengen folgt.[92] Dies bedeutet nichts anderes, als daß beispielsweise eine halbe Strecke einer ganzen Strecke gleich sein soll.[93] Diese paradoxale Schlußfolgerung gibt nun für die Vermutung Anlaß, daß die brunonische Zustimmung zu den aristotelischen Ausführungen durch die Gleichartigkeit eines Effekts motiviert ist, den Bruno gerade nicht akzeptiert: Logisch gesehen nämlich resultiert aus einer aktual unendlichen Anzahl von Unteilbaren derselbe Widerspruch wie aus einem in infinitum fortgesetzten Teilungsverfahren, indem in beiden Fällen die Nivellierung von Größenunterschieden erfolgt. Ob also ein potentieller, die Teile verunendlichender Progreß oder eine aktuale Menge zusammengesetzter Elemente zugrundegelegt wird, bedeutet keinen Unterschied für die Schwierigkeit, an den Differenzierungsmöglichkeiten des Endlichen festzuhalten

Auf diese Weise also sind für Bruno die beiden traditionell vorgegebenen Varianten eines mathematisch Unendlichen inakzeptabel. Ihm muß es vor allem darum gehen, die Relation von Kleiner und Größer sowie von Teil und Ganzem in ihrer Gültigkeit abzusichern, ohne sich dabei etwa in Anlehnung an Cusanus mit der Widersprüchlichkeit letztlich nur approximativ behandelbarer Größen zufrieden zu geben. Wie aber kann vor dem Horizont der Kritik des gängigen Unendlichkeitsverständnisses ein solcher Anspruch

91 TMM 160, 3.

92 Aristoteles, Physik VI, 239 b 30; A. Szabó, Anfänge der griechischen Mathematik, S. 404.

93 AM 35, 7 - 9.

realisiert werden? Bleibt an dieser Stelle nicht tatsächlich einzig der Rückzug auf eine endliche, diskrete Größe unter vollständiger Elimination eines aktual Unendlichen, das für den Aufbau endlicher Größen bestimmend wirken könnte und zugleich auch die Gefahr eines „differenzlosen Gleichmachens" bzw. eines irrationalen Prozesses vermeidet?

Die brunonische Behandlung dieser Problemstellung vollzieht sich in mehreren Schritten und kann von ihrer Intention her schon als sachlicher Vorgriff einer mathematisch-logischen Diskussion gelten, die faktisch bis in die Gegenwart nachwirkt:[94] So besteht Brunos Lösungsansatz in einer logischen Erweiterung der Kategorie der Quantität, die das Unzureichende der traditionellen Entwürfe aufdeckt. Insofern das Minimum als ein Teil verstanden wird, fungiert es nach dem klassischen Muster der endlichen Größe als das quantifizierbare „relatum" eines Größeren oder Ganzen. Insofern das Minimum jedoch als Grenze verstanden wird, dürfen die Relationsbeziehungen nicht angewendet werden, obwohl auch die „termini" dem Genus der Quantität angehören.[95] Diese Annahme, daß eine nicht im Sinne endlicher Relationalität, d. h. eine nach den Bedingungen der archimedischen Eigenschaften nicht quantifizierbare Größe[96] dennoch im Genus der Quantität angesiedelt ist, ist zunächst ein Indiz dafür, daß sich Bruno - entgegen der Meinung der Kommentatoren[97] - keineswegs mit der Verendlichung der Größe nach Art der diskreten Zahl zufrieden gibt. In der begrifflichen Konzeption des „terminus" deutet sich vielmehr schon die eigentümliche Auffassung eines Typus von Größen an, deren quantitativer Gehalt nicht nach der Art endlicher Teile vergrößer- oder verkleinerbar ist und deren Einführung dennoch nicht vernachlässigbar ist, weil die relationalen Ordnungsformen der bis dahin noch unbestimmten endlichen Größen offensichtlich allererst durch sie gewährleistet werden.[98]

Das Bemerkenswerte der brunonischen Argumentation erschließt sich jedoch erst vor dem Horizont der aristotelischen Kritik des Atomismus. Gerade

94 Vgl. die Vermutung von K. Heipcke, W. Neuser, E. Wicke hinsichtlich möglicher sachlicher Bezüge zwischen der brunonischen Stetigkeitsauffassung und der Non Standard Analysis, Über die Dialektik der Natur und Naturerkenntnis, S. 156, Anm. 23.

95 STM 23, 23 - 25. Obwohl Bruno die „quantitas continua" gemäß ihrer materiellen Erscheinungsweise und ihrer dimensionalen Grenzen differenziert, ist doch für die Argumentation wesentlich, daß die Grenze als solche dem Genus der Quantität zugeordnet wird. In De monade werden schließlich der relational materiale Aspekt der Größe *und* ihre Grenze einem einzigen Genus, der Quantität untergeordnet.

96 TMM 180, 4.

97 Vgl. z. B. E. Cassirer, Das Erkenntnisproblem, Bd. 1, S. 308.

98 TMM 162, 11 - 14; vgl. ferner 249, 5 - 8.

anhand des Verständnisses des Grenzbegriffs als einer Spezies der Quantität manifestiert sich eine Transformation traditionellen Gedankenguts, durch die letztlich das mit der Trias „Kleiner - Gleich - Größer“ metaphysisch intendierte Prinzip der Stetigkeit auch mathematisch umgesetzt werden kann, oder mit anderen Worten: Daß die Gültigkeit des Zwischenwertsatzes nicht nur als metaphysisches Postulat, sondern auch in der Theorie der Größe als legitim ausgewiesen ist, hat seinen Grund in der Einordnung der Grenze in die Kategorie der Quantität; denn: Grenze und erste Teile unterstehen demselben Genus.[99] Wenn sich in De minimo diesbezüglich aufgrund der begrifflichen Mehrdeutigkeit des Grenzbegriffs noch teilweise verunklarende Formulierungen über die Verschiedenheit von Teil und Grenze finden,[100] ist dies durch den Versuch motiviert, wesentliche aristotelische Einwände bezüglich des Aufbaus eines räumlichen Kontinuums aus Unteilbarem, wie etwa das Problem der Unmöglichkeit sich berührender Punkte,[101] argumentativ zu entkräften. Die tiefergehende Notwendigkeit der Auseinandersetzung besteht sachlich jedoch darin, die Möglichkeit der Stetigkeit vor dem Hintergrund eines aristotelischen Urteils zu erweisen, demzufolge die Annahme eines Mittleren zwischen Gegensätzen nur dann berechtigt ist, wenn das Mittlere und das Gegensätzliche demselben Genus angehören.[102] Diese Einschränkung, daß das Stetigkeitsprinzip nur innerhalb desselben Genus wirken kann, d. h. daß also das Kleine, Große und Gleiche nicht dem Genus nach Verschiedenes sein dürfen, ist das Motiv, das in der Diskussion um die Möglichkeit eines „atomaren Kontinuums“ wirksam wird: Die über die Scholastik[103] fortwirkende begriffliche Konzeption des Kontinuums als einem „aliud aliquid“ gegenüber einem Indivisibel[104] bedeutet somit die inhaltliche Schwierigkeit, die den mathematischen Atomismus aus der Sicht des Aristoteles in Frage stellt.

Von hieraus kann erst die konzeptionelle Tragweite abgeschätzt werden, die die brunonische Entwicklung des Grenzbegriffs intendiert. Indem in der Summa terminorum die „quantitas continua“ frei von jeder begrifflichen Zweideutigkeit als eine Größe charakterisiert wird, „deren Teile durch einen ge-

[99] Vgl. TMM 139, 31 - 140, 3 und STM 23, 23 - 25 im Zusammenhang.

[100] So z. B. in TMM 180, 2.

[101] Aristoteles, Physik VI, 231a ff.

[102] Aristoteles, Metaphysik I, 1057a; O. Becker, Grundlagen der Mathematik, S. 47.

[103] Vgl. C. R. Wallner, Die Wandlungen des Indivisibilienbegriffs, S. 28 ff.

[104] Vgl. B. Cavalieri, Geometria indivisibilibus continuorum nova quadam ratione promota, S. 111; zitiert nach C. R. Wallner, Die Wandlungen des Indivisibilienbegriffs, S. 31. Vgl. ferner H. Cohen, Das Prinzip der Infinitesimalmethode und seine Geschichte, S. 76 f.

meinsamen terminus verbunden sind"[105] und darüberhinaus dem Genus der Quantität sowohl die der Quantität nach vergleichbaren Teile als auch die nicht vergleichbaren Grenzen der Quantität zugeordnet werden, wird das traditionell Verschiedene nunmehr unter der Quantität als einem „allgemeinsten Aussagemodus"[106] begriffen. Diese Einführung einer „allgemeinen und reinen Kategorie der Quantität"[107] aber bedeutet gegenüber der Tradition den entscheidenden erkenntnistheoretischen Fortschritt. Als logische Konsequenz aus der Verschiedenheit von Teil und Grenze[108] wird ein ihnen gemeinsamer Oberbegriff konstituiert, der schon die Möglichkeit impliziert, auch das nicht nach rational endlichen Maßstäben Vergleichbare und deshalb Unendliche oder Irrationale derselben Kategorie zuzuordnen und unter demselben Gesichtspunkt zu begreifen.

Kehrt man von hieraus nochmals an den Ausgangspunkt der Überlegung zurück und fragt nach den konkreten brunonischen Schlußfolgerungen hinsichtlich der Aufbaustrukturen des Quantitativen, dann zeigt sich, daß Bruno Größen mit den Eigenschaften der Grenze zwar keineswegs - wie die Verfechter der Indivisibilientheorie - als alleinige Komponenten zuläßt, sondern das Verständnis der Kategorie der Quantität durch die Einführung der Grenzen als der Korrelativa von Teilen ausweitet. Das Problem der archimedisch nicht vergleichbaren Quantität stellt sich für Bruno weder unter dem Aspekt eines potentiellen Teilungsverfahrens noch in der Form einer aktual unendlichen Summe von Unteilbaren, sondern hinsichtlich ihrer kategorialen Zulässigkeit. Auf diese Weise deutet sich durch die brunonische Charakterisierung

105 Vgl. oben S. 142, Anm. 50.

106 Die Quantität wird, obwohl sie natürlich nicht mit der selbständigen Substanz identisch ist, ebenso wie die Substanz als eine allgemeinste Kategorie gedeutet. STM 14, 16 - 18: Ultimo dicitur substantia ipsa categoria seu generalissimum, quod distinguitur contra alia generalissima, quantitatem, qualitatem etc.

107 So lautet die Forderung E. Cassirers, Das Erkenntnisproblem, Bd. 1, S. 308; Cassirer übersieht, daß Bruno diese Forderung in STM 23, 23 - 25 für die Konzeption der Grenze erfüllt. Die Verschiedenheit zwischen Teil und Grenze, die Cassirer für TMM 180, 2 feststellt, bezieht sich auf ihre Verfassung als „quantum" und „non quantum" und nicht auf ihre logische Einordnung in dasselbe Genus der Quantität. Eindeutig subsumiert Bruno in De monade den Ternar „Grenze - Teil - Ganzes" unter das gemeinsame Genus der Quantität. M 371: Habemus communiter in genere Quantitatis, iuxta omnes scilicet acceptae, rationes atque modos, Ternaria. Terminum - Partem - Totum [...].

108 Neben der Differenzierung von Teil und Grenze als „quantum" und „non quantum" sind beide Momente zunächst auch definitorisch zu unterscheiden; vgl. TMM 161, 7 - 11. Analog zu dem übergreifenden Genus der Quantität konstituiert Bruno jedoch auch den Akt des Definierens an sich durch eine übergeordnete Einheit der Definitionsgrundlage. Vgl. hierzu die Untersuchung in Kapitel 7, S. 184 ff.

der Grenze eine Alternative zu der bisherigen Behandlung des Kontinuums an, indem - vor dem traditionellen Hintergrund der platonischen Formulierung des Stetigkeitsprinzips - das Spektrum der Vergleichbarkeit homogener, „archimedischer" Systeme um eben diese nicht quantifizierbare, aber dennoch der Kategorie Quantität angehörige Grenze eines Teils erweitert werden kann.[109]

6.2.3 Die „Irrationalität" des Kontinuums als Erweiterung der rationalen Bestimmbarkeit der Größe

Die brunonische Erweiterung der Kategorie der Quantität nahm ihren Ausgangspunkt bei der Konstitution *endlicher* Größen. In diesem Zusammenhang stellte sich heraus, daß eine innere Zuordnung zwischen dem Kontinuum und ordnungsgemäßer, relationaler Bestimmungen des Kontinuierlichen durch die Annahme von „termini" geleistet werden kann. Die „Einteilung" der unbestimmten Größe mittels „termini" bedeutet somit auch die Zurückdrängung des Irrationalen als des nicht Beziehungsfähigen aus dem Bereich des Endlichen.[110] Die erkenntnistheoretische Valenz dieses Ansatzes erschließt sich erst dann, wenn man bedenkt, daß Teil und Grenze nach der brunonischen Definitionslehre die ideell verankerten „Variablen" des Definitionsprozesses an sich darstellen. Die Determination der Größe zu einem Relationsgefüge ist dementsprechend das Resultat einer Definition.

So wesentlich diese Überlegung für die Begründung der endlichen Größen auch ist, stellt sich jetzt dennoch die Frage, ob dieses Argumentationsschema auch auf das unendliche, als Kugelraum verstandene Kontinuum angewendet werden darf.[111] Ein Widerspruch ergibt sich in diesem Zusammenhang durch den Begriff des Teils, indem der unteilbar unendlichen Kugel eine endliche, in Teile eingeteilte, kontinuierliche Größe gegenübergestellt wird. Diese Einteilung der Größe in abzählbare Teile eröffnet jedoch im weiteren - jedenfalls was die endliche Größe betrifft - die Auseinandersetzung um den Primat von Kontinuum und Diskretion. Wird nicht durch das faktische Ergebnis der Einteilung eine Überlagerung von Kontinuum und Diskretion provoziert, deren Konfliktpotential sich hinsichtlich der Konfrontation der endli-

[109] Dies meint offensichtlich der Verweis von K. Heipcke, W. Neuser und E. Wicke (Über die Dialektik der Natur und Naturerkenntnis, S. 156, Anm. 23) auf den „terminus" als den „dedekindschen Schnitt" im Sinne des Grenzwerts der „Non Standard Analysis". Die Parallele zu der platonischen, von O. Becker (Grundlagen der Mathematik, S. 47) schon als sachlicher Vorgriff auf den dedekindschen Schnitt gewerteten Grenzauffassung bleibt allerdings unerwähnt.

[110] TMM 250, 14 - 17.

[111] Vgl. AM 14, 21 f.

chen diskreten Größe mit einem unendlich kontinuierlichen Raum manifestiert? Wird nicht - verschärfend -die mathematische Wirksamkeit des stetigkeitsvermittelnden Grenzbegriffs insgesamt in Frage gestellt, weil nämlich die „Gleichheit" der Grenze in der arithmetischen Zahlenreihe gar nicht ausgedrückt werden kann? Diese Fragen zeigen, daß die kontinuierliche Größe als zahlhaft bestimmte Größe wiederum mit jenem Moment der sprunghaften Unstetigkeit konfrontiert ist, das durch den Grenzbegriff gerade ausgeschlossen sein sollte.[112] Wenngleich sich also innerhalb der Argumentation des Grenzbegriffs zunächst zumindest die thematische Gleichwertigkeit eines im platonischen Sinn verstandenen kontinuierlichen Prinzips gegenüber einer diskretionistischen Auslegung der Größe abzeichnete,[113] so wird diese Gleichwertigkeit durch die Not, das Kontinuierliche mit den herkömmlichen Mitteln des Zahlbegriffs fixieren zu müssen, fraglich.

Die Schärfe des Problems zeigt sich für Bruno im Rahmen seines Versuchs einer Auflösung der zenonschen Paradoxien.[114] Nach der Bekräftigung, daß zwischen den Grenzen einer endlichen Größe keinesfalls eine unendliche Größe angenommen werden darf,[115] stößt Bruno bei der Interpretation der traditionellen Antinomie bezüglich des Wettkampfs von Achilles und der Schildkröte erneut auf ein Kernproblem des mathematischen Atomismus, das sich anhand der Geradheit und Ungeradheit der Zahlen herauskristallisiert. Geht man nämlich von der Annahme aus, daß eine aus einer ungeraden Anzahl von Teilen zusammengesetzte Strecke gleichzeitig von Achilles und der Schildkröte durchlaufen wird, wobei Achilles doppelt so schnell wie die Schildkröte ist, dann stellt sich die Frage, in welcher Weise die „Hälfte" der Strecke interpretiert werden muß, die die Schildkröte nach den angegebenen Voraussetzungen in derselben Zeit durchläuft. Wenn also die Strecke beispielsweise aus sieben Punkten zusammengesetzt ist,[116] besteht die Hälfte der Strecke dann aus drei oder vier Punkten, d. h. anders formuliert: Was geschieht „zwischen" dem dritten und dem vierten Punkt? Nach Ansicht der Peripatetiker[117] bedeutet diese Aporie ein Argument gegen die Zusammensetzung des Kontinuums aus unteilbaren Größen. Denn wäre die Größe aus unteilbaren Bestandteilen zusammengesetzt, dann müßte doch ein solches Unteilbares teilbar sein, wenn exakt die Hälfte einer ungeraden

[112] AM 26, 22 f.

[113] Vgl. die nebengeordnete Aufzählung der diskreten und kontinuierlichen Eigenschaften der Quantität in STM 23, 4 - 10.

[114] TMM 163 ff.

[115] AM 35, 12 - 14; TMM 167, 7 - 9.

[116] TMM 27 - 30.

[117] Vgl. TMM 163 ff.

Zahl von Elementen fixiert werden soll. Also muß nach Auffassung der Peripatetiker eine kontinuierliche Größe potentialiter in infinitum teilbar sein.[118]

Bruno selbst kann sich der Stringenz dieses apagogischen Beweises nicht entziehen, obwohl er selbstverständlich die aus ihm resultierende Schlußfolgerung nicht anerkennt. Aus diesem Grund richtet sich im folgenden seine Absicht darauf, die Irrtümer der Peripatetiker mit Hilfe der Unterscheidung der zwei Arten von Minima aufzuklären:[119] So sieht Bruno einen wesentlichen Fehler in der Annahme, daß ein Unteilbares vom Wesen der größelosen Grenze teilbar sein soll.[120] Trotz der Unteilbarkeit der Grenzen sollen diese jedoch prinzipiell „durchlaufen" werden können; denn keineswegs würden die sich bewegenden Körper zwischen der Hälfte eines geradzahligen und eines ungeradzahligen Punktes (hier sieben und acht) blockiert.[121]

Die innere Sachhaltigkeit und die antiaristotelische Tendenz der an dieser Stelle nicht bewiesenen Behauptung erschließt sich im weiteren als argumentativer Kunstgriff erst vor dem Hintergrund der in der Summa terminorum metaphysicorum explizit ausgeführten Umdeutung des Grenzbegriffs, nach der die größelose, nicht relational beschreibbare Grenze dennoch dem Genus der Quantität angehört: Indem nämlich Bruno in diesen Zusammenhang die Möglichkeit des kontinuierlichen Durchlaufens am Problem sich *bewegender* Körper festmacht, reagiert er auf die aristotelische Aussage, daß es *Bewegung* nur der *Quantität* (sowie der Qualität und dem Ort) nach geben könne[122] mit der Uminterpretation des größelosen Grenzbegriffs in eine Unterart der Quantität. Wenn also die Quantität Bedingung für Bewegung ist, dann ist diese Bedingung mit der Zuordnung der Grenze zur Kategorie der Quantität erfüllt. Auf diese Weise also könnte die paradox anmutende kategoriale Bestimmung der Grenze die Vermeidung einer Antinomie intendieren, die speziell das aristotelische Verständnis der Bewegung in der Auseinandersetzung um das Wesen des Kontinuums mit sich bringt.

Doch auch trotz der brunonischen Transformation des Grenzbegriffs bleibt die ursprüngliche Frage nach dem Verhältnis von Kontinuum und Diskretion noch ungeklärt und bedarf einer Entscheidung bezüglich der erkenntnistheoretischen Priorität zwischen Kontinuierlichem und Diskretem. Diese Unentschiedenheit liegt nicht nur darin begründet, daß Bruno das mathematische

[118] TMM 167, 31 f.: [...] tunc punctum esset dividuum [...]. Vgl. ferner zur Unterscheidung von „punctum" und „punctus" K. Heipcke, W. Neuser, E. Wicke, Über die Dialektik der Natur und Naturerkenntnis, S. 156, Anm. 21.

[119] TMM 164, 17 - 20.

[120] TMM 164, 21 f.

[121] TMM 165, 24 - 26.

[122] Aristoteles, Metaphysik XI, 1068a.

Problem verschiebt und die Fragestellung anhand der Bewegung als einem - allerdings von der Tradition her vorgegebenen - Begriff der Physik erläutert, sondern daß auch die Grenze im Sinne des kontinuierlichen Übergangs den Gegensatz zwischen der Geradzahligkeit und der Ungeradzahligkeit der Teile nicht vermeiden kann. Solange die Relationsstrukturen des Kleiner- und Größerseins, wie im vorliegenden Fall das Verhältnis von der halben zur ganzen Strecke, mit der Gegensätzlichkeit endlicher Diskretion beschrieben werden, bleibt die Paradoxie eines „zusammengesetzten Kontinuums" als eine Paradoxie des fehlenden Zwischenwerts der natürlichen Zahlen bestehen. Wenn also der Charakter des Kontinuums ohne die Preisgabe der quantitätsbezogenen Ordnungsstrukturen erhalten werden soll und auch nicht durch die inadäquate Verendlichung zahlhafter Diskretion eingeschränkt werden darf, kann eine Lösung nur darauf abzielen, Ordnungsstrukturen auch für den Bereich des Unendlichen zuzulassen oder aber das Feld des Diskreten so zu erweitern, daß Sprünge innerhalb dessen vermieden werden.

Die Frage, ob das Unendliche in sich selbst Ordnungsstrukturen nach Art des Endlichen zuläßt, d. h. also im Sinn des Endlichen vergrößert oder verkleinert werden könne, beantwortet Bruno im Zuge seiner Aristoteleskritik mit einer entschiedenen Verneinung.[123] Keinesfalls gibt es nach Bruno verschiedenartige Unendlichkeiten, die sich nach den Bedingungen des Endlichen behandeln lassen. So wenig also das Unendliche das Endliche verunendlichen darf, so wenig darf umgekehrt das Endliche als quantifizierende Strukturvorgabe des Unendlichen angenommen werden.[124] Obwohl Bruno also den Bereich der Quantität mit der Grenze durch einen Typus von Größen erweitert, der nicht nach den relationalen Vorgaben des Endlichen behandelt werden kann, läßt er doch den umgekehrten Gedankengang als Antwort auf das Dilemma des Kontinuums nicht zu. Ein mathematisches Verfahren im leibnizschen Sinn, nach dem die Regeln des Endlichen im Unendlichen ihre Gültigkeit behalten,[125] ist für Bruno ausgeschlossen. Die Problematik in der Behandlung des Kontinuums scheint aus einem für Bruno unüberwindlichen Gegensatz zwischen dem Endlichen und dem Unendlichen zu resultieren, weil die zur Verfügung stehenden mathematisch-rationalen Denkmittel ausschließlich auf die endlichen Größen beschränkt bleiben.[126]

Nun zeichnet sich jedoch entgegen diesem Ansatz das von der Einheitsmetaphysik inspirierte Motiv ab, die verschiedenen Formen der Gegensätzlichkeit in die Einheit aufzuheben. Explizit nennt Bruno in De minimo die

[123] A 152 ff.
[124] TMM 154 ff.
[125] Vgl. oben S. 134, Anm 24.
[126] TMM 162, 17 - 25.

beiden oppositionellen Paare „gerade und ungerade" sowie „endlich und unendlich",[127] an deren unversöhnlichem Charakter die Unmöglichkeiten einer befriedigenden Grundlegung des Kontinuums offensichtlich wird. Wie jedoch, so ist von hieraus zu fragen, soll sich die metaphysische Forderung nach der Einheit der Gegensätze in einer Methodenlehre der Mathematik realisieren, die im Duktus der Widerlegung der aristotelischen Kritik des mathematischen Atomismus an der Aporie zwischen Stetigkeit und Zahl zu scheitern scheint?

Auf diese Schwierigkeiten antwortet Bruno mit einer Theorie des Kontinuums, die auf einem modifizierten Verständnis des Begriffs „minimum" beruht und die zugleich auch die prinzipielle Einschränkung der Aussagekraft von „sensus" und „ratio" als den Theoriekern des neuen Lösungsansatzes verdeutlicht. So ist nach Bruno weder der „sensus" noch die „ratio" imstande, die in sich variablen und vielfältigen graduellen Abstufungen eines kontinuierlichen Prozesses - etwa der Bewegung oder der Zeit - adäquat von ihrem Fundament her zu erfassen:[128] Die festgestellte Geradzahligkeit bzw. Ungeradzahligkeit von Punkten, aus der der Widerspruch der Teilbarkeit eines Unteilbaren resultiert, beruht daher letztlich auf der Unbestimmtheit („indefinitio") und der Unberührbarkeit („inattingibilitas") eines Minimum,[129] das im brunonischen Sprachgebrauch auch als „minimum naturae seu reale" von einem „minimum sensibile"[130] unterschieden wird. Dieses absolute, unsinnliche und unteilbare Minimum ist jedoch offensichtlich jenes unendliche Kontinuum des schlechthin ubiquitären Raumzentrums.[131] Obwohl ein derartiges Minimum in der „Tiefe des Kontinuums" nicht erfaßt werden könne, sei es möglich, das Kontinuum gemäß geraden und ungeraden Zahlen zu teilen.[132] Letztlich jedoch könne die „ratio" nicht verstehen, wie ein Punkt wiederum tausend Punkte enthalten könne.[133] Wenn Bruno also bisher den Stellenwert des Minimum im Feld endlicher Größen erläuterte, so erhält jetzt der Be-

[127] TMM 147, 1 f.

[128] TMM 165, 4 - 11; 168, 5 - 12.

[129] TMM 168, 26.

[130] AM 27, 19 - 23: Minimum reale multum abesse a minimo sensibili non infeliciter ostendit Lucretius; mirabiliter enim natura amplius resolvit magnitudinem quam visus quicunque et qualiscunque possit apprehendere [...]. Vgl. ferner TMM 169, 21 ff.

[131] Dies legt auch die Parallelität der Argumentation zwischen AM 24 und TMM 169 f. nahe. Vgl. ebenso TMM 155, 29; C. Monti, Opere Latine, S. 112, Anm. 37. Deutlich spricht sich Bruno für die sachliche Verbindung zwischen dem unendlichen Kontinuum und dem unendlichen Kugelraum in den Articuli adversus Mathematicos aus. Vgl. AM 14, 21 f.

[132] TMM 175, 29 - 32.

[133] TMM 165, 27 - 29.

griff „minimum“ durch die Verschiebung der Argumentation auf eine das Endliche übersteigende Ebene prinzipiell neue Valenz.

Dabei deutet sich durch den gleichbleibenden Gebrauch des Begriffs „minimum“ schon an, daß sich die strikte Trennung zwischen dem Endlichen und Unendlichen nicht durchhalten läßt und daß das Minimum offensichtlich als das Bindeglied beider Bereiche fungieren soll. Diese Annahme deckt sich auch mit der brunonischen Behauptung, daß unter das Genus der Quantität sowohl eine unendliche als auch eine endliche Form der Quantität zu subsumieren sei.[134] Die Begründung eines einheitlichen Zusammenhangs zwischen den beiden Formen der Quantität stellt jedoch angesichts der Polarität von Kontinuum und Zahl das eigentliche Problem dar, an dem sich die Leistungsfähigkeit des Begriffs „minimum“ erweisen muß.

Der Rekurs auf ein unsinnliches Minimum, das noch vor jeder eventuellen Konkretion angesetzt werden muß und das sich im weiteren den Kategorien von Einheit und Andersheit als den erkenntnistheoretischen Kategorien des Zählens entzieht, scheint das Dilemma der theoretischen Grundlegung des Kontinuums um zwei wenig schlüssig erscheinende Motive zu vermehren: Zum einen befremdet die gedankliche Kombination von Minimum (auch wenn es als unsinnliches und überrationales angesetzt ist) und Kontinuum, weil die behauptete Unteilbarkeit des Minimum dem geforderten Gedanken der Stetigkeit entgegenzustehen scheint. Zum anderen führt der Verweis auf die überrationale Struktur des Kontinuums auf eine Problemvariante des Irrationalen, die eng mit der von Bruno nicht gebilligten Konstitution des Infinitesimalen durch Anaxagoras[135] verwandt ist:[136] Auch wenn der für Bruno entscheidende Punkt der Kritik an den Homöomerien des Anaxagoras darin besteht, daß die Annahme fortwährender, sich selbst enthaltender Unendlichkeiten mit einem Teilungsverfahren in infinitum gleichzusetzen und deshalb als illegitim zu verwerfen sei, ist doch die Parallele seines Entwurfs nicht zu übersehen: Auch Bruno argumentiert, daß die Teilglieder der Größen in Hinblick auf das unsinnliche Minimum weitere Glieder gleichsam als „Substruktur“ in sich enthalten. Die Art und Weise dieses Enthaltenseins besteht jedoch nicht in der Widersprüchlichkeit sich im Sinne endlicher Ordnungsbeziehungen verkleinernder oder vergrößernder Unendlichkeiten, sondern, wie es das Beispiel der „tausend Punkte in einem Punkt“ nahelegt, in der Vervielfältigung eines Elements in eine Mannigfaltigkeit gleichartiger Elemente. Die Anzahl dieser Elemente ist mit dem Zahlbegriff, der der „ratio“ zur Verfü-

134 STM 25, 3 - 5.

135 Vgl. H. Diels, W. Kranz, Fragmente der Vorsokratiker, Bd. 2, fr. 6, S. 35; E. Frank, Plato und die sogenannten Pythagoreer, S. 52 ff.

136 TMM 162, 26 - 30; vgl. ferner AM 35, 7 - 12.

gung steht, nicht mehr zu begreifen, und diese Schwierigkeit drängt letztlich zu einer - allerdings nicht durchgeführten - Ergänzung der Arithmetik durch den Begriff der (reellen) Zahl.[137] Aus diesem Grund erfassen „ratio“ und „sensus“ das Infinite nicht auf adäquate Weise,[138] sondern ausschließlich nach Art des Indefiniten, dessen Bestimmung als ein „quantumcumque“ zwar nach den Regeln rationaler Quantifizierung vorgenommen wird,[139] dennoch aber gegenüber dem Unendlichen an sich ein Moment der Willkür und Beliebigkeit beinhaltet.

Mit der Einsicht in die Insuffizienz der rationalen Methode gegenüber der wahren Natur des Minimum[140] verlagert Bruno also die Erörterung des Unendlichen auf das Feld der erkenntnistheoretischen Möglichkeiten. Diese erkenntniskritische Haltung gegenüber der prinzipiellen Unerfaßbarkeit des Minimum in der „Tiefe des Kontinuums“ ist um so wesentlicher, als Bruno mit dieser Theorie nicht nur ein Moment des Überrationalen an sich einzuführen gezwungen ist, sondern auch den geschichtlichen Dualismus zwischen Diskretem und Kontinuierlichem bzw. zwischen Zahl und Größe unter seiner Prämisse einer unendlichen Größe überdenken muß. Wenn sich dementsprechend in der mathematischen Tradition der Antike die Grundlegung einer kontinuierlichen Größe durch ein atomistisch-diskretes Element als Widerspruch erwies[141] oder aber in der Polarität zwischen gedachter Definition der Größe und ihrem Vorstellungsgehalt schwankte,[142] führt die nunmehr wirksam werdende, von Cusanus beeinflußte Vorstellung eines unendlichen, in sich einheitlichen und unteilbaren Minimum zu der Auffassung, daß die „atomistische“ Konstitution des Kontinuums sich eben nicht in der diskreten natürlichen Zahl erschöpft, sondern die Möglichkeiten der Zahl übersteigt und letztlich die Erweiterung der Arithmetisierungsmöglichkeit des Kontinuums nahelegt.

Insofern Bruno also das Kontinuum in Analogie zur Zahl arithmetisieren möchte und ihm dies bei endlichen Größen auch mit dem bestehenden Zahlbegriff zu gelingen scheint,[143] ändert sich der sachliche Ausgangspunkt prinzi-

137 Vgl. K. Volkert, Geschichte der Analysis, S. 25 f.

138 Auf die brunonische Problemstellung macht H. Védrine, La conception de la nature, S. 186 f. aufmerksam. Die Bewertung der brunonischen Mathematik als einer „géometrie atomiste“ scheint problematisch.

139 TMM 158, 25. So wird beispielsweise die Zahl als eine Ausdrucksform der mathematischen „ratio“ für das Indefinite im Sinne eines „Überabzählbaren“ in Anspruch genommen. Vgl. STM 25, 7 - 11.

140 TMM 232, 9 - 17.

141 Z. B. Aristoteles, Physik VI, 233b.

142 Z. B. Proklos, In Eucl. 87, 17 - 25.

143 TMM 152, 29 - 153, 2.

piell bei der Annahme einer letztlich ununterscheidbaren, infiniten Quantität, die das Ungenügen der mathematischen Differenzierungsmöglichkeiten aufdeckt.[144] Obwohl die brunonische Theorie den Gedanken eines unteilbaren Minimum für die Grundlegung des Kontinuums in Anspruch nimmt, korrespondiert dieser Unteilbarkeitsbegriff doch nicht mehr mit einem im Sinn der Zahl additiv zusammensetzbaren Kontinuum.[145] Vielmehr bleibt eine Addition von Minima immer mit einem Ausdruck vergleichsweise vager Sinnlichkeit oder Rationalität behaftet,[146] weil die Indifferenz der Elemente im unendlichen Kontinuums nicht nach der Weise der „ratio" unterscheidbar ist.

6.2.4 Die Dialektik von Vollständigkeit und unendlicher Allheit als Konsequenz der Theorie des Kontinuums

Die erkenntnistheoretische Divergenz zwischen dem unsinnlichen Minimum des Kontinuums und der diskreten Einheit der Zahl führt im folgenden aus verändertem Blickwinkel auf die Frage einer möglichen Verhältnisbestimmung zwischen dem Unendlichen und dem Endlichen. Wenn in diesem Zusammenhang in den Articuli adversus mathematicos der Begriff des Unendlichen mit dem der Grenze verknüpft und das Unendliche somit als limitierendes Determinationsmoment des Endlichen aufgefaßt wurde, so kämpft Bruno in De minimo mit dem Problem eines zahlenmäßig indefiniten Unendlichen. Der Rekurs auf das Indefinite könnte nun den Anschein erwecken, als habe Bruno den Ergebnissen der mathematischen Tradition nichts Wesentliche hinzuzufügen; denn das Moment der Unbestimmtheit findet sich ebenso in der inkommensurablen Struktur des platonischen Dimensionsmodells wie in der nicht aktualisierbaren Potentialität des aristotelischen Kontinuums.[147] Weshalb also betont Bruno gegenüber dieser bekannten Diskrepanz von Kontinuum und Diskretem die mathematische Leistungsfähigkeit des nicht rational erfaßbaren Minimum, obwohl mit diesem Begriff gerade die Irrationalität des Kontinuums offensichtlich wird?

Hier wird deutlich, daß sich das brunonische Verständnis des Indefiniten gegenüber der Tradition wesentlich verändert, indem nunmehr auch das Inde-

144 TMM 220, 14 - 16.

145 Wesentlich hierfür ist die Unterscheidung zwischen „minimum reale" und „minimum sensibile", die sich auch als Unterscheidung zwischen der Indifferenz der Dimensionen und der Erscheinung der additiv zusammengesetzten, sensiblen Größe verstehen läßt. Vgl. AM 24, 8 - 11, 19 - 21; ferner TMM 169, 21 f.

146 TMM 232, 15 f.: [...] evenit ut vage ratio practicando dividat et componat [...].

147 Vgl. K. Gaiser, Platons ungeschriebene Lehre, S. 67 ff.

finite durch die Koinzidenz von Minimum und Maximum begründet und somit letztlich auf die gedankliche Indifferenz der Größe gestellt wird. Die Ununterscheidbarkeit der Größe als ein nur denkbares Prinzip der ursprünglichen Identität von rational und sinnlich Verschiedenem, ist dementsprechend der Grund für „Irrationalität" des Kontinuums; der „ratio" selbst aber und den Sinnen ist dieses Prinzip verborgen.[148] Die Leistungsfähigkeit des Minimum erweist sich also darin, daß, in Antizipation von De monade, das Wesen des Kontinuums nicht in einer diffundierenden Vorstellung oder einer unabschließbaren irrationalen Prozessualität besteht, sondern in der durch die Indifferenz grundgelegte Identität des rational Verschiedenen[149] und dem Postulat der Vollständigkeit des Unendlichen, das durch die Formel des gegenseitigen In-Seins von Minimum und Maximum erkenntnistheoretisch und ontologisch begründet wird.[150] Wenn daher der rationale Charakter der Mathematik von Bruno in Hinblick auf das Kontinuum bestritten wird, geschieht dies nicht aufgrund eines Unendlichkeitsverständnisses, das durch unabschließbare Prozessualität gekennzeichnet ist, sondern weil die in der Koinzidenz von Minimum und Maximum beschlossene innere Feinstruktur der kontinuierlichen Größen in ihrer Totalität mit rationalen Schritten nicht erfaßbar ist.[151] Mit der Setzung des nichtsensiblen Minimum als dem ursprünglich ununterscheidbaren und vollständigen Prinzip der Größe verfolgt Bruno nicht nur konsequent die in De la causa intendierte und in De monade vollendete einheitsmetaphysische Grundlegung der Mathematik,[152] indem die kontinuierliche Größe durch ein differenzloses Prinzip konstituiert wird, sondern er löst auch das Wesen des Kontinuums an sich von der Vorstellung eines Teilungsverfahrens ab. Weder erweist sich die Kontinuität an einer anschaulich gegebenen endlichen Größe, noch folgt hieraus, daß die diskrete Einheit das Kontinuum als dessen ausschließliche Alternative ablöst. Die Transformation des Kontinuums erfolgt vielmehr durch die Annahme eines nicht anschaulich erfaßbaren Wesens der Größe, das sich im Gegensatz zur endlichen Größe durch Ununterscheidbarkeit auszeichnet.

Auf der Basis der Indifferenz und der Vollständigkeit als den neuen Grundbegriffen der Mathematik des Unendlichen versucht Bruno im weiteren die von der Einheitsmetapysik vorgegebenen und auf die Mathematik

148 Die Problematik stellt sich für Bruno auch als eine Divergenz zwischen der Beschaffenheit der Natur und der Beschaffenheit des menschlichen Geistes dar. TMM 221, 3 - 5.

149 TMM 147 ff.

150 TMM 153, 32 f.: [...] maximum in minimo et minimum in maximo [...].

151 TMM 272, 26 - 29.

152 M 336.

übertragenen Anforderungen zu lösen. Der Gedanke der Koinzidenz als der Identität des Gegensätzlichen und jeder zwischen den Gegensätzen beschlossenen Substruktur bildet das metapysische Paradigma, aus dem sich die speziellen Motive des mathematischen Unendlichkeitsverständnisses entwickeln.

Die Auswirkungen dieses Ansatzes zeigen sich erstens in Brunos Überlegungen zum Problem der Stetigkeit. Die Behauptung des kontinuierlichen Zusammenhangs zwischen zwei räumlich ausgedehnten Teilen mittels eines nicht quantitativen Grenzbegriffs bedeutet zwar eine notwendige Voraussetzung für die anschaulich vorgefundene Einheitlichkeit der Gebilde, die jedoch aufgrund der zugleich möglichen Resolution der Größe in Teile an jeder Schnittstelle[153] nicht hinreichend bzw. zumindest doppeldeutig ist. Soll also das im Anschaulichen wirksam werdende Moment endlicher Diskretion zugunsten der vom Unendlichen geforderten Indifferenz überwunden werden, muß sich die Reflexion notwendig auf eine Ergänzung der Relation von Teil und Ganzem wenden. Solange der Teil ausschließlich als Element einer endlichen Zusammensetzung aufgefaßt wird, steht er dem Gesamtgebilde immer noch als abtrennbares Glied gegenüber. Wird jedoch das Prinzip der Indifferenz von Minimum und Maximum auf die endlichen Relata angewandt, wird die in sich nach dem Muster endlicher Rationalität getrennte Zweiheit der Verhältnismomente in die Ununterscheidbarkeit aufgehoben. Das erste Element selbst beinhaltet die *Allheit* und *Ganzheit* seiner möglichen Bezugsformen.[154] Die in diesem Zusammenhang auffällige brunonische Wendung einer mit der Identität von Minimum und Maximum verbundenen Allheit und Gesamtheit der möglichen Zwischenstufen, die beim Übergang des Minimum in das Maximum durchlaufen werden,[155] läßt auf erste Ansätze einer Tendenz schließen, nach der das mathematische Problem des Stetigen, das Bruno in De monade über die Trias „kleiner - größer - gleich" als Postulat der Gültigkeit des Zwischenwertsatzes formuliert, über den Begriff eines vollständigen Unendlichen zu der expliziten Verwendung des Quantors „alle" führt.[156] Vor dem Hintergrund dieser Transformation des Stetigkeitsprinzips gewinnt auch die mit dem Dimensionsbegriff verbundene Dialektik zwischen Einheit und Allheit einen präziseren mathematischen Sinn. Die wechselseitige Beziehung zwischen der Unteilbarkeit des einen Zentrums und der unendlichen Allheit der Raumstellen bedingt die zahlenmäßig nicht einholbare Stetigkeit der un-

153 TMM 176, 20.

154 Vgl. W. Beierwaltes, Identität und Differenz, S. 123 ff.; TMM 173, 25 ff.

155 Vgl. oben S. 124, Anm 59; TMM 147, 2 f.: [...] quod minimum est, idem est maximum, et quidquid inter haec.

156 M 336: [...] per omnia puncta [...]. Vgl. ferner K. Volkert, Geschichte der Analysis, S. 194.

endlichen Dimensionalität. Die für die Tradition paradoxe Annahme, daß ein Kontinuum unmöglich aus unteilbaren Elementen zusammengesetzt sein könne, weil zwischen diesen kein kontinuierlicher Übergang möglich sei, löst Bruno durch die gedankliche Verknüpfung von Unteilbarkeit und Unendlichkeit bzw. von Minimum und Maximum, durch die das Kontinuum über alle möglichen Stellen hin in seiner Totalität repräsentiert wird. Weder sind die Elemente der Zusammensetzung noch ihre Grenzen als absolut anzusetzen, sondern in jedem, durch die Grenze verendlichten Element wirkt die unteilbare Einheit des Kleinsten und des Größten, durch die das Element selbst ein „Groß-Kleines" in beliebiger Relativität verkörpert.[157]

Die innere Verknüpfung des Vollständigkeitsbegriffs mit den dimensionalen Gestaltprinzipien des Raumes bildet im weiteren die Voraussetzung für den Ansatz einer integrativen Erzeugung der qualitativen Formationsstrukturen räumlicher Gebilde, die sich im brunonischen Denken gegenüber dem Konzept der Indivisibilientheorie durchsetzt. Obwohl die Methode der Indivisibilien ebenfalls mit dem Begriff der Gesamtheit[158] operiert und die aristotelische Tradition bewußt dadurch unterläuft, daß die räumlichen Gebilde durch eine aktual unendliche Anzahl von Indivisibilien konstituiert werden, haftet der theoretischen Grundlegung dieses Verfahren doch eine gewisse geschichtlich bedingte Unentschiedenheit hinsichtlich des Charakters der Indivisibilien an.[159] Die Frage, ob das Unteilbare als heterogenes Moment der jeweils voraufgehenden Dimension ein dimensionales Gebilde der folgenden Dimension (so etwa der Punkt die Linie) im Sinn eines qualitativen Übergangs begründen könne, wird überwiegend durch die Vorstellung eines „fließenden" Unteilbaren erklärt.[160] Auch Bruno erwähnt das Modell des fließenden Punktes zur Erklärung der Entstehung von Größen.[161] Trotz dieser sachlichen Nähe zur Indivisibilientheorie führt seine Argumentation in eine andere Richtung, weil die gedankliche Zusammenfassung von heterogenen Indivisibilien zu einer Gesamtheit - auch wenn die unteilbaren Elemente als fließende verstanden werden - die kontinuierliche Erzeugung der Gebilde aus einem ursprünglichen Element nicht zu sichern vermag. Für diese Deutung spricht das in der Definitionslehre implizit angewandte Prinzip der Kontinuation der Größe, das letztlich in der gedanklichen Vervielfältigung von gleichartigen

157 TMM 164, 30 - 32.

158 Vgl. C. R. Wallner, Die Wandlungen des Indivisibilienbegriffs, S. 32 ff.; K. Volkert, Geschichte der Analysis, S. 65.

159 Vgl. C. R. Wallner, Die Wandlungen des Indivisibilienbegriffs, S. 30 und S. 46 f.

160 Vgl. zum Problem der fließenden Größen z. B. die Konzeption bei Oresme. K. Volkert, Geschichte der Analysis, S. 63 f.

161 TMM 273, 27.

Teilen des Kontinuums besteht.[162] Die für die Mathematik wesentliche Konsequenz dieses Ansatzes besteht dementsprechend in einer Korrektur der „atomistischen" Grundlegung des Kontinuums: Die Widerspruchsfreiheit des Unteilbarkeitsgedankens erweist sich nur dann, wenn das ursprünglich Unteilbare dieselben Eigenschaften wie die aus ihm erzeugte Größe hat. Wenn daher schon Platon nicht von unteilbaren Punkten, sondern vielmehr von unteilbaren Linien spricht, durch die die dimensionierten Gebilde konstituiert werden, so scheint sich darin bereits das Prinzip der Homogenität von erzeugendem Element und erzeugtem Gebilde abzuzeichnen, das die Theorie des mathematischen Atomismus mit der Theorie des Kontinuums auszusöhnen sucht. Aus diesem Grund formuliert Bruno das Prinzip der Indifferenz der Dimensionen als der allgemeinsten Grundlage seiner Mathematik, und erst aus der prinzipiellen Annahme universeller Gleichartigkeit, die noch vor jeder quantitativen Realisation angesetzt werden muß, kann die mit dem Prozeß der Kontinuation geforderte zusammenhängende Erzeugung der dimensionierten Strukturen gedanklich bewältigt werden. So wenig also, wie die Zusammensetzung nicht quantitativer Grenzen ein „quantum" ergibt, so wenig resultiert die intendierte innere Bezüglichkeit der Raumstrukturen aus einem ursprünglich Getrennten und Verschiedenartigen. Mit dieser Auffassung, die den heterogenen Charakter der Indivisibilienvorstellung der Tradition in entscheidendem Maß zugunsten der Homogenität ablehnt, deutet sich im brunonischen Denken schon ein sachlicher Vorgriff auf die Theorie des Integrals an, durch die der Begriff der Allheit bzw. Stetigkeit von den Implikationen einer diskreten Menge losgelöst und um den Kontext der funktionalen Bezüglichkeit zwischen der quantitativen Bestimmung und qualitativ erzeugenden Gesetzmäßigkeit der räumlichen Gebilde ergänzt wird.[163]

Die Kombination zwischen der unendlichen Allheit der aufbauenden Elemente und der funktionalen Bildungsstruktur räumlicher Beziehungen bedeutet sachlich die vielleicht wesentlichste Überlegung innerhalb der brunonischen Mathematik, an der sich paradigmatisch die Neuerungen gegenüber der Tradition aufweisen lassen. Schon in den Articuli adversus mathematicos findet sich eine als Axiom charakterisierte Aussage, durch die anhand des Spezialfalles der Koinzidenz von Gekrümmten und Geradem das Problem des stetigen Übergangs der Gegensätze ineinander und ihrer gegenseitigen figurativen Abhängigkeit voneinander mittels einer Gesamtheit von Punkten erklärt wird: So bemißt sich nach Bruno die maximale und minimale Krümmung ei-

[162] Vgl. oben S. 79, Anm. 106.

[163] Zum Problemzusammenhang vgl. E. Cassirer, Das Erkenntnisproblem, Bd. 1, S. 264 ff. und S. 420 ff.

nes Kreises nach der jeweiligen Anzahl von Punkten, in denen ein Kreis eine Gerade berührt. Die maximale Krümmung ist dementsprechend durch die Berührung in einem Punkt definiert, wohingegen die Rektifikation des Kreises bei der Berührung aller Punkte eintritt.[164] Dieser Versuch, die Unendlichkeit der Koinzidenz mathematisch über die punktuelle Auflösung der Gegensätze in ein Bezugssystem von Einheit und Allheit zu integrieren, verdeutlicht die Funktion eines in sich vollständigen Unendlichen, mit der sich Bruno nicht nur von Aristoteles, sondern auch von Cusanus abhebt: Während Cusanus nämlich auf mathematischem Gebiet mit der prinzipiellen Ausständigkeit koinzidentaler Gleichheit argumentiert, geht Bruno davon aus, daß der Zusammenfall der Gegensätze *tatsächlich erreicht* wird und somit über die Dialektik von Einheit und Allheit auch eine prinzipiell unabschließbare Approximation der Gegensätze vermieden wird.

Die Uminterpretation des Problems des stetigen Übergangs von qualitativ Entgegengesetztem in die Dialektik von Einheit und Allheit markiert die Kontinuität innerhalb der Entwicklung der brunonischen Mathematik: Wenn sich in De la causa schon die Notwendigkeit einer Neubegründung der Mathematik aus dem Prinzip der Einheit abzeichnete, so präzisiert Bruno diesen Ansatz in den mathematischen Schriften anhand eines Unendlichkeitsbegriffs, der als Komplementärbegriff zu der unteilbaren Einheit fungiert. Die wesentlichen Neuerungen, die sich mit diesem Ansatz gegenüber der Tradition verbinden, bestehen in der Ausweitung des Einheitsgedankens zu einer überrationalen Mannigfaltigkeit prinzipiell gleichartiger Elemente, deren stetiger Zusammenhang in ihrer Allheit angedeutet wird. Dabei meint die Formulierung „alle“ keineswegs eine mögliche abzählbare Zahl. Vielmehr begreift die Dialektik von Einheit und Allheit in sich die prinzipielle Unabgeschlossenheit eines in infinitum wiederholt setzbaren Bezugs zwischen den singulären endlichen Elementen und dem Unendlichen, der - vergegenwärtigt man sich die Dialektik von Einheit und Allheit innerhalb des Dimensionsmodells - letztlich aus der Selbstähnlichkeit, d. h. der Selbstreferenz des Unendlichen resultiert. Obwohl also durch den so verstandenen Unendlichkeitsbegriff wiederum das traditionelle Problem eines unabschließbaren Prozesses thematisiert wird, läßt doch der gedankliche Kunstgriff einer Auflösung des selbstbezüglich Unendlichen in eine Allheit von Elementen die Vorstellung zu, daß das Unendliche mit dem methodischen Mittel einer Menge, die Vollständigkeit und Abgeschlossenheit impliziert, bewältigt werden kann.

[164] AM 14, 11 - 13: Minimum circulus uno, minor paucioribus, maior pluribus, maximus omnibus punctis tangit lineam vel planum subiectum.

Die Umsetzung dieser Theorie in ein mathematisch praktizierbares Verfahren scheitert allerdings daran, daß Bruno seine mengentheoretische Auffassung selbst nicht vom Moment der Anschauung zu lösen vermag. So ergibt sich der eigenartig anti-euklidsche Charakter mancher Ausführungen offensichtlich aus der Tatsache, daß Bruno die Elemente zugleich als verendlichte Repräsentanten eines erfüllten Raum auffaßt.[165] Diese Elemente realisieren zwar die geometrischen Eigenschaften des Unendlichen in ihrer äußeren Erscheinung, fungieren dennoch aber nur als Ausdrucksträger einer sinnlichen oder rationalen Operation, die dem Unendlichen nicht gerecht wird. Auf diese Weise also wirkt sich die Einsicht in die Insuffizienz von „ratio" und Sinneswahrnehmung nicht unmittelbar auf die praktische Durchführung mathematischer Problemstellungen aus, wobei dieser Mangel historisch sicher auch darin begründet ist, daß weder ein geeigneter Zahlbegriff noch eine adäquate mathematische Symbolik für die brunonischen Gedankengänge zur Verfügung stehen.

6.2.5 Zusammenfassung

Die brunonische Mathematik wird wesentlich durch die Theorie des Unendlichen geprägt. Dabei zeichnet sich jedoch die Tendenz ab, die herkömmlichen, mit dem Unendlichen verbundene Aporien zu vermeiden. Inhaltlich meint dies die Elimination nur approximativer Verfahrensweisen, die aus der Annahme der Ungültigkeit des Zwischenwertsatzes resultieren. Als Beispiel hierfür fungieren die traditionellen Aufgabenstellungen der Quadratur des Kreises und der Meßbarkeit des Hornwinkels, insofern in beiden Aufgabenstellungen das Problem der nicht-archimedischen Eigenschaft, d. h. der nicht rationalen Verhältnismäßigkeit virulent wird. Um nun auch diese klassischen Problemfelder in ein System von Größenbeziehungen integrieren zu können, richtet sich die brunonische Reflexion schwerpunktmäßig auf den Erweis der Gleichartigkeit des zu Vergleichenden und der kategorialen Erweiterung ihrer möglichen Verhältnismäßigkeit. Diese beiden Punkte meinen letztlich nichts anderes als den Aufweis der Stetigkeit, die von Platon zwar als Gleichheit zwischen dem Größeren und dem Kleineren angenommen, von maßgeblichen Vertretern der neuplatonischen Tradition jedoch abgelehnt wurde. Besonders deutlich zeichnet sich das Problem in der cusanischen Bearbeitung der Quadratur des Kreises ab: Die Schwierigkeiten, die der Anerkennung des Zwischenwertsatzes entgegenstehen, sind inhaltlich gleichbedeutend mit der Annahme der Gegensätzlichkeit des zu Vergleichen-

[165] Vgl. TMM 181.

den und der Unmöglichkeit, in einem nicht-archimedischen System aliquote Teile, d. h. rationale Verhältnisse auszumachen. Bruno reagiert auf beide Problemstellungen mit der Einführung einer Grenze, die sowohl die Gleichartigkeit des Gegensätzlichen verbürgt als auch den kontinuierlichen Zusammenhang („principium et finis") zwischen dem Größeren und dem Kleineren konstituiert. Als Reaktion auf die aristotelische Kritik des mathematischen Atomismus wird diese Grenze nicht als zusammensetzbare Quantität interpretiert, dennoch aber dem Genus der Quantität zugeordnet. Damit akzeptiert Bruno einen neuen Typus von Größen. Diese lassen sich zwar nicht schon im Sinne der leibnizschen Infinitesimalien handhaben, weil sie sich nicht nach Art der relationalen Ordnungsstrukturen des Endlichen in Beziehung setzen lassen. Dennoch aber bedeutet die Umwandlung des platonischen πέρας in eine Form der Quantität bereits eine gewisse Einsicht in die Tatsache, daß sich das Problem der Stetigkeit nur mittels der Einführung eines neuen Typus von Größen bewältigen läßt, durch die letztlich auch nichtrationale Quanten als integrierte Bestandteile einer kontinuierlichen Größe interpretiert werden können.[166]

Auf der Basis der Aristoteleskritik verzweigt sich die brunonische Gedankenführung dementsprechend in zwei Richtungen: Einmal ist festzuhalten, daß nicht die an sich quantitativ nicht faßbare Grenze - etwa durch Zusammensetzung oder Bewegung - die räumlichen Gebilde konstituiert, sondern ein auf das Ganze des räumlichen Zusammenhangs bezogener homogener Teil, der allerdings nur durch seine Begrenzung als verendlichtes Element des gleichartigen Raumes verstanden werden kann. In Verbindung mit der Gleichartigkeit der Gestaltprinzipien des Dimensionsmodells bedeutet dies in der Tat schon eine Vorentscheidung in Hinblick auf den Gedanken des Integrals, indem der solchermaßen konzipierte Teil eben die Gestaltprinzipien des Unendlichen ganzheitlich repräsentiert.

Zum anderen ergibt die Diskussion der zenonschen Paradoxien, daß die rationale Einteilung des Kontinuums in zählbare Teile ungenügend bleibt. Der überrationale Standpunkt, der im Zusammenhang mit dem Kontinuum eingenommen werden muß, führt schließlich auf die Selbstbezüglichkeit des Unendlichen, die das Unendliche als in sich zusammenhängendes Feld einer

166 Die Hinweise der neuesten Forschung auf Brunos Nähe zu der Auffassung Dedekinds oder der Non-Standard-Analysis scheinen von daher tendenziell durchaus berechtigt, daß beide Theorien versuchen, die Widersprüche zu eliminieren, mit denen das Verständnis des Infinitesimalen schon seit den Homöomerien des Anaxagoras sachlich verbunden ist, insofern also beispielsweise die unendlichen Größen als unvergleichbar charakterisiert werden und dennoch verglichen werden. Vgl. D. Spalt, Vom Mythos der mathematischen Vernunft, S. 182 ff., bes. S. 188.

zentralen Einheit und Totalität (von Punkten) verstehen läßt. Der prinzipiell unabschließbare Charakter des Unendlichen wird als abgeschlossene Menge dargestellt. Freilich kann wegen der unzureichenden Konzeption der anschaulichen Größe dieser Ansatz nicht genutzt werden. Dennoch aber zeichnet sich hier der Versuch ab, das störende Außerhalb-seiner-selbst-Sein des Unendlichen durch quasi mengentheoretische Überlegungen zu umgehen.[167]

[167] Vgl. zur Arithmetisierung des Kontinuums K. Volkert, Geschichte der Analysis, S. 194.

7 Der Aufbau der „mathesis universa"

Die Diskussion des Kontinuums führt auf dem Feld der mathematischen Erkenntnistheorie gewissermaßen in eine Aporie, indem die Unermeßlichkeit („profunditas") des Kontinuums sich letztlich in einem sinnlich und rational nicht erfaßbaren Minimum artikuliert. Die ursprüngliche Unteilbarkeit des räumlichen Kontinuums muß zwar einerseits angenommen werden,[1] andererseits jedoch scheint der methodische Rückgang auf das unteilbare und letztlich größelose Minimum, d. h. auf das indifferente und vollständige Prinzip der Größe mit den Mitteln rationaler Diskursivität nicht durchführbar zu sein. Es stellt sich somit heraus, daß die gnoseologische Reichweite des rationalen Denkens im Bereich der mathematischen Unendlichkeits- und Vollständigkeitstheorie unzureichend ist. Der Grund hierfür liegt in der Denkweise der „ratio", die dem Schema der formallogischen Identität und Verschiedenheit verpflichtet bleibt. Für dieses Ungenügen steht insbesondere der Zählprozeß, der das Unermeßlichliche mit dem Mittel der diskreten Größe nicht auszuschöpfen vermag.

Dieses Resultat steht nun nicht nur äußerlich in Widerspruch zu dem erkenntnistheoretischen Programm eines rational-logischen Mathematikverständnisses, wie es in der Eingangspassage von De minimo formuliert ist. Der entscheidende Punkt der Irrititation scheint vielmehr darin zu bestehen, daß die Ununterscheidbarkeit des Ursprungs als Begründungsinstanz der kontinuierlichen Größen durch die „ratio" *prinzipiell* nicht eingeholt werden kann. Dies bezieht sich nicht nur auf die methodische Regression, die an der überrationalen Struktur des gesuchten Minimum ihre Einschränkung erfährt, sondern auch auf die sich im Zählprozeß fortsetzende Progression: Gerade weil es sich bei der Begründungsinstanz der Größe um ein in sich *vollständiges* Unendliches („completum") handelt, scheint ein „in infinitum" fortsetzbares Verfahren dasjenige „schlechte", weil unvollständige Unendliche zu verkörpern, das mit der Koinzidenz von Minimum und Maximum gerade zugunsten eines aktual Unendlichen ausgeschlossen sein soll.[2] Auf diese Weise

[1] C (Aq) 18, 25 - 27.

[2] M 336.

also birgt die Darstellung der unendlichen und perfekten Einheit - sei sie nun metapysisch als Gottesbegriff oder auch „nur" mathematisch als die koinzidentale Ungeschiedenheit der Größe verstanden - für die dekompositorische oder kompositorische Methode der Mathematik ein geradezu unlösbares Problem. Vor dem Hintergrund dieser Paradoxie erscheint die Trias „mens - natura - ratio" und ihre mathematischen Implikationen als ein Beziehungsgefüge von sich entäußernder göttlicher Geistigkeit und rezipierender menschlicher Rationalität in ihrem Aussagewert zumindest fraglich, weil die Möglichkeit der Verstehbarkeit der metaphysischen Einheit nicht zu bestehen scheint. Darüberhinaus vertieft sich der hier anklingende Widerspruch zwischen der Struktur der Denkmittel und den zu begreifenden Gegenständen durch das Postulat einer universellen Wissenschaft, in die das mathematische Verfahren integriert sein soll[3] und deren inhaltliche Ausführung Bruno (neben den Articuli adversus mathematicos) vor allem in seinem Spätwerk beschäftigt:[4] Als besonders bemerkenswert erscheint nämlich in diesem Zusammenhang, daß auch die „mathesis universa" Vollständigkeit für sich beansprucht, indem sie die Totalität dessen, was gewußt und vorgestellt werden kann, in sich nach dem Vorbild der triadischen Entfaltung und Rückführung beinhalten soll.[5] Letztes Ziel dieser wissenschaftlichen Dokumentation allen Wissens ist die Erfassung der universellen Bezüglichkeit von allem. Als methodisches Mittel der Formalisierung des Wissens fungiert hierbei die Zahl, indem der Zählakt das gesamte Potential der rationalen Ordnungstrukturen verkörpert.[6]

Wie aber, so muß von hieraus gefragt werden, kann dieser Anspruch auf Totalität eines wissenschaftlichen Systems mit dem erkenntnistheoretisch unzulänglichen, weil auf unabschließbare Prozessualität angelegten Instrumentarium der Zahl eingelöst werden? Wie kann die „zahlhafte" und „messende" Verfassung des rationalen Denkens an sich diesem wissenschaftstheoretischen Anspruch auf Totalität der Wissensinhalte genügen? Nicht nur die Konstitution der vollständigen Bezüglichkeit der Wissensinhalte, sondern auch die Erkenntnis der unendlichen Einheit als dem eigentlich metaphysischen Ziel

[3] AM 21, 11.

[4] TMM 274 ff.; M 333 f.; Zu den mnemotechnischen Aspekten vgl. R. Sturlese, Die philosophische Lehre von der Gedächtniskunst. In: K. Heipcke, W. Neuser, E. Wicke (Hrsg.), Die Frankfurter Schriften, S. 51 ff.; Th. Leinkauf, Scientia universalis, memoria und status corruptionis, in: J. J. Berns, W. Neuber (Hrsg.), Ars memorativa. Zur geschichtlichen Bedeutung der Gedächtniskunst 1400-1750, Frühe Neuzeit 15, Tübingen 1993, S. 1 - 34, insbes. S. 31.

[5] AM 19 ff.; TMM 276 ff.; M 328.

[6] CI 90, 4 - 17.

mathematischen Denkens erscheint demnach durch den Widerstreit von Vollständigkeit und „in infinitum" fortsetzbarer Progression gefährdet, weil sich das Unendliche selbst jeder zahlhaft diskursiven Bestimmung entzieht.[7] Andererseits bewertet Bruno jedoch gerade das menschliche Vermögen, zählen und messen zu können, als den schlechthinnigen Ausweis einer spezifischen Erkenntnisstruktur, die den Menschen als „das weiseste der Lebewesen"[8] auszeichnet. Wie aber können nun diese prinzipiell endlichen und durch Verschiedenheit gekennzeichneten Erkenntnismittel zur Erfassung der unzählbaren und unmeßbaren All-Einheit genutzt werden?

Die Beantwortung dieser Frage läßt zwei Möglichkeiten zu, zwischen denen eine Entscheidung verlangt wird: So ist es z.B. für Cusanus denkbar, von den mathematischen Gegenständen die endlichen Eigenschaften zu abstrahieren und durch die hypothetische Übertragung der endlichen Verhältnisse auf das Unendliche den Aufstieg zum Unendlichen symbolisch zu bewältigen.[9] Die Mathematik erhält auf diese Weise die Funktion eines Abbilds, das zwar Ähnlichkeit mit dem Urbild aufweist, dennoch aber die genaue Gleichheit mit dem Urbild nicht erreicht.[10] Dieser grundlegenden Insuffizienz der Mathematik gegenüber dem metaphysischen Prinzip der Einheit ist sich auch Bruno bewußt: Auch für ihn zeichnen sich die mathematischen Gegenstände durch ihren Bildcharakter aus,[11] der lediglich als Hinweis auf die Einheit gedeutet werden kann. Neben der Fortführung dieses Aspekts der platonisch-cusanischen Mathematikauffassung bezieht sich Bruno jedoch auf eine zweite Interpretationsmöglichkeit der Mathematik, die sich dem Ansatz nach ebenfalls schon bei Cusanus findet: Im Vordergrund der Reflexion steht hier nicht mehr der „ascensus" auf das Eine hin, sondern umgekehrt die Vervielfältigung der Einheit in die Vielheit.[12] Gerade dieser Gesichtspunkt einer sich in vielheitliche Geschiedenheit entfaltenden Einheit gewinnt innerhalb des brunonischen Spätwerks im Zusammenhang mit der mathematischen Strukturanalyse der Natur und den gnoseologischen Voraussetzungen des reflektierenden Subjekts zunehmend an Bedeutung: Die theoretische Rechtfertigung einer möglichen Abbildung des Vervielfältigungsprozesses der metaphysischen Einheit durch die gesetzmäßige und deshalb methodisch überschaubare Regularität der mathematischen Verfahrensweisen bildet das zen-

7 C (Aq) 18, 24 f.: [...] come la infinita moltitudine per *non esser* numero [...]. [Hervorhebung von mir].

8 M 334; deutsche Übersetzung, S. 15.

9 Nicolai de Cusa, De docta ignorantia I 12, S. 24, 16 - 23.

10 Nicolai de Cusa, De docta ignorantia I 12, S. 24, 23 - 25.

11 TMM 273, 18.

12 C (Aq) 154, 12 - 15. Nicolai de Cusa, De Coniecturis I 1, n. 6, 2 - 6.

trale Motiv der Reflexion. Hieraus aber folgt weiterhin, daß die Gefahr einer unaufhebbaren Dichotomie zwischen Urbild und Abbild sowie zwischen Unendlichkeit und Endlichkeit mit den zur Verfügung stehenden erkenntnistheoretischen Möglichkeiten zwar nicht aufgelöst, aber doch abgeschwächt werden soll.

Deutlich zeigt sich dies anhand von zwei Problemkreisen, die den Aufbau der „mathesis universa" wesentlich bedingen und auch die Thematik der mathematischen Reflexion modifizieren: So geht es Bruno zum einen darum, die urbildliche, ideelle Komponente der sich entäußernden göttlichen Monas bzw. „mens" als *Mitteilung* aufzufassen, deren kommunizierendes Wesen eng mit dem Begriff der „informatio" der Natur („natura informata") verbunden ist.[13] Der intendierte Zusammenhang von Idee und urbildhafter Formstruktur einerseits sowie von Form als verstehbarer „Botschaft" der „mens" andererseits führt im weiteren auf ein erstes Grundproblem der „mathesis universa", da nun die Umsetzung des Bedeutungsgehalts der sich mitteilenden Idee in das methodisch rationale Verfahren der Mathematik und ihrer Formsprache bewältigt werden muß. Die Transformation ideeller Inhalte in die Diskursivität rationaler Operationen bildet demnach einen thematischen Schwerpunkt, von dem her sich auch die Sinnhaftigkeit der Trias „mens - natura - ratio" erschließt.

Erschwert wird diese Intention jedoch zum anderen durch das Problem der unendlichen Vollständigkeit. Indem Bruno die göttliche Monas als All-Einheit begreift und Vollständigkeit auch in der universellen Wissenschaft realisiert sehen möchte, steht er nunmehr vor der Aufgabe, Bedeutungsträger zu entwerfen, die die Ideen als Einzelinhalte repräsentieren. Darüberhinaus aber entsteht jetzt vor allem das Problem, daß die in sich absolut geeinte, unendliche All-Einheit Gottes mit Hilfe des rationalen Verfahrens dargestellt werden muß, das seinerseits auf den endlichen Denkkategorien von Einheit und Andersheit beruht. Dieser zweite Punkt der Diskussion impliziert eine Neuerung im Umgang mit dem „schlechten Unendlichen", die jetzt - zusätzlich zu den im Rahmen der Theorie des (quantitativen) Kontinuums erarbeiteten Ergebnissen - neue Methoden zur Vermeidung eines unendlichen Progresses fordert: Indem nämlich die darzustellende Unendlichkeit der Monas selbstverständlich nicht als quantitative, sondern als transkategoriale zu verstehen ist, ist Bruno gezwungen, eine Methode zu entwickeln, die sich ebenfalls unabhängig von quantifizierenden Vorstellungen als reine Operationalität um die Darstellung der All-Einheit bemüht. Denn allein der Versuch einer

[13] TMM 274, 11. Als Gegenbegriff hierzu gilt das Chaos, das nicht mitteilbar ist, vgl. LTS 11, 24 - 26.

Verdeutlichung der nicht quantitativen All-Einheit mit den Mitteln der Quantität erscheint schon von der Anlage der Problemstellung her verfehlt. Aus diesem Grund muß Bruno das Problem der Umgehung des „schlechten Unendlichen" - insofern es überhaupt lösbar ist - von der mathematisch quantitativen Betrachtungsweise im engeren Sinn befreien und auf die Ebene der Metamathematik bzw. der Metalogik übertragen. Die ursprünglich quantitative, d. h. an einem Zählprozeß oder einem Teilungsverfahren festgemachte Betrachtungsweise des unabschließbar Unendlichen verlagert sich somit grundsätzlich auf das Feld der allgemeinen, rationalen Denkbedingungen. Nicht mehr die mit der Zahl- oder Raumgröße gegebene unendliche Progression beherrscht die Thematik der Diskussion, sondern die diskursive Struktur an sich, die in den mathematischen Verfahrensweisen wirksam wird und die sich jetzt als das eigentliche Hindernis in der Darstellung des schlechthin Unendlichen erweist. Inwieweit es gelingen kann, trotz der diskursiven Verfassung des mathematisch denkenden Subjekts die vollständige All-Einheit der Monas in einem wissenschaftlichen System zu repräsentieren, soll die folgende Analyse zeigen.

7.1 Die unendliche Vollständigkeit der Einheit und das Problem der Verstehbarkeit der Idee als wissenschaftstheoretisches Programm

7.1.1 Die „monas monadum" als dialektischer Inbegriff des Unendlichen

Die repräsentative Funktion der Mathematik, durch ihre Elemente und Strukturen die rein ideellen Inhalte der „mens" abbilden zu können, erfährt durch das letztlich unwißbare Wesen des göttlichen Geistes ihre wesentliche Einschränkung. Dieses uneinholbare Moment besteht in der durch die Exodusmetaphysik zum Ausdruck gebrachten reflexiven, sich selbst benennenden Selbstidentität der Monas, deren innere Bezüglichkeit mittels rationaler Diskursivität nicht ausgedrückt werden kann.[14] Das traditionelle Modell nur

[14] STM 85, 5 - 18.
An dieser Stelle soll darauf aufmerksam gemacht werden, daß der Begriff der Reflexivität sowohl im traditionellen als auch im brunonischen Sprachgebrauch mehrdeutig ist und je nach Aussageabsicht in verschiedener Weise gebraucht werden kann. So meint Reflexivität:

inadäquat erfaßbarer göttlicher Selbstbezüglichkeit bleibt auch für die Frankfurter Trilogie verbindlich.[15] Dennoch aber versucht Bruno vor allem in De monade die Selbstreferenz der Monas durch die geordnete Folge von aufeinander beziehbaren mathematischen Elementen zu beschreiben. Diese mathematische Struktur der inneren Entfaltung Gottes wird dabei zugleich für das Verständnis der „explicatio" der Natur wesentlich und soll darüberhinaus mit dem Denkinstrumentarium, das dem reflektierenden Subjekt eigen ist, korrespondieren.[16] Zwischen der inneren Prozessualität der Monas und dem gedanklichen, seriellen Fortschreiten von Natur und Mensch soll also eine Entsprechung insofern bestehen, als der nach außen gerichtete Aspekt naturhafter und dementsprechend rational verstehbarer Entfaltung zugleich als Abbild der inneren Relationalität der Monas gewertet werden kann.

Nun zeigt sich jedoch anhand der Konzeption der göttlichen Monade im brunonischen Spätwerk eine eigentümliche Paradoxie, die den klassischen Kontext von Exodus 3,14 oder auch das neuplatonische Modell triadischer Selbstbezüglichkeit zu vertiefen scheint, indem eben der Gedanke der Selbstreferenz im Sinne unendlicher Vollständigkeit erweitert wird: Wenn da-

a) die Selbstprädikation des sich selbst denkenden und sich auf sich selbst beziehenden Gottes im Sinne der durch den Neuplatonismus geprägten Tradition von Exodus 3, 14. Zur Sache vgl. W. Beierwaltes, Platonismus und Idealismus, S. 18 ff.
b) in Intensivierung von a) die rekursive Selbstentfaltung und Rückführung der göttlichen Monas durch ihre unendliche Selbstvervielfältigung.
c) einen Teilaspekt der logisch mathematischen Beziehung der Identität. In diesem Sinne gilt:

x = x	x ist mit sich selbst gleich	Gesetz der Reflexivität
x = y, also y = x	x ist mit y identisch	Gesetz der Symmetrie
x = y und y = z, also x = z		Gesetz der Transitivität

Vgl. A. Tarski, Einführung in die mathematische Logik, S. 66 ff.
d) im Sinne des „metalogischen Begriffs der Wahrheit" die Selbst-Rückbezüglichkeit eines Satzes „S", der durch sich selbst ausdrückt, ob „S" wahr ist oder nicht. Vgl. A. Tarski, Einführung in die mathematische Logik, S. 245; S. 259.
e) in der speziellen brunonischen Sprachgebung die Rückbindung der Teile an das Ganze, sodaß der Teil in sich das Ganze abbildet und umgekehrt. Vgl. TMM 276, 4 f.; 277, 1 - 3.

Im folgenden wird jeweils versucht, durch präzisierende Zusätze das Gemeinte zu verdeutlichen.

15 Vgl. TMM 146 f.: Die in den Articuli adversus mathematicos formulierte Selbstaussage der Monas: „SUM QUOD EST" wird in De minimo durch die Konvertibilität von „monas" und „entitas" erläutert. Die Monas ist als Entitas nicht nur einheits- und seinsstiftend für alles, sondern sie ist auch alles auf einfache Weise.

16 M 332.

her Bruno die göttliche Monas mit der Metapher „Kreis“ umschreibt, in dem die Dreiheit von „principium - medium - finis“ als untrennbare Einheit wirksam wird, so knüpft er an die bestehende Tradition an. Daraus, daß jedoch der Kreis zugleich als Einheit von Zentrum und unendlicher Peripherie verstanden wird und als Koinzidenz von Minimum und Maximum alle Zwischenwerte und alle Figurationen als in sich vollständiges Formationsgefüge kontinuierlich durchläuft,[17] resultiert, daß die innere Progression der Monas gleichsam ohne Umkehrbewegung *zugleich* als Rückkehr in sich selbst aufgefaßt werden muß.[18] Im Zusammenfall von Mimimum und Maximum vereinigen sich Anfang und Ende und vollzieht sich der Entfaltungsprozeß der koinzidentalen Einheit in der Weise eines „rückführenden Fortschreitens“. Dies führt zu der Schlußfolgerung, daß die maximale Entfaltung der Monas die minimale Einfaltung ist. Mit dieser Erweiterung der Selbstreferenz Gottes zu einer dialektisch verstandenen Einheit zweier sich (rationaliter) ausschließender Extrema, die sich, indem das Eine das Andere *ist*, jeweils auf sich selbst beziehen, versucht Bruno die aporetische Struktur einer perfekten Unendlichkeit zu umschreiben. Damit aber entwickelt Bruno einen Gottesbegriff, dessen paradoxale Konzeption aus der Perspektive einer metaphysischen Betrachtungsweise durchaus gerechtfertigt ist, insofern das brunonische Anliegen darin besteht, die unendliche, überkategoriale Fülle der Einheit durch die koinzidentale Einigung von Minimum und Maximum zu verdeutlichen. Jede Form einer Gotteslehre ist demnach ausgeschlossen, die auf den Implikationen des Satzes vom Widerspruch als dem Fundament rationalen Denkens beruht. Für die metaphysisch bzw. theologisch motivierte Interpre-

[17] M 336.

[18] Selbstverständlich versteht auch die neuplatonische Tradition die gedankliche Bewegung der Rückkehr des Einen in sich selbst nicht als die Rückkehr eines „endlichen“ Ursprungs, die durch das Bild eines endlichen, in sich begrenzten Kreises angemessen ausgedrückt werden könnte. Vgl. z. B. für Proklos, W. Beierwaltes, Proklos, S. 139 ff.; Das Problem des Rückgangs des „unendlichen Ursprungs in sich selbst“ treibt innerhalb der brunonischen Philosophie die Diskussion vielmehr durch die Frage voran, in welcher Weise die Rückkehr des einen, unendlichen Ursprungs in sich selbst durch eine rationale, d. h. dem Satz vom Widerspruch verpflichtete Wissenschaft dargestellt werden kann. Vor diesem Horizont der Fragestellung führt der Gedanke der „fortschreitenden Rückführung des Ursprungs zu sich selbst“, die dialektisch als „Ununterschiedenheit“ (Koinzidenz, Indifferenz) der Gegensätze faßbar ist, als erster Grund des diskursiven Denkens auf die logische Paradoxie der „Unentscheidbarkeit“: Die sich rationaliter ausschließenden Gegensätze werden als gegensätzliche Aussagen je für sich gleichermaßen und unvermittelt angenommen, um die (traditionell als einwertig eingestufte) Bedeutung der ersten Grundbegriffe des Wissenschaftssystems zu fixieren. Vgl. A. Tarski, Einführung in die mathematische Logik, S. 144 ff.

tation des Gottesbegriffs bedeutet die Unangemessenheit des rational-logischen Grundprinzips keinesfalls eine Einschränkung der Erkenntnismöglichkeiten, sondern eine der Sache nach vollkommen adäquate Notwendigkeit. Diese Notwendigkeit liegt in dem Wesen der infiniten Einheit beschlossen, der kein Anderes durch Ausgrenzung gegenüberstehen kann.

Aus der Perspektive des rational denkenden Subjekts hingegen, dessen methodische Verfahrensweise in der Komposition und Dekomposition seiner Elemente besteht, erweist sich die paradoxe Struktur der perfekten Allheit Gottes als die eigentliche sachliche Herausforderung: Bis hierher wurde festgestellt, daß die aktuale Vollständigkeit der Monas in der „gleichzeitigen" Entfaltung und Rückfaltung ihrer selbst besteht. Durch den Verweis auf die Koinzidenz der Gegensätze wird diese Konzeption jedoch zusätzlich dadurch intensiviert, daß die Konstitution von unendlicher Vollständigkeit eben mit der Aufhebung des Satzes vom Widerspruch verbunden ist. Hieraus aber entsteht für das rational reflektierende Subjekt das Problem, inwiefern ein Verfahren, das auf dem Gesetz des gültigen Widerspruchs basiert (wie etwa der Zählprozeß) überhaupt dem Prinzip unendlicher, weil den Widerspruch negierender Vollständigkeit gerecht werden kann. Erkenntnistheoretisch ist hier im weitesten Sinn die Beziehung zwischen einer das Widersprüchliche aufhebenden Dialektik und einer rationalen, dem Satz vom Widerspruch verpflichteten Denkweise angesprochen, die auch die Möglichkeit der deduktiven Methode berührt: Obgleich nämlich die Negation des Widerspruchs zwar dialektisch gerechtfertigt ist, bedeutet dies in Bezug auf die deduktive Systematik der Wissenschaft das eigentlich logische Problem. Das Moment der Negation nämlich, das in der dialektischen Denkbewegung Widersprüchliches bzw. Gegensätzliches überwindet, setzt auf der Ebene des rationalen Diskurses den Widerspruch bzw. Gegensatz. Deutlich zeigt sich dies im Zusammenhang mit dem Versuch, die ersten Gegenstände der „mathesis universa" als *Definitionen* festzulegen, indem der affirmierende Gehalt einer Definition eben das Nicht-Affirmierte auf der Grundlage des gültigen Satzes vom Widerspruch ausgrenzt.

Diese prinzipielle Kollision zwischen der Struktur des rational deduktiven Verfahrens und dem Anspruch auf Vollständigkeit eines Systems bezeichnet im folgenden das Problem, das das brunonische Denken des Spätwerks beschäftigt. Auf diese Weise klingt in der brunonischen Programmatik der „mathesis universa" schon die bis in die Gegenwart diskutierte Intention einer „Fundamentalwissenschaft" an, die sich nicht nur in dem Versuch erschöpft, unendliche Prozessualität mit endlichen Mitteln darzustellen, sondern die auch mit der Grundlegung einer Wissenschaft ringt, die sich an einem - wie es scheint - letztlich unerreichbaren, weil jenseits der logischen Möglichkeiten gelegenen Ideal der Vollständigkeit ausrichtet. In diesem Sinne also muß, noch bevor konkrete Strategien zur Vermeidung des „schlechten Unendlichen" erarbeitet werden, die Legitimation des deduktiven Verfahrens und seine prinzipielle Eignung zur Darstellung von Vollständigkeit überprüft werden.[19]

7.1.2 Das Problem der Mitteilbarkeit der Idee

Neben der Schwierigkeit, die unendliche Selbstbezüglichkeit der göttlichen Monas in ihrer Dynamik gedanklich zu durchdringen, konzentriert sich das brunonische Denken im Spätwerk auf die Art und Weise der Darstellbarkeit der Einheit. Die Durchführung dieses Programms erweist sich als umso schwieriger, als die Einheit an sich noch nicht einmal benennbar ist und ihre sich entfaltende „intelligentia" als „idea" betrachtet wird, die als rein geistige, rückbezügliche, innergöttliche Relation an keinen im weitesten Sinn sinnlich materiellen Träger gebunden ist und sich deshalb auch nicht darstellen läßt.[20] Dennoch aber gilt die Idee in näherer Spezifikation als die dem göttlichen Geist gleichewige Form[21] und schließlich als Ausweis der Beziehungsfähigkeit an sich.[22] Vor dem Hintergrund einer solchermaßen verstandenen Ideenlehre bleibt der Mathematik trotz des Problems der Inadäquanz der Darstellbarkeit ihre traditionelle platonische Funktion erhalten, wonach es Aufgabe der Mathematik ist, die ideellen Formen abbildhaft zu repräsentieren.[23] Die eigentliche Schwierigkeit, die sich für Bruno in diesem Zusammenhang abzeichnet, liegt jedoch vom erkenntnistheoretischen Gesichtspunkt aus betrachtet weniger in der Konstruktion geeigneter, bildhafter Repräsentanten, von denen der Hinweischarakter auf die Idee behauptet wird, sondern in dem Versuch, die Denkbarkeit der Idee an sich zu hinterfragen.

Diese Denkbarkeit gründet zunächst allgemein in der Kommunikabilität der Idee: Würde nämlich die Idee im göttlichen Geist nicht bestehen und sich durch den Akt des Geistes und des göttlichen Willens nicht mitteilen, so hätte weder der „mundus physicus" noch der „mundus rationalis" Bestand.[24] Obwohl nun die physische Welt im Vergleich mit der metaphysischen, göttli-

[19] Zur allgemeinen Problematik der Vollständigkeit von formalisierten Systemen vgl. H. Weyl, Philosophie der Mathematik und Naturwissenschaft, S. 280.

[20] STM 103, 2 f.; zur Darstellung von Bildern und Zeichen vgl. CI 104 f.

[21] AM 17, 3 f.

[22] STM 109, 2 - 4.

[23] Vgl. TMM 273, 18.

[24] CI 97, 15 ff.

chen Idee nur als „vestigium“[25] und der „mundus rationalis“ nur als „umbra“[26] zu verstehen ist, so daß in beiden Fällen die Mitteilung der Idee keinesfalls als eine ihr vollkommen „isomorphe“ Entsprechung erfolgt, muß doch offensichtlich zwischen der Idee und ihrem Schatten eine Strukturähnlichkeit herrschen, durch die die schattenhafte Rationalität als Ausdruck der Idee interpretiert werden kann.

Kehrt man nun von hieraus zum Ausgangspunkt der Überlegung zurück, dann vertieft sich die Fragestellung dahingehend, daß, noch bevor die Darstellbarkeit der Idee sinnvoll behandelt werden kann, die behauptete Verstehbarkeit der Idee geklärt werden muß. Zu bedenken ist hier vor allem die Wesensbestimmung der Idee als der gleichewigen Form des Geistes und der Beziehungsfähigkeit an sich: Soll also die „ratio“ die Idee in ihrem Bedeutungsgehalt auch nur schattenhaft verstehen können, dann stellt sich für das rational logische Denken die Aufgabe, die ideelle Gleichförmigkeit und Beziehbarkeit im *diskursiven Durchlaufen* seiner Denkinhalte abbilden zu können. In diesem Zusammenhang ist weiterhin wesentlich, daß der ideelle Formbegriff als Idee Gottes durchaus in die Reflexion des dreiheitlichen Gottes integriert ist.[27] Dies aber impliziert, daß die Idee, welche die Natur „informiert“, nicht nur allgemein als ein quantitäts- und qualitätsloses Moment zu verstehen ist. Die Idee stellt vielmehr in ihrer Eigenschaft als Selbstprädikation Gottes eine selbstbezügliche Formstruktur dar, deren Wirken in den Dingen die Verstehbarkeit der Dinge durch die Verstehbarkeit ihrer selbst begründet.[28]

Hieraus resultiert einerseits eine Äquivalenz zwischen der Forderung nach Vollständigkeit und der inneren Konstitution der Idee: In beiden Fällen erweist sich das Moment der Selbstbezüglichkeit als die unabdingbare innere Strukturvorgabe, welche die „mathesis universa“ als Repräsentationssystem des ersten metaphysischen Prinzips abbildhaft zur Darstellung bringen soll. Andererseits jedoch birgt der Gedanke der Selbstreferenz in sich zwei Aspekte, je nachdem ob er auf die in sich beziehungslose, jede Gegensätzlichkeit negierende Person des Vaters bezogen wird oder den sich selbst reflektierenden göttlichen Intellekt meint: Während nämlich in der „nur sich selbst bekannten“[29] Person des Vaters bzw. in der göttlichen Monas deren sich entfaltende Progression *differenzlos* ihre regressive Einheit ist, bedingt die ideelle Entäußerung des göttlichen Intellekts eine *in sich differenzierte* Selbstbezüg-

25 CI 98, 4.
26 CI 96, 9 f.
27 Vgl. z. B. LTS 44, 2 ff.
28 STM 104, 24 f.; 105, 1; 108, 17 - 19.
29 STM 79, 3 f.

lichkeit in Form von Selbst-Ähnlichkeit und Selbst-Gegensätzlichkeit.[30] Hieraus resultiert im weiteren, daß die intendierte Universalität der repräsentierenden Wissenschaft in zwei thematisch zwar eng verbundene, aber doch unterschiedlich akzentuierte Modi der Darstellung aufgeteilt wird. Im ersten Fall meint dies, daß die innere Prozessualität der Monas den Gegenstand der Betrachtung bildet und somit das monadische (in De monade entwickelte) konstruktive, selbstbezügliche Generierungsprinzip im Vordergrund steht, das die Entfaltung und Rückführung seiner selbst verantwortet. Im zweiten Fall (in De minimo) führt die schwerpunktmäßige Darstellung des „informativen" Gehalts der Ideen auf den Versuch, die Gleichförmigkeit des ideellen Seins in die räumliche Bildsprache einer extensiven, archetypischen Figurationstheorie zu übertragen,[31] um mit der Hilfe dieser Bildersprache die Gründungsfunktion der inextensiven Idee in der extensiven, komparativen Struktur der Natur begreifen zu können.[32] Dabei vermittelt sich nicht nur die mit der Isomorphie der Idee ausgedrückte Äquivalenz zwischen dem Geist und seiner Form als Abbildung der Formstruktur in der Gestalt, sondern es manifestieren sich auch die selbstbezüglichen Momente von Ähnlichkeit und Entgegensetzung gleichsam als eine im Aufbau der archetypischen Figuren bildhaft fixierte Aussage der sich mitteilenden Idee.

7.2 Die Strukturelemente der „mathesis universa"

7.2.1 Das Verhältnis von Vollständigkeit und deduktivem Verfahren

7.2.1.1 Das Problem der Zuordnung von Einheitsmetaphysik und mathematischem Satzsystem

Die Konzeption einer universellen Wissenschaft bereitet sich in De la causa vor. Als Leitmotiv für die Vollkommenheit eines Wissenszweiges gilt in diesem Text die unteilbare Einheit, die die in Vielheit zerstreuten Wissengehalte der jeweiligen Einzeldisziplinen in sich bergen soll. Derjenige also wäre der vollkommenste Mathematiker, „der alle in den Elementen des Euklides zerstreuten Sätze in einen einzigen Satz zusammenzuziehen vermöchte; der

[30] Vgl. AM 17, 3 f.: [...] ad sibi consimile, respicit sibi oppositum.

[31] TMM 272, 31 - 273, 4.

[32] CI 101, 6 - 8.

vollkommenste Logiker derjenige, welcher alle Gedanken auf einen einzigen zurückführte".[33] Obwohl in De la causa dieses Programm noch als hypothetische Forderung angesetzt wird, läßt sich dennoch als Aussageabsicht festhalten, daß die allgemeine Struktur des Verstehens von gedanklichen Sachverhalten in der möglichst „geringen Anzahl" der hierzu benötigten „Vorstellungen, Gleichnisse und Formen" besteht.[34] Nicht die unübersichtliche Mannigfaltigkeit hochkomplexer Bezüge bedeutet demnach das Maximum an Wissen, sondern die mit der Einheit des Erkenntnisaktes in Einklang stehende Einheit des Wißbaren überhaupt. Schon deutlich formuliert wird in diesem Zusammenhang die Abhängigkeit der Intelligibilität von Sachverhalten von deren Rückführbarkeit auf die Einheit. In den mathematischen Schriften fungiert dementsprechend die Einheit auch als das transzendentallogische Moment, das die Existenz und Begreifbarkeit der mathematischen Gegenstände ausmacht.

Wenngleich nun dieser Aspekt der einheitsmetaphysischen Begründung der Mathematik in den mathematischen Schriften durchaus als eigenständiges Anliegen weiterverfolgt wird, so beinhaltet doch die eigentümliche Formulierung in De la causa ein zusätzliches „metalogisches" Problem. Kann es denn, so muß von hieraus gefragt werden, *einen* mathematischen oder logischen *Satz* geben, der selbst der Satzstruktur folgt und zugleich in sich die Allheit der Sätze birgt? Diese Problemstellung bezieht sich nicht mehr auf die transzendentallogische, existenz- und intelligibilitätsstiftende Funktion der Einheit. Gemeint ist vielmehr die Frage nach der Verhältnisbestimmung zwischen einer Einheit, die in der Form einer aussagelogischen Satzstruktur komplizit die Vollständigkeit eines Satzsystems für sich beansprucht, und der deduktiv-axiomatischen Methode selbst, die ihrerseits durch den funktionalen Gesamtzusammenhang ihrer Sätze eben jene Vollständigkeit erst deduktiv zu explizieren sucht.[35] Kann also eine solche Einheit als „universeller Satz" in ein deduktiv verfahrendes System integriert und ihr sachlicher Gehalt durch die Explikation dieser Sätze vollständig dargestellt werden? Oder anders gefragt: Kann das deduktive Verfahren per se, d. h. durch einen (vollständigen) Satz, der dem System selbst angehört, den in der „mathesis universa" intendierten Totalitätsanspruch des Wissens begründen? In späteren Ausführungen spezifiziert Bruno die intendierte Universalität des Systems durch die Gegenläufigkeit des kompositorischen und dekompositorischen Verfahrens, zu dessen Durchführung die mathematischen Elemente und deren Beziehun-

33 C (Aq) 154, 2 - 5; deutsche Übersetzung (L) 108, 18 - 23.

34 C (Aq) 154, 7 f.; deutsche Übersetzung (L) 108, 25.

35 TMM 287, 13 - 18; P 5, 1 - 3.

gen als Instrumentarium dienen sollen. Nicht mehr die Einfaltung aller Sätze in einen Satz, sondern die Erkenntnis des Ganzen aus den Teilen und umgekehrt die Erkenntnis der Teile aus dem Ganzen charakterisieren daher die „mathesis universa".[36] Beide Ansätze führen jedoch aus je verschiedenen Perspektiven auf das Problem, die erkenntnistheoretische Beziehung der metaphysischen Einheit auf ein *an sich evidentes System von Sätzen* untersuchen zu müssen, insofern realiter die Totalität *allen* Wissens, d. h. auch des *metaphysischen* Wissens intendiert ist. Die eigentlich „metalogische" Reflexion richtet sich hierbei auf die methodologische Tragweite des deduktiven Verfahrens, auf die Valenz des in den Definitionen bzw. Axiomata als ursprünglich angenommenen Wissens und schließlich auf die aus ihm resultierenden Schlußfolgerungen.[37] Genügt dieses Wissen zur Ausformulierung einer universellen Wissensstruktur oder bedarf es eines weiteren Grundes der Vollständigkeit, der selbst nicht durch diese ursprünglichen Wissensinhalte erfaßt wird und dementsprechend aus den Definitionen und Axiomata auch nicht abgeleitet werden kann?

Verfolgt man die in diesem Zusammenhang bedeutungsvolle brunonische Rezeption und Transformation der euklidschen Elemente als den evidenten Formen des Wissens, so zeichnet sich von den Articuli adversus mathematicos bis hin zu den Praelectiones geometricae eine Entwicklung ab, die die aussagenlogische und schlußfolgernde Struktur mathematischen Denkens im Spätwerk zunehmend akzentuiert. Der mustergültige Aufbau der euklidschen Elemente wird einerseits gemäß der proklischen Interpretation[38] mit den methodologischen Implikationen der platonischen Dialektik zusammengedacht,[39] sodaß das analytische Verfahren als eine unterscheidende und trennende Operation verstanden wird, die auf einfachste Grundbegriffe abzielt. Andererseits weitet Bruno die mathematische Methode auch gemäß der aristotelischen Analytica posteriora zu einem Beweisverfahren aus,[40] sodaß die „demonstratio simpliciter" als Ausdruck der Äquivalenz von Seins- und Denkstruktur zunächst auf der Basis einer Satzstruktur von Subjekt und Prädikat

[36] TMM 311, 25: Qui non novit totum, neque partem novit, et e contra.

[37] Vgl. P 3 f.

[38] Zur unterschiedlichen Terminologie zwischen Euklid und Proklos vgl. A. Szabó, Anfänge der griechischen Mathematik, S. 379.

[39] Vgl. Proklos, In Eucl. 69, 13 - 19; H.-J. Engfer, Philosophie als Analysis, Studien zur Entwicklung philosophischer Analysiskonzeptionen unter dem Einfluß mathematischer Methodenmodelle im 17. und frühen 18. Jahrhundert, Stuttgart-Bad Cannstatt 1982, S. 76, Anm. 76; AM 9, 4 - 7.

[40] Zur Rezeption der euklidschen Elemente im 16. Jahrhundert vgl. H.-J. Engfer, Philosophie als Analysis, S. 76 ff.

ruht.[41] Die Verknüpfungen der Definitionen als der schon immer bekannten, inkomplexen Begriffe mit den Axiomata beinhalten in sich nicht nur die Beweisprinzipien,[42] die letztlich in den in ihnen wirksam werdenden Aspekten von Einheit, Identität und Ähnlichkeit gründen,[43] sondern darüberhinaus auch das gesamte Potential einer schöpferischen Natur und eines unterscheidenden Geistes.[44] Durch die in der „cognitio incomplexa" und in den „termini simplices" wirksam werdende, nicht mehr auf ursprünglichere Definitionen reduzierbare Evidenz gelten diese Wissensformen als dasjenige allgemeinste Instrumentarium, aus dem sich im weiteren die spezielleren mathematischen Lehrsätze („theoremata") ableiten lassen.[45] Zusammen mit den Definitionen und Axiomata bilden die Theoremata die Voraussetzung für die Möglichkeit, zu jeder untergeordneten Schlußfolgerung und zu jeder zu lösenden Aufgabenstellung fortschreiten zu können.[46] Der Anspruch einer universellen Wissenschaft gründet also in der Annahme einfachster Termini und ihrer methodischen Verwendung, wobei sich der aristotelische und der (neu)platonische Ansatz überlagern können. Die brunonischen Ausführungen bestätigen damit die Tendenz der Euklidrezeption des 16. Jahrhunderts, indem Brunos letzte mathematische Schrift eine Methode favorisiert, die auf dem Bewußtsein der ursprünglichen Begriffsinhalte des Denkens und der Fähigkeit des schlußfolgernden Beweisverfahren beruht.[47]

7.2.1.2 Die Frage nach der Evidenz der ersten Grundbegriffe

Die Hoffnung, mittels geeigneter gedanklicher Ausgangspunkte und Verfahrensweisen die Fülle des gesamten Denk- und Vorstellungsbereichs erschließen zu können, ist ein wesentliches Charakteristikum der „mathesis universa". In dieser Form kann der wissenschaftstheoretische Grundgedanke auch als sachlicher Vorgriff auf Leibnizens „mathesis universalis" gelten, die ihrerseits durch das Zusammenwirken von „ars iudicandi" und „ars invenien-

41 P 4, 3 - 8.
42 TMM 290, 1 f.
43 TMM 290, 3 - 11.
44 TMM 287, 21 f.: [...] ordo principiorum, queis natura facit totum et mens singula cernit.
45 Vgl. C (Aq) 154, 2 - 5.
46 P 5, 4 - 6; TMM 299, 22 - 24.
47 Vgl. H.-J. Engfer, Philosophie als Analysis, S. 72 ff.

di“ als der inneren Bezüglichkeit von zergliederndem und zusammensetzendem Denken gekennzeichnet ist.[48]

Im Rahmen der engeren Ausführung der „mathesis universa“ stehen nun für Bruno weniger die „conclusiones“ im Vordergrund als die Reduktion der Wissensformen auf ihre elementaren Strukturen und deren Zusammensetzung zu einem Ganzem.[49] Diese Wissensformen und ihre möglichen Beziehungen beruhen auf den Definitionen und Axiomata der Mathematik.

Indes, so plausibel der Versuch einer universellen Ableitung allen Wissen zunächst erscheinen mag, so wenig beantwortet die Einführung eines solchen Programms die anfängliche Frage, ob und inwieweit auf diese Weise die metaphysische Intention der Mathematik, nämlich abbildhaft auf die innere Struktur des göttlichen Geistes zu verweisen, gelingen kann. Ist es möglich, die Universalität der „mens“ an sich mit den Voraussetzungen des mathematischen Bewußtseins methodisch zu nachzubilden?[50] Um diese Frage beantworten zu können, muß sich die Erörterung in einem ersten Schritt dem Problem zuwenden, ob die in den mathematischen Voraussetzungen behauptete Einfachheit und Ursprünglichkeit zu Recht angenommen wird oder nicht. Nur wenn sich klären läßt, inwieweit ein solcher Anspruch realistisch ist, kann zumindest der Vorbildcharakter der „mathesis universa“ für jede Wissenschaft gesichert werden. Sodann kann in einem zweiten Schritt untersucht werden, wie sich die Ursprünglichkeit der „termini simplices“ und der „axiomata“ zu der Ursprünglichkeit der metaphysischen Einheit verhält.

Die Reflexion über die Ursprünglichkeit der Begriffe eröffnet von ihrer Intention her eine eigentümliche Aporie. Denn wie kann es gelingen, über schlechthin einfache Begriffe nochmals zu reflektieren? Die Intention einer letzten, die Gewißheit der Inkomplexität beanspruchenden definitorischen und axiomatischen Darstellung der kognitiven Grundlagen scheint somit an dem Hindernis zu scheitern, daß die Reduktion auf einfachste Begriffe möglicherweise einen Regressus in infinitum provoziert. Die Unsicherheit, ob es sich bei den einfachen Begriffen und den evidenten Axiomata auch tatsächlich um eine einfache und evidente Wissensformen handelt oder ob diese Wissensstrukturen nochmals zu hinterfragen und auf einfachere Elemente zurückzuführen sind, wird dementsprechend auch bei den Versuchen einer Grundlegung der ursprünglichen Denkvoraussetzungen explizit berücksichtigt. Die Bemerkung des Aristoteles, daß man nicht alles definieren

48 Vgl. J. Mittelstraß, Leibniz and Kant on mathematical and philosophical knowledge. In: K. Okruklik, J. R. Brown (Hrsg.), The natural philosophy of Leibniz, Dordrecht u.a. 1985, S. 227 - 261, bes. S. 237.

49 TMM 276, 24 - 277, 3.

50 So z. B. in TMM 277, 6 - 8.

können müsse,[51] ist schon ein erster Ausdruck dafür, daß eine nachträgliche methodische Fixierung erster Prämissen offensichtlich mißlingt. Trotz der „Erlaubnis“, bei grundlegenden Sachverhalten auf eine definitorische Begründung verzichten zu dürfen, bleibt jedoch ein irritierender Rest, der sich bei der Ausformulierung des systematisch-deduktiven Charakters der Mathematik im Bewußtsein der Vertreter einer universellen Wissenschaft bemerkbar macht. So zeichnet sich z. B. bei Leibniz das Problem ab, daß einerseits weder die Anzahl der einfachen Begriffe noch andererseits ein positives Kriterium für deren geforderte Evidenz angegeben werden kann.[52] In der traditionellen Diskussion der mathematischen Grundlagen kommt es zu einer langwierigen Auseinandersetzung über den erkenntnistheoretischen Stellenwert der mathematischen Elemente, die sich schon in den umstrittenen Definitionen Euklids niederschlägt[53] und sich weiterhin in den unterschiedlichen Benennungen der mathematischen Axiomata als der Sätze über die Gleichheit artikuliert:[54] Das unbefriedigende Moment bezüglich der Definitionen (etwa der Aussage „Ein Punkt ist, was keinen Teil hat.“) besteht dementsprechend darin, daß der zu definierende Inhalt nicht positiv angegeben wird.[55] Die Schwierigkeiten, die die Evidenz der Axiomata, also beispielsweise die Evidenz der Sätze über die Gleichheit betreffen, manifestieren sich vor allem anhand der behaupteten empirischen Unabhängigkeit der axiomatischen Sachverhalte, d. h. also anhand des Postulats, daß ihre Gültigkeit nicht durch eine nachträgliche Verifikation erwiesen zu werden braucht.

Nach den Ergebnissen der Forschung ist deutlich, daß insbesondere zwischen den platonischen Sätzen über die Gleichheit und denen des Euklid ein Unterschied hinsichtlich der in ihnen vermuteten Evidenz besteht, der sich offensichtlich in der Überzeugungskraft der jeweiligen Sätze manifestierte. Die sachliche Differenz zwischen den Satztypen besteht darin, daß die platonischen Aussagen über die Gleichheit als ὁμολογήματα die *Selbstbezüglichkeit* der Gleichheit behandeln[56] und erkenntnistheoretisch gleichbedeutend mit den ὑποθέσεις der Dialektik als allgemein akzeptierte Voraussetzungen sind. Die euklidschen Axiomata hingegen handeln von Gleichheitsbeziehungen zwischen *zwei* Objekten als einer möglicherweise nicht erfüllten Forderung, weil die Feststellung der Gültigkeit dieser Beziehungen eventuell einer eigenen empirischen Verifikation bedarf. Daß also z. B. zwei Dinge, die

[51] Aristoteles, Analytica posteriora I, 10; Proklos, In Eucl. 196, 15 - 27.
[52] Vgl. zum Problemhintergrund H.-J. Engfer, Philosophie als Analysis, S. 180 ff.
[53] Vgl. z. B. H. Meschkowski, Problemgeschichte der Mathematik, Bd. 1, S. 64.
[54] Vgl. A. Szabó, Anfänge der griechischen Mathematik, S. 389 ff.
[55] Vgl. hierzu auch E. Cassirer, Leibniz' System, S. 146 f.
[56] Vgl. Platon, Theaitetos 155 a.

demselben gleich auch untereinander gleich sind,[57] ist eine Behauptung, deren Wahrheit sich je nach Sachverhalt möglicherweise erst durch sinnliche Wahrnehmung bestätigt.[58] Diese Ausführungen verdeutlichen die inhaltlichen Schwierigkeiten, die der Grundlagentheorie einer universellen Wissenschaft entgegenstehen: Nicht nur die Anzahl der ersten Begriffe ist unklar, sondern auch das Kriterium für die allgemeine Gültigkeit von Beziehungen, das unabhängig von der Bestätigung an empirischen Einzelfällen ausschließlich als Denkinhalt wirksam sein muß. Soll eine solche Grundlegung dennoch möglich und nicht in sich beliebig sein, dann muß jede Form der Plausibilität, die sich auf Wahrnehmung stützt, eliminiert werden. Dies aber scheint in der platonischen Formulierung der Gleichheitssätze besser als in der euklidschen Fassung gelungen, weil das platonische Kriterium der Evidenz explizit auf das Moment der Reflexivität abhebt, das in der euklidschen Aussage äußerstenfalls implizit gegeben ist.[59] Versucht man also vor diesem Hintergrund eine Bedingung für die nicht mehr hinterfragbare Ursprünglichkeit eines Denkinhalts anzugeben, so besteht diese - nach dem platonischen Muster - offensichtlich in der möglichen *Selbstbezüglichkeit* des betreffenden Inhalts.

Anhand welcher Kriterien rechtfertigt nun Bruno seinerseits das Programm der „mathesis universa“? Nennt Bruno eine Prämisse, die den Unsicherheiten bezüglich der Evidenz der allgemeinen Grundlagen Rechnung trägt und zugleich auch die Gefahr eines Regressus in infinitum vermeidet, der die Letztbegründung nur wieder verlagert?

Rein äußerlich betrachtet läßt sich in diesem Zusammenhang feststellen, daß Bruno bei seiner Auflistung der elementaren Begriffe und Beziehungen von einer Einteilung in „definitiones“, „axiomata“ (als den für jede Wissenschaft gültigen Voraussetzungen) und „theoremata“ (als den spezielleren Lehrsätzen der Geometrie) ausgeht.[60] Obwohl sich Bruno somit an traditionelle Klassifikationsschemata hält, zeichnen sich dennoch im Verständnis der einzelnen Satzgruppen gravierende Unterschiede gegenüber der Tradition ab: So versucht Bruno, die euklidschen Gleichheitsaxiomata durch die quantitative und qualitative Gleichheit (d. h. Kongruenz und der Ähnlichkeit) zu er-

[57] Euklid (Busard), 1. Axiom: „Eidem equalia et alternis sunt equalia“, S. 28.

[58] Vgl. A. Szabó, Anfänge der griechischen Mathematik, S. 392.

[59] In der Einleitung zu Proklos' Euklidkommentar wird der euklidsche Gleichheitsbegriff von M. Steck stillschweigend als Reflexivität kommentiert. Vgl. Proclus Diadochus, Kommentar zum Ersten Buch von Euklids „Elementen“, aus dem Griechischen ins Deutsche übertragen und mit textkritischen Anmerkungen versehen von P. L. Schönberger, eingeleitet, mit Kommentaren und bibliographischen Nachweisen versehen und in der Gesamtedition besorgt von M. Steck, Halle 1945, S. 120.

[60] TMM 284, 2; 287, 20; 290, 21; vgl. ferner Brunos Kommentar TMM 293, 1 - 5.

gänzen und auf ihre tieferliegenden einheits- und geistmetaphysischen Voraussetzungen zu reduzieren. Erkenntnistheoretisch wirksam in den Sätzen werden dementsprechend die Implikationen des transzendentalen Moments der Einheit und einer an der Beziehungsfähigkeit der Idee orientierten Relationalität, die die Ordnungsfunktion gleichartiger Beziehungen mittels der in allem wirksam werdenden Selbstähnlichkeit (und Selbstentgegensetzung) verantwortet.[61] Wenn sich jedoch diese Selbstähnlichkeit im weiteren nicht nur als die reflexive Identität A=A erweisen, sondern auch die in den euklidschen und von Bruno übernommene Axiomata behauptete symmetrische oder transitive Bezüglichkeit als empirieunabhängiges Wissen sichern soll, dann muß das Moment der Selbstbezüglichkeit zu einer Voraussetzung intensiviert werden, die zwar für sich selbst jede endliche Relationalität ausschließt, dennoch aber für Anderes bzw. Endliches relationsstiftend wirkt. Nach dem Vorbild der ersten göttlichen Person als der schlechthin differenzlosen, jedoch die Möglichkeit von relationalen Zusammenhängen erst begründenden Identität, vollzieht Bruno im Rahmen der Mathematik per analogiam diesen Schritt. Das Prinzip der Selbstähnlichkeit wird als die unendliche und ursprünglich ununterscheidbare, dimensionale Struktur angesetzt, die eben als der indifferente gedankliche Ausgangspunkt aller möglichen Konfigurationen deren (quantitative und qualitative) Gleichartigkeit und folglich auch deren Beziehbarkeit bedingt. Das Programm einer auf Evidenz beruhenden „mathesis universa" hängt somit, jedenfalls was die Axiomata betrifft, von der Voraussetzung einer als Selbstähnlichkeit begriffenen Unendlichkeit ab, die letztlich mit der als Indifferenz interpretierten, negierenden Aufhebung unterscheidbarer Strukturen identisch ist. Wenn jedoch der innere Zusammenhang von universeller Selbstbezüglichkeit und Ununterscheidbarkeit als die schlechthin erste Prämisse des Axiomatasystems fungiert, durch die der unendliche Regreß des Denkens vermieden werden kann, warum erscheint dann diese Voraussetzung nicht selbst als axiomatisch fixierter Sachverhalt? Beruht dies, obwohl die Gedankenführung eindeutig von der Indifferenz der Dimensionen ausgeht,[62] auf einer Unachtsamkeit Brunos, oder manifestiert sich hier eine in De la causa noch nicht erkannte Divergenz zwischen der Axiomatisierung des Wissens und seiner sich an einem indifferenten Bezugspunkt orientierenden Letztbegründung, sodaß die Letztbegründung selbst nicht als mathematischer Satz formuliert werden kann?

Das hiermit gestellte Problem der Reichweite der mathematischen Logik und der deduktiven Methode verdichtet sich vollends anhand der Kon-

[61] Vgl. STM 79, 3 f.
[62] TMM 272, 29 - 31.

stitution der mathematischen Definitionen. Während es bei den Gleichheitssätzen gelingt, den irritierenden Faktoren einer notwendigen empirischen Kontrolle und eines drohenden Regressus in infinitum durch die Annahme einer jedem Vergleich voraufgehenden Selbstbezüglichkeit zu begegnen, scheint die Forderung nach einfachsten, nicht weiter hinterfragbaren *definierten* Begriffen in sich einen Widerspruch zu beinhalten, der im Akt des Definierens selbst gründet. Der strittige Wert der euklidschen Definitionen wurzelt dementsprechend ganz „folgerichtig" in dem paradoxen Bestreben, die Ursprünglichkeit der Definitionen dadurch sicherzustellen, daß die Definitionen den zu definierenden Begriffsinhalt eben nicht eingrenzen, weil - so interpretiert Proklos - die negative Formulierung der Definitionen gegenüber einer per definitionem festgelegten Affirmation den ideellen Charakter der prinzipiell ausdehnungsfreien Mathematika adäquater zum Ausdruck bringe.[63] Die negative Struktur der zu definierenden Sätze korrespondiert somit mit der Aussage selbst, die mittels der Negation des Bestimmten die Aufhebung der Mannigfaltigkeit und zugleich die Möglichkeit ihrer Erzeugung intendiert.[64] Ein mögliches Kriterium für die Ursprünglichkeit der mathematischen Begriffe besteht also nach der neuplatonischen Version des Proklos in der Negation ihrer Bestimmtheit. Indem aber die Verneinung zugleich als πέρας gedacht wird, soll ihr auch eine definierende Funktion zukommen,[65] durch die sich die Mannigfaltigkeit erst verstehen läßt. Die Schwierigkeit, die sich jedoch in diesem Zusammenhang zwischen Einheitsmetapysik und Aussagenlogik abzeichnet, besteht in einer unauflösbar erscheinenden Kontradiktion zwischen der affirmativen Struktur der Definition und ihrem nur negativ erfaßbaren Anspruch auf von der Empirie unabhängige, ideelle Gültigkeit, sodaß die Legitimation einer ihre Inhalte positiv bestimmenden mathematischen Definitionslehre paradoxerweise durch ihren Anspruch auf Ursprünglichkeit und ideelle Evidenz grundsätzlich fraglich bleibt: Geht man nämlich - wie es die Bezeichnung ὅροι nahelegt - von dem abgrenzenden Charakter der Definitionen aus, dann sind die definierten Inhalte schon immer in eine *Mannigfaltigkeit* sich ausschließender, gleichwertiger Bestimmungen integriert, die aufgrund der Unmöglichkeit einer affirmativen, d. h. selbst begrenzten Letztbegründung der hierarchisch übergeordneten Negation bedürfen, um die Allgemeingültigkeit ihrer Inhalte auszuweisen. Versucht man jedoch umgekehrt die Unfähigkeit des definierenden Verfahrens, sich selbst zu begründen, durch die Negation zu beheben, dann läßt sich der nicht mehr hinterfragbare ideelle

63 Proklos, In Eucl. 94, 8 - 18.

64 Proklos, In Eucl. 99, 22 - 100, 3.

65 Proklos, In Eucl. 85, 13 - 17; 86, 1 - 4.

Charakter der Definitionen problemlos denken. Dies geschieht allerdings um den Preis, daß die solchermaßen konstituierten mathematischen Definitionen ihren affirmativen Definitionsgehalt verlieren und somit keine die Frage „was" beantwortenden Definitionen darstellen. Die proklische Deutung der euklidschen Definitionen verdeutlicht durch die Dichotomie von Negation und Affirmation das Kernproblem, von dem die mögliche Durchführung einer auf einem „ausgezeichneten" Satzsystem basierenden „mathesis universa" abhängt: Können die Definitionen widerspruchsfrei begründet werden, d. h. kann ihre Ursprünglichkeit gesichert werden, ohne daß das Moment der Ursprünglichkeit den zu definierenden Inhalt als solchen aufhebt? Der proklische Ansatz, die widersprüchliche Spannung zwischen Negation und Affirmation durch die hierarchische Gliederung von übergeordneter Negation und untergeordneter Affirmation zu entschärfen,[66] verweist auf den Denkhorizont, dem sich auch Bruno verpflichtet fühlt. Problematisch bleibt das proklische Programm jedoch insofern, als die negierenden, unendlichen Definitionen eben begrenzende ὅροι (ὅροι auch als ὑποθέσεις) sein sollen. Eine mögliche Lösung dieses Dilemmas könnte nun darin bestehen, den affirmierenden Gehalt der Definition so von der begründenden Negation zu isolieren, daß die Gründungsfunktion der Negation erhalten bleibt, ohne die Struktur der affirmativen Definitionen zu zerstören, oder mit anderen Worten: Das begründende Moment des Definitionssystems wäre selbst nicht durch eine affirmativ aussagende Satzstruktur erfaßbar und deshalb auch nicht aussagbarer „Bestandteil" des axiomatischen Satzsystems. Dies würde zwar die Priorität der Negation vor der Affirmation bestätigen, hätte aber bei einer streng durchgeführten Trennung wiederum den Nachteil, daß die Ursprünglichkeit der Negation nicht vermittelt werden könnte und dementsprechend auch ihre begründende Funktion für ein Definitionssystem fraglich bliebe. Eine Alternative hierzu bietet der Versuch, die Negation in die definierende Aussagestruktur so zu integrieren, daß die Gegensätzlichkeit zwischen Negation und Affirmation nicht als eine sich ausschließende, unüberwindliche Dualität verstanden wird, sondern als eine sich gegenseitig bedingende Funktionalität positiv gedeutet werden kann. Sollte dies gelingen, dann bliebe auf diese Weise das affirmativ abgrenzende Moment der Definition erhalten, ohne daß zugleich eine in ihrer Ursprünglichkeit ungesicherte Mannigfaltigkeit von Definitionen eingeführt wird, weil auch die begründende Negation in den definierten Inhalten wirkt.

[66] Zum Verhältnis von „negatio" und „affirmatio" vgl. W. Beierwaltes, Proklos, S. 341 ff.

7.2.1.3 Die Dialektik von Affirmation und Negation als Selbstbezüglichkeit der mathematischen Definition

Bezeichnenderweise folgt Bruno in der Konzeption seiner „definitiones" nicht der Tradition. Obwohl ihm die antiken Kommentare zu den Elementen des Euklid bekannt sind[67] und ihm die Begründung der Mathematik durch die jede Bestimmung negierende Einheit ein Hauptanliegen ist, besteht Bruno auf der aussagenlogischen Struktur der Definitionen.[68] Das Wesen der Definition liegt demnach gerade in der Angabe dessen, was („quid") ein Begriff inhaltlich *ist*, und nicht in der Aufhebung seiner Bestimmung durch die Angabe dessen, was der Begriff inhaltlich *nicht* ist. Als affirmativ fixierte Begriffe fungieren die einfachen Termini als Subjekte eines Satzes, über die etwas ausgesagt werden kann[69] und die sich in ein schlußfolgerndes Verfahren einfügen. Wie aber verhält sich die dezidierte Behauptung des affirmativen Aspekts der Definitionen zu dem einheitsmetaphysischen Denkhorizont des Spätwerks? Bedeutet die entschiedene Betonung der sich an der Frage „quid" orientierenden Subjekt-Prädikat-Struktur nicht eine gleichzeitige Verunsicherung bezüglich der gewünschten Einfachheit und Evidenz der Begriffe?

Die hier angesprochene Verhältnisbestimmung zwischen Einheitsmetaphysik und mathematischem Satzsystem wird in De minimo anhand des Aufbaus der Definitionen näher bestimmt:

1. „Est minimum cuius pars nulla est, prima quod est pars".
2. „Terminus est finis cui nec pars, quod neque pars est".[70]

Auffallend ist hier, daß Brunos erste Definition ein inhaltlich nicht näher bestimmtes Minimum als einen selbst nicht weiter teilbaren „Teil" positiv definiert und diese Bedeutung des Minimum durch die rein negative Definition einer nicht teilbaren und nicht als Teil verstehbaren Grenze ergänzt. In dieser Form fungieren die ersten beiden Definitionen als Paradigma für den definitorischen Aufbau des brunonischen Dimensionsmodells. Auf den ersten Blick scheint Bruno mit der sowohl negativen als auch positiven Bestimmung des Minimum als eines ersten Teils (Satz 1) die Schwierigkeit, der der Versuch einer definitorischen Grundlegung erster Inhalte ausgesetzt ist, explizit durch die Gegensätzlichkeit der Aussage zu thematisieren. Dies provoziert im weiteren jedoch den Einwand, daß die Satzstruktur der ersten Definition

67 Vgl. Brunos Verweise auf Proklos und Pappos in AM 34, 21 - 23; 38, 8 f.

68 P 4, 8 - 10: De subiecto praecognoscitur q u i d est, et hoc duplex: nominis et rei, nempe interpretatio et definitio.

69 P 4, 19 - 21.

70 TMM 284, 12 f.

durch die in ihr unvermittelt ausgesprochene Negation und Affirmation gerade nicht als eindeutige Definition gelten und somit auch nicht als paradigmatischer Modus definiendi für die nachfolgenden Bestimmungen anerkannt werden könne. An dieser Stelle nun muß auf eine Eigentümlichkeit des brunonischen Definitionssystems hingewiesen werden, die die Sinnhaftigkeit dieser Vorgehensweise allererst durch deren Rückbindung an eine in diesem Satz implizit verborgene, metaphysische Aussage erschließt: So intendiert die Definition des Minimum wesentlich die Definition eines ersten elementaren Teils.[71] Der ontologische und erkenntnistheoretische Status eines Elements bzw. Teils basiert auf der zugrundeliegendenden Teilung des ursprünglich Ungeteilten bzw. auf dem Prinzip der sich als Gegensätzlichkeit darstellenden Zweiheit.[72] In diesem Sinn „spricht" die erste brunonische Definition auf mehreren Ebenen: Die Unvermitteltheit von Verneinung und Bejahung, die in ihrer Satzstruktur zum Ausdruck kommt, verweist auf das Prinzip der Zweiheit als den Grund von Unterscheidung an sich. Auf diese Weise enthält die Definition des Minimum den (metaphysischen) Grund der Definierbarkeit *in sich*, und die inhaltliche Aussage des Satzes über den elementaren Charakter des Minimum expliziert das Prinzip der Unterscheidung als der zweiheitlich gegensätzlichen, d. h. negativen und affirmativen Bestimmung eines ersten Teils.[73] Neben der sich hier andeutenden Verknüpfung des Definitionssystems mit einer übergreifenden metaphysischen Prinzipienlehre repräsentiert diese erste Definition die Notwendigkeit, daß Negation im Sinn von Unteilbarkeit und Affirmation im Sinn von Teil-Sein gleichermaßen anerkannt werden müssen, wenn die Definitionen der Mathematik überhaupt mit ihrem inhaltlichen Sinn als den ideellen Grundgestalten des Raumes korrespondieren können sollen. Denn der problematische Charakter der euklidschen Definitionen besteht nicht nur in der unzureichenden Wesensbestimmung, sondern auch darin daß -jedenfalls nach der (allerdings positiv gemeinten) Interpretation des Proklos -durch die negative Formulierung der Sätze eben der mit der Teilung verbundene materiale Aspekt der sich räumlich konkretisierenden Elemente nicht ausgedrückt wird. Somit wird der Anschauungsgehalt der Elemente definitorisch nicht erfaßt und zugunsten einer rein ideellen Betrachtungsweise zurückgedrängt.[74] Damit aber weist die nicht

71 Vgl. hierzu TMM 140, 3. Mit der Ausarbeitung der mathematischen Definitionslehre rechtfertigt Bruno erst die Einführung der „primae partes" als Ergebnis der definierenden Tätigkeit des mathematisch denkenden Subjekts.

72 M 350.

73 M 349. Das Gegensatzpaar „affirmative - negative" wird in M 355, Nr. 40 eigens unter dem Oberbegriff „Zweiheit" genannt.

74 Proklos, In Eucl. 85, 13 - 86, 4; daneben 3, 1 - 4, 8; 4, 18 - 5, 10.

durchgeführte Festlegung des affirmativen Definitionsgehalts auch auf einen bestehenden Konflikt zwischen Idee und räumlicher Imagination hin, eine Zwiespältigkeit, die Bruno mit der Konzeption seiner „mathesis universa" überwinden möchte. Das in der Definition des Minimum angelegte Spannungsgefüge von Negation und Affirmation bzw. von Unteilbarkeit und Teil-Sein dokumentiert dementsprechend auch die erkenntnistheoretische Ambivalenz der ersten mathematischen Elemente.

Nach der bisherigen Analyse versucht Bruno also dem Begründungsproblem einfacher Termini durch die Verknüpfung von metaphysischer und definitorischer Ebene zu begegnen. Die erste Definition verweist auf das die Definition zweiheitlich begründende Prinzip, indem sie dieses anhand des definierten Begriffs „minimum" selbst zum Ausdruck bringt. Diese wechselseitige Beziehung von gründendem Prinzip und den Komponenten einer Definition könnte im weiteren zu der Vermutung Anlaß geben, daß Bruno den Nachweis der Evidenz des Definitionssystems durch rückbezügliche Strukturen zu erbringen sucht. Die Art und Weise der Rückbezüglichkeit, die in diesem Zusammenhang wirksam würde, meinte dann nicht ein Selbstverhältnis im Sinne der göttlichen Trinität, sondern einen Selbstbezug im Sinne der Logik, der näherhin als die Übereinstimmung zwischen dem Definiendum und dem Akt des Definierens zu verstehen ist. Dieser Eindruck einer im Definitionssystem angelegten, logischen „Selbst-Rückbezüglichkeit der Aussagestruktur" erhärtet sich, wenn man die sich anschließende Definition des „terminus" nicht isoliert betrachtet, sondern den „terminus" als Komplementärbegriff des ersten Teils auffaßt[75] und seine Definition auf die vorhergehende Definition bezieht. So thematisiert das Minimum als „unteilbarer Teil" die Gegensätzlichkeit der Zweiheit; das Minimum als „terminus" hingegen vervollständigt die Zweiheit als ein an die Zweiheit rückgebundenes, ihre gegensätzlichen Glieder bestimmendes, drittes Moment: Logisch betrachtet nämlich ist der „terminus" („terminus logicus") Definition[76]; „denn diese begrenzt die species, d. h. sie trennt sie von anderen Dingen ab"[77]. Diese Funktion einer vollzogenen Definition erfüllt der „terminus" innerhalb des Definitionssystems durch seine auf das Minimum rückbezüglich wirkende negative Bestimmung: Indem nämlich der „terminus" selbst nicht Teil ist,[78] kann er das im Modus der Teilung stehende Minimum erst zu einem Teil begrenzen. Die in der Definition des Minimum angelegte Gegensätzlichkeit zwischen Negation und Affirmation wird dadurch überwunden, daß die Bestätigung der Af-

75 TMM 161, 7 - 11. Vgl. oben S. 179, Anm. 14 (d).

76 STM 65, 7 f.

77 STM 65, 8 f.

78 TMM 284, 13.

firmation durch die Negation der Grenze erfolgt; denn einen Teil kann es ohne ein ihn begrenzendes Moment nicht geben. Die positive, auf die Frage „quid“ antwortende Angabe dessen, was das Minimum sei, beruht demnach auf einer diese Positivität erst vermittelnden Negation. Wenn also die Definition ursprünglicher Elemente widerspruchsfrei möglich sein soll, dann dürfen offensichtlich weder die Negation noch die Affirmation beziehungslos gegeneinander gesetzt werden; sondern allein über die reflexive Vermittlung ihrer Gegensätze konstituiert sich das Wesen eines „ursprünglichen“, ersten Definitionsgehalts.

Obwohl Bruno der Definitionslehre des proklischen Euklidkommentars nicht folgt, ist er doch wesentlich dem neuplatonisch triadischen Denken verpflichtet, indem er im weiteren die triadische Reflexivität nicht nur zur Legitimation seiner zu definierenden Sätze gebraucht, sondern die Voraussetzung selbstbezüglicher Strukturen auch zur schlechthinnigen Vollständigkeitsbedingung seiner „mathesis universa“ erklärt:[79] In diesem Sinne begreift Bruno nach neuplatonischem Vorbild die rückbezügliche Bewegung des „terminus“ nicht nur als Konstituens des Kreises[80] und diesen wiederum als Inbegriff aller Charaktere, Figuren und Bilder,[81] sondern er überträgt den metaphysischen Gehalt der Triadik auf die Fundierung der universellen Wissenschaft, indem durch den Modus definiendi die einfachen Termini des Definitionssystems allererst zu definierten Begriffen werden. Darüberhinaus intensiviert das triadische Schema auch das methodische Verfahren zu einer in sich rückbezüglichen Prozessualität. Die bisher noch nicht begründete Feststellung, daß Bruno im Rahmen seiner These einer vollständigen Grundlegung der Konstituentien von Wissenschaftlichkeit auch die gleichrangige Berechtigung der in Teile zergliedernden und zu einem Ganzen zusammensetzenden Methode behauptet, beruht denn auch auf der Annahme, daß sich Teil und Ganzes nicht nur relational zueinander verhalten, sondern sich - gemäß dem brunonischen Sprachgebrauch - ebenfalls reflexiv, d. h. in diesem Zusammenhang als gegenseitige Widerspiegelung, bedingen:[82] Die Beziehung des Teils zum Ganzen als einer Beziehung zwischen zwei Relata erschöpft die Ordnungsbeziehung der Methode bzw. den Modus cognoscendi nicht, sondern erst in der die Zweiheit der Relationsglieder übersteigenden Abbildung des einen im andern ist die Universalität der Methode gesichert. Die Entscheidung zwischen einer reduktionistischen oder holistischen Auffassung

[79] Vgl. das triadische Schema von „figura mentis - figura intellectus - figura amoris“ in AM 21, 16 - 18.

[80] TMM 273, 15 - 18. Vgl. W. Beierwaltes, Proklos, S. 173 ff.

[81] TMM 273, 18 ff.

[82] TMM 276, 4 f.: Nam partem ac totum collatio et ordo reflexim / Indicat [...].

von Wissenschaft erübrigt sich, weil Vollständigkeit in diesem Sinn meint, daß der Teil immer schon die Struktur des Ganzen repräsentiert und umgekehrt. Der letzte metaphysische Grund für die Konzeption einer auf Selbstbezüglichkeit basierenden universellen Methode besteht sachlich in der Trias „Grenze - Teil - Ganzes",[83] in der die Kontrarietät von Teil und Ganzem durch den Nexus der Grenze zu einer Einheit vermittelt wird.[84]

Das Ergebnis der bisherigen Analyse zeigt, daß Bruno den Aporien in der Konstitution einer universellen Wissenschaft durch Einführung reflexiver Strukturen zu begegnen sucht. Der Unsicherheit, ob die ersten Begriffe der Wissenschaft auch wirklich erste Begriffe sind, wird auf der Ebene der mathematischen Logik durch die Konstitution eines Satzsystems begegnet, das sein Begründungsverfahren in sich selbst enthält und auf diese Weise für das mathematisch denkende Subjekt die Gewißheit der „Ursprünglichkeit" seiner Aussagen begründet. Implizit wirkt das Modell triadischen Denkens in den ersten beiden Sätzen des Definitionssystems, indem sich nicht nur der Modus definiendi auf den definierten Inhalt abbilden läßt, sondern das triadische Schema auch den Akt des Definierens und das aus diesem Akt resultierende Definierte als eine reflexive Einheit konstituiert, die über die voraufgehende Zweiheit vermittelt wird. Ebenso bewirkt das triadische Schema den universellen Gültigkeitsanspruch der Methode als deren mögliche Gegenläufigkeit. Nicht in der Suche nach einer „vollständigen" Menge von ersten Begriffen wird die Gewißheit der Vollständigkeit erreicht, sondern durch das Wissen, daß ein jedes Element in einen übergreifenden Kontext integriert ist, den ein jedes Element selbst wiederum als Teilsystem abbildet.

Kehrt man nun vor diesem Hintergrund zu den bestimmenden Fragen dieses Abschnitts zurück, dann gilt es folgendes zu klären: Kann es einen Satz geben, der alle Sätze eines ausgezeichneten mathematischen oder logischen Satzsystems in sich beinhaltet? Warum formuliert Bruno in De minimo keinen

[83] M 371.

[84] Schematisch läßt sich die Struktur des Definitionssystems folgendermaßen darstellen:

Konstitution des definiendum

Minimum als Unteilbarkeit	erster Teil Teil	Grenze Unteilbarkeit
⇳	⇳	⇳
Negation	Affirmation	Negation

Struktur des Modus definiendi

Indem sich der Modus definiendi auf seinen Inhalt abbilden läßt, besteht zwischen dem Akt des Definierens und dem Definierten Isomorphie.

Satz über die Bedingung der Ursprünglichkeit und Vollständigkeit einer universellen Wissenschaft, obwohl sich das Prinzip der Indifferenz der Dimensionen als Voraussetzung der axiomatischen Gleichheitssätze anbietet und dieses Prinzip auch wegen der in ihm ausgedrückten Homogenitätsforderung als Voraussetzung für die kontinuierlich fortsetzbare Defininierbarkeit des Dimensionsmodells fungiert? Dies ist insofern besonders auffällig, als Bruno noch in den Articuli adversus mathematicos versucht, mit den Begriffen „universum“ und „totum“ Vollständigkeit („perfectum“) axiomatisch zu fixieren.[85]

Wie verhält sich die universelle „mathesis“ zu der einheitsmetaphysischen Konzeption, d. h. wie aussagefähig ist das brunonische Definitions- und Axiomatasystem im Hinblick auf die unendlich selbstbezügliche göttliche Monas? Kann die „mathesis universa“ jede, also auch die metaphysische Wahrheit ausdrücken? Dieser thematisch eng zusammenhängende Themenkomplex läßt sich durch eine weitere Strukturanalyse des brunonischen Definitionssystems beantworten: Die bisherige Untersuchung ergab, daß das Definitionssystem - gemäß den Voraussetzungen von Definition an sich - auf der Ebene der gegensätzlichen Zweiheit einsetzt und im wechselseitigen Zusammenwirken mit der sich anschließenden Bestimmung des „terminus“ eine rückbezügliche Einheit des ersten Gegensatzpaares bewirkt, indem die Affirmation durch die Negation bestätigt wird. Damit jedoch eine Rückbeziehung überhaupt möglich ist, muß implizit eine voraufgehende Identität bzw. Ungeschiedenheit des Gegensätzlichen gegeben sein. Erst wenn Identität als notwendige Bedingung und konstitutives Prinzip für die Möglichkeit von Selbstbezüglichkeit an sich vorausgesetzt wird, kann eine (logisch) selbstrückbezüglich definierende Struktur begründet werden. Diese Prämisse der „absoluten Differenzlosigkeit“ verbürgt im Bereich der Metaphysik die Einheit der ersten göttlichen Person und im Feld der Mathematik die Indifferenz der unendlichen, selbstähnlichen Dimensionalität. Beide Prinzipien können nicht definiert werden. Denn wie könnte das Übergegensätzliche mittels der auf Zweiheit beruhenden Definitionsstruktur bestimmt werden? Obwohl also - und dies ist das Ergebnis der Verhältnisbestimmung von Einheitsmetaphysik und universeller Wissenschaft - ein Prinzip der Indifferenz *immer schon vorausgesetzt werden muß*, damit das erste Satzgefüge konstituiert werden kann, und dieses Prinzip auch innerhalb des System zu dessen Begründung wirksam wird, kann dieses Prinzip selbst nicht mit dem System erfaßt und auch nicht mit der zur Verfügung stehenden Aussagenlogik in einem Satz formuliert wer-

85 AM 10, 2 f. Zum Problem vgl. auch M.-L. Heuser-Keßler, Maximum und Minimum, S. 182.

den. Mit anderen Worten bedeutet dies zugleich, daß dem mathematisch oder logisch reflektierenden Subjekt eine letzte nachvollziehbare, absolute Begründung seiner Denkinhalte versagt bleibt. Wenn also die ersten Begriffe des Definitionssystems die Gewißheit ihrer Ursprünglichkeit vermitteln, dann zeigt sich nun, daß die Ursprünglichkeit nur mit einer Einschränkung behauptet werden kann: Insofern nämlich der Gehalt der Begriffe durch den Modus definiendi festgelegt wird und das Begründungsverfahren der Definitionen *dem System selbst angehört*, handelt es tatsächlich um einen ersten, gedanklichen Ausgangspunkt des definierenden Denkens; der Grund für die Möglichkeit des Definierens an sich jedoch wird durch keine Definition erfaßt und liegt *außerhalb des Systems.* In dieser Hinsicht ist die Ursprünglichkeit der ersten Begriffe nicht als ein absoluter, sondern lediglich bedingter Anfang zu verstehen. Auf diese Weise wiederholt sich auch in der Auseinandersetzung um den Absolutheitsanspruch der „mathesis universa" die Dialektik von Transzendenz und Immanenz eines alles definierenden und selbst nicht definierbaren göttlichen Geistes.[86]

7.3 Das Problem des Verständnisses und der Vermittlung reflexiver Strukturen

7.3.1 Das Verhältnis von vollendeter und unvollendeter Unendlichkeit als Frage nach dem Bezug zwischen dem göttlichen und dem menschlichen Denken

Obwohl die aussagenlogische Konstitution mathematischer Sätze die ursprüngliche Indifferenz des ersten Prinzips nicht zum Ausdruck bringen kann und das Satzsystem als ein schon immer abgeleitetes Gefüge verstanden werden muß, das in Hinblick auf die mögliche Erfassung seiner Letztbegründung unvollständig bleibt, insistiert Bruno doch auch auf dieser abgeleiteten Stufe der Erkenntnis auf dem Ideal eines universellen Wissenschaftsbegriffs. Der Lösungsansatz für dieses paradox anmutende erkenntnistheoretische Unternehmen beruht auf der zugrundeliegenden „Reflexivität" der Wissenschaftsstruktur, die durch den Gedanken der gegenseitigen Durchdringung von Teil und Ganzem charakterisiert ist. Wie aber kann der Universalitätsanspruch der „mathesis universa" behauptet werden, wenn ihre be-

[86] TMM 147, 7 - 9.

grifflichen Elemente im Hinblick auf die metaphysische Ebene nur mit dem Vorbehalt der Konjektur zu formulieren sind?[87] Inwiefern kann wissenschaftliches Denken gewiß sein, daß zwischen den Disziplinen der Physik, der Mathematik und der Metaphysik ein hierarchisch gegliederter Zusammenhang besteht?[88] Schließlich erweist sich eine solche Behauptung als umso fraglicher, als sich die unendliche Selbstbezüglichkeit des monadischen Prinzips, d. h. dessen kontinuierliche, „gleichzeitige" Entfaltung und Rückführung, mit den endlich rationalen Möglichkeiten nicht darstellen läßt. Daß die „mathesis universa" Hinweisfunktion auf die metaphysische Ebene haben soll, erklärt Bruno schon mit dem Zeichen- bzw. Bildcharakter, der den mathematischen Elementen bzw. Charakteren zukommt.[89] Kann jedoch diese klassische Theorie der platonisch-neuplatonischen Tradition ausreichen, um die unendliche Progression und Regression der Monas zu veranschaulichen und darüberhinaus auch ein Kriterium der Gewißheit zu bieten, das den Mathematika eine Bedeutung verleiht, die eben als der Verweis auf eine ihnen übergeordnete Struktur gedeutet werden kann?

Bezeichnenderweise erörtert Bruno diesen Fragenkomplex im Kontext zweier Motive, die offensichtlich thematisch eng miteinander verwandt sind: So stellt Bruno zum einen den Informationscharakter der Idee insofern heraus, als diese sich nicht nur in den geometrischen Figurationen als veranschaulichte Gleichförmigkeit manifestiert. Vielmehr ist die Idee auch ein sich mitteilendes Geistprinzip,[90] dessen kommunikatives Moment mit Hilfe der Charaktere und Siegel begriffen werden kann, so daß es möglich sein soll, „eine Unterhaltung mit den Göttern zu führen".[91] Die Möglichkeit, Zeichen und Charaktere als Mittel einer *auf Gegenseitigkeit beruhenden* Kommunikation mit den Göttern zu gebrauchen, impliziert jedoch eine Äquivalenz zwischen der kognitiven Verfassung des reflektierenden Subjekts und dem ihm übergeordneten göttlichen Prinzip, durch die allerst die Verstehbarkeit begründet wird. Nur wenn eine solche Entsprechung gegeben ist, können auch die mathematischen Gegenstände der „mathesis universa" als Ausdruck einer zumindest partiell gemeinsamen Denkstruktur gewertet werden.[92] Falls diese Schlußfolgerung berechtigt ist, folgt hieraus, daß die Charaktere und Zeichen der „mathesis universa" eine noch zu klärende „Isomorphie" zwischen dem idealen Aspekt des sich mitteilenden Geistprinzips (den Göttern) und dem

87 P 3, 4.
88 TMM 273, 4 - 7.
89 Vgl. z. B. CI 98 f.
90 CI 97, 26 f.
91 M 327; deutsche Übersetzung, S. 8.
92 Vgl. auch E. v. Samsonow, Weltförmigkeit des Bewußtseins, S. 98.

Mathematiker abbilden und daß der verstehbare Bedeutungsgehalt der Mathematika eben in dieser in ihnen vermittelten Übereinstimmung besteht.[93]

Die Deutung der „mathesis universa" als umfassendes Informations- und Kommunikationssystem von Charakteren, Figuren und Zeichen verbindet Bruno mit einem zweiten Motiv: Es geht nicht allein darum, einen brauchbaren Fundus von elementaren Bedeutungsträgern zu konstituieren, sondern es soll auch die unendliche Formationsfülle des ersten Prinzips zur Darstellung gebracht werden,[94] wobei sich diese Intention - um es an dieser Stelle schon vorwegzunehmen - in De monade durch die Konzeption einer unendlichen, sich auf den „Anfang" rückführenden Bewegung der göttlichen Monas vertieft. Diese in der Monas wirksam werdende Bewegung, die der Sache nach mit dem Begriff der „Rekursion" benannt werden kann[95] erschwert jedoch wesentlich die Möglichkeit ihrer Darstellbarkeit. Der Begriff der „Rekursion" verschärft die Diskussion der Selbstbezüglichkeit insofern, als das Selbstverhältnis der Monas - in Abhebung von der Struktur des Definitionssystems - als Selbstbezüglichkeit verstanden werden muß, *der nicht wiederum ein begründendes Prinzip voraufgeht.* Die Rekursion im Sinne von absoluter, voraussetzungsloser Selbstbezüglichkeit erfordert somit, daß die sich in der Monas entfaltende, in sich selbst rückläufige Bewegung die „differenzie-

93 Die Frage nach der Verstehbarkeit der Idee stellt sich im Zusammenhang mit dem Naturbegriff als Frage nach der Vermittlung der Idee in Mathematik und Physik, vgl. CI 101, 4 - 16. Zum Verständnis der Natur als dem ausführenden Organ der Idee vgl. TMM 274, 10 - 14.

94 TMM 274, 24 f.: Sunt tres principio archetypi, quarum in facie *omnis* / Momenti norma est mensurae atque figurae. [Hervorhebung von mir].

95 Die neuplatonische Tradition kennt den Begriff der „Rekursion" als Selbstreflexion des Geistes, der zu sich zurückkehrt. Bestimmend hierbei sind Begriffe wie „conversio", „reversio" oder „recursus", wie sie z. B. Marius Victorinus in der Erörterung der Trinität verwendet. Zur Sache vgl. W. Beierwaltes, Identität und Differenz, S. 67.

Der moderne mathematische Begriff der Rekursion meint die Definition einer Funktion oder eines Verfahrens durch sich selbst. Vgl. E. Horowitz, S. Sahni, Algorithmen, Berlin/Heidelberg/New York 1981, S. 21 ff. In diesem Sinne ist „Rekursion" auch dazu geeignet, eine unendliche, geometrische Struktur zu definieren. Bruno drückt dies durch die Selbstvervielfältigung der Kreisförmigkeit der Monas in M 337 aus: Sic igitur semel assumptus, rursumve resumptus / Partes definit [gyrus] cuiuscumque ipse figurae. In De monade verbindet Bruno also die traditionelle Denkfigur der Selbstreflexion mit einer mathematischen Theorie der Formation.

Ein weiteres traditionell bedeutsames Beispiel für „Rekursion" scheint der cusanische Gottesbegriff des „Nicht-Anderen" zu sein: Das „Nicht-Andere" definiert sich und das Andere durch sich selbst. Vgl. W. Beierwaltes, Identität und Differenz, S. 114 f.

renden" Momente der Selbstexplikation nicht als gegeben vorfindet, sondern durch sich selbst erschafft. Dies heißt weiterhin, daß sich der Prozeß der Rückläufigkeit mit zwei aufeinander bezogenen Aspekten verbindet, die das Wesen von „Rekursion" ausmachen: So stellt sich hier erstens das Problem, daß aufgrund des voraussetzungslosen Selbstverhältnisses der Monas ihre Selbstdifferenzierung nur als absolute Selbstdefinition begriffen werden kann, ohne daß die bestimmende „Abgrenzung" der Monas durch sich selbst eine Auflösung der Einheit in Vielheit bedeutet. Von hieraus präzisiert sich zweitens die Rekursivität der monadischen Selbstentfaltung als eine Selbstvervielfältigung der Monas in das Sich-selbst-Gleiche, sodaß das erste Prinzip die ihm wesensgemäße Form in einem ersten Schritt *ungeteilt* „verdoppelt". Auf diese Weise erweist sich der brunonische Begriff der „ersten Zweiheit" als nicht deckungsgleich mit dem Begriff der Teilung: Zweiheit im Sinne der rekursiven Reduplikation der Einheit meint als ein der Teilung vorgeordnetes Prinzip[96] vielmehr die ganzheitliche Präsenz der Einheit in jedem Glied eines ersten Teilsystems, das durch den Prozeß der „verdoppelnden" Selbstdefinition allererst begründet wird. Insofern darüberhinaus die Selbstentfaltung der Monas unendlich ist, meint „Rekursion" die unendlich wiederkehrende, sich *jeder* neuen Differenzierungsstufe ganzheitlich vermittelnde Selbstreproduktion der Einheit, die als absolute Selbstbezüglichkeit in die Identität ihres eigenen Ursprung zurückkehrt.

Die in De monade hergestellte Verbindung zwischen einer Theorie der Kommunikation, die mittels eines umfassenden Zeichensystems möglich sein soll, und der Forderung, das in sich unendliche Bezugssystem der Monas *nachahmend* abbzubilden,[97] verdeutlicht in prägnanter Weise die Anforderungen an die „mathesis universa", insofern sie eben die Bedingungen der Verstehbarkeit des Unendlichen in sich beinhalten und verfahrenstechnisch die Unendlichkeit als dessen Imitation zum Ausdruck bringen soll. Worin aber besteht die postulierte Verwandschaft zwischen der Rekursivität der Monas und der auch in De monade herausgehobenen, rationalen, d. h. auf Zahl und Maß basierenden mathematischen Denkweise?[98] Oder anders formuliert: Welche Art der Operation kann den Anspruch der Imitation der unendlichen Einheit erfüllen?

Den Rahmen, in dem sich das Wesen der so verstandenen Wissenschaft realisieren soll, gibt Bruno eindeutig vor: Gesucht ist ein System von Regeln, das als „dauerhaftes Gesetz" die Ableitung der verschiedenartigen Formatio-

[96] Die „erste Zweiheit" („prima Dias") wird von Bruno der Scala Monadis zugeordnet. Vgl. M 346.

[97] M 328.

[98] M 334.

nen aus wenigen Prinzipien gestattet[99] und schließlich als Erzeugungsprinzip aufgefaßt werden kann, das als gültige Definitionsvorgabe die jeweils nachfolgende Formation bedingt. Der weiterhin angedeutete Modus einer Reihenbildung,[100] durch den die Entfaltung der einzelnen Gebilde erfolgen soll, verdeutlicht darüberhinaus sowohl die Stärke als auch die Schwäche des Ansatzes. Zwar wird einerseits die serienmäßige Regularität des Formationsgefüges betont, andererseits ist jedoch auch die Gefahr der Unabschließbarkeit implizit gegeben.

Wenn die Andeutung dieser Faktoren nun an die Struktur der Zahlenreihe erinnert und Bruno auch in De monade die herausragende Bedeutung der Zahl und des Zählprozesses als Erkenntnisinstrumentarium selbstverständlich anerkennt,[101] wäre doch die Annahme, daß die unabschließbare Zahlenreihe als solche schon die gesuchte, die absolute Monas imitierende Operation darstellt, aus folgendem Grund problematisch: Die in der Zahlenreihe wirksam werdende unvollendbare unendliche Sukzession entspricht trotz ihrer Regelmäßigkeit gerade nicht der in sich vollendeten Unendlichkeit der Monas und kann deshalb zunächst auch nur bedingt als ein der Monas „gleichförmiges" erkenntnistheoretisches Instrument gewertet werden. Obwohl die Kenntnis der Zahlen das wesentliche Spezifikum der menschlichen Denkstruktur darstellt, erscheint doch die Diskrepanz zwischen der vollendeten und der unvollendeten Unendlichkeit als das wesentliche Hindernis, das im folgenden auch die Möglichkeit der Kommunikation zwischen dem göttlichen und dem menschlichen Geist wegen der mit der Zahl gegebenen unübersichtlichen Vielfältigkeit erschwert. Damit Kommunikation überhaupt möglich und die Gefahr eines „Hinirrens bis zu einer unzählbaren Zahl"[102] vermieden wird, muß die Mannigfaltigkeit auf einfachere Strukturformen zurückgeführt werden, die letztlich in den Kategorien der Ähnlichkeit und Vergleichbarkeit gründen.[103] Das erkenntnistheoretische Programm eines reduktionistischen Ansatzes verbindet sich an dieser Stelle also mit den Bedingungen von Kommunikation, indem das Wesen der Mitteilbarkeit und Verstehbarkeit offensichtlich auf grundlegend einfachen Strukturen beruht, die dem göttlichen (den „Göttern") und dem menschlichen Denken gemeinsam sind.

Das oben angedeutete Problem, worin die Gemeinsamkeit zwischen der göttlichen und der menschlichen kognitiven Verfassung besteht, spezifiziert

99 M 328; deutsche Übersetzung, S. 8.

100 M 327 f.

101 Vgl. E. v. Samsonow, Einleitung zur deutschen Übersetzung von De Monade, S. XXV ff.

102 M 336; deutsche Übersetzung, S. 17.

103 M 329 f.

sich also zu folgendem Fragekomplex: Ist es möglich, die unhandsame und unüberschaubare Sukzession der Zahlen auf einfachere Regeln so zu reduzieren, daß die serienmäßige Regularität und die Komplexität erzeugende, potentielle Unendlichkeit der Zahlenreihe erhalten bleibt, ohne faktisch „durchlaufen“ werden zu müssen? Gibt es also innerhalb der Zahlenreihe - gleichsam auf einer grundlegenderen Ebene - ein endliches Regelsystem, das die Erzeugung einer unendlichen Mannigfaltigkeit auf einfachere Weise beschreibt und zugleich als Kommunikationsbasis des sich mitteilenden, selbstbezüglich unendlichen Geistprinzips gelten kann? Die Fülle der hiermit angesprochenen Bedingungen führt im folgenden auf eine modifizierte, als Kalkül verstandene Auffassung des Zählaktes. Durch diese Umdeutung der Gesetzmäßigkeit der Zahlenreihe soll sich nicht nur die Äquivalenz zwischen metaphysischem Geistprinzip und spezifisch menschlichem Erkenntnisinstrumentarium abbildhaft veranschaulichen lassen, sondern auch die Darstellung unendlicher Prozessualität in prinzipiell endlichen Schritten durchführen lassen.

7.3.2 Der arithmetische Kalkül als Nachahmung der unendlichen Selbstbezüglichkeit

Brunos Absicht, „aus einem Prinzip diejenigen Regeln zu gewinnen, [...] aus denen jede Größe, jedes Maß kommt“,[104] artikuliert sich in einer subtilen Erweiterung der triadisch verfahrenden Denkweise zu einem seriell wiederholbaren Regelsystem. Wenn im bisherigen Kontext der Untersuchung auf das im Zählprozeß zur Geltung kommende Modell der triadischen Denkweise als der zugrundeliegenden gnoseologischen Struktur verwiesen wurde, so vertieft sich die Interpretation der Trias im Zusammenhang mit der Bewältigung des Problems der vollendeten Unendlichkeit zu einem sich selbst reproduzierenden und reflexiven Gedankengefüge, dessen wiederholte Anwendung den endlosen Vorgang des Zählens durch ein in sich vollständiges Programm von wiederkehrenden Substrukturen gliedert:

Den inhaltlichen Ausgangspunkt der Überlegung bildet - ganz im Sinn der neuplatonischen Tradition - die Einheit der Monas. Als Einheit ist die Monas die schlechthinnige „Unter- und Obergrenze“ oder Minimum und Maximum für jeden möglichen Wert, der durchlaufen werden kann.[105] Damit konstituiert die Monas in allgemeinster Weise die Grenze der Progression und

[104] M 335; deutsche Übersetzung, S. 16.
[105] M 343.

Regression des Prozesses. Das für die Imitation wesentliche Charakteristikum dieser Strukturvorgabe besteht nun darin, daß die in der Monas eingefaltete Vielfältigkeit nicht in einem linearen Verfahren auszuschöpfen ist, sondern daß vielmehr die Nachahmung der Identität von „principium" und „finis" gefordert ist. Dies aber impliziert zunächst, daß auch in der Operation, durch die die Monas dargestellt werden soll, eine Unter- bzw. Obergrenze gegeben sein muß, durch die die Progression ein Ende findet und die zugleich wiederum als der Anfang einer erneuten Ausfaltung gewertet werden kann. Rein äußerlich erklärt sich von hieraus der Aufbau von De monade, indem Bruno die Durchführung seines Programms auf die Zahlenreihe von Eins bis Zehn beschränkt. Der sachlich tiefergehende Aspekt besteht dabei jedoch darin, daß mit der Zehn in gewisser Weise die Identität einer Unter- und Obergrenze definiert ist, weil mit der Zehn die Einfaltung und erneute Möglichkeit zur Ausfaltung der Zahlen erreicht ist: So beschließt die Zehnheit die einfachen Zahlen und schließt sie wieder auf.[106] Hieraus aber resultiert, daß mit der Zehnheit zugleich ein sinnvolles Abbruchkriterium des Zählprozesses gegeben ist, weil innerhalb der vorgeblichen Linearität durch den „Haltepunkt" der Zehnheit die Gegenläufigkeit von Progression und Regression wirksam wird und somit die Unendlichkeit der Sukzession als wiederholbares Modell eines in sich geschlossenen Abschnitts gedeutet werden kann.[107] Dieses periodische Verständnis der Zahlenreihe bildet eine wesentliche Voraussetzung für die Darstellung des in sich perfekten Unendlichen mit den Möglichkeiten des Endlichen. Nicht im fortlaufenden Progreß, der immer das ihm Äußerliche einzuholen sucht, sondern in der Erkenntnis der Periodizität, d. h. also in dem Wissen um die Wiederholbarkeit von Selbigem kann die nicht vollendbare Unendlichkeit umgangen werden. Das hierbei angewandte Prinzip besteht demnach in der Fixierung einer vollendeten Teilstruktur des unabschließbaren Gesamtprozesses und dem erneuten Durchlaufen eben dieser Teilstruktur. Selbstverständlich folgt hieraus nicht, daß mit dieser Art des Verfahrens die Unendlichkeit der göttlichen Monas adäquat beschrieben wäre; denn die definierte Obergrenze ist endlich. Dennoch aber wird mit der Identität des Abschlusses und des erneuten Aufschlusses der Zahlen ein Modus der Entfaltung gegeben, der auf der Wiederholung seiner selbst beruht bzw. die Wiederholung des Anfangs zum Ziel hat.[108] Dieses Moment der Selbstver-

[106] M 459.

[107] Vgl. dazu auch Nicolai de Cusa, De coniecturis I 4, n. 12, 3 - n. 13, 9.
Zum brunonischen Gedanken der Wiederholung vgl. M 465: periodicus numerus sit denarius. Bruno konstatiert hier mit Recht, daß auch eine andere periodische Grundlage als die Zehn möglich wäre.

[108] M 459.

vielfältigung ist jedoch ein wesentliches Indiz der rekursiven Bewegung der Monas.

Fragt man von hieraus weiter, welches Regelsystem nun innerhalb des Zählprozesses wirksam wird, so führt die brunonische Antwort auch in diesem Zusammenhang auf die triadische Verfassung der Denkstruktur, durch deren wiederholte Anwendung die sukzessive Linearität allerst erzeugt wird. Die brunonische Absicht besteht also darin, den Vorgang der Reihenbildung gleichsam auf eine immer wiederkehrende Metastruktur zu reduzieren und mit Hilfe einiger weniger Verknüpfungsformen die Fülle der Zahlen (und auch der regulären Konfigurationen) zu erzeugen.[109] Die logischen Konstituentien, die hierbei angewendet werden, sind die in der triadischen Entfaltung wirksam werdenden Strukturen, die das gesuchte Regelsystem begründen.

Den Ausgangspunkt der Überlegung bildet dementsprechend die differenzlose Einheit als die Substanz jeder Zahl.[110] Damit nun diese differenzlose Einheit in Unterscheidbares und damit in eine Pluralität aufgeschlüsselt werden kann, bedarf es einer weiteren Einheit, die, hinzugenommen zur ersten Einheit, die Zweiheit der Gegensätzlichkeit realisiert.[111] Die Schwierigkeit besteht jedoch darin, daß sich hier einerseits das Grundproblem der Einheitsmetaphysik wiederholt, indem die Motivation der Einheit zur Entfaltung und die Art der Explikation unerklärt bleiben. Denn wie könnte überhaupt etwas zu einem als absolute Fülle verstandenen Prinzip hinzugefügt werden? Andererseits mutet die brunonische Formulierung hinsichtlich der Konstitution des Zählprozesses als Zirkelschluß an, der das Entstehen der Zweiheit offensichtlich durch die Annahme einer Zweiheit zu erklären sucht.

Obwohl die brunonischen Ausführungen zunächst problematisch erscheinen, läßt doch der Kontext die Hypothese zu, daß die Erzeugung der Zweiheit zunächst *nicht* auf einer simplen Verdoppelung eines schon gegenüber einem anderem abgegrenzten Gliedes besteht, sondern in der Selbstreproduktion der Einheit.[112] Der Kern der Aussage scheint sich darauf zu konzentrieren, daß die mit der Zweiheit angesetzte Gegensätzlichkeit nicht als pure Andersheit aufgefaßt werden darf, sondern daß sich diese Gegensätzlichkeit nur dann sinnvoll denken läßt, wenn auch innerhalb der Gegensätzlichkeit wiederum Gleiches angenommen wird. Die Entäußerung der Einheit zeigt sich dem-

[109] Vgl. K. Heipcke, W. Neuser, E. Wicke, Über die Dialektik der Natur und der Naturerkenntnis, S. 159.

[110] M 346; ebenso TMM 140, 7.

[111] M 349: monas [...] iterumque iterumque resumpta.

[112] Zum christlich-platonischen Hintergrund dieser Denkweise vgl. W. Beierwaltes, Denken des Einen, S. 369 ff.

entsprechend als eine Entäußerung in Gleichheit und Ungleichheit,[113] sodaß Zweiheit wesentlich auf der Entäußerung der Einheit in das ihr Gleiche besteht und sich Ungleichheit als das Gegensätzliche nur im Hinblick auf das Gleiche ergeben kann.[114] Eine Besonderheit der Struktur der Zweiheit besteht darüberhinaus darin, daß sich die Konstitution der Selbstgleichheit durch die Monas in dem mit der Zweiheit realisierten Modus der Teilung vollzieht. Ein jeder Teil repräsentiert demnach selbst wiederum die Eigenschaften der Monas, sodaß Zweiheit auch die Weitergabe der ursprünglichen monadischen Verfassung in ein Teilsystem bedeuten könnte. Die traditionelle, auch für Bruno gültige Aussage, daß die unendliche Einheit in jedem Teil ungeteilt und ganzheitlich präsent sei,[115] verdichtet sich also zu der Annahme einer universell gültigen Strukturvorgabe, die sich in den Teilen durch Vervielfältigung ihrer selbst wiederfindet.[116]

Kehrt man von hieraus auf die Frage zurück, welche für den Zählprozeß verbindliche Regel aus diesem Ansatz abgeleitet werden kann, so lautet diese nicht: „Nimm aus einer schon irgendwie angenommenen Vielheit ein Element und noch ein Element“, sondern „Setze das erste Element wiederholt an“ bzw. „Bilde das erste Element ab, sodaß eine Zweiheit entsteht“. In diesem Sinne versteht Bruno schon in De minimo den Akt des Zählens, wenn er eben dessen Progression nicht im Hinblick auf einen noch nicht in die Folge eingereihten Nachfolger einer jeweiligen Zahl bestimmt, sondern durch die einheitlich wiederkehrende Operation der wiederholten Setzung der schon konstituierten Elemente begreift.[117] Durch diese Ausführungen bestätigt sich die schon mit der Periodizität der Zehn abzeichnende Vermutung, daß sich die unendliche Progression des Entfaltungsprozesses nur aufgrund der Wiederholbarkeit eines Verfahrens bzw. einer einfachen Regel erfassen

[113] M 349: Par impar. Vgl. hierzu auch die Erörterung des Zusammenhangs von Gleichheit und zweiter göttlicher Person oben S. 73.

[114] Zum sachlichen Hintergrund von Beziehungen, die auf Gleichheit oder Ungleichheit basieren, d. h. zum Themenkomplex nicht aliorelativer und aliorelativer Beziehungen vgl. auch B. Russell, Einführung in die mathematische Philosophie, Wiesbaden o. J., S. 43. Interessant hierbei ist auch die Liste der zweiheitlichen Gegensätze in De monade 354: Obwohl nicht vollständig in den jeweiligen Spalten durchgehalten, scheint zumindest die Tendenz zu bestehen, daß ein Glied des Gegensatzes immer Aliorelativität impliziert, während das andere Glied des jeweiligen Gegensatzes sich nicht auf anderes hin definiert.

[115] Bezogen auf den Kreis vgl. z. B. M 336.

[116] Vgl. hierzu den Gedanken der Reflexivität der Ordnung, TMM 273, 19 f.

[117] Vgl. AM 17, 3 f.

läßt, indem die Komplexität der erzeugten Reihe immer durch die Vervielfältigung von Einfachem entsteht.[118]

Wenn die Zweiheit nun den metaphysischen Hintergrund für die abbildende Wiederholung eines Elements darstellt, so konstituiert die Dreiheit die Möglichkeiten der Verknüpfung der Gegensätze. Die Dreiheit, insofern sie als „nexus" von Gleichem und Ungleichem aufgefaßt wird,[119] beinhaltet die im Zählprozeß wirksam werdende Regel der Addition,[120] die als verknüpfendes Prinzip die Verbindung zweier Elemente allererst legitimiert und auf diese Weise ein der Zweiheit nachfolgendes Element hervorbringt. Eine weitere Eigenschaft der Dreiheit besteht in der Reflexivität, die mit dem Ternar „Anfang - Mitte - Ende" ausgedrückt wird.[121] Für das gesuchte Regelsystem erschließt sich die Bedeutung der Reflexivität als weitere Erzeugungsregel, insofern sich bestimmte Strukturen durch sich selbst erzeugen können.[122] Deutlich wird dies an der Zahl Neun (3 × 3), die dadurch entsteht, daß das Beziehungsgefüge der Dreiheit auf sich selbst bezogen werden kann.[123]

Mit den Implikationen von Einheit, Zweiheit und Dreiheit ist nach Bruno jenes einfache Regelsystem für die unendliche Prozessualität der Zahlenreihe vollständig beschrieben; denn jede weitere, erzeugte Zahl beruht auf der vervielfältigenden Anwendung der grundlegenden Faktoren.[124] Was immer also als zunehmend komplexer Inhalt von dem rational denkenden Subjekt erzeugt wird, beruht auf der wiederholbaren Anwendung dieser Beziehungsstrukturen, die jedem - auch noch so komplexen - Inhalt zugrundeliegen. Vor dem Hintergrund dieser Deutung triadischer Strukturen läßt sich erst die brunonische Bemerkung verstehen, daß der zählende Mensch das weiseste Lebewesen ist: Wenn gerade die zahlhafte Verfassung der „ratio" als Hemmnis für die intendierte Kommunikation mit dem metaphysischen Geistprinzip betrachtet werden konnte, so zeigt sich nach dieser Analyse, daß auch der „ratio" ein vollständiges Instrumentarium zur Erzeugung ihrer Inhalte gegeben ist. Wenngleich rationales Denken auch nicht befähigt ist, die unendliche Einheit perfekt abzubilden, weil die vervielfältigende Anwendung der Regeln unbegrenzt ist, bleibt dennoch die Gewißheit, daß die

[118] In De minimo ist dies der Ansatz der Kombination, vgl. M 273, 1.

[119] M 358.

[120] STM 108, 17 - 19; 114, 16 - 21.

[121] M 373.

[122] So liefert die Figur der Dreiheit „sich selbst alle Verhältnisse nach Anfang, Mitte und Ende". Vgl. M 358; deutsche Übersetzung; S. 39.

[123] M 452: Alma trias numeri propriis si partibus ipsam / Integram referat, primogenita Enneas exit.

[124] M 328.

Fundamentalrelationen des rationalen Denkens aufgrund ihrer triadische Struktur nicht beliebig vermehrbar sind. Diese Übereinstimmung zwischen dem ideellen, göttlichen Geist und der diskursiv verfahrenden „ratio“ ermöglicht auch erst die Verständigung zwischen beiden Denkvermögen. Das eigentliche Moment der Kommunikabilität besteht aus der Perspektive der „ratio“ nicht in der Vermittlung eines bestimmten Inhalts, sondern in der regelmäßigen Verfassung der Diskursivität.

Die Regeln, die die Verständigung zwischen Gott und Mensch bedingen, können folgendermaßen umschrieben werden:[125]

Rationaler Zählprozeß	**Metaphysische Einheit**	
$1 = 1$	**Einheit**	Undefinierbar und übergegensätzlich
		Regel der Reflexivität
$1, 1 \rightarrow 2$ 1 non 2 Konstitution von Identität und Negation $1 < 2; 2 > 1;$ Konstitution der Relationalität	**Zweiheit**	Selbstreproduktion der Einheit; Produktion des ersten Gegensatzes von Gleichheit und Ungleichheit
		Regel der Wiederholung
$1 + 2$ Verknüpfung des Verschiedenen durch den Junktor „und“	**Dreiheit**	Verbindung von zweiheitlich Geschiedenem durch den „nexus“
		Regel der Addition
$1 + 2 = 3$ Äquivalenz zwischen linker und rechter Seite		Konstitution der einigenden Gleichheit
		Regel der symmetrischen Entsprechung
z. B. $3 \times 3 = 9$ Reflexive Reduplikation der Drei		Reflexiver Rückgang der Dreiheit in die Einheit und erneute Möglichkeit zur Ausfaltung
		Regel der Multiplizierbarkeit von Zweiheit und Dreiheit

125 Möglicherweise definieren die Regeln die Zusammensetzung der natürlichen Zahlen aus Primfaktoren. Dies würde ein neues Licht auf die Interpretation von Zusammensetzung und Teilung werfen, indem beide Operationen der Primzahlzerlegung folgten. Vgl. hierzu auch K. Heipcke, W. Neuser, E. Wicke, Über die Dialektik der Natur und der Naturerkenntnis, S. 160; vgl. ferner unten Exkurs 3, S. 257 ff.

Die Tatsache, daß Einheit, Zweiheit und Dreiheit Beziehungen beinhalten, die einen ordnungsgemäßen Zusammenhang zwischen den natürlichen Zahlen konstituieren,[126] erhellt im folgenden auch die brunonische Aussage, daß im Zählprozeß die gesamte schöpferische Kraft der Natur[127] und auch des Menschen angelegt sei.[128] Wenn nämlich bisher herausgestellt wurde, daß das allem immanente Wesen des göttlichen Prinzips generell den relationalen Kontext von allem und dessen Beziehungsfähigkeit an sich vermittelt, so intensiviert die Anwendung dieses metaphysischen Ansatzes auf die Zahlenreihe den Aussagegehalt insofern, als diese Beziehungsfähigkeit nun selbst in einem wiederholbaren Progreß immer wieder durch Anwendung derselben Regeln aktuiert wird. Was immer also von der Natur oder der menschlichen „ratio" zählend erzeugt wird, kann niemals als ein Beziehungsloses gelten, sondern steht immer im Kontext einer Ordnung, deren wesentliches Merkmal darin besteht, die Möglichkeit einer ordnungsstiftenden Beziehung nicht nur auf zwei Elemente zu beschränken,[129] sondern auf die gesamte Erzeugung einer Reihe, d. h. auf jeden möglichen Vorgänger und Nachfolger zu übertragen[130]. Damit aber zeichnet sich anhand der Implikationen des Zahlbegriffs eine Verflechtung von Metaphysik und mathematisch-logischem Kalkül ab, die das Programm der brunonischen „mathesis universa" wesentlich trägt. Wenn diese Interpretation zutrifft, läßt sich an dieser Stelle wiederum ein sachlicher Vorgriff von Bruno auf Leibniz feststellen, insofern als auch Leibniz die Grundlagenbereiche von Metaphysik, Mathematik und Logik verknüpft, um von hieraus die harmonische Struktur des Universums zu begründen.[131]

7.3.3 Reflexive Ordnungsstrukturen im Konstruktionsverfahren der Geometrie

Die Darstellung der unendlichen Selbstbezüglichkeit der Monas beherrscht auch das Konstruktionsverfahren der Geometrie. Das Verständnis der geometrischen Darstellung von Selbstbezüglichkeit wird im brunonischen Spätwerk unterschiedlich akzentuiert: So überwiegt in De minimo vor allem die Reflexivität von Teil und Ganzem, die im Zusammenhang mit der geometri-

126 Beispielsweise wird durch die Zweiheit die Ordnungsrelation des Kleiner-Größerseins begründet. Vgl. M 349.

127 Vgl. AM 17, 3 f.

128 Vgl. CI 90, 4 ff.

129 Vgl. hierzu die Ausführungen zu „ordo" in STM 52, 14 - 18; 53, 5 - 7.

130 STM 54, 9 - 16.

131 Für Leibniz vgl. H.-J. Engfer, Philosophie als Analysis, S. 170.

schen Darstellung der archetypischen Figurationen thematisiert wird. Das Ziel hierbei besteht zunächst darin, Teile und Ganzes aus ihrer gegenseitigen Bezüglichkeit rekonstruieren zu können.[132] Das Verfahren stützt sich hierbei auf die Beziehungen zwischen Kreis und Dreieck als der jeweils einfachsten gekrümmtlinigen und geradlinigen Gestalt; als universeller Maßstab wird der Kreisradius benützt.[133] Zur technischen Durchführung der jeweiligen Konstruktionen favorisiert Bruno den von Fabricio Mordente entwickelten Proportionalzirkel,[134] der auf dem Proportionalitätsprinzip der Elemente Euklids 6, 2 und 6, 4 beruht und mit der Ähnlichkeit gleichschenkliger Dreiecke arbeitet.[135] Ergänzt wird dieser Ansatz durch das Ideal der Vollständigkeit, das Bruno auf die Darstellung der klassischen euklidschen Konstruktionen überträgt: Alle Maße und Figuren sollen demnach in den Archetypen als deren jeweilige Details enthalten sein,[136] sodaß die betreffenden Teilkonstruktionen nicht mehr als isolierte Einzeloperationen, sondern immer als integrative Bestandteile eines ganzheitlich figurierten Maßwerks gelten dürfen.

In De Monade hingegen orientiert sich das Konstruktionsverfahren an dem metaphysischen Gedanken eines Entfaltungsprozesses, dessen zunehmende Differenzierung wiederum auf die ursprüngliche, indifferente Einheit zurückführt. In Analogie zur Periodizität der Zahl verdeutlicht Bruno die untrennbare Verknüpfung von Ent- und Einfaltung anhand der Beziehungen zwischen einem Kreis und den ihm ein- und umbeschriebenen regelmäßigen Polygonen.[137] Je mehr sich nämlich die Seitenzahl der Polygone erhöht, d. h. je weiter die Progression des Zählprozesses - „geometrice“ veranschaulicht - voranschreitet, umso mehr gleicht sich das resultierende Vieleck wiederum

132 AM 20, 8 - 17; TMM 129, 14 - 17.

133 TMM 275, 4 - 9. In AM 10, 22 - 24 wird dies als Axiom formuliert: Mensura organica omnium radius circuli est, iuxta illud: Distinxit radio totum qui legibus orbem. Ebenso M 420 und 430.

134 Der Bezug Brunos auf den Proportionalzirkel bedarf einer eigenen Kommentierung. Wesentlich scheint in diesem Zusammenhang die mit dem Zirkel verbundene „kosmometrische“, d. h. astronomische „Praxis“, die offensichtlich auch die speziellen mathematischen Überlegungen der Articuli adversus mathematicos und von De minimo bestimmt. Vgl. hierzu Brunos Schrift Mordentius, OL Bd. I, Teil 4, 231, 3 f.; AM 16, 3 f. Vgl. ferner die Bezeichnung „cosmometricae figurae“ für die archetypischen Figurationen in TMM 276, 17 f.

135 TMM 256 5 - 9. Zur Sache vgl. I. Schneider, Der Proportionalzirkel. Ein universelles Analogierecheninstrument der Vergangenheit, Deutsches Museum, Abhandlungen und Berichte, 38. Jg., Heft 2, München, Düsseldorf 1970, S. 15.

136 Vgl. oben S. 202, Anm. 93 und die Anmerkungen von G. Aquilecchia in den Praelectiones geometricae, passim.

137 Zur Analogie von Zahl und Figur vgl. M 334. Vgl. ferner K. Heipcke, W. Neuser, E. Wicke, Über die Dialektik der Natur und Naturerkenntnis, S. 159 f.

der Grundgestalt des Kreises an. Schließlich wäre als maximale Obergrenze eine vollständige Deckung zwischen dem (unendlichen) Vieleck und dem Kreis erreicht. Bestimmend bleibt in diesem Zusammenhang das Ideal einer übergegensätzlichen, indifferenten Einheit, die als Inbegriff von Maß und Gestalt nicht nur die gegensätzlichen Konstruktionsprinzipien des Gekrümmten und Geraden in sich als Einheit birgt,[138] sondern auch figurationstechnisch die Gegenläufigkeit der Entfaltung in Gegensätzliches und wiederum dessen rückführende Einfaltung in die Übergegensätzlichkeit veranschaulicht.

Obwohl sich nun schon in den Articuli adversus mathematicos und in De minimo der Gedanke einer dreiheitlichen Struktur der Geometrie abzeichnet,[139] die in ihren Archetypen die reflexiv trinitarische Verfassung des göttlichen Prinzips als Trias von „mens“ (universelle Einheit) - „intellectus“ (Distinktion) - „amor“ (Eintracht in Gegensätzlichkeit)[140] phänotypisch auszudrücken sucht, bleibt Bruno doch in diesen Texten eine letztbegründende Reflexion auf die Vollständigkeit seiner Universalwissenschaft noch schuldig. Nicht ohne Grund weist Bruno zwar schon auf den Entfaltungs- und Vermittlungsprozeß der Dreiheit hin; jedoch wird die Notwendigkeit der Annahme einer ursprünglich selbstbezüglichen Struktur, von der aus sich der Gedanke der Vollständigkeit allererst verstehen läßt, noch nicht formuliert. Dennoch aber führt die weitere Entwicklung in De minimo auf das Prinzip der Indifferenz der Dimensionen, das als universelle Selbstähnlichkeit des unendlichen Raums interpretiert werden kann. Das neue Raumverständnis bedeutet einen wesentlichen Schritt in der Diskussion der Selbstbezüglichkeit, indem die Selbstähnlichkeit der unendlichen Dimensionalität die gestalttheoretische Voraussetzung für eine „rekursive Abbildtheorie“ bildet. Die Dialektik der durchgehenden Identität von Zentrum und Peripherie fungiert somit als das „räumliche“ Fundament für die intendierte Vollständigkeit der Geometrie. Den tieferen Zusammenhang der Auswirkungen eines dreiheitlichen, selbst- und dadurch rückbezüglichen Entfaltungsprozesses auf die gestalttheoretischen Prinzipien einer vollständigen Geometrie erschließt jedoch erst der einheitsmetaphysische Hintergrund von De monade. Aus diesem Grund widmet sich die Untersuchung erst diesem Text, um von hieraus das in der Dreiheit der Archetypen angewandte Grundmuster eines „rekursiv-reflexiven“ Figurationsmodelles verstehen zu können.

138 M 328.

139 Zu Unterschieden in der jeweiligen metaphorischen Auslegung der Archetypen vgl. M. Mulsow, Kommentar zur deutschen Übersetzung von De monade, S. 213 f.

140 AM 20, 18 - 21, 5; TMM 274 - 282.

7.3.3.1 Vollständigkeit als rekursive Abbildtheorie *(De monade)*

Die Gedankenführung nimmt in De monade ihren Ausgangspunkt bei der koinzidentalen Ununterschiedenheit der Monas, deren Bild der Kreis ist.[141] Das Bild des Kreises steht in diesem Zusammenhang für die absolute Identität der unendlichen Einheit, deren indifferente Übergegensätzlichkeit sich als Einheit von Zentrum und Peripherie sowie als Einheit von Teil und Ganzem[142] erweist. Darüberhinaus aber koinzidieren in der Monas nicht nur die traditionellen Konstruktionsprinzipien des Gekrümmten und des Geraden,[143] sondern die Monas erweist sich auch als schlechthinnige Reflexivität, indem die Dreiheit von „principium - medium - finis" ihr wesensgemäß zukommt. In diesem Sinn ist die Monas immer schon der einheitliche Inbegriff der in sich gegensätzlichen geometrischen Konstruktionsprinzipien und birgt als Identität der Trias „principium - medium - finis" in sich die Wurzel von Selbstbezüglichkeit, die sie selbst als unendliche Einheit *ist.*[144] Für die vorliegende Frage nach dem brunonischen Verständnis der Geometrie bedeutet dieser Ansatz keineswegs eine bloße Wiederholung von schon traditionell Gesagtem, sondern bildet die Grundvoraussetzung für Brunos Theorie der geometrischen Gestalten. Bestimmend hierbei ist die Frage, wie sich die Entäußerung der Einheit in die Zweiheit vollzieht. Das Interesse an diesem ersten Schritt in die Gegensätzlichkeit richtet sich in diesem Zusammenhang nicht nur darauf, *daß* mit der Setzung der Zweiheit allererst die Konstitution der Konstruktionsprinzipien in Gekrümmtes und Gerades erfolgen kann und somit die klassischen Instrumentarien der geometrischen Abbildungen selbst ein Resultat des Entfaltungsprozesses der Einheit sind. Die Thematik verschärft sich vielmehr auch in Analogie zu der Problematik der Einheitsmetaphysik dahingehend, daß die Erklärung noch aussteht, *wie* das schlechthin mit sich selbst identische Prinzip überhaupt Gegensätzliches hervorbringen kann und welchen speziellen Sinn die Zweiheit innerhalb des Feldes der Figurationstheorie erhält.

Zunächst konzentrieren sich die brunonischen Aussagen auf den Einheitsgedanken, den Bruno auf den Kreis als „Nicht-Eck"[145] überträgt: *Eine* Figur soll es sein, die alle Figuren in sich enthält, und diese Figur ist der Kreis.[146] Als schlechthin unteilbare Einheit vermittelt sich der Kreis den

[141] M 335.
[142] M 336.
[143] M 328.
[144] M 336.
[145] M 335.
[146] Ebd.

Teilen selbst wiederum als Einheit und Gleichheit[147] und konstituiert somit die ontologische Basis der Teile an sich; „denn Teil zu sein heißt nicht, die Sache selbst zu sein, sondern zu ihr zu gehören".[148] Vor diesem Horizont zeigt sich nun, daß Bruno eben dieses traditionelle Gedankengut nicht nur als metaphorische Umschreibung für das erste Prinzip gebraucht, sondern auf der Basis eines unendlichen Kreises sein Konstruktionsverfahren entwickelt. Programmatisch formuliert Bruno sein konstruktionstechnisches Vorhaben in der Weise, daß der Kreis „als einziger Regel für sich und die anderen" sei.[149] Das Motiv, das hier anklingt, führt also analog zur Auffassung der Zahlenreihe auf ein Regelsystem, das sowohl sich selbst als auch das Andere konstituiert. Diese Programmatik, derzufolge als Grundlage der Figurationstheorie ein selbstbezügliches Regelsystem angenommen wird, knüpft nicht nur an den schon in De minimo entwickelten Begriff der Selbstähnlichkeit der Dimensionen an, sondern vertieft diesen Ansatz auch um eine figurationstheoretische Methode, die auf der Basis der schon erarbeiteten Dimensionstheorie die Möglichkeit der Selbstreproduktion geometrisch nützt.

Durch die Analyse des Zahlbegriffs ist bekannt, daß sich der Prozeß der Entfaltung wesentlich über die Entfaltung der Einheit in Gleiches vollzieht. Diese „Zwischenstufe" der Selbstwiederholung des ersten Prinzips wendet Bruno nun auch innerhalb der Geometrie an, um von hieraus die erste Teilung im Sinne seiner Einheitsmetaphysik plausibel zu machen: „So also bestimmt der Kreis selbst, wenn er einmal und wiederum genommen wird, die Teile einer jeden Figur".[150] Der Sinn dieser Aussage besteht metaphysisch gesehen darin, daß sich über das Mittel der Selbstreproduktion die Gleichheit der ursprünglichen Strukturvorgabe in den Teilen erhält; die Konstitution der Teilung erfolgt also über die Anwendung der Wiederholungsregel, die jetzt auf den Kreis bezogen wird. Mathematisch gesehen führt die Umsetzung dieses metaphysischen Ansatzes auf ein rekursives Verständnis von Konstruktion insofern, als die Teile einer Figur selbst wiederum die ganzheitliche Figur abbilden sollen.[151]

Die konkrete Durchführung dieses Verfahrens vollzieht sich über die „zwillingshafte Verdoppelung eines Kreises"[152], indem mit Hilfe des Zirkels

147 M 337.

148 M 339; deutsche Übersetzung, S. 19.

149 M 337: [...] solus reglare sibique est / Atque aliis [...] ; deutsche Übersetzung, S. 18.

150 Ebd.

151 Ebd.: [...] quidquid / Partibus in variis consistere concupit unum, / Compar, vicinium coniunctum, continuumque.

152 Auf die Besonderheit des brunonischen Konstruktionsverfahrens haben K. Heipcke, W. Neuser, E. Wicke (Über die Dialektik der Natur und Naturerkennt-

bei konstanter Einstellung des Radius zuerst ein Kreis und dann ein zweiter Kreis gezeichnet wird, wobei der Mittelpunkt des zweiten Kreises auf der Peripherie des ersten Kreises liegt. Dies veranschaulicht die schon erwähnte Wiederholung des ersten Prinzips als einer Wiederholung seiner selbst und ebenso das thematische Leitmotiv der Identität von Kreiszentrum und -umfang. Der eigentlich abbildtheoretische Nutzen besteht jedoch in der Annahme, daß die Struktur der sich spiegelbildlich ineinander abbildenden Kreise selbst wiederum wiederholbar ist.[153] Weiterhin folgt hieraus, daß, obwohl dies in De monade nicht explizit erwähnt wird, die konstruktionstechnische Vorgehensweise der Kreisverdoppelung auf der ersten Proposition der euklidschen Elemente[154] beruht, die die Konstruktion eines gleichseitigen Dreiecks zum Inhalt hat und innerhalb des brunonischen Systems den Stellenwert einer geometrischen Fundamentaloperation einnimmt. Wenn nun der erste Aspekt dazu führt, daß die zunehmende Ausdifferenzierung der regelmäßigen Polygone auf einer vervielfältigenden Spiegelung der ersten Kreisverdoppelung beruht, so hat dies seinen Grund darin, daß sich die Einheit des Kreises überhaupt in die zur Kreisförmigkeit entgegengesetzte Geradlinigkeit entfaltet. Dieselbe Konstruktion der Kreisverdoppelung verantwortet eben auch - gemäß der euklidschen Aufgabenstellung - die Konstruktion der ersten geradlinig begrenzten Figur.[155] Die geometrische Veranschaulichung der Zweiheit beinhaltet dementsprechend nicht nur den Faktor der Gleichheit, sondern auch in nuce die Konstruktionsmöglichkeit für die einfachste, gegenüber dem Kreis ungleiche, geradlinig begrenzte Figur, die sich schließlich als Gestalt der Dreiheit zu einem raumumschließenden Dreieck vollendet.[156] Auf diese Weise also wird über die in sich gleichartige Selbstreproduktion des Kreises eine zweite Figur konstituiert, die gegenüber dem Kreis ein Extremum darstellt. Dieses Extremum fungiert als die dem Kreis jeweils kleinste einschreib-

nis, S. 159 f.) aufmerksam gemacht. Die folgenden Ausführungen stützen sich auf die vorliegenden Ergebnisse.

153 Vgl. K. Heipcke, W. Neuser, E. Wicke, Über die Dialektik der Natur und Naturerkenntnis, S. 159: „Die geometrische Aufgabe, die so angefangene Reihe von paarweise sich [...] schneidenden Kreisfiguren (Polyaden) entsprechend der Zahlenreihe fortzusetzen, löst Bruno so, daß er die (n+1)-te Figur aus der n-ten Figur ableitet, indem er zwei beliebige benachbarte Kreise herausgreift und zwischen sie einen Kreis so einfügt, daß er Spiegelbild [...] beider Nachbarn ist“. Eine spiegelbildliche Wiederholung zeigt sich besonders deutlich an den Figuren, die Vielfache darstellen, besonders die komplizierte Konstruktion des Achtecks als zweimalige Wiederholung von Zwei, d. h. 2×2×2.

154 Euklid (Busard), 28 f.

155 Ebd.

156 M 362.

bare bzw. als die größte umschreibbare Figuration und verkörpert - trotz der maximalen Unähnlichkeit zwischen dem Gekrümmten und dem Geraden - in Bezug auf sich selbst die geometrischen Eigenschaften der Ähnlichkeit.[157] Damit aber sind auf dem Feld der Geometrie mit der Explikation der Einheit in die Dreiheit diejenigen figurativen Grundgestalten gegeben, deren maximale Gegensätzlichkeit ihrerseits wiederum den Beginn für den Prozeß der Rückfaltung als den Prozeß gegenseitiger Annäherung markiert. Wenn diese Interpretation zutrifft, dann folgt hieraus, daß nicht nur die Arithmetik, sondern auch die Geometrie der regelmäßigen Polygone in sich periodische Phasen gleichzeitiger Entfaltung und Einfaltung aufweist, die die gesamte Figurationstheorie nach den Gesetzmäßigkeiten einer ursprünglichen, übergegensätzlichen Einheit von Minimum und Maximum und deren dreiheitlich vermittelter Entäußerung in Gleiches und Ungleiches strukturiert.

7.3.3.2 Vollständigkeit als dreiheitlich archetypische Darstellung sämtlicher Konstruktionsvoraussetzungen *(De minimo)*

Kehrt man im folgenden vor dem Hintergrund des Ergebnisses von De monade zu der Konzeption der Archetypen von De minimo zurück, so stellt sich jetzt die Frage, mit welchen Mitteln Bruno gleichsam im Vorfeld von De monade den Vollständigkeitsanspruch der „mathesis universa“ einlöst. Obwohl Bruno in diesem Text noch nicht explizit auf die Notwendigkeit einer selbstbezüglichen Gestalt- und Konstruktionstheorie verweist, lassen sich doch auch für De minimo die Auswirkungen der selbstbezüglichen, unendlichen Dimensionsstruktur auf die Universalität der neuen Wissenschaft positiv ausmachen.

In De minimo bezieht sich die dreiheitliche Ordnung der Archetypen auf die Allheit der geometrischen Elemente, deren Beziehungen untereinander das theoretische Lehrgebäude der euklidschen Elemente veranschaulichen sollen. Die Forderung der Vollständigkeit konzentriert sich dabei auf die Konstitution der einfachsten Elemente und deren räumliche Beziehungen, durch die der weiterführende konstruktive Aufbau der geometrischen Gebilde verbürgt werden soll. Für die Annahme des letzten Aspekts spricht die Tatsache, daß Bruno für die Konstruktion seiner Archetypen nicht nur auf die universellen Charaktere von Punkt bzw. Linie sowie der einfachsten Grundgestalten Kreis und Dreieck rekurriert und diese im Zuge einer neuplatonischen *Metaphorik* als dreiheitliche Ordnung interpretiert,[158] sondern - ebenfalls nach dem Vor-

157 M 358.

158 Der Punkt entspricht also der Einheit, die Linie gilt als Bild der Zweiheit, Kreis und Dreieck gelten als reflexive, dreiheitliche Gestalten. Vgl. TMM 273, 8 ff.

bild des proklischen Euklidkommentars - in den Archetypen auch die klassischen konstruktionstechnischen Anweisungen der Postulate Euklids realisiert sehen möchte: Die Auffassung der Linie als „fließender Punkt“ oder als der Verbindung zweier Punkte[159] und ihre mögliche Verlängerung[160], die Erwähnung der Konstruktion des Kreises[161] intendieren durchaus, daß das Programm der Vollständigkeit nach neuplatonischem Vorbild, d. h. in Anlehnung an die proklische Deutung der euklidschen Vorlage realisiert werden soll.[162]

Verstärkt wird dieser Eindruck noch durch die Erwähnung einer dreiheitlichen Ordnung der Winkel,[163] die Bruno in einem eigenen Archetyp („Atrium Minervae“) darstellt:[164] Das „Atrium Minervae“ wird mit der Diskussion um die rechten Winkel eingeführt, für die ebenfalls ein euklidsches Postulat als Vorbild angenommen werden kann.[165] Konsequenterweise erschließt sich durch die Konstitution der drei Atrien der Sinn der Archetypen dahingehend, daß sie mit der Konstitution von Punkt und Linie bzw. Kreis

159 TMM 273, 13 und 27.

160 TMM 273, 14: vage discurrens.

161 TMM 273, 19.

162 Die Bezüge zwischen der neuplatonischen Mathematikinterpretation und den speziellen untergeordneten konstruktionstechnischen Anweisungen Euklids lassen sich nach Proklos und Bruno folgendermaßen darstellen:
„Die Möglichkeit, von jedem beliebigen Punkt zu jedem beliebigen Punkt eine Gerade zu ziehen, folgt daraus, daß die Linie ein Fließen des Punktes ist, und die Gerade ein gleichgerichtetes und unablenkbares Fließen. Stellen wir uns nun also vor, der Punkt führe eine gleichgerichtete und kürzeste Bewegung aus, so werden wir zu dem andern Punkt hingelangen, und die erste Forderung ist erfüllt (1). Stellen wir uns nun in gleicher Weise eine durch einen Punkt begrenzte Gerade vor, deren Endpunkt eine kürzeste und gleichgerichtete Bewegung ausführt, so ist die zweite Forderung auf leichtem und einfachem Weg verwirklicht (2). Stellen wir uns dagegen vor, die begrenzte Gerade verharre mit dem einen Endpunkt in Ruhe, und mit dem andern bewege sie sich um den ruhenden Endpunkt, so wäre das die dritte Art der Forderung (3).“ Proklos Diadochus, Euklid-Kommentar, deutsche Übersetzung, S. 296.
Dazu TMM 273, 10 ff.: [...] ubi monas ab esse absoluto evaserit alicubi sita monas, heic quidem atomum corpus, heic vero punctus. Hic autem ad alterum constitutum finem seu terminum defluens gignit diadis simulacrum, lineam (1). Quae duobus finita terminis aut vage discurrens nihil concluderet, firmaret, figuraret (2); vel in tertium terminum communem applicabit, et tunc prima figura triangula consequenter in uno ordine princeps; vel uterque terminus in seipsum circa alterum conversus reflectitur, et tunc est prima alius ordinis figura (3).

163 TMM 20 - 25.

164 P 29.

165 Euklid (Busard), 28: Et omnes rectos angulos equales alternis esse. Vgl. ferner Proklos, In Eucl. 191, 5 - 15.

und Dreieck nicht nur die per definitionem für jede Wissenschaft verbindlichen, allgemeinsten Grundcharaktere in die neue „mathesis" einbeziehen, sondern daß sie auch die euklidschen Postulate als die speziellen, auf die Geometrie bezogenen Lehrsätzen zur Darstellung zu bringen suchen.[166] Die gesamte Fülle der übergeordneten Prinzipien von Wissenschaft an sich und der diesen untergeordneten Lehrsätzen zur Konstruktion von Gestalthaftigkeit wäre dementsprechend in den vorliegenden Gestaltmustern vereinigt.

So sehr Bruno nun einerseits der euklidschen Geometrie verpflichtet ist, so entschieden weicht er doch im Duktus seiner reflexiven Auffassung der Geometrie schon in De minimo von der traditionellen Vorlage ab. Offensichtlich ist es gerade die Annahme einer innerhalb der Geometrie vorherrschenden reflexiven Ordnung von Teil und Ganzem, die in der Konstruktionsanordnung der Paradigmata den über Euklid hinausführenden Aspekt einer selbstbezüglichen Abbildtheorie erkennen läßt und damit den Kern des Vollständigkeitsgedanken unabhängig von dem traditionellen Lehrgebäude zu lösen sucht: Wenn nämlich die gesamte Geometrie als universelles Zeichensystem aufgefaßt werden soll, das den funktionalen Kontext der Teile und des Ganzen als reflexive Ordnung konstituiert, dann muß - in Analogie zu dem Entwurf von De monade - einer so verstandenen Ordnung die Identität der sich gegenseitig reflektierenden Relata als Bedingung für ihre gegenseitige Beziehungsfähigkeit vorausgehen.

Die Aufgabenstellung, die sich hier abzeichnet, läßt sich sachlich durchaus mit der geometrischen Veranschaulichung der in De monade thematisierten Explikation der Einheit in die zweiheitliche Struktur von Teil und Ganzem vergleichen. Wenn jedoch Bruno in De monade die Darstellung der schlechthinnigen Identität der Einheit vielleicht aus Gründen ihrer Nichtabbildbarkeit unterläßt, so versucht er in den Articuli adversus mathematicos und in De minimo diese Identität mit der Konstruktion der „Figura Mentis" bzw. mit dem „Atrium Apollinis" zu erfassen und in räumliche Verhältnisse zu übertragen. Die Grundvoraussetzung dafür, daß eine solche Veranschaulichung überhaupt gelingt, ist wiederum die Annahme der dialektischen Einheit von Zentrum und Peripherie, die sowohl für die Raumtheorie als auch für die metaphorische Umschreibung des metaphysischen Einheitsprinzips verbindlich ist.

Das „Atrium Apollinis" entsteht dementsprechend aus der ebenfalls in De monade angewandten zwillingshaften Verdoppelung des Kreises als der Abbildung seiner selbst. Der Unterschied zu De monade besteht allerdings darin, daß die Darstellung nicht bei einer einmaligen Verdoppelung innehält,

[166] Vgl. oben S. 190, Anm. 59 und TMM 293, 5 - 24.

sondern die Selbstabbildung des Kreises gleichsam in einer Kreisbewegung wieder in sich zurückführt.[167] Die somit entstehenden vier Kreise symbolisieren ein Regelsystem, das die Identität von Mittelpunkt und Peripherie kontinuierlich wiederholt und auf diese Weise nicht nur die übergegensätzliche metaphysische Einheit bildhaft veranschaulicht, sondern auch die Selbst- und Rückbezüglichkeit des angewandten Konstruktionsverfahrens konsequent den Bedingungen der dimensionalen Selbstähnlichkeit anpaßt.

Mit der Darstellung des „Atrium Veneris" greift Bruno den Gedanken einer universellen Strukturgleichheit zwischen Mikrokosmos und Makrokosmos auf. Dieser Archetyp entspricht qualitativ dem Archetyp der „Area Democriti",[168] deren Funktion es ist, die an sich nicht wahrnehmbare Vorgabe der koinzidentalen Gestalthaftigkeit des unsinnlichen Minimum über eine durchgehende Ähnlichkeitsbeziehung der elementaren Formationen in das Große zu transponieren. Während Bruno diese Thematik im ersten Buch von De minimo über den Gedanken einer arithmetischen Analogie bzw. über die Gnomone der Dreiecks-, der Vierecks- und der Kreiszahlen[169] zu lösen versucht und dabei noch die geradlinig begrenzten Gestalten unabhängig von den kreisförmig begrenzten Figurengruppen behandelt, bietet die Weiterentwicklung des „Atrium Veneris" den Vorteil, den Zusammenhang zwischen den beiden entgegengesetzten Figurentypen aus ihren sich wechselseitig bedingenden Minimum- und Maximumeigenschaften zu erklären: Obgleich die theoretische Begründung für den Hervorgang der ersten geradlinig begrenzten Figur

[167] Vgl. dazu die Konstruktionsbeschreibung in TMM 277 f.
Mit der Bennenung der drei Atrien als „Atrium Apollinis", „Atrium Veneris" und „Atrium Minervae" scheint Bruno die triadische Struktur der Mathematik gemäß der Tradition der Renaissance durch die Anspielung auf antike Mythen verdeutlichen zu wollen. Als Interpretation der angeführten Götternamen wäre demnach denkbar, daß Bruno - auch eventuell inspiriert von proklischen Ausführungen - mit dem „Atrium Apollinis" durch die *Kreisbewegung* der Konstruktion die Denkbewegung der „mens" (bzw. des νοῦς) verdeutlichen möchte; vgl. A. Szabó, Anfänge der griechischen Mathematik, S. 375. Das „Atrium Veneris" könnte die der Venus zugesprochene Doppelnatur von Keuschheit und Sinnlichkeit als eine erste Gegensätzlichkeit ausdrücken, die im Atrium geometrisch als Gegensätzlichkeit von Kreisförmigem und Geradlinigem verdeutlicht wird; vgl. E. Wind, Heidnische Mysterien in der Renaissance, Frankfurt a. M. 1984², S. 151 ff.; Der Göttername der Minerva als Benennungsform des dritten Atrium könnte ein Hinweis darauf sein, daß keines der Atrien für sich isoliert betrachtet werden soll. So vereinigt sich Minerva mit Apoll und Venus und ließe sich konsequenterweise als eine Metapher für den verbindenden „amor" deuten; vgl. E. Wind, Heidnische Mysterien, S. 225 ff.

[168] Die Formation in beiden Fassungen drückt die Konstruktion des regelmäßigen Sechsecks durch das Anlegen des Radius an die Kreisperipherie aus.

[169] TMM 182, 14 - 20; AM 23, 9 - 18; K. Lasswitz, Geschichte der Atomistik, S. 373.

aus der sich reduplizierenden Formation des Kreises erst in De monade ausgeführt wird, gebraucht Bruno in De minimo die Beziehung zwischen Kreis und Dreieck als eine die ursprüngliche Figuration wiederholende Vergrößerungs- oder Verkleinerungsregel. Indem nämlich Kreis und Dreieck insofern in Beziehung gesetzt werden, als die eine Figur jeweils als die kleinste der anderen einschreibbare und zugleich als deren größte umschreibbare Figur gilt, setzen sich die Figurationen maßstabsgetreu um jeweils eine Radiuslänge des ursprünglich gegebenen Kreises fort. Auf diese Weise wird auch im „Atrium Veneris" das Moment der Selbstreproduktion wirksam, das ebenso wie das „Atrium Apollinis" die Wiederholbarkeit von Ordnungsstrukturen thematisiert, d. h. in diesem Fall eine sich alternierend fortsetzende Ähnlichkeitsbeziehung zweier aufeinander bezogener Formationstypen, die von einem ursprünglichen Zentrum aus kontinuierlich fortschreiten.[170]

Der enge thematische Zusammenhang zwischen der Selbstreferenz der Dimensionen und der in Minimum und Maximum ununterscheidbaren Übergegensätzlichkeit von Gekrümmtem und Geradem als den Figurationsprinzipien wirkt sich im weiteren auch auf das Verständnis der Reflexivität der Ordnung aus: Daß sich Teile nur dann sinnvoll als Teile verstehen lassen, wenn sie auf ein Ganzes rückbezogen werden, ist ein zentrales Motiv des brunonischen Denkens.[171] Dennoch liegt dieser Relation eine Schwierigkeit zugrunde, der Bruno erst im Spätwerk begegnet: So lassen sich nämlich Teil und Ganzes als Momente der Zweiheit durchaus auch als Gegensätze interpretieren,[172] die sich - wie das Gegensätzliche an sich - durch mangelnde Eintracht auszeichnen[173] Sollte jedoch dieses zentrale Lehrstück der brunonischen Wissenschaftslehre fraglich sein, wie könnte dann von der Reflexivität von Teil und Ganzem die Rede sein, derzufolge sich ganzheitliche Strukturen aus Teilstrukturen und umgekehrt Teilstrukturen aus dem Ganzen rekonstruieren lassen sollen? Wenn also diese zentrale Aussage der brunonischen Methodenlehre nicht eindeutig positiv beantwortet werden kann, wird auch das Konzept einer „mathesis universa", die die gegenseitige Widerspiegelung von Teil und Ganzem behauptet, in sich unstimmig - es sei denn, die Teile und das Ganze wiesen in sich selbst Ähnlichkeiten im Sinne einer fundamentaleren Substruktur auf. Diese Annahme erhärtet sich schon durch eine Aussage in den Articuli adversus mathematicos, wenn Bruno die Selbigkeit zwi-

170 Bruno gibt kein Abbruchkriterium an; er verweist lediglich auf die Tatsache, daß der Prozeß (in diesem Fall nach viermaliger Wiederholung) abgebrochen werden darf. TMM 282, 11 f.

171 TMM 274 ff.

172 M 350.

173 M 349: nusquam est toto concordia concors.

schen den kleinsten Teilen einer Figur und der ganzheitlichen Figur selbst behauptet.[174] Die für die Abbildtheorie intendierte Gesetzmäßigkeit zwischen Teil und Ganzem sucht auch das „Atrium Veneris“ zum Ausdruck zu bringen, wenn sich die Beziehung zwischen Kreis und Dreieck (bzw. zwischen Kreisbogen und der dazugehörigen Sehne) als perpetuierende Prozessualität des sich gegenseitig vollziehenden Ein- und Umschreibens in jeder neuen Stufe wiederholt, weil eine jede neu hinzugekommene Figur selbst wiederum als umschreibendes Maximum und als umschreibbares Minimum aufgefaßt werden kann.[175]

Das Wesentliche dieses Teilaspekts der „mathesis universa“ besteht nun darin, daß die für Bruno geradezu selbstverständliche Elimination etwaiger ungleicher oder beziehungsloser Strukturen wiederum nur dann gelingen kann, wenn sich die Reflexivität von Teil und Ganzem über einen Prozeß der Vervielfältigung herstellt, in dem sich die Formation des Ganzen in seinen Teilen wiederholt. Die Strukturgleichheit von Mikrokosmos und Makrokosmos besteht also in einer sich vom Kleinen zum Großen und vom Großen zum Kleinen reproduzierenden Grundformation.

Diese Einsicht in die Tatsache, daß sich Vollständigkeit nur über logisch gegensätzliche Strukturen erhalten läßt, bildet also durchwegs einen bestimmenden Faktor für das Verständnis der brunonischen Mathematik. Dennoch aber steht in den Articuli adversus mathematicos und in De minimo die eigentliche theoretische Begründung für den Anspruch der neuen „mathesis“ noch aus. Es ist vor allem das Verdienst von De monade, über die Einführung eines Regelsystems die Ähnlichkeit zwischen Teil und Ganzem nochmals auf die Selbstbezüglichkeit des Unendlichen und seinem sich jedem Teil gleichermaßen vermittelnden Wesen zurückzuführen. Hierbei zeigt sich, daß die

[174] AM 19, 9 - 15.

[175] Allein auf der Grundlage einer ursprünglichen Identität von Gekrümmten und Geraden, die sich dann auch als Beziehungsmöglichkeit eines Kreisbogens zur betreffenden Sehne fortsetzt, wird der brunonische Gebrauch des Proportionalzirkels als universelles Meßinstrument verständlich, vgl. DSI 19 ff.
Nur über ein koinzidentales Verständnis des Minimum im oben genannten Sinne läßt sich weiterhin das Mißverständnis ausräumen, Bruno bezöge den Proportionalzirkel auf eine atomistisch-diskrete Materie; so L. Olschki, Giordano Bruno, Sonderdruck aus: Deutsche Vierteljahresschrift für Literaturwissenschaft und Geistesgeschichte, 2. Jg. (1924), Heft 1, S. 50 - 63. Dies kann nur insofern behauptet werden, als der Aufbau des Diskreten der platonisierenden Idealvorstellung gleichartig kreisförmiger Teile folgt, die arithmetisch über die Proportionalität der Kreiszahlen und geometrisch gemäß der „Area Democriti“ über den proportional vergrößernden Maßstab des Kreisradius der Teile angeordnet werden. Vgl. auch Exkurs 2, S. 254 ff.

metaphysische Aussage eng mit dem Prinzip der Indifferenz der Dimensionen als ihrem raum- und figurationstheoretischen Pendant verbunden ist.

Kehrt man nun zum Abschluß dieses Abschnitts nochmals zu der eigenartigen Behauptung einer dreiheitlichen Struktur mathematischen Denkens zurück, dann zeigt sich, daß diese Aussage wesentlich in dem Anspruch auf Vollständigkeit wurzelt, der ein formales wissenschaftliches System auszeichnen soll. Damit ein solcher Anspruch eingelöst werden kann, müssen bestimmte theoretische Bedingungen erfüllt sein, die in der klassischen neuplatonischen Trias „Einheit - Zweiheit - Dreiheit" gründen. In Bezug auf die Konstitution einer universellen Wissenschaft wird dieses Verständnis von Trias allerdings modifiziert: Einheit als unendliche, ununterscheidbare Selbstbezüglichkeit, Zweiheit als Bedingung von Selbstreproduktion der Einheit in Teilsysteme und schließlich Dreiheit als einer über die Zweiheit ermöglichten Rückbezüglichkeit von Teil und Ganzem sind offensichtlich als die bedingenden Faktoren einer Denk- und Wissenschaftsstruktur verstanden, die sich nicht nur in Arithmetik und Geometrie realisiert, sondern letztlich auch die Kommunikation zwischen Gott und Mensch ermöglicht. Die vielleicht bedeutendste Konsequenz des brunonischen Ansatzes besteht jedoch in dem Wissen, daß Vollständigkeit nicht von einem selbstbezüglichen Unendlichen, das den Dualismus der Logik übergreift, loszulösen ist. Die übergegensätzliche, mit den Mitteln einer mathematischen Definitionslehre nicht einholbare Indifferenz des ersten, gründenden Prinzips, seine Selbstvermittlung als Gleichheit seiner selbst und die prozessual identische Gleich„zeitigkeit" seiner Entfaltung und Rückführung sind die wesentlichen Momente, die auch auf die Entwicklung der mathematischen Operationen Einfluß nehmen: Die Ausarbeitung von Reihenbildungen, die in dem wiederholbaren Regelwerk eines Kalküls bestehen, sind ein Ausdruck der „ökonomischen" Vorgehensweise einer Mathematik, die sich den Paradoxien des Unendlichen stellt und sich dennoch der immer bestehenden Differenz zwischen der göttlichen und der menschlichen Seins- und Denkweise bewußt bleibt.

8 Der Stellenwert der brunonischen Universalwissenschaft in der Geschichte

8.1 Zum Problem der systematischen Erweiterung des Universalitätsgedankens: Die Vermittlungsfunktion der Mathematik als Kalkültheorie

Die Diskussion der Aufbauelemente der brunonischen „mathesis universa" wird wesentlich von der Thematik bestimmt, auf welche Weise zwischen Gott und Mensch eine Verständigung möglich ist. Damit tritt das Problem der Kommunikation in den Vordergrund, von dem her die systematische Ausrichtung des Wissenschaftskonzeptes zu verstehen ist. Leitend für die Erörterung sind zwei sachliche Vorgaben, die thematisch eng miteinander verknüpft sind und das Wissenschaftskonzept grundlegend prägen: So steht Bruno erstens vor dem Problem, daß sich das göttliche und das menschliche Denken prinzipiell durch das jeweilige Verständnis des Unendlichen voneinander unterscheiden. Während der göttlichen Monas bzw. „mens" aktuale Unendlichkeit zugesprochen werden muß, kann die diskursiv verfahrende „ratio" des Menschen das Unendliche lediglich potentiell erfassen. Die infinite Vollständigkeit Gottes ist somit für das menschliche, immer noch auf Ausstehendes bezogene Denkvermögen nicht einholbar. Soll also die Kommunikation zwischen Gott und Mensch möglich sein, muß zwischen beiden Unendlichkeitsformen eine Vermittlung möglich sein. Vertieft wird diese Problemstellung zweitens durch den Ansatz Brunos, die Beziehung zwischen göttlicher „mens" und menschlicher „ratio" durch den Aufweis einer für die „ratio" verstehbaren Wesensstruktur der Ideen Gottes zu sichern. Daraus resultiert die Forderung, die ideelle Verfassung des göttlichen, aktual unendlichen Geistes auf die Bedingungen des potentiell unendlichen, rationalen Diskurses umzusetzen und das Ergebnis dieser Transposition - gemäß der an Anschauung gebundenen menschlichen Denkweise - mit Hilfe eines veranschaulichenden Zeichensystems zur Darstellung zu bringen. Für die Konstitution des brunonischen Wissenschaftskonzeptes ist die Thematik der Äquivalenz von Idee und Rationalität also nicht von einer möglichen Vermittlung der beiden differierenden Unendlichkeitsauffassungen zu trennen; aus dieser intendierten Entsprechung zwischen dem göttlichen und dem menschlichen Denken entsteht jedoch ein neuer Themenkomplex, der die Frage nach der Universalität von Wissensstrukturen mit dem Problem ihrer Mitteilbarkeit und Abbildbarkeit in Verbindung bringt.

Um das Programm universell gültiger und kommunikabler Denkformen zu bewältigen, orientiert sich Bruno an den erkenntnistheoretischen Ergebnissen der platonisch-neuplatonischen Tradition: Inhaltlich im Vordergrund steht hierbei die Mittelstellung der Mathematik. Als methodisches Hilfsmittel für die Begründung der Beziehung zwischen „mens" und „ratio" dienen auch für Bruno die mathematischen Gegenstände. Die in jeder Zahl konstituierend wirkende Einheit und der in den Grundgestalten der Geometrie veranschaulichte Formaspekt der Idee vermitteln die Verbundenheit des menschlichen Subjekts mit dem metaphysischen Einheits- und Geistprinzip. Weiterhin bestimmend für Brunos Wissenschaftstheorie ist die cusanische Interpretation des Zählaktes, der als Ausweis für die schöpferische Befähigung und Tätigkeit des menschlichen Geistes gilt. Damit wird die platonische Deutung der Mathematik um die Reflexion auf die Bedingungen der Entfaltung des mathematischen Denkens bereichert. So ist die komplizite Einheit der Ursprung des sich in Andersheit explizierenden menschlichen Erkenntnisvermögens, das auf diese Weise - trotz seines Fortschreitens in zunehmende Andersheit - auf das unendliche Eine als seinem Grund bezogen bleibt. Dabei zeichnet sich innerhalb des cusanischen Systementwurfs schon eine für die Folgezeit bedeutsame Modifikation des Zählvorgangs ab, indem Cusanus neben der linearen, ins Unendliche fortschreitenden Zahlenreihe auch sich in der Andersheit analog wiederholende Anordnungsstrukturen der Zahlenreihe thematisiert, damit erste Ansätze einer Periodisierung des Zählens bietet.[1]

Obwohl Bruno nun seinerseits die Resultate der platonischen Tradition zustimmend aufgreift, bewirkt dennoch der Versuch, die Entfaltung der unendlichen Monas und deren ideelle Wesensstruktur durch linear diskursives Denken zu verstehen, eine methodische Erweiterung der Funktion der Mathematik. Als vorläufiges Ergebnis der bisherigen Analyse der „mathesis universa" läßt sich festhalten, daß die inhaltliche Ausführung dieses Vorhabens mit dem eingeschränkten Erkenntnisinstrumentarium der „ratio" eine Reflexion auf die „Substruktur" der mathematischen Gegenstände bedingt, die die Vermittlungsfähigkeit der Mathematik in der Regularität mathematischen

[1] Vgl. Nicolai de Cusa, De coniecturis I 3, n. 10, 5 - 15.

Denkens selbst begreift. Dieses innerhalb der Denkbewegung wirksam werdende Regelsystem orientiert sich an den Operationen der Addition und der Multiplikation und weist somit die charakteristischen Merkmale der Grundrechenarten auf. Die Modifizierung der Denktätigkeit als eines den Rechenregeln folgenden Prozesses bedingt im folgenden eine wissenschaftstheoretische Umdeutung hinsichtlich der vermittelnden Funktion der Mathematik. Dies zwingt jedoch dazu, die Leistungsfähigkeit von Brunos „mathesis universa" vor einem sich neu eröffnenden Horizont zu überdenken.

Sachlich läßt sich durch Brunos Ansatz gegenüber der platonisch-neuplatonischen Tradition eine Akzentverschiebung und Bereicherung der Interpretation der Mathematik festhalten, indem nunmehr der Entfaltungs*prozeß* des Denkens verstärkt in den Vordergrund rückt. Als neues Motiv der „mathesis universa"[2] zeichnet sich die Tendenz ab, die Explikation der göttlichen und der menschlichen Denkbewegung durch Rechenschritte zu beschreiben, um von hieraus die Abfolge dieser Entfaltung einsichtig zu machen. Wenn daher nach Bruno die Möglichkeit zur Kommunikation zwischen Gott und Mensch dadurch besteht, daß die ideelle Verfassung der „mens" rational begriffen werden kann, so muß diese Äquivalenz offensichtlich durch Denkoperationen begründet sein, die für beide Erkenntnisstrukturen gleichermaßen verbindlich sind. Diese Verfahrensweisen aber folgen dem Rechenregelwerk der Mathematik. Auswirkungen hat dies auch auf den Charakter des mathematischen, darstellenden Zeichensystems: So wurde bisher in der platonischen Tradition den mathematischen Gegenständen Hinweisfunktion auf metaphysisches Sein durch eine in ihnen unmittelbar anschaulich werdende Beziehung auf den einheitsmetaphysischen ideellen Grund zugesprochen. Innerhalb des brunonischen Systems zeigt sich jetzt als neuartiger Ansatzpunkt, daß die sich entfaltenden Denkbewegung den Rechenregeln der Arithmetik folgt, wobei dieses Regelwerk zugleich auch als Herstellungsverfahren der darstellenden, geometrischen Abbildung fungiert. Auf diese Weise aber wird die unanschauliche Prozessualität des Denkens an sich zu einem möglichen „Gegenstand" der mathematischen Zeichensprache. Für das Verständnis des Universalitätsanspruchs von Wissenschaft markiert dieses Ergebnis offensichtlich den Beginn einer intensivierten Durchdringung der meta-mathematischen Implikationen mathematischer Verfahrensweisen. Problemgeschichtlich läßt sich diese Entwicklung als Übergang von einer metaphysisch fundierten Interpretation der Mathematik zu einer Theorie formalisierter Denkschritte beschreiben oder mit anderen Worten: Das neuartige Wissen, daß das Denken selbst auf

2 Dieses Motiv wird möglicherweise durch Brunos mathematikbezogene Rezeption der aristotelischen Syllogistik begründet. Vgl. P, 2 - 10.

der Grundlage von Rechenregeln zum Objekt einer Abbildung werden kann, führt auf das Programm der „mechanischen" Kalkulierbarkeit des Denkens.

Obwohl sich diese Überlegungen innerhalb des brunonischen Spätwerks erst dem Ansatz nach abzeichnen, können sie doch als sachlicher Vorgriff auf die wissenschaftstheoretische Diskussion der Folgezeit gelten, die die Selbstvergewisserung des Denkens bezüglich der ihm zukommenden universellen Gültigkeit durch die Reflexion auf die Verhältnisbestimmung von Denk- und formaler Zeichenstruktur auszumachen sucht. Um diese Entwicklung in ihrer Intention zu verstehen, sei auf einige Aspekte der leibnizschen „mathesis universalis" verwiesen:

Nach Leibniz gründet die Universalität von Wissenschaft in der Möglichkeit, innerhalb eines weitgehendst formalisierten, d.h. bedeutungsfreien System von Zeichen oder Charakteren den folgerichtigen Ablauf der Denkschritte als die Verknüpfung der Zeichen darzustellen, wobei die hieraus entstehenden Kombinationen und Umwandlungen der Zeichenfolgen aus den Rechenregeln abgeleitet werden können.[3] In den Anordnungsmustern der Zeichenketten und deren möglichen Transformationen drückt sich also nach Leibniz die Denktätigkeit aus.[4] An diesem Punkt wird nun eine über Bruno hinausweisende Verschärfung des Universalitätsverständnisses deutlich: Wenn Brunos spezifisches Anliegen „noch" von dem metaphysisch motivierten Interesse der möglichen Kommunikation zwischen Gott und Mensch geleitet ist, forciert die leibnizsche Begründung des universalwissenschaftlichen Konzepts die Loslösung der Denkstrukturen von jeder inhaltlichen Signifikanz. Das Regelsystem, das Bruno zweckgerichtet einführt, um das metaphysische, unendliche Eine nachahmend zu begreifen, gewinnt eine zunehmend eigenständige Valenz, indem die Zeichenfolgen an sich die Denktätigkeit wiedergeben sollen. Die Universalität von wissenschaftlichem Denken - dies sei hier vorweggenommen - legitimiert sich in der „für alle möglichen Welten"[5] gültigen Reduktion des Denkens auf seine kalkulierbaren Grundfunktionen.

Trotz dieser Divergenz bezüglich des wissenschaftstheoretischen Stellenwerts des Regelwerks beinhalten jedoch beide Ansätze neuartige, gemeinsame Anforderungen für das Verständnis von Vermittlung, deren gedankli-

3 Vgl. G. W. Leibniz, Dissertatio de Arte combinatoria, Mathematische Schriften, Bd. 5, S. 42; Zur Sache vgl. auch H. Scholz, Mathesis universalis. Abhandlungen zur Philosophie als strenger Wissenschaft; hrsg. von H. Hermes, F. Kambartel, J. Ritter, Basel/Stuttgart 1961, S.128 - 151.

4 Vgl. G. W. Leibniz, De formis syllogismorum mathematice definiendis. Opuscules et fragments inédits de Leibniz. Extraits des manuscrits de la Bibliothèque royale de Hanovre par Louis Couturat. Hildesheim 1961, S. 420 ff.

5 So die Interpretation von H. Scholz, Mathesis universalis, S.133, Anm. 1.

che Durchdringung allererst den universellen Anspruch der Wissenschaftskonzepte für die Erfassung der Wirklichkeit rechtfertigt. Diese Notwendigkeit zeigt sich darin, daß die Thematik der Kommunikabilität, die Bruno im Zusammenhang mit der möglichen Vermittlung zweier differenter Erkenntnisvermögen und der mathematischen Darstellbarkeit dieses Vermittlungsaktes beschäftigte, in dem leibnizschen Systementwurf als der Versuch des denkenden Subjekts wiederkehrt, die gnoseologischen Bedingungen durch die Formalisierung des Denkens und einer diesem Prozeß entsprechenden Abbildung zu begreifen. Unabhängig davon, inwieweit der Ausblick auf die leibnizsche Erweiterung des Horizonts von Universalität überhaupt rückwirkend für Bruno verbindlich sein kann, zeichnet sich für beide Systeme als entscheidender Punkt die sachlich verbindende Auffassung ab, daß die Mitteilbarkeit von Denkstrukturen - sei sie nun auf unterschiedliche kognitive Vermögen oder auf das eigene Selbstverständnis des reflektierenden Subjekts bezogen - durch die Anwendung von Rechenregeln begründet werden kann. Im Akt des Rechnens also artikuliert sich offensichtlich jene zur Vermittlung befähigende Denktätigkeit, die sowohl die Übertragung der Idee in die rationale Diskursivität als auch die Entsprechung der Gedanken mit ihrer veranschaulichenden Abbildung bedingt. Auf welche Weise aber, so ist jetzt zu fragen, ist eine rechnerische Operationalisierung des Denkens überhaupt möglich? Welche äquivalenzstiftenden Implikationen werden in den Rechenregeln über deren primäre Bedeutungsebene hinaus wirksam, um die Bezugsformen zu garantieren, die für die Konstitution universalwissenschaftlicher Programme Bedingung sind?

Um dies zu beantworten und Brunos Beitrag für die geschichtliche Entwicklung dieses Zweiges der Wissenschaftstheorie auszumachen, beginnt die nachfolgende Untersuchung zeitlich „gegenläufig“ mit den kalkültheoretischen Überlegungen Leibnizens zur Arithmetik und Algebra. Dies geschieht nicht, um die brunonische Konzeption gleichsam nachträglich mit sachfremden Inhalten zu konfrontieren, sondern um die epistemologische Valenz der von Bruno zwar angewandten, in ihrem erkenntniskritischen Gehalt jedoch nicht eigens reflektierten Rechenregeln zu verdeutlichen. Hierauf wendet sich die Erörterung wiederum dem brunonischen Spätwerk zu, um auf der Grundlage des gnoseologischen Befundes das Wesen der Entsprechung zwischen Idee und „ratio“ näher zu bestimmen.

8.2 Die rechnerische Operationalisierung des Denkprozesses durch Leibniz

Die systematische Einheit der Wissenschaften bildet eine Grundthese des leibnizschen Denkens. Ähnlich wie Bruno dies in der Epistola dedicatoria zur Frankfurter Trilogie ausdrückt,[6] hegt auch Leibniz die Hoffnung, die Gesamtheit des Wissens in Form einer Enzyklopädie erfassen zu können.[7] Eng mit diesem Programm ist die Entwicklung einer „scientia generalis" verbunden, die ihrerseits auf den Grundformen der Logik beruht. Die Logik selbst beinhaltet die Kunst des Beweisens („ars demonstrandi") und die Kunst des Erfindens („ars inveniendi"), mit deren Hilfe der Verstand auch das Verborgene zu finden imstande ist.[8] Beide Künste können jedoch nicht ohne den Rekurs auf die Kombinatorik und die Vorraussetzung der „characteristica universalis" konstituiert werden. Das Ziel der „characteristica universalis" besteht in der Überführung des Denkens in einen Kalkül und der Darstellung der Denkbeziehungen in einem allgemeinen Zeichensystem. Vor dem Hintergrund dieser Gliederung der leibnizschen Wissenschaftslehre zeichnet sich die grundsätzliche Ausrichtung der Gesamtkonzeption ab: Das universell verbindliche Fundament der wissenschaftlichen Erkenntnis, auf dem die verschiedenen „artes" und Wissenschaftszweige basieren, besteht in der Annahme der Berechenbarkeit und Abbildbarkeit eines in sich schlüssigen, gedanklichen Zusammenhangs. Dies aber ist gleichbedeutend mit Leibnizens Versuch, die Bedingungen für die Folgerichtigkeit von Denkschritten aus den logischen Implikationen der mathematischen Rechenoperationen abzuleiten,[9] um diese Grundlagen allgemein für die Konzeption einer Aussagenlogik fruchtbar zu machen.[10] Die Durchführung dieses Vorhabens erfolgt in mehreren Anläufen und bleibt trotz der Intention einer einheitlichen Grundlegung der Wissen-

6 Vgl. Im [Ol Bd. I, Teil 1], 198.

7 Vgl. z. B. G. W. Leibniz, Praecognita ad Enzyklopaediam sive Scientiam universalem. Die philophischen Schriften von Gottfried Wilhem Leibniz; hrsg. v. C. I. Gerhardt. 7 Bde., Hildesheim 1965, Bd. 7, S. 43 ff.; Zur Sache vgl. R. Kauppi, Über die leibnizsche Logik, S. 14 f.

8 Vgl. G. W. Leibniz, Leibniz an Gabriel Wagner, Die philosophischen Schriften Bd. 7, S. 516; Zur Sache vgl. H. J. Engfer, Philosophie als Analysis, S.191 ff.

9 Vgl. G. W. Leibniz, Animadversiones in partem generalem Principiorum Cartesianorum, Philosophische Schriften Bd. 4, S. 366; E. Cassirer, Leibniz' System, S. 106 ff.

10 Vgl. R. Kauppi, Über die leibnizsche Logik, S. 15.

schaft fragmentarisch.[11] Obwohl dementsprechend die leibnizsche Wissenschaftsaufassung nicht als eine in sich geschlossene Konzeption vorliegt, lassen sich dennoch einige wesentliche, sachlich zusammengehörige Aspekte des Bezugs von Mathematik und Logik ausmachen, deren Zusammenwirken für das Verständnis der rechnerischen Oprationalisierung des Denkens wesentlich ist.

Den thematischen Hintergrund für die wissenschaftstheoretische Entwicklung bildet das leibnizsche Verständnis der Natur. In Analogie zu den Ausführungen Brunos vertritt auch der junge Leibniz die Auffassung, daß die gesamte Natur „mit zahl, maaß und gewicht oder krafft gleichsam abgezirkelt" vorliege[12] und somit die Ordnung der naturhaften Realität unmittelbar auf die mathematischen Denkvoraussetzungen des menschlichen Erkenntnisvermögens bezogen ist. Aus dieser anfänglichen Annahme einer nach Zahl, Maß und Gewicht fixierbaren Struktur der Natur erklärt sich der spezifisch mathematische Charakter der leibnizschen „mathesis universalis", der als Grundtendenz auch in den weiterführenden, die Logik verstärkt in den Vordergrund rückenden Ausformulierungen erhalten bleibt.

Gemäß der mathematischen Interpretation der Natur nimmt die leibnizsche Reflexion ihren Ausgangspunkt bei den Grundformen der Quantität,[13] wobei der Zahl als dem Gegenstand der Arithmetik eine hervorgehobene erkenntnistheoretische Stellung zukommen soll: So fungiert die Zahl aus der besonderten Perspektive der mathematischen Theoriebildung als Grundlage des Maßes und ist somit wesentlich auf räumliche Strukturen bezogen;[14] im Sinne einer die Fachdisziplinen übergreifenden Erkenntnistheorie wird der Zahl zusätzlich umfassende Leistungsfähigkeit zugesprochen, insofern sie nach Leibniz das für alle Seinsgattungen Gemeinsame ist und sich auch „auf die Metaphysik erstreckt".[15] Die arithmetische Denkweise also verbürgt jene Universalität, durch die jeder Erkenntnisinhalt erfaßt werden kann. Aus der Sichtweise der Ontologie ist dieses gnoseologische Postulat durch die Annahme gerechtfertigt, daß der gesamte Seinsaufbau nach der Relation von Teil und Ganzem strukturiert ist. Insofern also das Seiende aus Teilen zusammengesetzt ist, kann die Zahl als das schlechthinnige Erkenntnismittel gelten. Der

[11] Zu den verschiedenen Ansätzen der leibnizschen Wissenschaftstheorie vgl. R. Kauppi, Über die leibnizsche Logik, insb. S. 16 - 34.

[12] G. W. Leibniz, Initia et specimina scientiae generalis, Philosophische Schriften Bd. 7, S. 118; Zur Sache vgl. H. J. Engfer, Philosophie als Analysis, S. 168.

[13] Vgl. E. Cassirer, Leibniz' System, S. 124 ff.

[14] Vgl. G. W. Leibniz, Mathesis universalis, Mathematische Schriften Bd. 7, S. 53.

[15] G. W. Leibniz, Dissertatio de arte combinatoria, Mathematische Schriften Bd. 5, S. 12.

extensive Aspekt des Seins kann numerisch, d.h. als An-Zahl der Teile erfaßt werden kann.[16] Darüberhinaus bedingt die Arithmetik für das erkennende Subjekt die Möglichkeit, die mannigfaltigen Gegebenheiten der Außenwelt zu einer in sich bezüglichen und einheitlichen Erkenntnis zusammenzufassen; denn Zählen bedeutet die Fähigkeit des Subjekts, Einheiten wiederholt zu setzen[17] und deren mengenmäßige Vielheit als gezählte Zahl selbst wiederum in die Einheit einer Überlegung („una consideratio") zusammenzufassen.[18] Der fundamentale Stellenwert, der nach den anfänglichen Ausführungen der Zahl und dem Zählen zukommt, wird in zusätzlichen Überlegungen zur Rechenkunst („ars computandi") noch vertieft: So gilt die Rechenkunst für Leibniz in Anlehnung an den problemgeschichtlichen Horizont der platonischen Wiedererinnerungslehre[19] als bekanntes Wissen, das dem rechnenden Subjekt unabhängig von einr spezifischen Lerntätigkeit immer schon präsent ist.[20] In den Rechenoperationen artikulieren sich somit die ursprünglichen, nicht weiter hinterfragbaren Voraussetzungen des Denkens an sich.

Obwohl nun die Reflexion auf die arithmetische Denkweise zweifellos den grundlegenden Ausgangspunkt der leibnizschen Wissenschaftslehre bildet, zeichnet sich jedoch bei diesem Stand der Erörterung das Problemfeld ab, durch das der über die mathematische Modellbildung hinausweisende Universalitätscharakter der Kalkültheorie evident wird. In diesem Sinne ist zu fragen, ob arithmetisches Denken schon gleichbedeutend mit dem Programm der Universalwissenschaft ist, oder - wenn dies nicht der Fall ist - welche Bedingungen erfüllt sein müssen, damit in den Rechenoperationen jene von

16 Vgl. G. W. Leibniz, Leibniz an Jac. Thomasius, Philosophischen Schriften Bd. 1, S. 24; Vgl. auch H. J. Engfer, Philosophie als Analysis, S.174.

17 Vgl. G. W. Leibniz, Mathesis universalis, Mathematische Schriften Bd. 7, S. 61; Vgl. E. Cassirer, Leibniz' System, S. 133 ff.

18 Vgl. G. W. Leibniz, Ein Dialog zur Einführung in die Arithmetik und Algebra nach der Originalhandschrift hrsg., übersetzt und kommentiert von E. Knobloch, Stuttgart-Bad Cannstatt 1976, S. 39.

19 Vgl. G. W. Leibniz, Ein Dialog, S. 7 ff.; G. Martin macht darauf aufmerksam, daß Leibniz nicht unkritisch als „Platoniker" betrachtet werden dürfe. Den Unterschied zwischen Platon und Leibniz sieht Martin in der Theorie der Erfahrung, die beiden Denkrichtungen jeweils zugrunde liegt. Während Platon noch „eine ursprüngliche Erfahrung in der Präexistenz der Seele" annehme, vertrete Leibniz die Ansicht, „daß wir die eingeborenen Ideen [...] in uns haben, [...] daß unsere Seele diese Begriffe und Wahrheiten völlig aus sich selbst schöpfen kann, ohne auf irgend eine äußere Erfahrung Bezug nehmen zu müssen." G. Martin, Leibniz. Logik und Metaphysik, Köln 1960, S. 18 f.

20 Vgl. G. W. Leibniz, Ein Dialog, S. 76 - 84.

Leibniz intendierte Meta-Ebene der Logik erkenntlich wird, durch die sich das Denken seiner eigenen kognitiven Verfaßtheit abbildhaft bewußt wird.

Gegen die Gleichsetzung von Arithmetik und Universalwissenschaft muß vor allem auf die Gebundenheit des Zahlbegriffs an die Kategorie der Quantität aufmerksam gemacht werden, die dem intendierten Universalitätscharakter entgegensteht. Ist die Arithmetik - so lautet der Einwand - aufgrund ihres zahlhaft bestimmten Charakters überhaupt geeignet, auch die nicht quantitativen Aspekte des Seins zu erfassen? Oder zeichnet sich durch den „Arithmetismus"[21] des jungen Leibniz für den Entwurf einer „mathesis universalis" nicht ein Spannungsgefüge zwischen dem kategorial Besonderten und dem Allgemeinen ab, das mit Hilfe eines die Kategorien übersteigenden Denkelements aufgelöst werden muß? Wenn also die Zahl als Trägerin universaler Erkenntnis fungieren soll, kann dies nur heißen, daß der Zahlbegriff über seine besondernden, quantifizierenden Eigenschaften hinaus das Moment einer nicht kategorial fixierten Bestimmungslosigkeit aufweisen muß. Erst wenn dies der Fall ist, kommt der Zahl jener Allgemeinheitsgrad zu, der für eine Universalwissenschaft bzw. für eine Kalkültheorie gefordert ist. Andererseits spricht jedoch für die enge thematische Verbundenheit von Arithmetik und Kalkültheorie, daß die Rechenkunst eben auf der fundamentalen kognitiven Verfassung des menschlichen Subjekts beruht und von daher kein wie auch immer modifiziertes Wissenschaftskonzept außerhalb dieser ersten Denkbedingungen bestehen kann. Wenn also der leibnizsche Entwurf einer Universalwissenschaft die Intention verfolgt, die Rechenregeln auf die Logik zu übertragen, um die Relationen der Gedanken zu „errechnen", dann kann dies nur durch einen sachlichen Zusammenhang zwischen Arithmetik und Logik begründet sein: Das schlußfolgernde Denken folgt derselben Logik wie die Operationen der Mathematik.

Aus dieser Erörterung resultieren für die Grundlegung der mathesis universalis zwei wissenschaftstheoretisch notwendige Komponenten, die sich - soll die neue Wissenschaftskonzeption nicht auf einer Vielfalt unverbundener Annahmen beruhen - zu einem einheitlichen Bedingungsgefüge ergänzen müssen: So ist erstens zu zeigen, daß die gedachten Denk„gegenstände" tatsächlich bedeutungsfrei sind bzw. nur als variable Denkformen für mögliche Inhalte fungieren und somit als „transzendentallogische" Bezugsmomente der Objektgerichtetheit des Denkens an sich den maximalen Allgemeinheitsgrad verbürgen, der für eine Universalwissenschaft gefordert ist. Dies meint nicht eine „sinnentleerende Gegenstandslosigkeit" des Denkens, sondern bedeutet vielmehr eine nicht zu umgehende Prämisse für die Möglich-

21 So die Interpretation von H. - J. Engfer, Philosophie als Analysis, S. 174.

keit einer modellhaften Abbildung des Denkens durch Zeichen, die unabhängig von jedem Denkinhalt gültig sein soll.[22] Zweitens aber ist aufgrund der postulierten Identität von Rechenakt und Logik der Nachweis zu erbringen, daß in der Rechenkunst eben dieselben logischen Grundbedingungen enthalten sind, die in jedem als logisch sinnvoll verstandenen Gedankengebäude wirksam werden.

Gemäß dieser Aufgabenstellung konzentriert sich die Reflexion zunächst auf eine Erweiterung des Zahlbegriffs. In seiner Abhandlung „mathesis universalis" vertieft Leibniz die Bedeutung der quantitativ bestimmten Zahl der Arithmetik durch die unbestimmte Zahl der Algebra oder Logistik[23]. Die Legitimation des universalwissenschaftlichen Anspruchs besteht dementsprechend in der Doppelfunktion der Zahl als einem gleichermaßen definiten und indefiniten Erkenntnismittel. Entsprechend dem doppelten Charakter der Zahl drücken denn auch - wie die von Leibniz gewählten Rechenbeispiele zeigen sollen - die Sätze „2 + 3 = 5" oder „1 + 7 = 8" nichts anderes aus als der Satz „a + b = c".[24] Dieser von Leibniz angeführte Bezug zwischen der bestimmten Satzstruktur der Arithmetik und der unbestimmten Satzstruktur der Algebra entfaltet nun seine erkenntnistheoretisch relevante Funktion insofern, als die Rechenoperationen für den Bereich des Definiten und des Indefiniten identisch bleiben. Diese vielleicht selbstverständlich anmutende Identität des Verfahrens aber bedingt die Aufhebung des Bestimmten in das Unbestimmte als ein zentrales Begründungsmoment der Kalkültheorie. Das Bedeutsame dieser Feststellung erschließt sich in der Möglichkeit, die definiten Denkobjekte durch indefinite Denkgegenstände ersetzen zu können; denn jeder quantitativ determinierte Zahlausdruck der Arithmetik kann als „Sonderfall" einer möglichen Erfüllung der entsprechenden algebraischen Form aufgefaßt werden. Erkenntnistheoretisch verallgemeinert heißt dies, daß die indeterminierte Zeichensprache der algebraischen Satzstruktur die Menge der inhaltsspezifisch entsprechenden Ausdrücke der Arithmetik zu repräsentieren vermag, ohne daß dies mit einer Veränderung der entsprechenden Rechenregel verbunden ist. Für das Verständnis der Weiterentwicklung des leibnizschen Wissenschaftskonzepts resultiert hieraus, daß die Sprechweise von der „Errechenbarkeit" der Gedanken keineswegs im Sinne des frühen „Arithmetismus" auf quantitative Eigenschaften des Erkenntnisinhalts beschränkt bleibt, sondern vielmehr die für die Bereiche des Indefiniten und Definiten gleicherma-

[22] Zur Begründung der Kalkültheorie im allgemeinen vgl. E. Nagel , J. R. Newman, Der gödelsche Beweis. Scientia nova, hrsg. von R. Hegselmann u. a., München 1992[5], S. 31 ff.

[23] Vgl. G. W. Leibniz, Mathesis universalis, Mathematische Schriften Bd. 7, S. 53.

[24] Ebd.

ßen gültige, kontextstiftende Zusammenfügung von Elementen meint. Der für die Aussagekraft eines Kalküls wesentliche Bezug zwischen dem Unbestimmten und dem Bestimmten läßt sich dabei nur als Bedingungsgefüge beider Momente verstehen: So enthält das Nicht-Besonderte das Besonderte einerseits in sich als dessen nicht bedeutungsspezifische Negation; andererseits aber erweist sich die Sinnhaftigkeit der unspezifischen Repräsentationsformen nur insofern, als die verwendeten Zeichenfolgen positiv definierte Aussagen bedeuten können. Nur wenn - wie Leibniz dies anhand des Verhältnisses von Arithmetik und Algebra entwickelt - eine gegenseitige Interpretationsmöglichkeit[25] zwischen dem Unbestimmten und dem Bestimmten gegeben ist, können bedeutungsfreie Zeichen Bedeutung annehmen. Dies aber ist die notwendige Voraussetzung dafür, daß die algebraisch unspezifischen, nicht mehr an eine unmittelbare bildhafte Vermittlung gebundenen Variablen dennoch quantitativ kategoriale (Seins)Strukturen repräsentieren können.

Die Austauschbarkeit kategorial bestimmter Aussagen durch unbestimmte Ausdrücke bildet eine erste Voraussetzung für die rechnerische Operationalisierung des Denkens. Durch den algebraischen Kalkül ist somit die Möglichkeit einer „indeterminierten Abbildhaftigkeit" grundgelegt, mittels derer sich das Denken unabhängig von spezifischen gedachten Inhalte zu begreifen vermag. Für eine vollständige Formalisierung reicht dies jedoch noch nicht aus, da die Darstellung der Denk*beziehungen* noch nicht geleistet ist. Diese zweite Hauptschwierigkeit der Kalkültheorie mündet nun in den komplexen Themenbereich der erkenntnistheoretischen Verwandschaft von Logik und Rechenkunst: Welche Relationsformen der Logik - so ist jetzt zu fragen - sind überhaupt in den Rechenregeln enthalten? Inwiefern können die Rechenregeln als Erzeugungsschema von sich zusammenhängenden Aussagestrukturen verstanden werden? Und schließlich: In welchem Sinn lassen sich die Beziehungen typographisch abbilden, so daß eine begründete Entsprechung zwischen dem Denkprozeß und seiner Abbildung besteht?

Die logische Substruktur der Rechenoperationen erörtert Leibniz im Kontext aller vier Grundrechenarten, wobei in Hinblick auf Brunos „mathesis universa" insbesondere die additive und multiplikative Verknüpfbarkeit arithmetischer oder algebraischer Zahlen als Paradigma des Rechnens behandelt werden soll.[26] Die Diskussion führt hierbei schwerpunktmäßig auf das Prin-

25 Zum Problem der Interpretation formaler Systeme vgl. D. R. Hofstadter, Gödel, Escher, Bach. Ein endlos geflochtenes Band, Stuttgart 1986[8], S. 54 ff.

26 G. W. Leibniz, Ein Dialog, S. 27 ff.; Unter die Grundrechenarten fallen die Addition, die Subtraktion, die Multiplikation und die Division, wobei die Subtraktion als Umkehrung der Addition und die Division als Umkehrung der Multiplikation gelten. Vgl. H. Gascha, Compacthandbuch Mathematik, München 1992, S.26 ff. Obwohl inner-

zip der Gleichheit (und das hiermit verbundene Prinzip des Widerspruchs) als Grundbedingung der Mathematik, durch die der enge erkenntnistheoretische Zusammenhang von Logik und Quantität, aber auch deren sachliche Differenz sichtbar wird. So meint die Gleichheit als „logische Gleichheit" die Identität oder Koinzidenz zweier Sachverhalte, die auf der Ununterscheidbarkeit dieser Sachverhalte beruht.[27] Innerhalb eines Zähl- oder Multiplikationsprozesses, der die Anzahl einer Vielheit bestimmt, fungiert die Gleichheit als die notwendige Voraussetzung, durch die eine Mannigfaltigkeit von unterscheidbaren Elementen allererst als gleichartig verstanden wird und somit in einer einheitlichen An-Zahl zusammengefaßt werden kann. In diesem Sinn stellt die Gleichheit in der Vielheit eine logisch nicht weiter hinterfragbare Bedingung für die Vervielfältigung der Zahl dar. Wenn Leibniz daher den Begriff der Zahl als die Sukzession von Einheiten zu erklären sucht, durch die eine beliebige Menge von Seienden einheitlich aufeinander bezogen werden kann, macht dies nur insofern Sinn, als sich das Zählbare trotz seiner Unterschiede auch als Gleiches ausweist.[28] Vor diesem Hintergrund läßt sich die in den Rechenoperationen wirksam werdende Substruktur als der systematische Zusammenhang der Funktionsweisen der Gleichheit auffassen, die ihre identitätsstiftende Wirkung sowohl im Hinblick auf logische, quantitätsunabhängige als auch auf im Sinne der Anzahl quantifizierbare Gegebenheiten entfaltet. In Bezug auf die kognitive Verfassung des reflektierenden Subjekt läßt sich dies allgemein als dessen Fähigkeit beschreiben, das Mannig-

halb der leibnizschen Kalkültheorie auch die Subtraktion von Bedeutung ist, erscheint die Beschränkung auf die Addition und Multiplikation aufgrund des sachlichen Zusammenhangs gerechtfertigt.

27 E. Husserl (Philosophie der Arithmetik, Gesammelte Schriften Bd. 1, hrsg. von E. Ströker, Hamburg 1992, S. 97 ff.) äußert sich zu der leibnizschen Gleichsetzung von Identität und Gleichheit u.a. wegen des unzureichend reflektierten Problems der Verschiedenheit kritisch. Tatsächlich wird jedoch im allgemeinen Sprachgebrauch der mathematischen Logik das „Gesetz von Leibniz" sowohl als Identität, als Selbigkeit und als Gleichheit interpretiert. Vgl. A. Tarski, Einführung in die mathematische Logik, S. 66; Für Leibniz könnte man folgende Aufschlüsselung der jeweiligen Aspekte versuchen:
Das Prinzip der Gleichheit im Sinne von „Wenn a = b, dann b = a" stellt die Substitutionsmöglichkeit in den Vordergrund. Vgl. G. W. Leibniz, Specimen calculi universalis, Philosophische Schriften Bd. 7, 219: Eadem sunt, quorum unum in alterius locum substitui potest, salva veritate. Das Prinzip der Identität im Sinne von „Wenn a, dann nicht non-a" betont hingegen die Zusammengehörigkeit von Identität und Widersprüchlichkeit. Vgl. G. W. Leibniz, Streitschriften zwischen Leibniz und Clarke, Philosophische Schriften Bd. 7, S. 355. Letztlich erscheint keine wesensgemäße Differenzierung zwischen logischer Gleichheit und Identität möglich.

28 Vgl. G. W. Leibniz, Ein Dialog, S. 41.

faltige - bei erkannter Ununterscheidbarkeit - in eine Einheit aufzuheben oder - bei erkannter Unterscheidbarkeit - als in sich bezügliche Andersheit gleicher Elemente zu begreifen, die zu einer einheitlichen Anzahl zusammengefaßt werden kann.

Nachdem sich nun die Rechenkunst auf die Aspekte der Relation der logischen Gleichheit bzw. Identität oder der Gleichheit von vervielfältigbaren, diskreten Einheiten als den fundamentalen Begriff der mathematischen Grundlagentheorie reduzieren läßt,[29] muß als abschließende Aufgabenstellung für die Kalkülisierung des Denkens nachgewiesen werden, daß die genannten Beziehungsformen den folgerichtigen Zusammenhang von Denkschritten erzeugen und daß dieser Generierungssprozeß typographisch „imitiert" werden kann. Hieraus aber resultiert als wesensmäßige Besonderheit der Kalkültheorie die Notwendigkeit einer Entsprechung zwischen dem Erzeugungs- und dem Abbildungsverfahren; denn nur wenn diese Äquivalenz gegeben ist, lassen sich durch Ketten bedeutungsfreier Zeichen Gedankenstrukturen ausdrücken. Trifft dies zu, dann müssen die Grundbeziehungen auch die Herstellungsregeln beinhalten, durch die die Entsprechung zwischen der Denkbewegung und der mechanischen Darstellung dieser Denkbewegung gewährleistet ist.

Dieser komplexen Problemstellung begegnet Leibniz mit der Strukturanalyse der Gleichheit bzw. der Identität. Die Bedeutung der logischen Gleichheit erschließt sich zunächst durch die Eigenschaften der Reflexivität, der Symmetrie und der Transitivität,[30] durch die die Verknüpfung gleichwertiger Objekte oder Objektfelder bedingt wird. Ergänzt wird dies für die Operationen der Addition und Multiplikation durch die Gesetze der Kommutativität und der Assoziativität, die aus der Gleichheit der Glieder abgeleitet werden können und bewirken, daß das Ergebnis dieser Operationen nicht von der Reihenfolge der Elemente bzw. der sie repräsentierenden Zeichen abhängt.[31] Sind diese Grundlagen über die Verknüpfungs- und Anordnungsmöglichkeiten von Objekten gegeben, dann stellt sich der Rechenakt gemäß den leibnizschen Ausführungen als die Möglichkeit dar, daß „zwei gleiche Dinge durch einander ohne Fehlschluß ersetzt bzw. zwei Dinge auf dieselbe Weise bezüglich ihrer Größe behandelt werden können".[32] Auf diese Weise aber läßt sich die in der Gleichheit angelegte äquivalenzstiftende Funktion zugleich auch als Prinzip der möglichen Substitution und Transformation gleichwertiger

[29] Zur Sache vgl. E. Cassirer, Leibniz' System, S. 107.

[30] Vgl. G. W. Leibniz, Prima calculi magnitudinum elementa, Mathematische Schriften Bd. 7, S. 77.

[31] Vgl. Vgl. G. W. Leibniz, Ein Dialog, S. 39.

[32] Ebd., S. 33.

Zeichen oder Zeichengruppen deuten, das dem rechnenden Subjekt gestattet, „nicht abbrechende Folgen von Aussagen"[33] konstruieren zu können. In diesem Sinn meint Rechnen nichts anderes, als gedanklich gleichwertige Strukturen zu erzeugen und diese Gleichwertigkeit zugleich als eine Ersetzbarkeit der betreffenden Strukturen zu interpretieren, die mechanisch auf Zeichenkombinationen übertragen werden kann. Durch die Analyse der Funktion der Gleichheitsrelation werden die Rechenregeln als Umformungsregeln begriffen, durch die es dem reflektierenden Subjekt möglich ist, die ihm eigenen gedanklichen Beziehungsmuster in einen in sich zusammenhängenden Denkprozeß umzusetzen und darzustellen. Somit erweisen sich die Rechenregeln aufgrund der Deutung der Gleichheit als Äquivalenz- und Substitutionsgrund tatsächlich als diejenigen erkenntniskritisch relevanten Vorgaben des Denkens, durch die die Denkbewegung und die Abbildung dieser Bewegung als einheitliche Operation zum Ausdruck gebracht werden können oder mit anderen Worten: Zwischen dem Denken und seiner Abbildung besteht eine isomorphe Entsprechung.[34]

Kehrt man nun vor dem Hintergrund dieses Ergebnisses zu dem thematischen Ausgangspunkt dieses Abschnitts zurück und versucht den Universalitätsanspruch wissenschaftlichen Denkens zu überprüfen, so zeigt die Entwicklung der leibnizschen Epistemologie, daß sich ein derartiger Anspruch nur durch die Reduktion der Denkinhalte auf unbestimmte, variable Repräsentationsformen des Denkbaren an sich und einer einheitlichen Grundlegung von gedanklicher Beziehung und Abbildung erfüllen läßt. In diesem Sinn ist die Konstitution der „mathesis universalis" letztlich mit der Reflexion auf die metamathematische Ebene mathematischen Denkens identisch, durch die sich der universalwissenschaftlich gemeinte Sinn der „Kalkulierbarkeit" des Denkens allererst erschließt. In Bezug auf die bewegende Frage dieses Abschnitts, weshalb durch die Rechenregeln der mathematischen Grundoperationen die Möglichkeit sich entsprechender Denkstrukturen begründet wird, führt die Analyse auf die komplexe Struktur der logisch koinzidentalen und zahlhaft vervielfältigbaren Relation der Gleichheit. Diese Beziehungsform bedingt also die Produktivität des Denkens als die Erzeugung der Gleichwertigkeit von möglichen Denkinhalten und darüberhinaus auch - über die Einführung des Substitutionsprinzips - die isomorphe Äquivalenz der „urbildlich materiefreien" Relationalität des Gedachten und der hiervon unterschiedenen, veranschaulichenden Darstellung. Dies aber heißt, daß der

33 H. Scholz, Mathesis universalis, S. 133.

34 Zum Verständnis von Isomorphie vgl. H. G. Steiner, Art. Isomorphie, Historisches Wörterbuch der Philosophie Bd. 4, Sp. 627 f.

Gleichheit eine zweifache Funktion zugesprochen werden muß, durch die die Entsprechung von gedanklichen Objektträgern einerseits als deren absolute Gleichartigkeit bzw. Identität und andererseits - im Sinn der Isomorphie - als konstant sich erhaltende Widerspiegelung des Gleichen innerhalb der Verschiedenheit von Denk- und Abbildungsmodus bedingt wird.

8.3 Brunos Universalwissenschaft als Bindeglied zum philosophischen Rationalismus

8.3.1 Das Prinzip der Gleichheit als Grund menschlicher Selbsterkenntnis im Kalkül

Die Untersuchung der leibnizschen „mathesis universalis" verdeutlicht die Neuartigkeit des vermittelnden Charakters, den die Mathematik durch den Übergang in die Kalkültheorie erhält. Schwerpunktmäßig richtet sich die Erörterung auf die Wirkweise der Gleichheit, die bei dem relationalen Charakter der Gleichheit ihren Ausgangspunkt nimmt und schließlich auf ihre Funktionsweise als äquivalenzstiftendes Denkschema führt. Die Erzeugung und Abbildung von Strukturen ist dem reflektierenden Subjekt demnach sowohl durch die Setzung indifferenter Identität als auch differenter, aber beziehbarer gleicher Elemente möglich. Prägnant lassen sich die Eigenschaften des Gleichheitsprinzips durch die Operationen der Grundrechenarten verdeutlichen: Die hierbei angewendeten Rechenregeln vermitteln als Umformungs- und Substitutionsmechanismus in jeder neu abgeleiteten, unsinnlichen Gedankenreihe und hiermit korrespondierenden, sinnlich darstellenden Zeichenfolge die in sich gleichbleibende Gesetzmäßigkeit des Herstellungsverfahrens.

Wendet man sich nun vor dem Hintergrund der leibnizschen Interpretation des Rechenaktes dem brunonischen Spätwerk zu und fragt nach dem Wesen der Vermittlung zwischen der ideellen Verfassung des göttlichen Geistes und der Diskursivität der menschlichen „ratio", so scheint die in diesem Zusammenhang von Bruno angedeutete Reflexion auf die Rechenregeln als Hinweis dafür auszureichen, daß die intendierte Entsprechung beider Erkenntnisvermögen eben durch die Wirkweise der Gleichheit bedingt wird: Wird nämlich, wie Bruno dies selbst tut, die Idee als die „gleichewige Form" des göttlichen Geistes[35] interpretiert und in - Analogie zu der leibnizschen Analyse - der Rechenakt der „ratio" als ein gleichheitsbedingter, äquiva-

[35] AM 17, 3 - 4.

lenzerzeugender Denkprozeß gewertet, dann besteht der Bezug zwischen der göttlichen Idee und der diskursiv verfahrenden Rationalität offensichtlich durch das für beide Denkformen wirksam werdende Prinzip der Gleichheit. Ähnlich wie in Leibnizens „mathesis universalis" die Verweisfunktion des Denkprozesses auf die von ihm unterschiedene formale Abbildung durch die für beide Strukturmomente „gleichermaßen gültige" Funktionsweisen der Gleichheit konstituiert wird, wird hierdurch auch die Entsprechung zwischen „mens" und „ratio" trotz ihrer grundsätzlich differenten Valenz bedingt. Trifft dies zu, dann meint die brunonische Sprechweise von der Kommunikabilität der Idee deren Gleichheitscharakter, der einerseits das Wesen der Idee bedingt und andererseits implizit als Fundament in dem Regelwerk der zahlhaft sich entfaltenden „ratio" vorausgesetzt werden muß.

Indes, obgleich die leibnizsche Analyse der meta-mathematischen Implikationen des Rechenaktes als Erklärungsmuster durchaus hilfreich sein mag, um die gemeinsame gnoseologische Verfassung von Idee und „ratio" zu rekonstruieren, bleibt dennoch für das Verständnis einer Entsprechung aufeinander beziehbarer Strukturen eine entscheidende Frage offen. Der hier sich abzeichnende Problemkomplex betrifft, wie sich im folgenden zeigen wird, nicht nur die Bedingungen von Kommunikation, sondern markiert dieselbe sachliche Schwierigkeit für die Selbstdarstellung des Denkens in einem formalen System. Somit bedeutet die nun anstehende, vertiefende Untersuchung des Wesens von Entsprechung an sich eine allgemein notwendige, systematische Voraussetzung für die Begründung universell gültiger Wissensschaftsmodelle, insofern sich Universalität wesentlich in der Konstitution von äquivalenten Strukturmustern manifestiert:

Inhaltlich konzentriert sich der ungeklärte Aspekt von Äquivalenz - sei es im Sinne der gemeinsamen Verständigung zwischen Gott und Mensch oder eines Kalküls - auf die Leistungsfähigkeit der bisher aufgewiesenen Implikationen des Gleichheitsbegriffs. Kann von Kommunikation tatsächlich sinnvoll die Rede sein, wenn der Bezug zwischen beiden Denkvermögen zwar durch die äquivalenzstiftende Gleichheit faktisch besteht, diese Entsprechung als solche aber nicht erkannt wird und nur eine äußerlich aufweisbare Gemeinsamkeit innerhalb des Wissenschaftssystems bedeutet? In Analogie hierzu läßt sich für Leibnizens „mathesis universalis" die Frage stellen, aus welchem Grund das kalkulierende Subjekt überhaupt erkennt, daß eine an sich bedeutungsleere Zeichenkette seine gedanklichen Relationen ausdrückt.[36] Geht das hiermit von Leibniz propagierte Wissen um die Repräsentationsfunktion bzw. die Möglichkeit eines äquivalenten Rückbezugs der Zeichen auf

[36] Vgl. G. W. Leibniz, Opuscules et fragments, S. 153 ff.

Gedanken nicht über das in der Denk- und Abbildungsoperation „parallel angewandte“ Gleichheitsprinzip hinaus? Hieraus aber folgt als problematischer Punkt für beide Wissenschaftskonzeptionen, daß sich das Verständnis von Äquivalenz offensichtlich nicht in ihrer tatsächlichen Setzung erschöpft. Soll demnach die „gleichheitskonstituierende“ Wirkung der Gleichheit nicht nur äußerliche, tautologisch fixierbare Gemeinsamkeit von Strukturmomenten sein, dann muß dem denkenden Subjekt ein Wissen *über* die statthabende Entsprechung zugesprochen werden. Der Sinn von Kommunikation und kalkulierendem Denken erschließt sich somit nicht im Konstatieren einer Gleichwertigkeit zwischen den kommunizierenden Denkvermögen bzw. zwischen urbildlichem Denkakt und abbildendem Darstellungsvorgang, sondern in der Reflexion auf das gemeinsame Strukturmoment.

Nun zeichnen sich jedoch im Horizont dieses thematischen Aufrisses neuartige erkenntniskritische Anforderungen ab, von deren Bewältigung die Valenz der universalwissenschaftlichen Entwürfe abhängt: So führt die oben genannte Thematik aus der Perspektive des menschlichen Geistes auf das Problem, aus welchem Grund und in welcher Weise das menschliche Denken seine eigenen Denkvorgaben erfassen kann. Als vielleicht bedeutendste Konsequenz von Brunos Theorie der Kommunikation impliziert dies die Fähigkeit des Subjekts, sein eigenes Denken durch die Vergegenständlichung des Denkens zu begreifen. Verschärft wird dies durch die beschränkten methodologischen Möglichkeiten, die dem Subjekt als Denkinstrumentarium zur Verfügung stehen. Hieraus läßt sich zusammenfassend weiterhin für das reflektierende Subjekt die paradox anmutende Notwendigkeit ableiten, die Bewegung seines Denkens durch bzw. im Denkvorgang selbst zu objektivieren oder mit anderen Worten: Die Möglichkeit der Selbsterkenntnis besteht in einer eigentümlichen Doppelfunktion des Denkens, das sich selbst gedachtes Ziel und denkende Methode ist.

Innerhalb der leibnizschen Universalwissenschaft wird nun - um dies hier als Beispiel eines Lösungsversuchs vorwegzunehmen - diese abstrakt beschriebene Bedingung selbstbezüglichen Denkens durch die Interpretation des Rechenaktes realisiert, insofern in ihm diejenigen Prinzipien wirksam werden, durch die sich im konstruktiven Vollzug der Operation die untrennbare Verknüpfung von Denken und Gedachtem konkretisiert. Der Grund hierfür liegt in einer bisher noch nicht eigens erörterten Bedeutungsebene der Gleichheit, die die wissenschaftstheoretische Diskussion auf die Einheit als der ursprünglichen Bedingung mathematischen Denkens zurückführt und die Objekte der Arithmetik als Produkte einer auf die Einheit rückbezüglichen Denkbewegung des Subjekts zu erkennen gibt. Deutlich wird dies anhand des Wesens der Zahl, die Leibniz als ein aus der Einheit entstandenes und zu ihr gleiches Element („homogeneum unitatis“)[37] begreift. Interpretiert man diese Definition der Zahl im Sinne der leibnizschen Voraussetzung der logischen Gleichheit bzw. der Koinzidenz, dann folgt aus der Ursprungsgleichheit von Zahl und Einheit auch deren Identität. Diese Identität kann jedoch aufgrund des voraufgegangenen, Verschiedenheit implizierenden Erzeugungsaktes nicht als unbezüglich einfache, sondern nur als rückbezügliche verstanden werden. Die Konstitution der Zahl und die ihr zukommende Reflexivität im Sinne der formallogischen Beziehung „a = a“ als des Fundaments der weiteren Äquivalenzbedingungen der Symmetrie und der Transitivität ist Ausdruck der gleichheitserzeugenden Bezüglichkeit von Denkgegenstand und Methode. Auf dem Fundament der voraufgehenden, nicht weiter hinterfragbaren Einheit „erschafft“ sich das denkende Subjekt das gedachte Objekt durch die Setzung des Gleichen der Einheit. Für die Interpretation des Denkvorgangs als solchen folgt hieraus dessen Selbstbezüglichkeit, insofern die Zahl das Prinzip der logischen Ununterscheidbarkeit als einer Bedingung des Denkens selbst wiedergibt. In diesem Sinn erkennt das „zählende“ Denken auf der Grundlage von Einheit und indifferenter Gleichheit seine Denkvoraussetzung sowie die Reflexivität und äquivalenten Beziehungsmöglichkeiten des Gedachten. Wenn daher für Leibniz auf der Grundlage dieses Zahlbegriffs die Addition und die Multiplikation als die Wiederholung („repetitio“) gleicher Größen gelten[38] bzw. innerhalb des arithmetischen Beweisverfahrens nichts anderes als die Grundeinheit der Zahl und die Gleichheit vorausgesetzt werden muß,[39] bedeutet dies, daß die Gleichheit als die logische Grundbedingung des Denkens sowohl im Vervielfältigungsakt der Rechenmethode als auch in der vervielfältigten Zahl als dem Resultat der Denkbewegung präsent ist. In diesem Sinne bestimmt sich also die Selbstvergegenständlichung des Denkens innerhalb der Arithmetik durch das wiederholte Denken des Gleichen. Allein unter der Voraussetzung der Selbstbezüglichkeit der Aufbauprinzipien der Mathematik aber scheint sich in weiterer Überlegung die oben gestellte Frage nach dem Verhältnis zwischen dem urbildlichen Denkakt und seiner Abbildung in einem formalisierten System beantworten zu lassen: So erklärt sich die Möglichkeit der Entsprechung zwischen den bedeutungsfreien Zeichen und der „errechneten“ Denkfolge durch den sich selbst objektivierenden Erzeugungsmodus, aus dem das „Muster“ der Zeichenfolge entsteht. Wenn daher die Abbildung durch Substition und Umfor-

37 G. W. Leibniz, Initia rerum mathematicarum metaphysica, Mathematische Schriften Bd. 7, S. 31.

38 Vgl. G. W. Leibniz, Ein Dialog, S. 43.

39 Vgl. E. Cassirer, Leibniz’ System, S. 133 ff.

mung von Gleichem[40], d.h. also durch die Anwendung des selbst- und rückbezüglichen Gleichheitsprinzips, „Gedanken ausdrückt“, bedingt offensichtlich das in die Darstellung eingegangene Moment der Selbstgegenständlichkeit des Denkens auch die repräsentierende Funktion der Abbildung, durch die sich das Subjekt seine Gedankenfolge vergegenwärtigen kann.

Die vertiefende Analyse von Leibnizens Kalkülauffassung führt auf eine weitere meta-mathematische Ebene des Gleichheitsbegriffs, die die Frage nach der Wißbarkeit äquivalenter Strukturen durch die mit dem Rechenprozeß konstituierte Selbstbezüglichkeit der Gleichheit beantwortet. Was aber bedeutet dieses Ergebnis für Brunos „mathesis universa“? Welchen Anteil an dieser Entwicklung hat die spezifische Ausrichtung von Brunos Wissenschaftskonzept, für das sich das Problem der Äquivalenz an der Kommunikabilität der göttlichen Ideen festmacht?

8.3.2 Die Problematik der arithmetischen Aufbaugesetze in der Tradition

Das Spektrum der meta-mathematischen Bedeutungsebenen der Gleichheit, dessen Gültigkeit Leibniz in seiner Kalkültheorie offensichtlich unterstellt, setzt das Verständnis selbst- und rückbezüglicher Strukturen der Arithmetik voraus, die innerhalb des brunonischen Systems gerade aufgrund der intendierten Umsetzung der göttlichen Denkbewegung in die Diskursivität der „ratio“ thematisiert werden. Nun zeichnet sich gegenüber einer derartigen Auffassung der Arithmetik eine wesentliche systematische Schwierigkeit ab, die von den Vorgaben der Tradition her verdeutlicht werden soll:

Das Problemfeld, das hier angesprochen ist, hat seinen Grund in der Frage, auf welche Weise die Zahlen überhaupt konstituiert werden können. Die traditionelle Definition der Zahl bei Euklid faßt die Zahl als eine aus *Einheiten* zusammengesetzte Menge auf.[41] Steht aber nicht eigentlich dem Wesen der Einheit und der Gleichheit gerade die geforderte mehrheitliche Wiederholung des Zählvorgangs entgegen oder zugespitzt formuliert: Auf welche Weise kann es Einheit oder Gleichheit mehrmals geben?

Die Tragweite der Frage läßt sich schon innerhalb der Philosophie Platons ausmachen. So schließt Platon bei der vielheitlichen Erzeugung der Zahlen ausdrücklich aus, daß diese Pluralität durch Teilung, d.h. durch die Zerle-

[40] Vgl. z. B. G. W. Leibniz, Ein Dialog, S. 33; Ders., Prima calculi magnitudinum elementa, Mathematische Schriften Bd. 7. , S. 77.

[41] Euklid [Busard], Buch VII, Def. ii: Numerus vero ex unitatibus concreta multitudo.

gung der Einheit selbst begründet wird.[42] Um überhaupt den Zusammenhang von Einheit und Vielheit begreifen zu können, bedarf es der Prinzipien von πέρας und ἄπειρον. Die Verbindung des Einen mit dem Vielen aber - die sich als Zahl artikuliert - sei ein „Geschenk der Götter".[43] Von hieraus scheint die geforderte Erklärung bezüglich der vervielfältigenden Aufbaugesetze der Arithmetik in mythische Ferne gerückt. Die Schwierigkeiten bei der Konstitution einer Mehrheit von Einheiten wird zwar erkannt, die Reflexion auf den vervielfältigenden Prozeß als solchen aber kann ohne das Hilfsmittel des schon irgendwie angenommen „Prinzips" des Unbestimmten (bzw. der unbestimmten *Zwei*heit) nicht bewältigt werden.

Die wissenschaftstheoretische Begründungsmöglichkeit der Arithmetik spezifiziert und verschärft sich in der weiteren Auseinandersetzung der neuplatonischen und cusanischen Tradition. Innerhalb der Philosophie Plotins manifestiert sich gerade anhand des Zahlbegriffs ein Spannungsgefüge, das die Unvereinbarkeit zwischen der negativ eingeschätzen Vielheitlichkeit einerseits und der Möglichkeit eines selbstbezogenen, erzeugenden Denkverfahrens andererseits aufdeckt: So erklärt Plotin das Entstehen von Vielheit allgemein durch die Unfähigkeit eines „Dings" zum Selbstbezug[44]. Diese Fähigkeit oder Unfähigkeit aber korrespondiert mit der jeweiligen Interpretation der Zahl. So ist dem Geist (νοῦς) im Unterschied zur Seele möglich, das Mannigfaltige ungetrennt als Einheit zu begreifen[45]. Im Denkakt der Seele (ψυχή) jedoch stellt sich die Zahl als ein diskretes Moment dar, das - trotz seines Bezugs auf vielheitlich Verschiedenes[46] - ebenfalls seinen Grund in der Selbigkeit hat und auf diese Weise allererst zu einer zahlhaften Eins wird. Zählen meint also nichts anderes als die Konzentration des rationalen Diskurses auf ein Moment der Gleichheit. Von hier aus zeichnet sich also ein erster Ansatz ab, der die Prozessualität des arithmetischen Denkens thematisiert und durch die Reflexion auf seine meta-mathematischen Implikationen zu erklären sucht.

In vertiefenden Überlegungen modifiziert Cusanus die Fundierung der Arithmetik durch zwei Motive, die die Rahmenbedingungen für die künftigen, universalwissenschftlichen Diskussionen markieren: So faßt Cusanus erstens den Akt des Zählens als die kreative Entfaltung des menschlichen Denkens auf. Dieses Moment der Kreativität ist bezeichnenderweise explizit mit

42 Vgl. Platon, Staat VII, 525 d ff.; Zur Problemstellung vgl. A. Szabó, Anfänge der griechischen Mathematik, S. 352 - 361.

43 Platon, Philebos, 16 c.

44 Vgl. Plotin, Enn. VI 6, 1, 4 - 5.

45 Vgl. Plotin, Enn. VI 6, 7, 1 - 4.

46 Vgl. Plotin, Enn. VI 6, 4, 14 - 16.

einer Form der Selbstbezüglichkeit des Denkens verbunden, die in der Zahl als „Zusammensetzung aus sich selbst"[47] ihren erkenntnistheoretischen Rückhalt hat. Diese Auffassung der Zahl thematisiert erneut das von der Tradition nur unzureichend bewältigte Problem der Vervielfältigung *gleicher* Einheiten oder mit anderen Worten: Die Konstitution von Selbstbezüglichkeit hängt von der Möglichkeit ab, auf der Grundlage einer ungeschiedenen Einheit der Vernunft die vervielfachende Entfaltung der Einheit in die Zahl *ohne* ein schon vorgegebenes Prinzip der Trennung zu begreifen[48]; vielmehr muß das einschränkende Moment, das die (vielheitliche) Zusammensetzung bewirkt, ebenfalls durch die Zahl selbst begründet werden.[49] Zweitens aber ist die so verstandene Zahl das Abbild des unendlichen Gottes, der den Dingen das Sein in seinem gleichewigen Wort („verbum coaeternum") mitteilt.[50] Somit zeichnet sich durch die Überlegungen des Cusanus ab, daß die Deutung der Arithmetik - wie sie für Leibniz wesentlich werden wird - ihren methodologischen Grund in der theologischen Metaphysik des sich denkenden und mitteilenden Gottes hat. Die Thematik der Selbsterkenntnis des menschlichen Subjekts, wie sie in den Formalisierungsbestrebungen der universalwissenschaftlichen Entwürfe der Folgezeit verfolgt wird, entsteht somit allererst im Kontext der möglichen Kommunikation zwischen Gott und Mensch, durch die der Zählprozeß als Selbst-Gebrauch der menschlichen Vernunft ausgewiesen ist.[51]

Obgleich Cusanus nun die Diskussion über die Begründung und wissenschaftstheoretische Valenz der Arithmetik vorantreibt, bleiben dennoch in seiner Konzeption Probleme offen. So ist danach zu fragen, auf welche Weise der Bezug zwischen zwischen dem göttlichen und dem menschlichen Denken konstituiert wird. Genügt der bloße Hinweis auf die Urbildlichkeit Gottes, der gegenüber sich die menschliche Kreativität als ein Abbild verhält,[52] oder muß nicht gerade - wie dies im folgenden ja gerade für Bruno zu bedenken ist - diese Verhältnismäßigkeit zwischen Urbild und Abbild über die behauptete Entsprechung hinaus so begründet werden, daß die Kommunikation Gottes *als* Kommunikation begriffen wird? Dies verbindet sich weiterhin mit

47 Nicolai de Cusa, De coniecturis I, n. 8, 8: Sed numerus „ex se compositus" est.

48 Vgl. Nicolai de Cusa, De coniecturis I, n. 8, 8 - 13; Zum Einfluß von Nicolaus Cusanus auf die universalwissenschaftlichen Konzepte vgl. auch Th. Leinkauf, Mundus combinatus. Studien zur barocken Universalwissenschaft am Beispiel Athanasius Kirchers SJ (1602-1680), Berlin 1993, S. 195 ff.

49 Vgl. Nicolai de Cusa, De coniecturis I, n. 8, 14 - 15.

50 Nicolai de Cusa, De coniecturis I, n. 7, 10.

51 Vgl. Nicolai de Cusa, De coniecturis I, n. 7, 7 - 9.

52 Vgl. Nicolai de Cusa, De coniecturis I, n. 5, 4.

der Schwierigkeit, in welcher Weise der Ansatz der Selbstzusammensetzung der Zahl konkret für die Begründung der arithmetischen Aufbaustrukturen genutzt werden kann. Erschwerend wirkt sich in diesem Zusammenhang die entschiedene Trennung zwischen Gottesbegriff und Erkenntnislehre aus. So bleibt das Gleichheitsprinzip, von dessen beziehungsstiftenden Eigenschaften die progressive und sukzessive Struktur der Zahlenreihe erklärt werden könnte, ausschließlich dem göttlichen Geist als die nicht vervielfältigbare Definition seiner selbst vorbehalten.[53] Auf welche Weise also ist es möglich, die Forderung der Selbstbezüglichkeit in eine mathematische Kalkültheorie umzusetzen?

8.3.3 Brunos metaphysische Begründung der Kalkültheorie durch die Selbstgleichheit der Idee

In dem Kontext der obigen Fragestellung erweist sich nun die problemgeschichtliche und systematische Bedeutung der brunonischen „mathesis universa" als ein Bindeglied zwischen den Vorgaben der Tradition und der Ausgestaltung der Kalkültheorie. Konsequent verfolgt Bruno den von Cusanus entwickelten Zusammenhang zwischen dem Problem der Kommunikation und einem mathematischen Regelwerk weiter, das das Wesen des Mitteilbaren verfahrenstechnisch abbildet.

Die erste Voraussetzung hierfür besteht in der Konzeption der göttlichen Idee als dem Informationsgrund von allem.[54] Indem nämlich die Idee die „gleichewige Form des göttlichen Geistes"[55] *und* Mitteilung der „mens", d. h. ihrer selbst *ist*,[56], besteht die mitgeteilte Botschaft offensichtlich in der sich selbst gleichenden Formstruktur. Auf diese Weise wird der „gleichförmige" Bezug zwischen dem göttlichem und menschlichen Denkvermögen *als* das dem Menschen mitgeteilte Wissen um die mit dem Gleichheitsbegriff gemeinte Selbstbeziehung des Denkens konstituiert. Die Entsprechung zwischen Gott und Mensch besteht somit - ohne daß dies als leeres tautologisches Sprechen mißverstanden werden darf - in der Vermittlung der Selbstgleichheit, durch die das menschliche Denken der göttlichen „mens" äquivalent im Sinne einer isomorphen Entsprechung wird. Diese Interpretation der innergöttlichen Relation erinnert an die cusanische Auffassung des göttlichen Wortes, das sich durch die Gleichheit seiner selbst begreift[57]; innerhalb der brunonischen

53 Vgl. Nikolaus von Kues, De aequalitate, S. 394; S. 396.
54 Zum Verständnis der Idee als Information vgl. TMM 224, 11.
55 AM 17, 3 - 4.
56 Vgl. CI 97, 26 - 27.
57 Vgl. Nikolaus de Cusa, De aequalitate, S. 392.

Wissenschaftslehre beantwortet die systematische Verknüpfung von Selbstgleichheit und Selbsterkenntnis die oben gestellte Frage, weshalb das Subjekt um die Entsprechung zwischen sich und dem göttlichen Geist wissen kann: Die ideelle Botschaft vermittelt die prinzipielle Befähigung des Subjekts, sich denkend auf sein eigenes Denken zu richten. In diesem Sinn bedeutet die Rückbindung an die Idee die metaphysische und - im Hinblick auf die kognitive Verfassung des Subjekts -transzendentallogisch deutbare Grundlage für die meta-mathematischen Reflexionsformen der Kalkültheorie: Die Idee als das Sich-selbst-Gleiche bedeutet für die „ratio" „nichts anderes" als die Möglichkeit zur Setzung des Gleichen, die die Homogenität der mathematischen Objekte zur Folge hat.

Nachdem nun die Information der Idee die Äquivalenz zwischen Gott und Mensch bewirkt, ist dem menschlichen Geist dasjenige sich selbst setzende Anfangsmoment gegeben, aus dem sich das Denken in eigenständiger Produktivität zu entfalten vermag. Die Übermittlung des Gleichheitsprinzips erfüllt somit die hierfür notwendige, von Cusanus deutlich formulierte Bedingung eines selbstbezüglichen Zahlbegriffs und verbürgt weiterhin die von Leibniz angewandten äquivalenzstifenden Erzeugungsschemata für die Ausführung und Darstellung folgerichtigen Denkens. Wie aber realisiert sich dies innerhalb eines mathematischen, kalkulatorischen Verfahrens?

Als Vorbemerkung für eine mögliche Antwort ist zunächst darauf hinzuweisen, daß zwischen dem göttlichen und menschlichen Denkakt selbstverständlich keine völlige Entsprechung besteht: Obwohl sich die Idee allem vermittelt und sie dies gemäß ihrem Wesen immer nur als die Gleichheit selbst tun kann, ist doch das rationale Vermögen immer an die Kategorien von Identität und Widersprüchlichkeit gebunden[58]. Der Aufweis der metaphysischen Bedingungen eines arithmetischen Kalküls kann sich daher sachlich nur auf die Frage beziehen, auf welche Weise sich die absolute Selbstbezüglichkeit der „mens" einer Denkbewegung vermittelt, die diese Struktur immer nur in endlichen, von einander getrennten Denkschritten zum Ausdruck bringen kann.

Die Diskussion nimmt ihren Ausgangspunkt in der brunonischen Reflexion auf die unendliche, ununterscheidbare Rekursivität des ersten Prinzips. Indem sich nämlich das göttliche Selbstverhältnis auch als in sich rückläufige Selbstverdoppelung deuten läßt,[59] formuliert Bruno die „Anfangsregel" für das kalkulatorische Herstellungsverfahren, die sich aus der Perspektive der Geistmetaphysik auch im Sinne einer absoluten Methode, d. h. als vollstän-

[58] Vgl. CI 90, 10 - 12.

[59] Vgl. M 346. Vgl. ferner oben S. 198 ff.

dige Identität von hervorbringendem Denkakt und Gedachtem verstehen läßt. Diese absolute Methode ist im weiteren die Voraussetzung dafür, daß die in der Tradition so schwierig empfundene Begründung der Aufbaugesetze der Arithmetik gelingt. So ist die „monas" bzw. „mens" das konstituierende Prinzip der Zahl *als* die schlechthinnige Einheit, indem sie sich - gleichsam als „metaphysischer Vorgriff" auf die leibnizsche Definition der Zahl als „homogeneum unitatis" - ebenfalls als das Sich-selbst-Setzende auf sich selbst bezieht. Diese selbst- und rückbezügliche Struktur der Einheit aber defininiert die Art und Weise des erzeugenden Denkens bzw. die Struktur des Denkens an sich, von der her die Kalkültheorie erst ihre Begründung erfährt.

Dem „informierten", rationaliter zählenden Subjekt vermittelt sich im weiteren das initiierende Moment des göttlichen Denkaktes nun nicht als indifferente, unendliche Reflexivität, sondern als die fortlaufende Wiederholung einer ersten diskreten und endlichen Einheit, durch die die nächste Zahl als der Nachfolger der vorhergehenden Zahl bestimmt wird. In diesem Sinne entwickelt Bruno für die Konstitution der Zahlenreihe eine rekursive, iterierende Methode: Die Zahlen resultieren aus der wieder und wieder („iterumque iterumque") vorgenommene Repetition der Einheit,[60] sodaß die Gesetzmäßigkeit der gesamten Arithmetik in diesem methodischen Prinzip beschlossen ist und schließlich auch als Definition der Addition[61] als der fundamentalsten Grundrechenart gewertet werden kann. In Bezug auf die Methode stellt sich die „Kommunikation" zwischen Gott und Mensch als die „gemeinsame" Befähigung dar, trotz der Differenz der beiden Denkvermögen rückläufig *und* erzeugend bzw. rechnend in meta-mathematischen Kategorien zu denken.

Kehrt man nun von hieraus zu dem problemgeschichtlichen Horizont der Tradition zurück und faßt das „Verdienst" der brunonischen Wissenschaftslehre abschließend zusammen, so zeigt sich gerade anhand des Gedankens der Kommunikabilität der Idee die kontinuierliche Verbindung, aber insbesondere auch die weiterführende Auseinandersetzung mit den vorgegebenen Problemstellungen. So expliziert Brunos intensivierte Reflexion auf das mit der göttlichen Idee gegebene Moment der rekursiven, umkehrbaren Bewegung der Einheit in die Vielheit jenes, in der Philosophie Platons systematisch noch nicht begründete „Geschenk der Götter", durch das sich die Vervielfältigung der Einheit ohne die unvermittelte Annahme eines Teilungsverfahrens denken läßt. In Bezug auf die Intention des cusanischen Ansatzes bedeutet Brunos Konzept die begründende Ausgestaltung des selbstschöpferischen Gebrauchs der menschlichen Vernunft durch die Fundierung selbstbezüglichen Denkens.

60 Vgl. M 349.
61 Vgl. TMM 272, 31 - 273, 5.

Diese Erweiterung hinsichtlich der methodologischen Möglichkeiten der „ratio" ist jedoch dem menschlichen Subjekt nicht durch sich selbst gegeben. Die Befähigung zum selbstbezüglichen Denken, das schöpferisch die Vielheit der Zahl aus der Vervielfältigung der Einheit begreift, ist *nur* durch Vermittlung göttlichen Denkens zu begründen. Die Art der Vermittlung aber zeigt sich erst in der Ausschöpfung der Implikationen eines Gleichheitsbegriffs, der die logischen Möglichkeiten von Gleichheit und Ungleichheit bzw. von Identität und Differenz im Sinne absoluter Selbst- und Rückbezüglichkeit übersteigt. Die aus dem Gleichheitsprinzip ableitbaren Bedingungen der Isomorpie auch zwischen ungleichen Erkenntnisvermögen äußert sich für das menschliche Subjekt als Grund der Möglichkeit, sich mit der Setzung der Zahl als eines aus sich selbstzusammengesetzten Anfangselements seines Denkens der eigenen Denkbedingungen zu vergewissern. Für die universalwissenschaftlichen Konzepte der Folgezeit ist durch die hiermit verursachte Ausdifferenzierung des Verständnisses von Methode der Weg bereitet, die Implikationen des traditionellen Problems der Kommunikabilität der Idee zur gezielten Darstellung des Denkens zu nutzen. Dabei läßt sich feststellen, daß die gleichheitsbedingten Strukturen von Kommunikabilität in „gleicher Weise" als meta-mathematische Regeln in den Rechenoperationen wirksam werden, die ihrerseits in der von Bruno vorbereiteten Einheit der gleichbleibend sukzessiven Methode begründet werden. Wenngleich Bruno selbst den Zusammenhang zwischen der Kommunikabilität der Idee und dem rechnenden Subjekt nur andeutet, zeigen doch die systematischen Implikationen beider Sachstrukturen, daß die Konstellation nicht beliebig ist. In diesem Sinne kann die brunonische „mathesis universa" durch ihre Gebundenheit an metaphysisch-theologische Fragestellungen als das geschichtlich relevante, theologisch-metaphysisch Bindeglied zum Rationalismus der Neuzeit gelten.

Abschließende Betrachtung

Die Ausgangsfrage der vorliegenden Arbeit betraf das Problem der systematischen und geschichtlichen Einordnung des brunonischen Werks. Welche wirkungsgeschichtlichen Aspekte des brunonischen Denkens - so kann jetzt mit Blick auf den gesamten Rekonstruktionsversuch gefragt werden - erweisen sich für die Entwicklung der neuzeitlichen Wissenschaft und Naturauffassung als maßgebend?

Wenn sich neuzeitliches Denken vor allem durch die Reflexion auf den Geltungsbereich des Denkens selbst auszeichnet, dann wird die brunonische Aussage zu dieser Thematik entschieden unterschätzt. In einer schon voridealistischen Sichtweise eröffnet Bruno die Diskussion um die erkenntnistheoretische Reichweite der philosophischen und mathematischen Wissenschaft. Als vielleicht wesentlichster und folgenreichster Schritt für die Entwicklung des Systems darf hierbei die Einschränkung des Gegenstandsbereichs gelten, auf den sich das methodische Denken beziehen kann. Die Einsicht, daß das reflektierende Subjekt mit seinen Erkenntnismöglichkeiten nicht zu einer adäquaten Gotteserkenntnis gelangen kann, ist ein zentrales Motiv des brunonischen Denkens. Dies ist jedoch andererseits die Voraussetzung für eine positive Bestimmung der Möglichkeiten der Erkenntnis. Von hier aus läßt sich als wesentliches Verdienst der brunonischen Erkenntnistheorie die Entdeckung festhalten, daß im Gegensatz zur „konjekturalen“ metaphysischen Spekulation die mathematische Denkweise Subjektivität und Objektivität in sich vereinigt und sich von da aus als Erkenntnismittel der Realität legitimiert.

Es hat sich weiterhin gezeigt, daß sich das mathematische Denken nicht unabhängig von metaphysischen Prinzipien Realität entwerfen oder eigenmächtig erschaffen kann. Die Gewißheit der Mathematik, Wirklichkeit deuten zu können, läßt sich nicht losgelöst von der Wirkweise eines metaphysisch ersten Prinzips verstehen. Die optimistische Einschätzung der Tragfähigkeit der mathematischen Methode beruht letztlich auf der Gründungsfunktion des metaphysischen Einen. Wenn daher als Ausweis für neuzeitliches Denken auf die Einheit einer Methode verwiesen wird, die auf der Basis eines einheitlichen Verständnisses ihres Gegenstandsbereichs sich selbst ihre

Inhalte gibt und auslegt, so kann dies nur aus dem Horizont eines metaphysischen Systementwurfs verstanden werden, durch den die Bedingungen für die „Mathematisierung“ der Realität erst geschaffen und erfüllt werden. In beispielhafter Weise verdeutlicht dies die brunonische Uminterinterpretation des Begriffs der Größe, der in Abhängigkeit von der Allpräsenz der göttlichen Einheit selbst als Einheit verstanden wird. Die Einheit der mathematischen Methode und ihres Objektfeldes hat somit ihren Grund in der metaphysischen Einheit. In diesem Sinne verdeutlicht das brunonische Denken, daß die neuzeitliche Auffassung von der „mathematisierten“ oder „mathematisierbaren“ Wirklichkeit nicht einen verbindungslosen Neuanfang der Geistesgeschichte darstellt. Vielmehr ist der Grund für diese Entwicklung im Gedankengut der einheitsmetaphysischen und insbesondere cusanischen Tradition zu sehen, dessen Denkfiguren auf neue Objektfelder übertragen werden und somit erst den Paradigmenwechsel für eine „neuzeitliche“ Betrachtungsweise der Wirklichkeit bedingen. In diesem Sinne ist das Werk Brunos ein Beispiel für die Kontinuität und Diskontinuität der geistigen Auseinandersetzung mit dem Sein, wobei das „sprunghaft“ Diskontinuierliche lediglich die Entfaltung des Kontinuierlichen zu Neuartigem meint.

Eng verbunden hiermit ist die fachliche Diskussion der Mathematik. Die Analyse zeigt, daß - offensichtlich vor dem Hintergrund der durch Cusanus eingeleiteten kosmologischen Unendlichkeitsspekulation - das mathematische Denken sich genötigt sieht, über eine Mathematik des Endlichen hinaus eine Mathematik des Unendlichen zu entwerfen. Der wissenschaftliche Umgang mit dem Unendlichen erweist sich als schwierig, weil letztlich aus der erkenntnisspezifischen Perspektive des mathematisch reflektierenden Subjekts Formen der „Verendlichung des Unendlichen“ gedacht werden müssen. Bruno kommt hierbei das Verdienst zu, das Unendliche auf der Grundlage von dessen begrifflicher Einheit erfaßt zu haben. Unter dieser Voraussetzung „neuzeitlichen Denkens“ verzweigen sich in der Folgezeit die methodischen Zugänge zu der Problematik des Unendlichen. Bruno orientiert sich in diesem Zusammenhang an dem platonischen Prinzip des πέρας, um von hieraus zu einer Grenzbetrachtung zu gelangen, deren Entwicklung erst im 19. Jahrhundert mit der Reflexion auf den Begriff des Grenzwerts ihren vorläufigen Abschluß findet. In diesem Sinne sollte die brunonische Behandlung des Infiniten dem Unendlichkeitsdenken Newtons und Hegels zugeordnet werden, insofern beide Denker das Unendliche als Grenze des Endlichen verstehen.

Einen anderen Aspekt mathematischen Denkens beinhaltet die Verbindung zwischen Bruno und Leibniz. So läßt sich eine geistige Verwandschaft nicht etwa nur durch die beiderseitige Verwendung des Terminus „monas“ feststellen, sondern tiefergehende Berührungspunkte zeigen sich vor allem in der Konstitution der Universalwissenschaft. Von besonderer Bedeutung ist hierbei die Reflexion auf die Erzeugungs- und Abbildfunktion der Rechenregeln, von der wesentliche Impulse für die kalkulatorische Behandlung des Denkens ausgehen. Die metamathematischen und logischen Implikationen dieser Wissenschaftsauffassung sind bis in die Gegenwart aktuell und als Untersuchungsgegenstand von Interesse.

In diesen Sinne ist es lohnende Verpflichtung, die Grundfragen und Lösungsansätze des brunonische Denken als Vermittlung von Tradition und Neuzeit zu entdecken.

Exkurs 1: Die Bedeutung des Vollen und des Leeren innerhalb des brunonischen Systems

Wenn innerhalb des brunonischen Atomismus platonische und cusanische Motive wirksam werden, so bleibt dennoch als Problem die Frage bestehen, worin eigentlich der tiefere systemrelevante Sinn des brunonischen Rekurses auf das demokritische Begriffspaar des Vollen und des Leeren bestehen könnte. Als mögliche Erklärung soll auf das zeitbedingte Bedürfnis hingewiesen werden, an einer atomaren Struktur der Materie festhalten zu können, ohne deren Ordnung preiszugeben. Die Möglichkeit einer solchen Synthese resultiert offensichtlich aus der Rezeption des antiken Atomismus und Platonismus. Als wesentliche Errungenschaft gilt in diesem Sinne der Kepler zugesprochene Versuch, ein mathematisches Modell für die Festkörperphysik zu entwerfen, d. h. ein Modell kugelförmiger, sich berührender Atome, das sich durch eine Translations- und Fernordnung auszeichnet.[1] Ohne nun an dieser Stelle die Urheberschaft dieses Modells oder die möglichen Bezüge zwischen Bruno und Kepler diskutieren zu wollen,[2] scheint doch der Fortschritt dieser archetypischen Idealisierung der Materie darin zu bestehen, daß die Regularität der atomaren Konglomerate als Ergebnis sich anordnender Atome verstanden werden kann und deshalb auch in gewisser Weise die Bewegung in das Ordnungsgefüge der Materie miteinbezieht. Die mit dem Terminus „Fernordnung“ bezeichnete Wiederholung der Anordnung der Atome[3] scheint nicht nur insofern einen Bezug zur brunonischen Theorie aufzu-

1 Vgl. J. Kepler, Vom Sechseckigen Schnee (Strena seu de Nive sexangula), ins Deutsche übertragen, eingeleitet und mit Anmerkungen versehen von D. Goetz, Ostwalds Klassiker der exakten Wissenschaften Band 273, Leipzig 1987, S. 18; A. I. Kitaigorodski, Ordnung und Unordnung in der Welt der Atome, Köln 1979, S. 53.

2 Vgl. M.-L. Heuser-Keßler, Maximum und Minimum., S. 190.

3 Vgl. A. I. Kitaigorodski, Ordnung und Unordnung, S. 53; D. R. Nelson, Quasikristalle. In: Chaos und Fraktale, mit einer Einführung von H. Jürgens, Heidelberg 1989, S. 154 ff.

weisen, als dem Minimum selbst die bisher noch unberücksichtigte Funktion des Komponierens und Vergrößerns zugesprochen wird,[4] sondern daß die klassische Thematik von mikroskopischer und makroskopischer Entsprechung im Zusammenhang mit dem zur Expansion fähigen Modell der *Area Democriti* diskutiert wird.[5] Wenn es zutrifft, daß Brunos Intention darin bestanden haben könnte, die geometrische Beschreibbarkeit auch auf eine bewegte Materie auszudehnen, indem sie deren figurale Anordnungsprinzipien im Raum zu erfassen sucht, dann ist ein solches Modell selbstverständlich abhängig von den intelligiblen, gestalttheoretischen Vorgaben des koinzidentalen Ursprungs. Die gestaltmäßige Identität von Minimum und Maximum verendlicht sich dann nicht nur in den einzelnen Teilen, sondern bestimmt auch die durch deren Zusammensetzung entstehende Figuration, deren Ähnlichkeit in jeder anwachsenden Konstellation erhalten bleiben soll.

[4] TMM 146, 26 f.: Eius [scil. minimi] est componere, augere, formare [...]

[5] Vgl. die Untersuchung der *Area Democriti* oben S. 108 f.

Exkurs 2: Die Anwendung des Proportionalzirkel zur Konstruktion regelmäßiger Polygone

Als ein Leitmotiv der „mathesis universa“ thematisiert Bruno das Gekrümmtlinige und das Gerade als die beiden universellen Maßstäbe.[1] Diese umfassende maßtheoretische Basis wird durch den Gedanken der Koinzidenz von Gekrümmtem und Geradem begründet, die Bruno als die Identität von Kreiszentrum und Kreisradius ansetzt und durch die sich auch die usprüngliche Strukturgleichheit von Kreis und Dreieck ableiten läßt. Als Maßstab im engeren Sinn setzt Bruno den Radius an, dessen Maßeinheit uneingeschränkt zwischen dem Kleinsten und Größten vermessend und ordnend wirkt.[2] Das optimale Meßinstrument, das bei dieser Strukturvorgabe eingesetzt werden kann, ist nach Bruno der mordentesche Proportionalzirkel, mit dem er sich in eigenen Abhandlungen seit 1586 beschäftigt.[3]

Die hier genannten Motive wirken bis in die brunonische Spätschriften systembildend: Nicht nur in De minimo, sondern auch in De monade und schließlich in der Ars deformationum[4] wiederholt sich der Ansatz einer vollständigen geometrischen Charakteristik, die auf einem gleichermaßen brauchbaren Maß- und Figurationsverfahren aufruht. Was aber verbindet nun die Idee eines universellen Maßwerks mit der Koinzidenz der Gegensätze? Und welche Funktion kommt dem Proportionalzirkel in der Konzeption der minimalen und maximalen Figuren zu?

Um diesen Fragekomplex in seiner gegenseitigen Bezüglichkeit erläutern zu können, soll paradigmatisch auf die Konstruktion des regelmäßigen Fünfecks verwiesen werden, die Bruno in De monade beschreibt: Obwohl die Fünfheit „eine dem Feld des Kreises fremde Figur“ sei, könne doch - so ar-

1 AM 19, 6 - 8.

2 AM 10, 22 f.

3 Giordano Bruno, Due Dialoghi sconosciuti e due dialoghi noti. A cura di Giovanni Aquilecchia, Roma 1957. Nota introduttiva, S. VII.

4 AD 83, 7 - 10.

gumentiert Bruno - auch das Fünfeck wie jedwedes Polygon in den Kreis einbeschrieben werden.[5] Man müsse nur einem Sechstel den fünften Teil eines Sechstels hinzufügen und die gesuchte Fünfecksseite sei gefunden.[6] Mit Recht ist darauf hingewiesen worden, daß diese eigentümliche Aussage in engem Zusammenhang mit Konzeption des Radius als Fundamentalmaßstab zu sehen ist.[7] Dennoch aber steht, soweit ich sehe, eine detaillierte Deutung dieser Stelle noch aus.

Die gestellte Aufgabe lautet also, zu einem gegebenen Kreis mit dem Umfang *U* eine Sehne *S* zu finden, die als Seitenlänge des Fünfecks fungiert. Das Auffinden der Sehne *S* nach der oben genannten Angabe erklärt sich nun durch die Beziehung von Kreis und Radius, die als figurationstechnische Folie für die Anwendung des Proportionalzirkels dient. Zunächst ist bekannt, daß der Radius *r* eines Kreises *K*, insofern er als Sehne an die Peripherie angetragen wird, ein Sechstel des Umfangs *U* umspannt, d. h. also, daß die Länge des Radius mit der Seitenlänge des regelmäßigen Sechsecks identisch ist. Denkt man sich weiterhin die jeweiligen Schnittpunkte der angetragenen Sehne an der Peripherie mit dem Kreiszentrum verbunden, so erhält man sechs gleichseitige Dreiecke mit einem Zentriwinkel von 60°. Es ist somit anzunehmen, daß das „erste" Sechstel, von dem Bruno spricht, tatsächlich den Kreisradius meint. Damit nun die Sehne des Fünfecks gefunden werde, soll der Länge des Radius, d. h. der Seitenlänge des Sechsecks ein Fünftel des (ersten) Sechstels, d. h. ein Fünftel von *r* hinzugefügt werden. Dies ist gleichbedeutend damit, daß der Zentriwinkel des gesuchten Polygons auf 72° (d. h. 1/5 *U*) vergrößert wird, damit die solchermaßen konstruierte Sehne *S* an die Peripherie angetragen werden kann. Damit nun der fünfte Teil der Strecke des Radius bequem gefunden werden kann, bedarf es einer Einteilung dieser Strecke in Teilabschnitte, mit deren Hilfe das gesuchte Teilstück auszumachen ist. An diesem Punkt setzt nun offensichtlich der Gebrauch des mordenteschen Proportionalzirkels ein, dessen Schenkel in eine Skala von 60 regelmäßigen Abschnitten eingeteilt gewesen sein könnte.[8] Als Funktionsleiter könnte dann die „linea arithmetica" f(x) = x angesetzt werden.[9] Auch für Bruno ist es die Zahl Sechzig und ihre Potenzen, durch die die Verhältnismäßigkeit von Kreissehne und Kreisbogen bestimmt wird.[10] Denkt man sich

5 M 402, deutsche Übersetzung, S. 83.

6 Ebd.

7 Vgl. M. Mulsow, Kommentar zur deutschen Übersetzung von De monade, S. 228.

8 Vgl. dazu die Beschreibung des Instruments bei I. Schneider, Der Proportionalzirkel, S. 75.

9 Zu den Funktionsleitern von Proportionalzirkeln vgl. ebd., S. 49 ff.

10 TMM 268, 15 ff.

also nun den Zirkel mit der sechzigteiligen Skala bei einer Öffnung von 60° so an den Kreis angelegt, daß die Länge seiner Schenkel dem Radius entspricht, fungiert dieser gleichsam als Maßstab, der den Radius in 60 Teile einteilt. Der Radius als ein Sechstel des Kreisumfangs besteht also aus 60 Einheiten; und der gesuchte fünfte Teil des so verstandenen Sechstels beträgt 12 Einheiten. Verlängert man nun bei konstanter Zirkeleinstellung die Strekke des Radius um die 12 Teileinheiten,[11] dann kann man bei dem Funktionswert 72 eine Parallele zu der Seite des einbeschriebenen Sechsecks = r ziehen, die der gesuchten Fünfecksseite entspricht. Auf diese Weise wird also bei einer Einteilung des Radius in 60 Teile und des wirksam werdenden Proportionalitätsprinzips jede gewünschte Seitenlänge durch Verlängerung oder Verkürzung gefunden.

Die systematische Valenz dieses Verfahrens besteht nun nicht nur in der technischen Bewältigung einer Konstruktion, sondern auch darin, daß die metaphorische Sprache der Metaphysik faktisch in ein Meßverfahren umgesetzt werden kann. Die Maßskala des Radius, die Ausnutzung der Proportionalität ähnlicher Dreiecke und der Bezug der genannten Faktoren zum Kreis zeigen, in welcher Weise Bruno die metaphysische Gestalt der monadischen Kreisförmigkeit in den technisierten Möglichkeiten der Mathematik wiedererkennt. Stellt man sich jedoch darüber hinaus vor, daß sich die gesuchte Sehne eines sehr großzahligen Polygons nach diesem Verfahren im Verhältnis zu der an die Peripherie angelegten Radiuslänge immer mehr dem Kreiszentrum annähert, dann manifestiert sich aus der Perspektive der oben skizzierten Maß- und Figurationstheorie ein neuer Aspekt der Koinzidenz zwischen Zentrum und Peripherie, der die prozessuale Gegenläufigkeit zwischen „principium“ und „finis“ unmittelbar als konstruktionstechnisches Prinzip erhellt: Würde nämlich die gesuchte Sehne so klein, daß sie schließlich mit dem Zentrum zusammenfiele und anschließend an die Peripherie „angetragen“ würde, so könnte es sich nur noch um ausdehnungslose Punkte handeln. Auf diese Weise wäre nicht nur das Geradlinige in das Gekrümmte übergangen, sondern die Peripherie des Kreises bestünde auch aus Zentren. Dieses dem Koinzidenzgedanken von Zentrum und Peripherie verpflichtete Maßwerk des Proportionalitätszirkels bedingt wohl die Euphorie, mit der Bruno das Prinzip dieses Meßinstruments aufgreift und das Konstruktionsverfahren seiner universellen „mathesis“ den Möglichkeiten dieses Geräts anpaßt.

[11] Hierzu gab es ein spezielles Instrument, das dem Abgreifen diente; vgl. I. Schneider, Der Proportionalzirkel, S. 12.

Exkurs 3: Der Zusammenhang zwischen Zahlentheorie und geometrischer Konstruktion

Brunos Konstruktionsverfahren der regelmäßigen Polygone wurde von der Forschung vielfach bemängelt.[1] Der sachliche Grund hierfür besteht tatsächlich in der Unmöglichkeit, alle regelmäßigen Polygone ausschließlich mit Zirkel und Lineal zu konstruieren. So scheitert z. B. die Konstruktion des regelmäßigen Neunecks an der Unmöglichkeit der Dreiteilung eines Winkels, und das „konstruierte" Neuneck stellt lediglich eine Approximation dar. Von hieraus läßt sich also Brunos versuchte Analogie zwischen der Regularität der Zahlenreihe und der der regelmäßigen Polygone, derzufolge die Figur eine wahrnehmbare Zahl bedeutet, schwer durchhalten.

Nun wurde jedoch von der jüngsten Forschung die Vermutung ausgesprochen, daß zwischen dem Aufbau der natürlichen Zahlen und der Konstruktion der regelmäßigen Polygone eine Analogie bestehen könnte, die sich insbesondere über die Erzeugung der natürlichen Zahlen, beginnend bei 1, über die Nachfolgerelation „$n \rightarrow n + 1$" und die Zerlegung der Zahlen in Primfaktoren darstellt.[2] Dies bestätigt sich insofern, als Bruno den Schaffensprozeß der Monas über die erwähnte Nachfolgerelation und die Vervielfältigung der Unterschiede der ersten Zweiheit und Dreiheit zu erklären sucht.[3] Dies aber bedeutet weiterhin, daß sich aus dem Regelsystem der Einheit, Zweiheit und Dreiheit die Erzeugung der Zahlen, insoweit sie Vielfache anderer Zahlen sind und auch insoweit sie nicht Vielfache anderer Zahlen, d. h. also Primzahlen sind, beschreiben lassen muß. Wendet man nun das Regelsystem im Hinblick auf die mögliche Vervielfältigung der Zweiheit und Dreiheit an, ergibt sich folgendes Schema:

[1] Vgl. z. B. F. Tocco, Le opere latine di Giordano Bruno, S. 169 ff.

[2] Vgl. K. Heipcke, W. Neuser, E. Wicke, Über die Natur und Naturerkenntnis, S. 160.

[3] M 328.

1		
$1 + 1 = 2$	Nachfolgerelation, Primzahl	
$2 + 1 = 3$	Nachfolgerelation, Primzahl	$= 2^1 + 1$
$2 \times 2 = 4$	Vervielfachung	
$2 \times 2 + 1 = 5$	Nachfolgerelation, Primzahl	$= 2^2 + 1$
$3 \times 2 = 6$	Vervielfachung	
$3 \times 2 + 1 = 7$	Nachfolgerelation, Primzahl	
$2 \times 2 \times 2 = 8$	Vervielfachung	
$3 \times 3 = 9$	Vervielfachung	
$2 \times 5 = 10$	Vervielfachung	

Der mathematikhistorische Wert dieser speziellen Schreibweise der Zahlenreihe von Eins bis Zehn besteht im vorliegenden Kontext darin, daß die jeweilige Darstellung der Zahlen tatsächlich im Zusammenhang mit dem Problem steht, inwieweit die Konstruktion des betreffenden regulären Polygons mit Zirkel und Lineal möglich ist. Da das klassische geometrische Verfahren dabei auf der Halbierung von Strecken bzw. Bögen beruht und somit für die geradzahligen Ableitungen im wesentlichen unproblematisch ist, stellt sich die Frage, inwieweit die Konstruktionsmöglichkeit für Polygone gilt, deren Kantenanzahl primzahlig ist. Nun ist jedoch eine exakte Konstruktion des Dreiecks und des Fünfecks möglich, wohingegen die des Siebenecks und des Neunecks nur approximativ gelingt.[4] Die Beschäftigung mit der Frage, warum sich diese Schwierigkeiten bei der Konstruktion der regelmäßigen n-Ecks ergeben, führte schließlich Gauß zu dem Ergebnis, daß die jeweilige Zerlegung der betreffenden Zahl in ihre Primfaktoren schon die Lösung anzeige: So lassen sich grundsätzlich diejenigen Polygone nach der klassischen Methode konstruieren, die der Form

$$2^{2^l} + 1$$

genügen und prim sind.

Für die vorliegende Zahlenreihe zeigt die Primfaktorzerlegung an, daß die Bedingung für 3 und 5 erfüllt ist.[5] Bemerkenswerterweise kann nun die brunonische Schreibweise für 3 und 5, die mit den Mitteln der Nachfolgerelation und den Regeln der Zweiheit und Dreiheit erstellt wurde, im Sinne Gauß' gelesen werden. Selbstverständlich kann hieraus nicht gefolgert werden, daß Bruno sich der allgemeinen Gesetzmäßigkeit der Primzahlzerlegung und der

4 Vgl. hierzu T. F. Banchoff, Dimensionen, Figuren und Körper in geometrischen Räumen, Heidelberg/Berlin/New York 1991, S. 89 ff.

5 Weitere bisher bekannte Primzahlen sind: $17 = 2^{2^2}+1$, $257 = 2^{2^3}+1$, $65537 = 2^{2^4}+1$. Vgl. H. Pieper, Zahlen aus Primzahlen, Eine Einführung in die Zahlentheorie, Berlin 1991, S. 6 f.

sie betreffenden geometrischen Zusammenhänge bewußt war. Denn keinesfalls zieht er hieraus die gaußsche Schlußfolgerung, sondern begründet die Konstruierbarkeit regelmäßiger n-Ecke durch das mit dem Proportionalzirkel realisierte euklidsche Proportionalprinzip.[6] Nichtsdestoweniger zeigt sich aber an der sachlichen Nähe des brunonischen Regelsystems zu der gaußschen Schreibweise und der Übereinstimmung des Ergebnisses für die Spezialfälle des Dreiecks und des Fünfecks, daß zahlentheoretische Überlegungen, wie sie Bruno offensichtlich intendiert, durchaus sinnvoll mit geometrischen Ergebnissen kombiniert werden können.

[6] Vgl. oben Exkurs 2, S. 254 f.

Literaturverzeichnis

Quellen

1. Werkausgaben

Jordani Bruni Nolani Opera latine conscripta, hrsg. von F. Fiorentino, F. Tocco u. a., Napoli/Firenze 1879-1891. 3 Bde. in 8 Teilen. [Reprint: Stuttgart-Bad Cannstatt 1961/1962]

Giordano Bruno, Dialoghi italiani, hrsg. von G. Gentile, 3. Aufl. bearb. von G. Aquilecchia, Classici della Filosofia 8, Firenze o. J. (1958)

-, Opere latine di Giordano Bruno. Il triplice minimo e la misura, La monade, il numero e la figura, L'immenso e gli innumerevoli, hrsg. von C. Monti, Torino 1980

-, Gesammelte Werke, hrsg. von L. Kuhlenbeck, Leipzig/Jena 1904-1909

2. Einzelausgaben

Giordano Bruno, Das Aschermittwochsmahl. Übersetzt von F. Fellmann, Einleitung von H. Blumenberg, sammlung insel 43, Frankfurt a.M. 1969 [Neuausgabe: insel taschenbuch 548, 1981]

-, De la causa, principio et uno, hrsg. und eingeleitet von G. Aquilecchia, Nuova raccolta di classici italiani annotati 8, Torino 1973

-, Due dialoghi sconosciuti e due dialoghi noti: Idiota triumphans - De somnii interpretatione - Mordentius - De Mordentii circino, hrsg. und eingeleitet von G. Aquilecchia, Storia e Letteratura 63, Roma 1957

-, Heroische Leidenschaften und individuelles Leben. Auswahl und Interpretationen, hrsg. von E. Grassi, Rowohlts Klassiker 16, Hamburg 1957

-, Praelectiones geometricae e Ars deformationum. Testi inediti, hrsg. und eingeleitet von G. Aquilecchia, Storia e Letteratura 98, Roma 1964

-, Über die Monas, die Zahl und die Figur als Elemente einer sehr geheimen Physik, Mathematik und Metaphysik, hrsg. von E. von Samsonow, Kommentar von M. Mulsow, Philosophische Bibliothek Bd. 436, Hamburg 1991

-, Von der Ursache, dem Prinzip und dem Einen, übersetzt. von A. Lasson, hrsg. von P. R. Blum, eingeleitet von W. Beierwaltes, Philosophische Bibliothek Bd. 21, 6., verb. Aufl., Hamburg 1983 [1872[1]]

3. Weitere Quellen

Aristoteles, Analytica priora et posteriora, hrsg. von D. Ross, Oxford 1964

-, Metaphysica, hrsg. von W. Jaeger, Oxford 1957

-, Physica, hrsg. von D. Ross, Oxford 1950

Diels, H., Kranz, W., Fragmente der Vorsokratiker, 3 Bde., Zürich/Hildesheim 1989/1990[18]

[Euklid], H. L. L. Busard, The Mediaeval Latin translation of Euclid's Elements, made directly from the Greek, Texte und Abhandlungen zur Geschichte der exakten Wissenschaften Bd. 15, Stuttgart 1987

Hegel, G. W, Wissenschaft der Logik (1812-1816), hrsg. von F. Hogemann u. W. Jaeschke, Gesammelte Werke Bd. 11 und 12, Düsseldorf 1981

-, Wissenschaft der Logik (1832), hrsg. von F. Hogemann u. W. Jaeschke, Gesammelte Werke Bd. 21, Düsseldorf 1985

Husserl, E., Philosophie der Arithmetik. Text nach Husserliana XII, hrsg. von E. Ströker, Gesammelte Schriften Bd. 1, Hamburg 1992

Kepler, J., Vom Sechseckigen Schnee (Strena seu de Nive sexangula), ins Deutsche übertragen, eingeleitet und mit Anmerkungen versehen von D. Goetz, Ostwalds Klassiker der exakten Wissenschaften Band 273, Leipzig 1987

Leibniz, G. W., Leibnizens mathematische Schriften, hrsg. von C. I. Gerhardt, 7 Bde., Berlin, Halle 1849 ff. [Nachdruck: Hildesheim 1962]

-, Die philosophischen Schriften von Gottfried Wilhelm Leibniz, hrsg. von C. I. Gerhardt, 7 Bde., Berlin 1875 ff. [Nachdruck Hildesheim 1965]

-, Hauptschriften zur Grundlegung der Philosophie, übersetzt von A. Buchenauer, durchgesehen und mit Einleitungen und Erläuterungen hrsg. von E. Cassirer, 2 Bde., 3., erg. Aufl., Hamburg 1966 [1904[1]]

-, Opuscules et fragments inédits de Leibniz. Extrait des manuscrits de la Bibliothèque royale de Hanovre par L. Couturat, Paris 1903 [Nachdruck Hildesheim 1961]

-, Ein Dialog zur Einführung in die Arithmetik und Algebra, nach der Originalhandschrift hrsg., übersetzt und kommentiert von E. Knobloch, Stuttgart-Bad Cannstatt 1976

Nicolai de Cusa opera omnia iussu et auctoritate Academiae Litterarum Heidelbergensis ad codicum fidem edita

I. De docta ignorantia, hrsg. von E. Hoffmann und R. Klibansky, Leipzig 1932

III. De coniecturis, hrsg. von J. Koch und C. Bormann, Hamburg 1972

V. Idiota: De sapientia, De mente, De staticis experimentis, hrsg. von L. Baur, Leipzig 1937

XI,2 De possest, hrsg. von R. Steiger, Hamburg 1964

Nikolaus von Kues, Philosophisch-theologische Schriften, Studien- und Jubiläumsausgabe, lateinisch-deutsch, hrsg. und eingeführt von L. Gabriel, übersetzt und kommentiert von D. und W. Dupré, 3 Bde., Wien 1964-1967

Nikolaus von Kues, Die mathematischen Schriften, übers. von J. Hofmann, mit einer Einführung und Anmerkungen versehen von J. E. Hofmann, Schriften des Nikolaus von Kues in deutscher Übersetzung Heft 11, Philosophische Bibliothek Bd. 231, 2., verb. Aufl., Hamburg 1980 [1952[1]]

Plato, Opera, hrsg. von J. Burnet, 5 Bde., Oxford 1905-1915[2] [1900-1907[1]]

Plotins Schriften, übersetzt von R. Harder, Neubearbeitung mit griechischem Lesetext und Anmerkungen fortgeführt von R. Beutler und W. Theiler, 6 Bde. in 12 Teilen, Hamburg 1956-1971

Proklos, In primum Euclidis elementorum librum commentarii, hrsg. von G. Friedlein, Leipzig 1873

Proclus Diadochus, Kommentar zum Ersten Buch von Euklids „Elementen", aus dem Griechischen ins Deutsche übertragen und mit textkritischen Anmerkungen versehen von P. L. Schönberger, Halle 1945

Spinoza, B., Ethica, Spinoza Opera II, Heidelberg o.J. (1924)

Thomae Aquinatis Quaestiones disputatae, hrsg, v. R. Spiazzi, Torino 1949

Sekundärliteratur

Aquilecchia, G., Einleitung zu: Giordano Bruno, Due Dialoghi sconosciuti e due dialoghi noti. Idiota triumphans - De somni interpretatione - Mordentius - De Mordentii circino, Roma 1957, S. VII-XXIII

-, Giordano Bruno, Bibliotheca Biographica 1, Roma 1971

-, Le opere italiane di Giordano Bruno. Critica testuale e oltre, Lezioni della scuola di studi superiori in Napoli 12, Napoli 1991

Atanasijevic, K., The Metaphysical and Geometrical Doctrine of Bruno, As Given in His Work De Triplici Minimo, St. Louis 1972

Badoloni, N., La filosofia di Giordano Bruno, Saggi di cultura moderna 12, Firenze 1955

Bärthlein, K., Der Analogiebegriff bei den griechischen Mathematikern und bei Platon, Diss. masch., Würzburg 1957

Becker, O. (Hrsg.), Zur Geschichte der griechischen Mathematik, Wege der Forschung 33, Darmstadt 1965

-, Grundlagen der Mathematik in geschichtlicher Entwicklung, Frankfurt a. M. 1975

Beierwaltes, W., Platonismus und Idealismus, Philosophische Abhandlungen Bd. 40, Frankfurt a. M. 1972

-, Neuplatonisches Denken als Substanz der Renaissance. In: Studia Leibnitiana, Sonderheft 7, Wiesbaden 1978, S. 1 - 16

-, Proklos, Grundzüge seiner Metaphysik, Philosophische Abhandlungen Bd. 24, 2. durchges. und erw. Aufl., Frankfurt a. M. 1979

-, Identität und Differenz, Philosophische Abhandlungen Bd. 49, Frankfurt a. M. 1980

-, Einleitung zu: Giordano Bruno, Von der Ursache, dem Prinzip und dem Einen. Aus dem Italienischen übersetzt von A. Lasson, hrsg. von P. R. Blum, Philosophische Bibliothek Bd. 21, 6., verb. Aufl., Hamburg 1983 [1872[1]], S. IX - XL

-, Denken des Einen, Studien zur neuplatonischen Philosophie und ihrer Wirkungsgeschichte, Frankfurt a. M. 1985

Bernart, L. de, Immaginazione e scienza in Giordano Bruno, L'infinito nelle forme dell' esperienza, Pisa 1986

Blum, P. R., Aristoteles bei Giordano Bruno. Studien zur Rezeption, Die Geistesgeschichte und ihre Methoden, Quellen und Forschungen Bd. 9, München 1980

Boyer, C. B., Merzbach, U. C., A History of Mathematics, New York u. a., 1989[2]

Brockmeier, J., Die Naturtheorie Giordano Brunos, Erkenntnistheoretische und naturphilosophische Voraussetzungen des frühbürgerlichen Materialismus, Frankfurt a. M. 1980

Brunnhofer, H., Giordano Bruno's Lehre vom Kleinsten, Leipzig 1890

Busard, H. L. L., The Medieval Latin translation of Euclid's Elements, made directly from the Greek. Texte und Abhandlungen zur Geschichte der exakten Wissenschaften Bd. 15, Stuttgart 1987

Cassirer, E., Leibniz' System in seinen wissenschaftlichen Grundlagen, Darmstadt 1961 [1902[1]]

- , Individuum und Kosmos in der Philosophie der Renaissance, Studien der Bibliothek Warburg Heft 10, Darmstadt 1963 [1927[1]]

- , Einleitung zu: G. W. Leibniz, Hauptschriften zur Grundlegung der Philosophie, Bd. 1, übersetzt von A. Buchenauer, 3., erg. Aufl., Hamburg 1966 [1904[1]], S. 1 - 12

- , Das Erkenntnisproblem in der Philosophie und Wissenschaft der neueren Zeit, Bd. 1, Darmstadt 1991 [1906[1]]

Charles-Saget, A., L'architecture du divin. Mathématique et philosophie chez Plotin et Proclus, Paris 1982

Ciliberto, M., Lessico di Giordano Bruno, Lessico intellettuale europeo 16 / 17, Roma 1979

Cohen, H., Das Prinzip der Infinitesimal-Methode und seine Geschichte, Ein Kapitel zur Grundlegung der Erkenntniskritik, Einleitung von W. Flach, Theorie 1, Frankfurt a. M. 1968 [1883[1]]

Courant, R., Robbins, H., Was ist Mathematik, Berlin/Heidelberg/New York 1973[3]

Davis, P. J., Hersh, R., The Mathematical Experience, mit einer Einleitung von G.-C. Rota, Boston 1988

Deregibus, A., Bruno e Spinoza, La realtà dell' infinito e il problema della sua unità, vol. 1: Il concetto dell' infinito nel pensiero filosofico di Bruno, Torino 1981

Ebeling, W., Chaos - Ordnung - Information: Selbstorganisation in Natur und Technik, Frankfurt a. M./Thun 1989

Eley, L., Hegels Wissenschaft der Logik. Leitfaden und Kommentar, Kritische Information 43, München 1976

Engfer, H.-J., Philosophie als Analysis, Studien zur Entwicklung philosophischer Analysiskonzeptionen unter dem Einfluß mathematischer Methodenmodelle im 17. und frühen 18. Jahrhundert, Stuttgart-Bad Cannstatt 1982

Frank, E., Plato und die sogenannten Phytagoreer. Ein Kapitel aus der Geschichte des griechischen Geistes, Halle 1923

Fritz, K. von, Das Apeiron bei Aristoteles, In: ders., Grundprobleme der Geschichte der antiken Wissenschaft, Berlin/New York 1971, S. 677 - 700

- , Gleichheit, Kongruenz und Ähnlichkeit in der alten Mathematik bis auf Euklid. In: ders., Grundprobleme der Geschichte der antiken Wissenschaft, Berlin,/New York 1971, S. 430 - 508

Gadamer, H. G., Antike Atomtheorie. In: ders. (Hrsg.), Um die Begriffswelt der Vorsokratiker, Wege der Forschung Bd. 9, Darmstadt 1968, S. 512 - 533

Gaiser, K., Platons ungeschriebene Lehre. Studien zur systematischen und geschichtlichen Begründung der Wissenschaften in der platonischen Schule, Stuttgart 1963

Galli, G., La vita e il pensiero di Giordano Bruno, Milano 1973

Gascha, H., Compacthandbuch Mathematik, München 1992

Gericke, H., Geschichte des Zahlbegriffs, Mannheim 1970

- , Mathematik in Antike und Orient, Berlin/Heidelberg 1984

- , Mathematik im Abendland von den römischen Feldmessern bis zu Descartes, Berlin/Heidelberg 1990

Goldbeck, E., Galileis Atomistik und ihre Quellen, In: Bibliotheca mathematica, dritte Folge, Bd. 3, Leipzig 1902, S. 84 - 112

Grote, A., Anzahl, Zahl und Menge. Die phänomenologischen Grundlagen der Arithmetik, Paradeigmata 3, Hamburg 1983

Heath, T., A History of Greek Mathematics, 2 Bde., New York u. a. 1981 [1921[1]]

Heipcke, K., Neuser, W., Wicke, E., Über die Dialektik der Natur und der Naturerkenntnis. Anmerkungen zu Giordano Brunos De Monade, Numero et Figura. In: dies. (Hrsg.), Die Frankfurter Schriften Giordano Brunos und ihre Voraussetzungen, Weinheim 1991, S. 145 - 162

Heuser-Keßler, M.-L., Maximum und Minimum. Zu Brunos Grundlegung der Geometrie in den Articuli adversus mathematicos und ihre weiterführenden Anwendungen in Keplers Schrift Neujahrsgabe oder Vom sechseckigen Schnee. In: K. Heipcke, W. Neuser, E. Wicke (Hrsg.), Die Frankfurter Schriften Giordano Brunos und ihre Voraussetzungen, Weinheim 1991, S. 181 - 197

Hofmann, J. E., Einleitung zu: Nikolaus von Kues, Die mathematischen Schriften, übersetzt von J. Hofmann, Schriften des Nikolaus von Kues in deutscher Übersetzung Heft 11, Philosophische Bibliothek Bd. 231, 2., verb. Aufl., Hamburg 1980 [1952[1]], S. IX - LII

Hofstadter, D. R., Gödel, Escher, Bach - ein Endloses Geflochtenes Band, übersetzt von Ph. Wolff-Windegg und H. Feuersee unter Mitwirkung von W. Alexi, Stuttgart 1986[8]

Horowitz, E., Sahni, S., Algorithmen, Berlin/Heidelberg/New York 1981

Horowitz, J. L., The Renaissance Philosophy of Giordano Bruno, New York 1952

Ingegno, A., Cosmologia e filosofia nel pensiero di Giordano Bruno, Pubblicazioni del „Centro di Studi del pensiero filosofico del cinquecento e del seicento in relazione ai problemi della scienza“ del consiglio nazionale delle ricerche, serie I, studi 11, Firenze 1978

Kauppi, R., Über die leibnizsche Logik. Mit besonderer Berücksichtigung des Problems der Intension und der Extension, Acta philosophica fennica Fasc. XII, Helsinki 1960

Kedrovskij, O. I., Wechselbeziehungen von Philosophie und Mathematik im geschichtlichen Entwicklungsprozeß, Leipzig 1984

Kitaigorodski, A. I., Ordnung und Unordnung in der Welt der Atome, Köln 1979

Lasswitz, K., Geschichte der Atomistik vom Mittelalter bis Newton, Bd. 1, Darmstadt 1963 [1890[1]]

Laugwitz, D., Zahlen und Kontinuum, Eine Einführung in die Infinitesimalmathematik, Darmstadt 1986

Leinkauf, Th., Mundus combinatus. Studien zur Struktur der barocken Universalwissenschaft am Beispiel Athanasius Kirchers SJ (1602-1680), Berlin 1993

-, Scientia universalis, memoria und status corruptionis. Überlegungen zu philosophischen und theologischen Implikationen der Universalwissenschaft sowie zum Verhältnis von Universalwissenschaft und Theorien des Gedächtnisses. In: J. J. Berns, W. Neuber (Hrsg.), Ars memorativa. Zur kulturgeschichtlichen Bedeutung der Gedächtniskunst 1400-1750, Frühe Neuzeit 15, Tübingen 1993, 1 - 34

Löbl, R., Demokrits Atomphysik, Erträge der Forschung 252, Darmstadt 1987

Lorenzen, P., Das Begründungsproblem der Geometrie als Wissenschaft der räumlichen Ordnung. In: Philosophia naturalis 6 (1960), S. 415 - 431

Melsen, A. G. M. van, Atom gestern und heute. Die Geschichte des Atombegriffs von der Antike bis zur Gegenwart, Freiburg/München 1957

Meschkowski,H., Problemgeschichte der Mathematik, 3 Bde., Mannheim/Wien/Zürich 1981-1986

Mittelstrass [Mittelstraß], J., Leibniz and Kant on mathematical and philosophical knowledge. In: K. Okruklik, J. R. Brown (Hrsg.), The natural philosophy of Leibniz, Dordrecht u. a. 1985, S. 227 - 261

Monti, C., Einleitung zu: Opere latine di Giordano Bruno. Il triplice minimo e la misura, La monade, il numero e la figura, L'immenso e gli innumerevoli, Torino 1980, S. 9 - 62

Nagel, E., Newman, J. R., Der Gödelsche Beweis. München 1992[5]

Nelson, D. R., Quasikristalle. In: Chaos und Fraktale, mit einer Einführung von H. Jürgens, Heidelberg 1989, S. 154 - 163

Nobis, H., Frühneuzeitliche Verständnisweisen der Natur und ihr Wandel bis zum 18. Jahrhundert. In: Archiv für Begriffsgeschichte, Bd. 11 Heft 1 (1967), S. 37 - 58

Olschki, L., Giordano Bruno, Sonderdruck aus: Deutsche Vierteljahresschrift für Literaturwissenschaft und Geistesgeschichte, 2. Jg. (1924), Heft 1, S. 50 - 63

Otto, S., Nikolaus von Kues. In: O. Höffe (Hrsg.), Klassiker der Philosophie, Bd. 1: Von den Vorsokratikern bis David Hume, München 1981, S. 245 -261

- , Figur, Imagination, Intention. Zu Brunos Begründung seiner konkreten Geometrie. In: K. Heipcke, W. Neuser, E. Wicke (Hrsg.), Die Frankfurter Schriften Giordano Brunos und ihre Voraussetzungen, Weinheim 1991, S. 37 - 50

Pieper, H., Zahlen aus Primzahlen, Eine Einführung in die Zahlentheorie, Mit Anhängen von H. Hasse und H. Reichardt, 3. durchges. Aufl., Berlin 1991

Platzeck, E. W., R. Lull, 2 Bde., Düsseldorf 1962/1964

Robert, A., Nonstandard Analysis, New York u. a. 1988

Rudio, F., Bericht des Simplicius über die Quadraturen des Antiphon und Hippokrates, In: Bibliotheca mathematica, Bd. 4, Leipzig/Berlin 1904, S. 7 -63

Russell, B., Einführung in die mathematische Philosophie, Wiesbaden o. J.

Samsonow, E. von, Weltförmigkeit des Bewußtseins. In: K. Heipcke, W. Neuser, E. Wicke (Hrsg.), Die Frankfurter Schriften Giordano Brunos und ihre Voraussetzungen, Weinheim 1991, S. 95 - 106

- , Einleitung zu: Giordano Bruno, Über die Monas, die Zahl und die Figur als Elemente einer sehr geheimen Physik, Mathematik und Metaphysik, hrsg. von E. von Samsonow, Kommentar von M. Mulsow, Philosophische Bibliothek Bd. 436, Hamburg 1991, IX - L

Schneider, I., Der Proportionalzirkel. Ein universelles Analogierecheninstrument der Vergangenheit, Deutsches Museum, Abhandlungen und Berichte, 38. Jg., Heft 2, München/Düsseldorf 1970

-, Archimedes. Ingenieur, Naturwissenschaftler und Mathematiker, Erträge der Forschung Bd. 102, Darmstadt 1979

-, Isaac Newton, Beck'sche Reihe 514, München 1988

Scholz, H., Mathesis universalis. Abhandlungen zur Philosophie als strenger Wissenschaft, hrsg. von H. Hermes, F. Kambartel, J. Ritter, Basel/Stuttgart 1961

Schüler, W., Grundlegung der Mathematik in transzendentaler Kritik. Frege und Hilbert, Schriften zur Transzendentalphilosophie Bd. 3, Hamburg 1983

Schüling, H., Die Geschichte der axiomatischen Methode im 16. und beginnenden 17. Jahrhundert. Wandlung der Wissenschaftsauffassung, Studien und Materialien zur Geschichte der Philosophie Bd. 13, Hildesheim/New York 1969

Spalt, D. D., Vom Mythos der Mathematischen Vernunft. Eine Archäologie zum Grundlagenstreit der Analysis oder Dokumentation einer vergeblichen Suche nach der Einheit der Mathematischen Vernunft, Darmstadt 1987^2

Spruit, L., Il problema della conoscenza in Giordano Bruno, Napoli 1988

Steck, M., Einleitung zu: Proclus Diadochus, Kommentar zum Ersten Buch von Euklids „Elementen", aus dem Griechischen ins Deutsche übertragen und mit textkritischen Anmerkungen versehen von P. L. Schönberger, Halle 1945, S. 3 - 152

Steiner, H. G., Art. Isomorphie, In: Historisches Wörterbuch der Philosophie, hrsg. von J. Ritter und K. Gründer, Bd. 4, Darmstadt 1976, Sp. 627 f.

Stenzel, J., Zahl und Gestalt bei Platon und Aristoteles, Darmstadt 1959

Ströker, E., Philosophische Untersuchungen zum Raum, Philosophische Abhandlungen Bd. 25, 2., verb. Aufl., Frankfurt a. M. 1977 [1965[1]]

Sturlese, R., Die philosophische Lehre von der Gedächtniskunst. In: K. Heipcke, W. Neuser, E. Wicke (Hrsg.), Die Frankfurter Schriften Giordano Brunos und ihre Voraussetzungen, Weinheim 1991, S. 51 - 73

Szabó, A., Anfänge der griechischen Mathematik, München/Wien 1969

- , Das geozentrische Weltbild, Astronomie, Geographie und Mathematik der Griechen, dtv 4490, München 1992

Tarski, A., Einführung in die mathematische Logik, 5. Aufl., erweitert um den Beitrag „Wahrheit und Beweis", Moderne Mathematik in elementarer Darstellung Bd. 5, Göttingen 1977 [1936[1]]

Tocco, F., Le opere latine di Giordano Bruno esposte e confrontate con le italiane, Firenze 1889

Védrine, H., La conception de la nature chez Giordano Bruno, Paris 1967

Volkert, K., Geschichte der Analysis, Mannheim/Wien/Zürich 1988

Wallner, C. R., Die Wandlungen des Indivisibilienbegriffs von Cavalieri bis Wallis. In: Bibliotheca mathematica, dritte Folge, Bd. 4, Leipzig/Berlin 1904, S. 28 - 47

Weyl, H., Philosophie der Mathematik und Naturwissenschaft, München 1990[6] [1928[1]]

Wind, E., Heidnische Mysterien in der Renaissance, Frankfurt a. M. 1984[2]

Wußing, H., Vorlesung zur Geschichte der Mathematik, Unter Mitarbeit von S. Brentjes u. a., Mathematik für Lehrer Bd. 13, 2., überarb. Aufl., Berlin 1989

Yates, F. A., Giordano Bruno and the Hermetic Tradition, London 1964

- , Giordano Bruno in der englischen Renaissance, Kleine Kulturwissenschaftliche Bibliothek 12, Berlin 1989

Zahn, M., Gott und die große Künstlerin Natur. Von Giordano Bruno zu Immanuel Kant. In: V. Schubert (Hrsg.), Was lehrt uns die Natur, St. Ottilien 1989, S. 61 - 135

Zekl, H. G., Art. Raum, In. Historisches Wörterbuch der Philosophie, hrsg. von J. Ritter und K. Gründer, Bd. 8, Darmstadt 1992, Sp. 67 - 82

Personenverzeichnis

Kursive Seitenangaben verweisen auf Anmerkungen.

Anaxagoras *25*, 163, *172*
Antiphon 132
Aquilecchia, G. 5, *212*
Archimedes 125, 148 f., 155, 157 f., 171 f.
Aristoteles 19, 24, *37*, *53*, 61, 67, 80, *95*, 97 f., *105*, 120 ff., 135, *142*, 145, 148, 150 f., 153 - 156, 160 ff., *164 f.*, 168, 170, 172, 186 f., *226*
Atanasijevic, K. 4, 6, *114*
Bärthlein, K. *47*, *114*
Banchoff, T. F. *258*
Becker, O. *115*, *131*, *156*, *158*
Beierwaltes, W. *11*, *20 ff.*, *27*, *29 f.*, *52*, *55*, *61*, *65 f.*, *75*, *90*, *115*, *167*, *179*, *180*, *193*, *197*, *202*, *207*
Berkeley, G. *134*
Blum, P. R. *38*, *105*, *121*, *133*
Bolzano, B. *116*
Cassirer, E. 4, *57*, *67 f.*, *82*, *96*, *99*, *122 f.*, *127*, *133*, *152*, *155*, *157*, 169, *189*, *229 ff.*, *236*, *241*
Cavalieri, B. F. 97, 145, *156*
Cohen, H. *75*, *79*, *156*
Cusanus, N. 6, 18 ff., *22*, 26, 32 ff., *39*, 62, 66 ff., *71*, 73 f., *74*, *98*, 111, 113 - 116, 118 f., 120, 124, 126 f., 130 f., *144*, 150, 153 f., 164, 170 f., 176, *202*, *206*, 225, 243 - 247, 250, 252
Dedekind, J. W. R. 116, 127, *158*, *172*
Demokrit 4, 6, 18, *25*, 34 f., 136, 252
Deregibus, A. 6
Descartes, R. 5, *67 f.*,
Eckhart *27*, 62
Eley, L. *100*
Engfer, H.-J. *186 f.*, *189*, *211*, *229 f.*, *231 f.*
Epikur 18
Euklid 3, 5, 7, *29*, *37*, 51 f., 57, *105*, *125*, *133*, 144, *152*, 171, 184, 186 f., 189 - 195, 197, 212, 216 - 219, 242, 259
Ficino, M. *55*
Frank, E. *96*, *163*
Fritz, K. von *67*, *80*, *113*, *120*
Gadamer, H. G. *34 f.*, *96*
Gaiser, K. *41*, *51*, *64*, *79*, *97 f.*, *113*, *165*
Galilei, G. *132*, *146*, *153*
Gascha, H. *234*
Gauß, C. F. 258 f.
Gericke, H. *116*
Goldbeck, E. *153*
Hegel, G. W. F. 53, *54*, *96*, *100*, *113*, 152, 250
Heipcke, K. 8, *45*, *116*, *127*, *133*,

155, *158*, *160*, *207*, *210*, *212*, *215 f.*, *257*
Heuser-Keßler, M.-L. 7, *108*, *199*, *252*
Hofmann. J. E. *114*, *116*, *144*
Hofstadter, D. R. *234*
Horowitz, E. *202*
Horowitz, J. L. 4
Husserl, E. *235*
Kauppi, R. *115*, *229*
Kedrovskij, O. E. *132*, *146 f.*
Kepler, J. 252
Kitaigorodski, A. I. *252*
Lasswitz, K. 3 ff., 7, 9, *101*, *107*, *220*
Laugwitz, D. *117*, *125*, *148*
Leibniz, G. W. 4 f., 16, 57, 80, *82*, *115*, *125*, 134, 145, *152*, 161, 172, 187, 189, 211, 227 - 242, 244, 246, 250
Leinkauf, Th. *175*, *244*
Leukipp *34*
Löbl, R. *51 f.*
Lorenzen, P. *68*, *106*
Lukrez 6, 34
Lull, R. 4, *37*, 128 f.
Marius Victorinus *202*
Martin, G. *231*
Melsen, A. G. M. van *51*
Meschkowski, H. *51*, *189*
Mittelstraß, J. *188*
Monti, C. 6, *71*, *112*, *117*, *131*, *162*
Mordente, F. 212, 254 f.
Mulsow, M. *213*, *252*, *255*
Nagel, E. *233*
Nelson, D. R. *252*
Neuser, W. 8, *45*, *116*, *127*, *133*, *155*, *158*, *160*, *207*, *210*, *212*, *215 f.*, *257*
Newman, J. R. *233*
Newton, I. 5, *135*, 250
Nobis, H. *35*
Olschki, L. *222*
Oresme, N. *168*
Otto, S. 7, *33*, *40*, *42*, 75, *131*
Pappos *194*
Parmenides *33*, 34, *65*, 90
Pieper, H. *258*
Platon *21*, 31 f., 34 ff., 41, *51 f.*, 64, *65*, 75, *79*, 90 f., *93*, 95, 97 ff., 101 f., 104, *105*, 110, 113, 115 f., 124, 127 ff.. 130, 133 f., 136, 139, 142 f., 145, 150 f., 158 f., 165, 169, 171 f., 176, 182, 186, 189 f., 201, *222*, 225 f., 231, 242 f., 247, 250, 252
Platzeck, E. W. *129*
Plotin 29, 65, 243
Proklos *21*, *32*, *34*, *41*, 51 f., 117, 127 f., *164*, *180*, 186, *189*, 192, *194*, 195, 218
Rudio, F. *132*
Russell, B. *208*
Sahni, S. *202*
Samsonow, E. von *93*, *202*, *204*
Schneider, I. *125*, *212*, *255*
Scholz, H. *227*, *237*
Spalt, D. *135*, *147*, *172*
Spinoza, B. 53
Spruit, L. *38*
Steck, M. *190*
Steiner, H. G. *237*
Stenzel, J. *32*, *91*, *93*, *95*, *97*, *101*, *113*, *127*, *133*, *143*, *145*
Ströker, E. *39*, *51*, *75*, *79*, *105*
Sturlese, R. *175*
Szabó, A. *33*, *40*, *49*, *51 f.*, *81*, *154*, *186*, *189*, *220*, *243*
Tarski, A. *79*, *179 f.*, *235*

Thomas von Aquin *61*, 62
Tocco, F. 3, 5 ff., 9, *117*, *257*
Védrine, H. 5, *98*, *103*, *114*, *133*, *153*, *164*
Volkert, K. *116*, *132*, *147*, *153*, *164*, *167 f.*, *173*
Wallner, C. R. *97*, *145*, *152*, *156*, *168*
Weyl, H. *100 f.*, *105*, *182*
Wicke, E. 8, *45*, *116*, *127*, *133*, *155*, *158*, *160*, *207*, *210*, *212*, *215 f.*, *257*
Wind, E. *220*
Zahn, M. *70*
Zekl, H. G. *105 f.*
Zenon 148, 152, 154, 159, 172

Sachverzeichnis

Kursive Seitenangaben verweisen auf Anmerkungen.

Abbild, Abbildung 16, 176 f., 213 - 216, 219 - 222, 225 - 245
Absolute, das (s. auch Minimum) 136 ff.
Addition
als Operation 226, *234 f.*, 236, 241, 247
von Grenzen 149 ff.
von Teilen 27 f., 120, 149
Ähnlichkeit (s. auch Kongruenz, Selbstähnlichkeit) 80, 85, 96, 103 - 109, 112 f., 176, 184, 190, 204, 217, 220 ff.
Äquivalenz 228, 236 - 242
von Seins- und Denkstruktur 60
von Idee und Rationalität 225 f.
zwischen Geiststruktur und rationalem Verfahren 86
zwischen Gott und Mensch 246
Affirmation 192 - 199
Algebra 228, 233 f.
Allheit 165 - 170, 181, 185, 217
Andersheit, Anderes (s. auch Differenz) 21 ff., 66, *74 f.*, 90, 177, 191, 207
Anschauung, Anschauungsgehalt 50, 75 - 78, 114, 121, 224 f.
ἄπειρον 104, 120, 243
Archetyp 41 f., 184, 212 f., 217 - 223
Archimedische Eigenschaft 125, 148 - 158
area Democriti 108, 253
ars *123*, 229
computandi 231
demonstrandi 219
inveniendi 187 f., 229
iudicandi 187
Arithmetik 32, 36, 42 f., 112, 114, 119, 159, 164, 226 - 234, 240 - 248
Atom (s. auch Minimum) 2 ff., 8, 10 f., 14, 25, 31, 45, 49 ff., 56 f, 62 f., 66, 68, 93, 95 f., 106, 252
Atomismus, Atomtheorie 2 - 11, 18, 25, 31, 34, 48 - 53, 91, 96 - 101, 107 - 110, 132 - 172
atrium Apollinis 219, *220*, 221
atrium Minervae 218, *220*
atrium Veneris 220 ff.
Ausdehnung (s. auch Dimension) 21 - 25, 35
Axiom, Axiomatik 40, 46, 48, 56, 81 f., 85, 87, 144, 169, 185 - 193, 199
Beziehung s. Relation
Bild 41 f., 176, 184, 197, 201, 214
Chaos 104, *177*
characteristica universalis 229
Charakter *56*, 197, 201 f., 217

complicatio 66, 68
Dedekindscher Schnitt 116, 127
Definition, Definitionslehre, Definitionssystem 18, 40, 46, 48 f., 51 f., 58, 93, 98 - 101, 133, 135, 139 - 144, 158, 168, 181, 186 - 200
Differenz (s. auch Andersheit) 21 - 24, 26, 63, 65 f., 68, *74 f.*, 77, 83 f., 87
Dimension, Dimensionalität, Dimensionsmodell 45, 56 ff., 59, 63 - 66, 69 ff., 74 - 85, 89 - 111, 133, 135, 139, 151 f., 165 - 172, 191, 194, 199, 213 ff., 220 ff.
Diskrete, das, Diskretion 3 f., 6 f., 15, 90 - 109, 144, 146, 153, 155, 158 - 161, 164 - 169
Distinktion s. Unterscheidung
Dreieck 29, 35, 212, 216 - 222
Dreiheit 205, 209 ff., 213, 216 ff., 223, 257 f.
triadische Denkbewegung 13, 15, 70, 83 - 88, 93 - 95
Einheit - Zweiheit - Dreiheit 93, 223
mens - intellectus - amor 6, 87, 213
mens - natura - ratio 71, 175, 177
minoritas - aequalitas - maioritas 129
pater - filius - amor 83
principium - medium - finis 94, 126, 180, 209, 214
terminus - pars - totum 95, 103, 123, 129, 198
Einheit, das Eine (s. auch Monas) 18 - 26, 53 - 58, 59 - 69, 178 - 187, 205 - 211, 240 - 244, 247 f.
als Seinsheit 46, 59 - 69
als universeller Satz 184 ff.
der Größe und des Raumes (s. auch Dimension) 32, 53, 91
der Mathematik (s. auch *mathesis universalis*) 33, 36, 60
der Methode 10, 12 f., 249 f.
der Zahl 32, 240 f.
Einheitsmetaphysik 12 f., 23, 30, 33, 47, 53 ff., 89, 137, 161, 166, 184 f., 194, 199, 207, 213 ff.
entitas s. Einheit als Seinsheit
Element (s. auch Teil) 45 - 54, 57, 63 f., 67, 92 - 96, 100, 104 ff., 112, 114, 136 ff., 144 f., 151, 163 - 173, 185 ff., 189, 195 - 202, 217, 236, 241
Endlichkeit, das Endliche 102 - 111, 112 - 123, 146 - 171, 176 f., 191, 250
Erzeugungsregel s. Regel
Evidenz 187 - 193
Existenz 19, 22 f., 33 f., 38, 49 - 53, 59 ff., 63, 67 f., 86
Exodusmetaphysik 61
explicatio 66, 68, 179
Extension s. Ausdehnung
Figur (*figura*), Figuration 7, 29 f., 35, 55 f., 94 f., 103 - 108, 112, 114, 118 ff., 126, 180, 184, 197, 201 f., 212 - 223, 254 ff.
figura mentis 219
Form, Formation 18, 20, 24 ff., 28 ff., 34 ff., 40 ff., 72 - 78, 82, 225, 238, 245
und Dimensionalität 56, 82
Ganzheit (s. auch Teil - Ganzes) 143 ff., 167, 172
Geist s. *mens*

Geistmetaphysik 41, 47 f., 50, 55, 69 ff., 76 ff., 82 f., 246
Geometrie 4, 6 ff., 15, 29 - 35, 40 - 43, 51 f., 56, 66 f., 75 - 83, 102 f., 112 ff., 190, 211 - 223, 225 f.
geometrische Mitte s. ἰσότης
Gestalt (s. auch Figur, Form) 25, 28 - 35, 40 - 43, 46, 55 f., 70 ff., 78 - 83, 184, 212 - 223
Gleichartigkeit s. Homogenität
Gleichheit, das Gleiche 4, 15, 55 f., 72 - 83, 85 ff., 112 - 129, 130, 146, 156, 159, 167, 170 f., 189 ff., 199, 203, 207 - 210, 215 ff., 223, 235 - 248
logische Gleichheit *79*, 235 - 241
Gnomon (*gnomo*, γνώμων) *47*, 220
Grenze (*terminus*), Grenzverfahren 4, 6, 8, 15, 95, 99 - 111, 123 - 129, 130 - 173, 194 - 198
als Terminus logicus 196 ff.
Bedeutungsvielfalt der Grenze 132 - 142
Größe (s. auch Stetigkeit) 33 ff., 48, 50, 53 - 58, 69 - 84, 87, 89 - 104, 109 ff., 112 - 129, 130 - 173
ἕν und ἀόριστος δυάς *41*, 64, *91*, 143
Heterogenität 97 ff., 130 f., 145, 151, 168 f.
Homogenität *79*, 80 ff., 90 f., 98, 100, 104, 107 ff., 131, 145, 169, 172
ὁμοιότης 113
ὁμολογήατα 189
ὅροι 192 f.
Hylemorphismus 24
ὑποθέσεις 189, 193
Idealität (s. auch Realität) 134 f.
Idee (*idea*) 35, 49 ff., 53, 57, 70 - 78, 82, 87, 139 f., 177, 178 - 184, 191, 196, 201, 224 ff., 228, 238 - 248
Identität (s. auch Einheit, Koinzidenz) 22, 49, 61 f., 66, 73, 75, *77*, *79 f.*, 83 - 87, 89 f., 94, 121 - 128, 150, 166 f., 187, 191, 199, 203, 206, 210, 213 f., 219
formallogische Identität 85, *179*, 235 - 238, 246 ff.
imaginatio s. Vorstellung
Immanenz 21 ff., *27 f.*, 49, 65 - 72, 83 - 86, 200, 211
Indifferenz 23, 25 f., *27*, 32, 44 f., 66 f., 69, 77 - 81, 89, 92, 98 - 101, 107 - 110, 139, 165 - 169, 174 f., *180*, 191, 199 f., 212 ff., 223, 244
Indivisibel, Indivisibilienlehre 8, 97, 145, 151, 153 f., 156 f., 168 f.
Information (*informatio*) 177, 201, 245 f.
Inkommensurabilität s. Irrationale, das
Integral 144, 152, 169, 172
intellectus (s. auch Idee) 70, 73, 83 f., 87, 114, 213
Irrationale, das, Irrationalitätsvorstellungen 117, 119, 122, 128, 131, 149 f., 155, 157 - 165
Isomorphie 183 f., 201, 237 f., 245
ἰσότης 113, 115, 127 f.
Kalkül, Kalkültheorie 205 - 211, 223, 228 f., 231 - 245
Koinzidenz der Gegensätze (*coincidentia oppositorum*) 6, 26 f., 32 ff., 62, 66 ff., *74*, 81, 113 ff., 118 f., 123 - 126, 130 - 137, 148, 150, 153, 166 - 170, 174, 180 f.
Kommunikabilität, Kommunikation

16, 182, 201 - 210, 223 - 228, 239 - 242, 244 f., 247
Kommensurabilität 112 - 115,126 f.
Kongruenz (s. auch Ähnlichkeit) 80, 82, 85, 96, 103, 107
Konstruktion, Konstruktionsverfahren 172, 211 - 220
Kontinuation (*continuatio*) 99 f., 110, 144, 168 f.
Kontinuum (s. auch Stetigkeit) 50 f., 54, 95 - 101, 122, 127 ff., 145 - 173
Kreis 70, 72, 79 f., 105 - 108, 116 - 119, 128 f., 131 f., 170 f., 180, 197, 212 - 223, 254 ff.
Kugel 72, 78 f., 89, 105 - 110, 148, 158
Licht 83 ff.
Linie 93 f., 97 ff., 115, 139, 168 f.
  linea arithmetica 255
Logik 4, 16, 185, 191 f., 196, 198 f., 211, 223, 229 - 238
Logistik s. Algebra
Mannigfaltigkeit s. Vielheit
Maß, Maßtheorie 8, 35, 42, 71 - 88, 89 f., 102 ff., 110, 112 f., 117 ff., 127, 175, 203, 205, 212 f., 230, 254 ff.
Materialismus 5, 11, 18, 25, 30, 33 f.
Materie 18, 20 f., 24, 28, 44, 47, 56, 93 f., 104, 108 f.
mathesis universa 40, 42, 69, 174, 177, 181 - 211, 217, 221 f., 224 ff., 234, 242, 245, 248, 254
mathesis universalis 16, 187, 227, 232 f., 237 ff.
Maximum s. Koinzidenz der Gegensätze, Minimum
μέγα καὶ μικρόν 31
mens 6, 14 f., 17, 41, 45 f., 49 f., 55, 57, 69 - 77, 82 - 88, 109, 175, 177 f., 188, 213, *220*, 224 ff., 239, 245 ff.
Methode, Methodologie 17 - 20, 31 ff., 36 - 39, 42 ff., 47 ff., 52, 54, 59 f., 68 f., 83 - 88, 175 ff., 181, 185 - 191, 197 f., 215, 221, 240 f., 244, 246 ff.
Mimimum (s. auch Koinzidenz) 134 - 165
  absolutes - relatives 138 - 142, 162
  als Atom 2, 5, 8, 10 f., *45*, 49 f., 57
  als Grenze 133, 139, 141, 143, 145, 149 f., 155
  als Maximum 66 f., 72, 81, 100, 106, 118, 124 ff., 166 ff., 205, 217, 221 f., 253
  als *monas monadum* 8 f., 57
  als *punctus*, *punctum* 2, 10, *45*, 49 f., 57
  als Substanz *45*
  als Teil 81, 133 ff., 136 - 143, 149 f., 155, 194 ff.
  als Zahl 49
Monas 2, 9 ff., 14 f., 45 f., 53, 57, 59 - 69, 136 ff., 141, 177 - 184, 199, 201 - 217, 224 f., 247, 250
Multiplikation als Rechenoperation 226, *234 f.*, 235 f., 241
Natur (*natura*) 14 f., 17, 19 f., 35 f., 45 - 49, 52 - 57, 62, 69 - 73, 80 - 83, 112, 123, 175 - 179, 183 f., 187, 211, 230
Negation 78, 85, 87, 90, 109, 192 - 200, 210
Nichtsein 21 - 24, 50, 57, 63 - 67
νοῦς 243

Objektivität 29 f., 60, 240 f.
Ordnung (*ordo*) 25 ff., 31, 35, 44, 48 f., 54 - 57, 69 - 73, 83 ff., 94, 109, 142, 161, 175,191, 197, 211, 217 - 221
Paradoxie, zenonsche 148, 152, 154, 159 ff., 172
πέρας 97, 101 f., 113 f., 123, 172, 192, 250
φαντασία *52*
Physik 39, 67 f., 104, 201, 252
Postulat 218 f.
Primzahl 257 ff.
Proportionalzirkel 212, 254 ff.
ψυχή 244
Punkt (s. auch Minimum) 8, 10, 14, 30 f., *45*, 49 ff., 56, 63, 66 ff., 99, 106 ff., 127, 156, 159 - 163, 168 ff., 174, 189, 217 - 220
Quadratur des Kreises 116 - 119, 171
Qualität 45 f., 55 ff., 59 f., 63 f., 66, 70, 73, 77 - 80, 82, 89 f., 92, 103 - 108, 132, 137, 151, 160, 168 ff.
Quantität, das Quantitative (s. auch Größe) 18, 21 - 28, 32 - 35, 41, 59 f., 63 f., 66, 70 - 73, 77 - 82, 85, 89 - 95, 102 - 106, 109 f., 113, 129, 135 ff., 142 - 173, 230 - 235
ratio 36, 67, 69, 71, 81, 83 - 87, 89 f., 92, 111, 162 - 171, 174 f., 177, 183, 209 ff., 224 f., 228, 238 f., 242, 246, 248
Raum 15, 28, 33 ff., 49 - 57, 67, 76, 80, 82, 85, 89 - 110, 120 f., 135 f., 139, 142 ff., 148, 158 f., 162, 167 ff., 171 f., 195, 213, 219, 253
Realität 2 f., 5 f., 12, 38, 52 f., 134 f., 230
Rechnen s. Regel
Reflexivität (s. auch Selbstbezüglichkeit) 62, 87, 94, 178 f., 190 f., 197 f., 200 - 214, 219, 221
Regel, Regelsystem (s. auch Kalkül, Konstruktion) 16, 42 f., 203 - 211, 215, 220 - 223, 226 ff., 232 - 239, 245 - 248, 251, 257 ff.
Rekursion, Rekursivität 202 f., 207, 213, 214 ff., 246 f.
Relation, Relationalität 67 - 76, 80 ff., 85 ff., 89 f., 94 ff., 99 - 107, 121 f., 124 - 129, 132, 138 - 149, 154 f., 158, 161, 167, 179, 182, 191, 197, 210 f., 221, 230 - 245
Repräsentation 234, 237
res 37
resolutio 123, 130
Satz, Satzsystem 181, 184 ff., 191, 198 ff., 233
Selbstähnlichkeit 107 f., 191, 199, 213, 215, 220
Selbstbezüglichkeit, Selbstreferenz 62, 72, 75, 107, 170, 172, 189 - 207, 211 - 223, 240 - 248
Sein, Seinsbegriff (s. auch *entitas*) 3, 8 f., 11 f., 14, 17 f., 20 - 26, 31 - 41, 44 - 47, 49 - 52, 57, 59 - 69, 70 f., 77, 86 f., 173, 226, 230 ff., 234, 244
sensus 83, 162, 164
Stetigkeit 116 - 119, 122, 125 - 129, 142 - 150, 156, 158 f., 162 f., 167 - 172
Substanz 18, 21, 25, *45 f.*
Substitution, Substituierbarkeit 80, *235*, 236 ff., 241

Symmetrie 72, *179*, 236, 241
συνεχές 142
Teil, Teilbarkeit, Teilung (s. auch Element) 6, 15, 21 - 29, 31, 34, 44 - 56, 63 f., 67, 72, 81 f., 85, 89 - 103, 108 ff., 118 - 126, 128 f., 133, 135, 139 - 163, 166 - 169, 172, 178, 186, 189, 194 - 200, 203, 208, 211 f., 214 f., 219, 221 ff., 230, 242, 247
terminus s. Grenze
Theorem 40, 123, 126, 187
Transitivität *179*, 236, 241
Transzendenz 21 f., *27 f.*, 49, 60, 65 - 73, 83, 119, 122, 125 f.
Unendlichkeit, das Unendliche 4, 6 - 9, 12 f., 20, 26 - 33, 53 f., 62 - 67, 72, 76 - 80, 83, 89, 104 - 111, 112 - 115, 119 - 129, 130, 132, 145 - 152, 153 - 173, 174 - 182, 191, 199 - 215, 222 - 227
Trias s. Dreiheit
Ungeschiedenheit s. Indifferenz
Universalwissenschaft s. *mathesis universa, mathesis universalis*
Universum 12, 20, 26 - 30
Unteilbare, das s. Indivisibel
Urbild (s. auch Archetyp) 176 f., 240 f., 244
Verschiedenheit 25, 62, 65, 85, 145, 157, 174, 176, 238, 241
Vervielfältigung (s. auch Multiplikation) 99, 101, 176, 203, 206 - 209, 222, 257
Vielheit 26, 31 f., 44, 47, 57, 137, 176, 184, 203, 208, 231, 235, 242 ff., 247 f.
Volles und Leeres 6, 96, 110, 143, 252 f.
Vollständigkeit 165 - 170, 174 - 186, 197 ff., 212 ff., 217 ff., 222 ff.
Vorstellung 33, 40 ff., 67, 76 - 83, 185, 187, 196
Weltseele 20, 29 f.
Winkel *29*, 117, 125, 131, 171, 218, 255
Zahl, Zählprozeß 4, 16, 32, 37, 42 f., 46 - 49, 71 f., 77, 84 f., 87, 90 - 96, 112, *116*, 118 f., 122, 153, 155, 159, 161 - 167, 171, 175 f., 178, 203 - 212, 215, 220, 225, 230 - 248
Zeichen 17, 20, 30, 68, 201 ff., 219, 225 - 229, 232 f., 236 - 241
Zusammensetzung, das Zusammengesetzte 21, 31, 96, 103, 108 f., 132, 145, 150 f., 153, 159, 167 ff., 172, 244 f.
Zweiheit 93 ff., 100 ff., 114, 129 f., 167, 195, 197 ff., 203, 207 - 211, 214, 216, 219 - 223, 243, 245, 257 f.
Zwischenwert, Zwischenwertsatz 115 ff., 128 f., 146, 156, 161, 167, 171, 180